PERFECT IELTS WRITING _ ACADEMIC MODULE

초판 5쇄 발행 2018년 8월 20일

지은이 장대석
발행인 정현순
발행처 ㈜북핀

출판등록 제2016-000041호(2016. 6. 3)
주소 서울시 광진구 천호대로 572, 5층 505호
전화 070-4242-0525 / 팩스 02-6969-9737

디자인 조수영

ISBN 978-89-94886-41-1 13740

값 22,000원

이 책은 저작권법에 따라 보호받는 저작물이므로 무단전재와 무단복제를 금합니다.
파본이나 잘못 만들어진 책은 구입하신 곳에서 바꾸어 드립니다.

Copyright ⓒ 2018 by ㈜북핀
All rights reserved. No part of this publication may be reproduced,
stored in a retrieval system, or transmitted in any form or by any means,
without the prior written permission of the publishers.

IELTS 고득점을 위한 수험생 맞춤형 종합 솔루션

PERFECT IELTS WRITING ACADEMIC MODULE

장대석 지음

Wisdom Garden

✅ PREFACE

기초부터 고득점까지 IELTS Writing을 완전 정복하는 필승 실전대비서

IELTS 시험은 전 세계에서 200만 명이 넘게 응시하면서 인기가 최고조로 높아지고 있습니다. IELTS 시험이 100개국이 넘는 나라에서 이렇게 인기를 누리고 있는 것은 이민과 유학에 필요할 뿐만 아니라 문법과 단어 위주의 기존 영어 시험과는 달리 태생부터 영어의 모든 파트를 균형 있게 공부할 수 있는 가장 실제적이고 효과적인 시험이기 때문입니다.

하지만 이러한 세계적 변화와 시대적 조류에도 불구하고 처음《Perfect IELTS Academic Writing》이 출간된 2007년 만해도 해외에서 만든 영문판 교재가 여러 권 있긴 했지만, 문제집 형태이거나 영어식 사고의 공부 방법으로 나열된 학습서가 대부분이었습니다. 그래서 우리 정서와 공부 습관에는 적합하지 않은 경우가 많았고 공부를 하는 데도 상당한 어려움이 있었습니다. 이러한 상황에서 친절한 IELTS 안내서이자 실전 대비서인 PERFECT IELTS 시리즈는 IELTS를 공부하는 응시자들에게 정말 큰 도움과 힘이 되었다고 생각합니다.

출판된 이후 수년 간 IELTS 분야 최고의 베스트셀러로써 많은 학습자들의 사랑을 받아 온《Perfect IELTS Academic Writing》이 드디어 최근 출제경향과 대책으로 새로이 무장해서 완전 새 모습으로 출간되었습니다. 이 책은 IELTS의 Writing 파트를 처음으로 준비하는 분들에겐 IELTS Writing의 채점기준부터 명확히 알려주는 필독 기초학습서로, 본격적으로 실전을 대비하여 공부하는 분들에겐 높은 점수를 올릴 수 있는 필승 실전대비서로 활용될 수 있도록 완벽하게 구성되어 있습니다. 모든 공부가 그렇지만 단기간에 실력이 향상되는 경우는 없습니다. 특히 이 Writing 공부는 머리로 생각했던 것을 실제로 손으로 써보고 숙달시키며 끊임없이 공부해야 점진적인 실력 향상이 있게 됩니다. 이런 힘든 공부의 길에서 이 책이 이전처럼 IELTS를 공부하는 많은 학습자들에게 꼼꼼한 가이드이자 실력을 높여주는 든든한 동반자가 될 것이라고 믿습니다.

국내 최고, 최대 IELTS 전문 커뮤니티 알츠스쿨(IELTS-School)을 운영하는 운영자로서 초보의 눈높이에서 IELTS를 분석하는 노력을 끊임없이 해왔고, 저희가 가지고 있는 모든 노하우를 자연스럽게 전달할 수 있도록 매우 정성 들여 준비하여 이 책이 탄생하였습니다. 이러한 저희의 수고가 여러분의 IELTS 성적에 반영될 것이라고 자신하며, 공부하는 여러분들이 펼쳐갈 멋진 미래와 성공을 위한 기분 좋은 출발점이 되길 기원합니다.

마지막으로 좋은 책이 탄생하도록 오랜 기간 많은 수고와 도움을 주신 지혜정원 출판사 편집부와 한국에서 제일 좋은 IELTS Writing 책을 만들자며 힘껏 도와주신 알츠스쿨 운영진 및 알츠스쿨 열공가족 분들께 진심으로 감사의 말씀을 드립니다.

알츠스쿨 카페지기 Cello 장대석

✅ HOW TO USE THIS BOOK

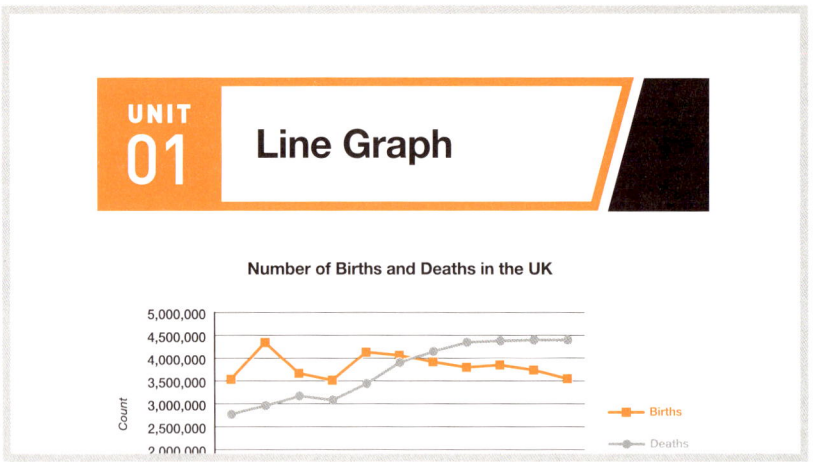

Task 1에 자주 출제되는 8개의 문제유형에 대한 설명과 글의 전개방법을 익힙니다.

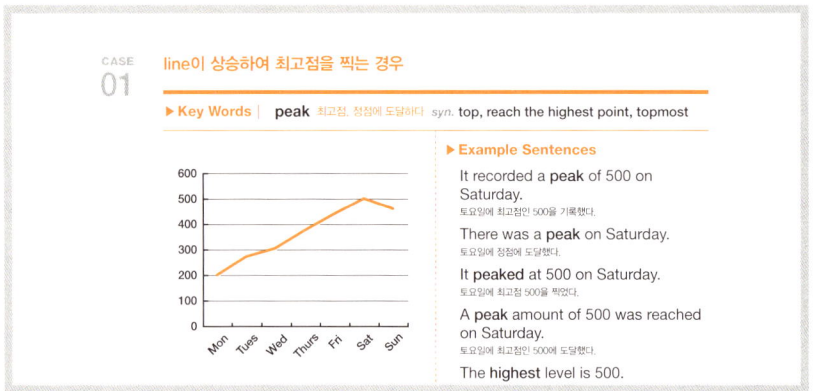

해당 그래프 유형의 여러 Case를 통해 구체적인 그래프의 특성과 글을 쓰는 데 필요한 핵심단어를 익힙니다.

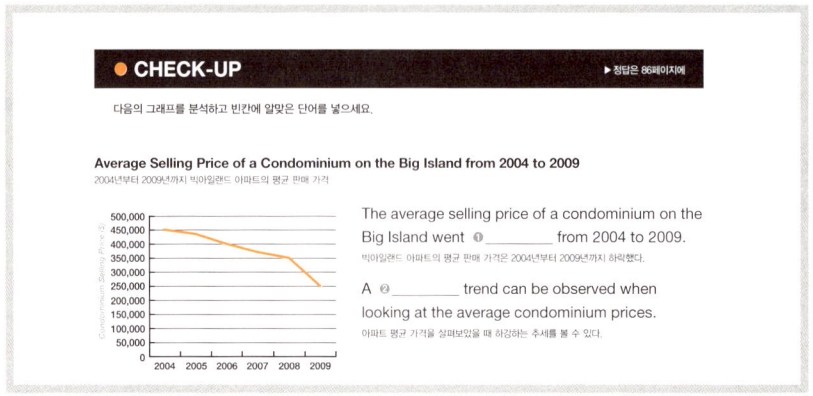

CHECK-UP 앞서 배운 그래프에 대한 핵심사항을 문제를 통해 복습합니다.

PERFECT IELTS WRITING

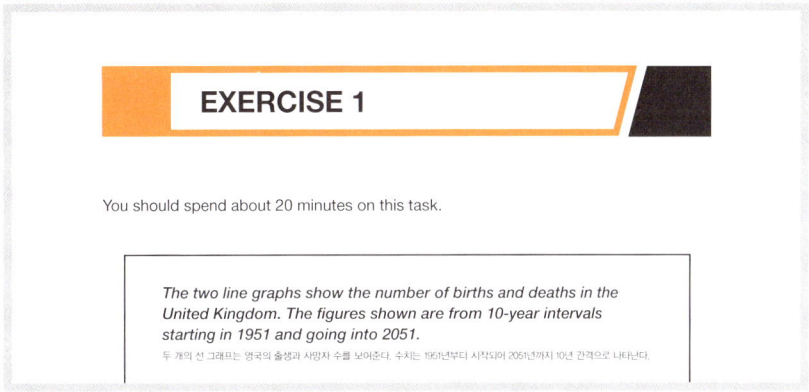

EXERCISE 각 그래프 유형별 두 개의 연습문제를 통해 구체적인 report 글쓰기 연습에 들어갑니다. 이제 단계 별로 본인의 글을 쓰도록 노력합니다.

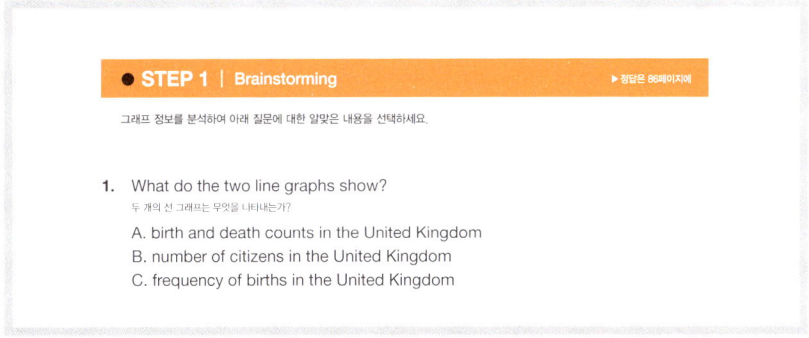

STEP 1, STEP 2 Step 1은 문제에서 글로 써야 할 핵심사항을 찾는 연습을 하는 단계입니다. 또한 아이디어를 찾는 brainstorming 연습도 함께 합니다. Step 2는 Step 1에서 배운 핵심사항을 복습하며, 글을 쓰기 위한 기본적인 문장 틀이 제공됩니다. 이것을 이용해 본인의 문장을 만들어 봅니다.

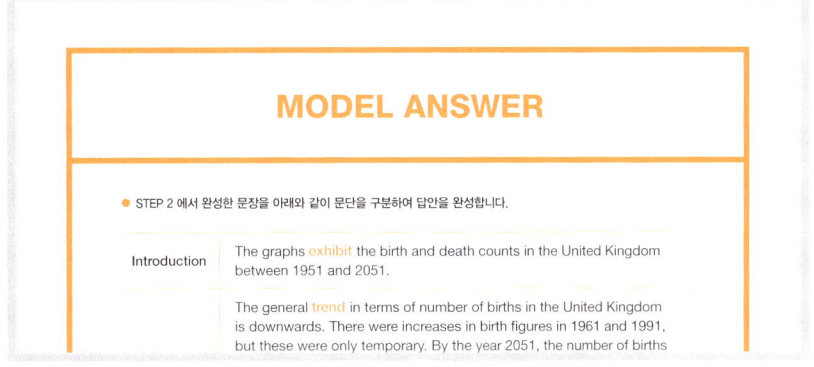

MODEL ANSWER 완성된 모범답안이 제시되고 본인의 글과 비교하고 분석해 보며 모범답안에 쓰였던 중요 단어와 표현들을 다시 공부합니다.

✅ HOW TO USE THIS BOOK

Academic WRITING TASK 2

Essay의 필수 문제 유형 4가지에 대한 세부 설명과 소개를 통해 Task 2 Essay의 기본 개념을 학습합니다.

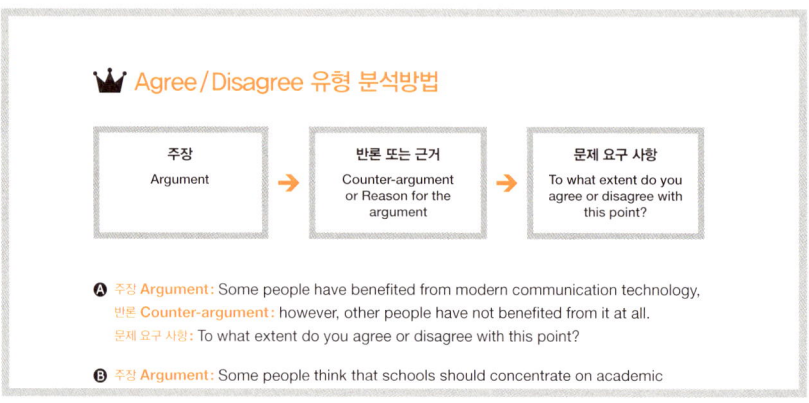

해당 Essay 유형의 세부 분석과 출제되는 문제에 어떻게 답해야 하는지에 대한 노하우를 익힙니다.

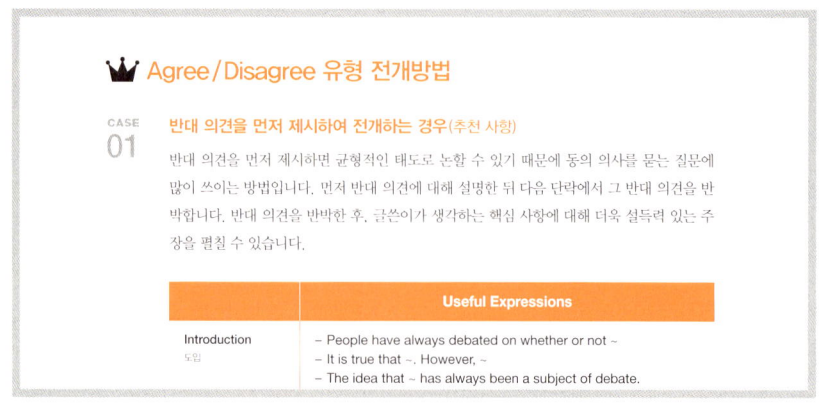

해당 Essay의 대표적인 Case 공부를 통해 전체를 어떻게 구성하고 써야 하는지를 학습합니다.

PERFECT IELTS WRITING

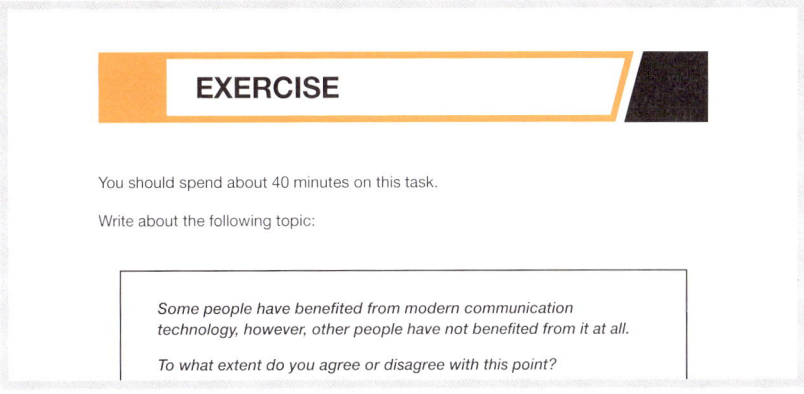

EXERCISE 각 Essay 유형별 연습문제가 주어지며 본격적인 Essay 글쓰기 공부에 들어갑니다. 제시되는 가이드를 통해 본인의 글을 쓰도록 노력합니다.

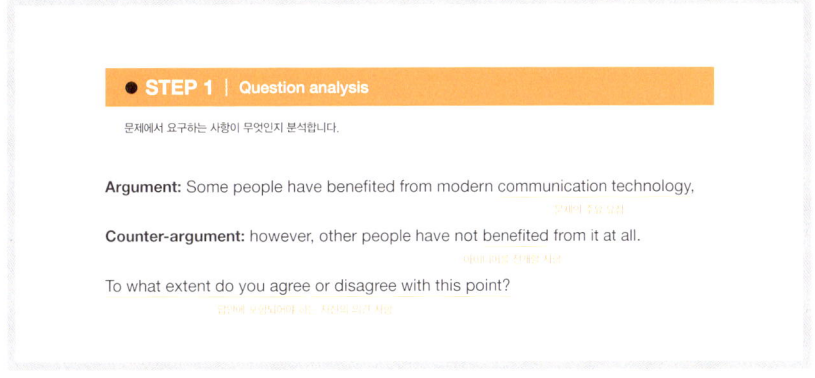

STEP 1, STEP 2 Step 1에서는 주어진 문제를 분석하여 답안에 어떤 내용이 들어가야 하는지 공부하고, Step 2에서는 Essay로 구성할 아이디어를 brainstorming하여 최대한 수집한 후 Step 1에서 학습한 기준으로 글로 쓸 아이디어를 선별합니다.

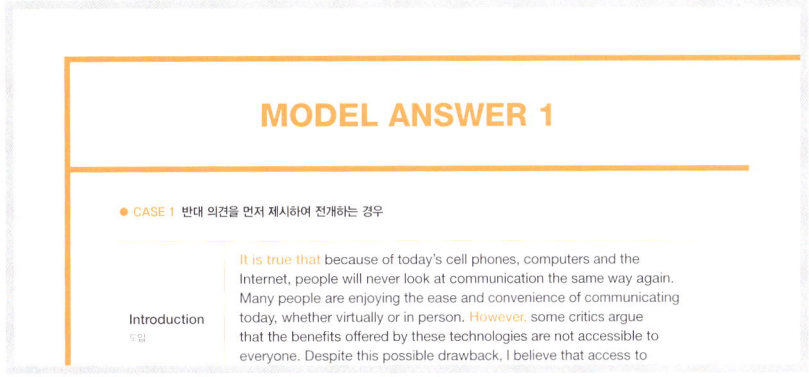

MODEL ANSWER Essay 유형별 전개방법에서 배운 여러 Case별 모범답안이 제시됩니다. 본인의 글과 비교하고 분석해 보며 필요한 단어와 표현들을 공부합니다.

☑ CONTENTS

PREFACE 5
HOW TO USE THIS BOOK 6

PART 1 IELTS Overview

UNIT 1 IELTS Overview
IELTS 시험 소개 16
IELTS 시험 구조 17
IELTS 시험 영역 18

UNIT 2 IELTS Writing 구성
IELTS Writing Task 소개 20
IELTS Writing 출제방식 21

UNIT 3 IELTS Writing 채점기준
채점은 어떻게 이루어지는가? 23
채점기준 분석이 왜 중요한가? 23
채점기준은 몇 가지로 나뉘는가? 24

PART 2 TASK 1 전략

UNIT 1 Task 1 고득점 전략
Task 1 공략법을 익히자 43
답안작성 시간을 배정하자 45
Task 1에서 자주 저지르는 실수를 점검하자 46

UNIT 2 Task 2 서론, 본론, 결론 구성 노하우
Introduction(서론) 구성 48
Body(본론) 구성 51
Conclusion(결론) 구성 53
구성을 위한 상용어구 59

PART 3 TASK 1 유형별 연습

UNIT 1 Line Graph
Line Graph 분석 및 전개방법 69
• EXERCISE 1 74
  MODEL ANSWER 79
• EXERCISE 2 80
  MODEL ANSWER 85
• UNIT 1 ANSWERS 86

UNIT 2 Bar Graph
Bar Graph 분석 및 전개방법 87
• EXERCISE 1 92
  MODEL ANSWER 97
• EXERCISE 2 98
  MODEL ANSWER 103
• UNIT 2 ANSWERS 104

UNIT 3 Pie Chart
Pie Chart 분석 및 전개방법 105
• EXERCISE 1 110
  MODEL ANSWER 115
• EXERCISE 2 116
  MODEL ANSWER 121
• UNIT 3 ANSWERS 122

UNIT 4 Table
Table 분석 및 전개방법 123
• EXERCISE 1 128
  MODEL ANSWER 133
• EXERCISE 2 134
  MODEL ANSWER 139
• UNIT 4 ANSWERS 140

UNIT 5 Diagram
Diagram 분석 및 전개방법 141
• EXERCISE 1 146
  MODEL ANSWER 151

- EXERCISE 2 152
  MODEL ANSWER 157
- UNIT 5 ANSWERS 158

UNIT 6 Multiple Type A
Bar Graph + Line Graph 분석 및 전개방법 159
- EXERCISE 1 165
  MODEL ANSWER 170
- EXERCISE 2 171
  MODEL ANSWER 176
- UNIT 6 ANSWERS 177

UNIT 7 Multiple Type B
Line Graph + Pie Chart 분석 및 전개방법 178
- EXERCISE 1 184
  MODEL ANSWER 189
- EXERCISE 2 190
  MODEL ANSWER 195
- UNIT 7 ANSWERS 196

UNIT 8 Multiple Type C
Bar Graph + Table 분석 및 전개방법 197
- EXERCISE 1 203
  MODEL ANSWER 208
- EXERCISE 2 209
  MODEL ANSWER 214
- UNIT 8 ANSWERS 215

PART 4 TASK 2 전략

UNIT 1 Task 2 고득점 전략
채점자와 대화하라 219
영어식 사고방식으로 글을 쓰자 222
글을 세밀하게 전개하자 223
고수들의 노하우를 알자 225

UNIT 2 Task 2 서론, 본론, 결론 구성 노하우
Introduction(서론) 227
Body(본론) 229
Conclusion(결론) 234

PART 5 TASK 2 유형별 연습

UNIT 1 Agree/Disagree
Agree/Disagree 유형 분석방법 240
Agree/Disagree 유형 전개방법 241
- EXERCISE 244
  MODEL ANSWER 1 246
  MODEL ANSWER 2 248
  MODEL ANSWER 3 250

UNIT 2 Advantages/Disadvantages
Advantages/Disadvantages 유형 분석방법 253
Advantages/Disadvantages 유형 전개방법 254
- EXERCISE 260
  MODEL ANSWER 1 262
  MODEL ANSWER 2 264
  MODEL ANSWER 3 266

UNIT 3 Problem/Solution
Problem/Solution 유형 분석방법 269
Problem/Solution 유형 전개방법 270
- EXERCISE 274
  MODEL ANSWER 1 276
  MODEL ANSWER 2 278

UNIT 4 Discuss both views
Discuss both views 유형 분석방법 281
Discuss both views 유형 전개방법 282
- EXERCISE 286
  MODEL ANSWER 1 288
  MODEL ANSWER 2 290

✓ CONTENTS

PART 6 TASK 2 토픽별 연습

UNIT 1 Animals
- QUESTION 1 296
  MODEL ANSWER
- QUESTION 2 298
  MODEL ANSWER
- QUESTION 3 300
  MODEL ANSWER

UNIT 2 Computers
- QUESTION 1 304
  MODEL ANSWER
- QUESTION 2 306
  MODEL ANSWER
- QUESTION 3 308
  MODEL ANSWER

UNIT 3 Education
- QUESTION 1 312
  MODEL ANSWER
- QUESTION 2 314
  MODEL ANSWER
- QUESTION 3 316
  MODEL ANSWER

UNIT 4 Environment
- QUESTION 1 320
  MODEL ANSWER
- QUESTION 2 322
  MODEL ANSWER
- QUESTION 3 324
  MODEL ANSWER

UNIT 5 Government
- QUESTION 1 328
  MODEL ANSWER
- QUESTION 2 330
  MODEL ANSWER
- QUESTION 3 332
  MODEL ANSWER

UNIT 6 Language & Culture
- QUESTION 1 336
  MODEL ANSWER
- QUESTION 2 338
  MODEL ANSWER
- QUESTION 3 340
  MODEL ANSWER

UNIT 7 Life
- QUESTION 1 344
  MODEL ANSWER
- QUESTION 2 346
  MODEL ANSWER
- QUESTION 3 348
  MODEL ANSWER

UNIT 8 Mass Media
- QUESTION 1 352
  MODEL ANSWER
- QUESTION 2 354
  MODEL ANSWER
- QUESTION 3 356
  MODEL ANSWER

UNIT 9 Nation

- QUESTION 1 360
  MODEL ANSWER
- QUESTION 2 362
  MODEL ANSWER
- QUESTION 3 364
  MODEL ANSWER

UNIT 10 Occupation

- QUESTION 1 368
  MODEL ANSWER
- QUESTION 2 370
  MODEL ANSWER
- QUESTION 3 372
  MODEL ANSWER

UNIT 11 Science & Technology

- QUESTION 1 376
  MODEL ANSWER
- QUESTION 2 378
  MODEL ANSWER
- QUESTION 3 380
  MODEL ANSWER

UNIT 12 Society

- QUESTION 1 384
  MODEL ANSWER
- QUESTION 2 386
  MODEL ANSWER
- QUESTION 3 388
  MODEL ANSWER

UNIT 13 Sports

- QUESTION 1 392
  MODEL ANSWER
- QUESTION 2 394
  MODEL ANSWER
- QUESTION 3 396
  MODEL ANSWER

UNIT 14 Travel & Tourism

- QUESTION 1 400
  MODEL ANSWER
- QUESTION 2 402
  MODEL ANSWER
- QUESTION 3 404
  MODEL ANSWER

PART 7 REAL TEST

- TEST 1 408
- TEST 2 410
- TEST 3 412
- TEST 4 414
- TEST 5 416
- MODEL ANSWERS 418

APPENDIX   IELTS Writing Check List 430

PART 1
IELTS Overview

UNIT 1. IELTS Overview ｜ UNIT 2. IELTS Writing 구성

UNIT 3. IELTS Writing 채점기준

UNIT 01 IELTS Overview

IELTS 시험 소개

IELTS는 International English Language Testing System의 약자로 Cambridge 대학의 시험기관인 ESOL과 영국문화원(British Council) 그리고 호주 IDP(IELTS Australia)에서 공동 개발, 관리 및 주관하는 시험입니다.

IELTS는 영어권 국가인 영국, 호주, 캐나다, 뉴질랜드에 유학 또는 이민에 필요한 영어능력을 측정하기 위해 만들어졌으며 현재 전세계 800여 개의 시험센터에서 매달 시험이 시행되고 있습니다. 또한 미국의 3,000개 이상의 주요 대학에서도 토플과 함께 영어능력 인증 기준으로 인정해 주고 있는 세계적인 영어능력 평가시험입니다.

IELTS 시험을 통한 영어능력은 Band로 산출되는데, 아래와 같이 크게 9개의 Band로 구분되며, 각 Band 사이에는 0.5 Band가 존재합니다.(e.g. 6.5, 7.0, 7.5)

Band 9 Expert User	Band 8 Very Good User
Band 7 Good User	Band 6 Competent User
Band 5 Modest User	Band 4 Limited User
Band 3 Extremely Use	Band 2 Intermittent User
Band 1 Non user	

Listening, Reading, Writing, Speaking 영역 모두 위와 같이 Band로 결과가 산출되며, 4가지 영역의 각 Band 평균값인 Overall Band를 산출하여 결과를 통보합니다.

IELTS 시험 구조

1. IELTS 시험의 두 가지 Module

IELTS 시험은 Listening, Reading, Writing, Speaking 4가지 영역에서 평가되며, Reading 과 Writing은 다뤄지는 문제의 내용에 따라 Academic Module와 General Module의 두 가지 Module로 구분됩니다. Listening과 Speaking은 module 구분 없이 공통과목입니다.

Academic Module
학술적인 내용이 많이 포함되어 있으며, 미국, 캐나다, 호주, 뉴질랜드, 영국, 유럽 등으로 유학을 가려는 사람들을 대상으로 하는 모듈입니다.

General Module
일상생활에 대한 내용이 많이 포함되어 있으며, 호주, 캐나다, 뉴질랜드 등으로 이민을 가려는 사람들을 대상으로 하는 모듈입니다.

2. IELTS 시험 진행과정

IELTS 시험 영역

1. Listening

이 영역은 약 30분 동안 진행되며 4개의 section에 걸쳐 40문제로 이루어져 있습니다. Listening 시험은 CD에 녹음된 내용을 한 번만 들려주며, 주어진 시간에 문제를 이해하고 답을 찾습니다. 녹음된 내용의 방송이 끝나면 답안지에 답을 옮겨 적을 시간이 10분간 주어집니다. 따라서 방송이 나오는 시간에는 답을 답안지에 적기 위해 노력하지 말고 문제 풀기에 집중하는 것이 좋습니다. IELTS Listening 시험은 Academic Module과 General Training Module의 구분 없이 공통입니다.

	특징	내용	문제수
SECTION 1	일상생활 관련	일상생활에서 일어날 수 있는 주제 관련, 두 명의 대화 예) 부동산 문의, 고객센터 불편 접수 등	10
SECTION 2	일상생활 관련	일상생활에서 접할 수 있는 주제 관련, 한 명의 monologue 예) public event 안내, 전자제품 설명 등	10
SECTION 3	교육 및 학업 관련	대학 및 교육 관련 사항에 관한 2~4명의 대화 예) 대학 수업 및 교과 과정, 세미나, report, 학교 행사 및 활동 관련	10
SECTION 4	교육 및 학업 관련	대학 및 교육 관련 사항에 관한 두 명의 monologue 예) 강의 소개, 수강신청 방법, 신입생 학교 설명 등	10

2. Reading

이 영역은 60분 동안 진행되며 3개의 section에 걸쳐 40문제로 이루어져 있습니다. 3개 section에 나오는 지문은 총 2,200~2,800개 정도의 단어 분량입니다. 시험 시 주의할 사항은 Listening과 달리 시험이 끝난 후 답안지에 답을 옮겨 적는 시간이 없다는 것입니다. IELTS Reading은 Academic Module과 General Training Module로 나뉩니다.

Academic Module Reading

Academic Module Reading은 영어권 국가 대학교나 대학원 입학을 희망하는 사람들을 대상으로 하며 학업에 필요한 독해 능력이 구비 되었는지를 테스트합니다. (Skills of reading for learning)

General Module Reading

General Module Reading은 영어권 국가에 비 학위과정으로 공부하려는 사람 또는 캐나다, 호주, 뉴질랜드 등의 나라로 이민을 희망하는 사람들을 대상으로 한 것입니다. 영어권 사회에서 생존에 필요한 기본 영어능력을 테스트합니다. (Skills of reading for survival)

3. Writing

이 영역은 Task 1과 Task 2로 구성되어 있고 60분간 진행됩니다. IELTS협회에서는 Task 1을 20분 동안 150자, Task 2를 40분 동안 250자 이상을 쓰라고 권고하고 있습니다. 글은 주어진 시험지에만 써야 하며, 써야 할 글이 많아 처음 주어진 답안지가 부족할 경우 추가로 답안지를 더 요청할 수 있습니다.

Academic Module Writing

Task 1에서는 graph / table / chart / diagram / picture에 대한 설명을 요구하는 문제가 출제됩니다. Task 2는 에세이 시험으로 응시자는 특정 토픽에 대한 의견제시, 장단점 분석, 문제제기, 해결방안 등등의 내용을 써야 합니다.

General Module Writing

Task 1에서는 request / complain / thanks 등의 여러 목적을 가진 편지 글을 씁니다. Academic Task 1과는 달리 편지를 쓸 때 꼭 써야 하는 과제들이 주어지고, 이러한 과제를 따라 쓰다 보면 자연스럽게 글의 구성을 완성시킬 수 있습니다. Task 2는 에세이 시험으로 응시자는 특정 토픽에 대한 의견제시, 장단점 분석, 문제제기, 해결방안 등등의 내용을 써야 합니다.

4. Speaking

이 영역은 3개 Part로 구성되어 있고 11~14분간 진행됩니다. Speaking 시험을 위한 별도의 장소에서 시험관과 응시자가 1:1 인터뷰 형식으로 시험을 봅니다. 개인마다 시험 시작 시간을 시험 당일에 통보 받으며, 응시자는 대기실에서 자신의 시험순서를 기다리고 있어야 합니다. 모든 시험 내용은 녹음이 되어 필요나 요청에 따라 다른 시험관에 의하여 재채점됩니다. Speaking 시험의 전체적인 과정은 다음과 같습니다.

		특징	시간
PART 1	Introduction and Interview	시험관이 간단히 자기 소개를 하고 응시자의 신분증을 확인한 후 일상생활에 관련된 친숙한 주제에 관하여 질문합니다.	4~5분
PART 2	Individual long turn	시험관이 제시한 topic card의 내용에 대해 1분간 답변을 준비한 후 2분 내의 presentation 형식으로 답을 합니다.	3~4분 (답변 준비 시간 1분 포함)
PART 3	Two-way discussion	Part 2에서 주어졌던 주제에 관하여 시험관이 좀 더 심층적인 질문을 하고 응시자는 이에 답합니다.	4~5분

UNIT 02 IELTS Writing 구성

IELTS Writing Task 소개

1. **Writing Task 1**

    Task 1에서는 주어진 도표(graph / table / chart / diagram / picture) 등에 대한 정보(data)를 설명하는 글을 작성합니다. 각 정보를 설명하는 데 있어 적절한 단어들로 표현해야 하며, 다음과 같은 writing 능력을 보여줘야 좋은 점수를 받을 수 있습니다.

    - 주어진 정보를 정리하고 알맞게 비교할 수 있는 능력
    - 어떤 과정이나 순서의 단계를 논리적으로 설명할 수 있는 능력
    - 어떤 대상이나 현상, 현상의 결과에 대해 설명할 수 있는 능력
    - 어떻게 일이 진행되는지에 대한 설명 능력

2. **Writing Task 2**

    Task 2에서 응시자는 주어진 문제에 대한 관점이나 논쟁 또는 문제점 등을 파악하고 자신의 의견 등을 Essay 형식의 글로 작성합니다. 다음과 같은 writing 능력을 Task 2에서 채점 받습니다.

    - 문제점에 대한 해결책을 제시할 수 있는 능력
    - 의견을 제시하고 타당성 있게 설명할 수 있는 능력
    - 글을 전개하기 위해 의견, 증거, 의미 등을 비교 및 대조할 수 있는 능력
    - 생각과 증거 또는 논쟁을 이끌어 내고 적용시킬 수 있는 능력

IELTS Writing 출제방식

1. Academic Writing Task 1 출제방식

WRITING TASK 1

주어진 문제를 20분 정도에 해결해야 한다는 가이드라인입니다.
IELTS 협회의 권고 사항이지 꼭 이 시간 안에 마쳐야 하는 것은 아닙니다. Task 2를 250자 이상 쓰려면 보통 Task 1을 20분보다 더 빨리 쓰는 것이 좋습니다.

You should spend about 20 minutes on this task.

제시되는 Graph에 대한 간단한 설명이 주어집니다.

> The graph below shows the changes in the number of West Indians and Indians and Pakistanis immigrating to Britain between 1940 and 1970.
>
> Summarise the information by selecting and reporting the main features, and make comparisons where relevant.

두드러진 수치를 정리하고 비교하라고 요구하고 있습니다.
이는 Task 2에서 자신의 의견을 내세우는 것과 차이가 나는 부분입니다. 따라서 Academic Writing Task 1에서는 개인적인 생각이나 의견은 들어가지 않도록 해야 합니다.

Write at least 150 words.

150자의 분량을 채우지 못하면 감점이 됩니다.

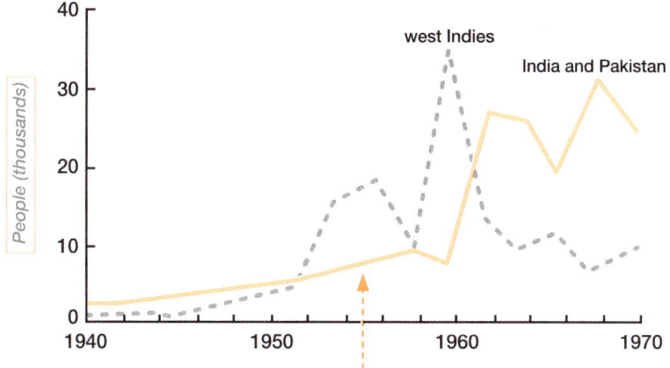

Date of entry to the U. K.

Graph에는 수치 이외의 어떤 설명도 나와있지 않습니다.
General Writing Task 1에서는 어떤 부분에 대해서 글을 쓰라는 가이드가 제시되지만, Academic Writing Task 1에서는 응시자가 해당 그래프 안에서 써야 할 것을 직접 찾아야 합니다.

2. Academic Writing Task 2 출제방식

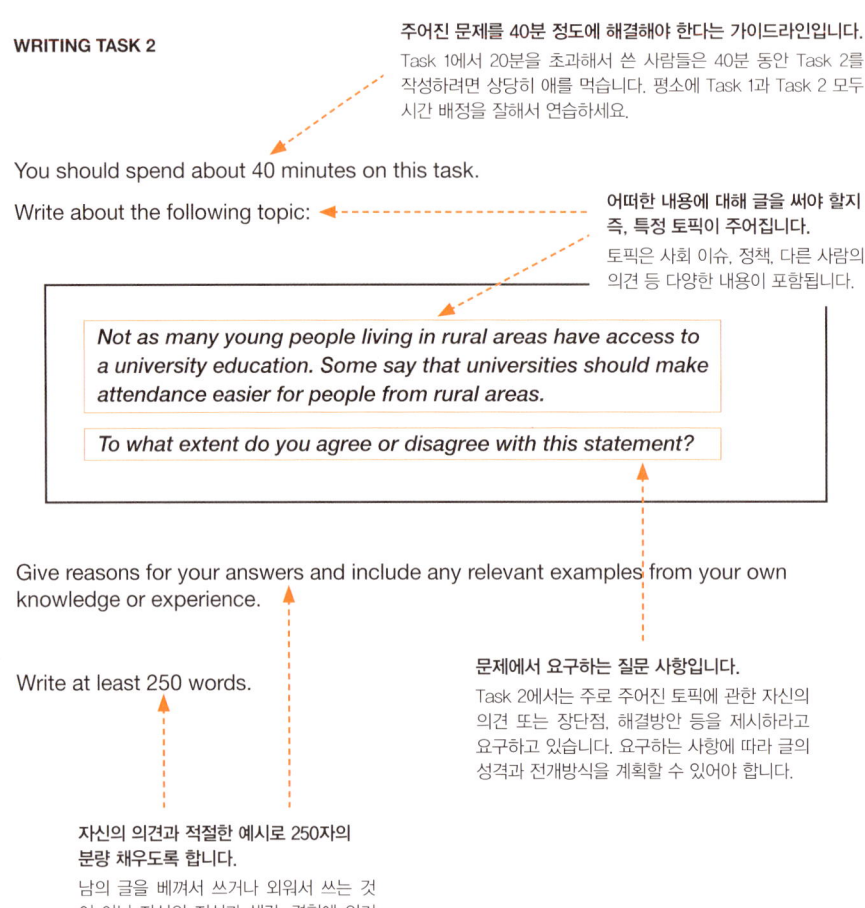

UNIT 03 IELTS Writing 채점기준

채점은 어떻게 이루어지는가?

각 Task는 독립적으로 채점이 이루어집니다. Task 1과 Task 2의 채점이 따로 진행되고 이를 합산하여 Writing Band를 산정합니다. 합산된 Band는 0.5점 단위로 1~9 Band 사이에서 매겨지게 되는데 Task 1보다 시간과 글자 수가 많이 필요한 Task 2의 비중이 상대적으로 더 높습니다.

그렇다면 IELTS Writing의 채점은 누가 할까요? 매년 전세계에서 200만 명이 넘는 사람이 IELTS를 응시하고 있으며 이들의 Writing을 채점하기 위한 채점자 역시 상당수가 필요합니다. 응시자가 정성스럽게 쓴 Writing 답안지는 각국에 주재하는 영국인, 호주인 혹은 미국인 중 IELTS 채점 자격을 소지한 사람들에 의해 채점됩니다. 채점자는 IELTS의 모든 채점기준을 분명하게 숙지하고 응시자의 답안을 채점합니다. 또한 IELTS 시험기관은 채점에 필요한 매뉴얼을 각각의 항목별로 매우 자세하게 준비하고 이를 주기적이며 반복적으로 채점자에게 훈련시키고 있습니다.

채점기준 분석이 왜 중요한가?

외국의 대학원 진학을 위해 IELTS 점수가 필요한 분들은 대부분 Overall 6.5 이상을 목표로 합니다. 대부분의 대학교에서 이 점수대를 요구하기 때문인데, 원하는 학교에 입학하기 위한 Overall 6.5 이상을 넘기느냐 아니냐는 Writing 점수에 의해서 좌우된다고 해도 과언이 아닙니다.

한국 응시자의 대부분은 Writing, Speaking의 점수가 낮은데, 이 두 영역에서 6.0 이상을 받지 못하면 Reading과 Listening에서 7.5 이상의 고득점이 필요하기 때문에 Writing과 Speaking이 Overall 6.5의 발목을 잡는 경우가 많습니다. 특히, Writing이 Overall 점수를 까먹는 주인공인데, 회화를 글쓰기보다 중요시하는 영어학습 풍토 때문입니다.

어떤 시험이든 기본에 충실하고 자신감 있게 실력을 발휘한다면 얼마든지 고득점을 받을 수 있습니다. IELTS가 평소 안 접해 본 Writing과 Speaking이 포함되어 있어서 많은 분들이 어렵다고 겁부터 먹는 경우가 많은데 전혀 그럴 필요가 없습니다. 평소에 꾸준히 공부해 온 영어실력을 IELTS 시험에서 요구하는 사항에 맞추어 보여주면 되기 때문입니다. 여기서 '요구하는 사항'은 IELTS의 채점기준입니다.

본 책에서는 IELTS의 채점기준을 철저히 파헤쳐서 여러분께 보여드리고 이에 맞는 글을 쓸 수 있도록 안내하겠습니다. 이것이 IELTS Writing 고득점의 지름길이기 때문입니다.

채점기준은 몇 가지로 나뉘는가?

너무나 당연한 말이지만 채점기준을 알아야 그에 부합되는 에세이를 써서 점수를 획득할 수 있습니다. '에세이는 곧 글쓰기다'라고 여긴 나머지 무턱대고 영어로 글 쓰는 것에만 신경을 쓰면 안 됩니다. 채점자에게 채점기준을 통해 제대로 어필할 수 있는 에세이를 쓸 수 있어야 합니다.

IELTS Writing의 Task 1과 Task 2의 채점기준은 아래와 같이 4가지로 나뉩니다.

	Task 1	Task 2
1	Task Achievement	Task Response
2	Coherence and Cohesion	Coherence and Cohesion
3	Lexical Resource	Lexical Resource
4	Grammatical Range and Accuracy	Grammatical Range and Accuracy

Task 1의 Task Achievement와 Task 2의 Task Response 항목을 제외한 나머지는 Task 1과 Task 2 모두 동일한 채점항목을 가지고 있습니다. 각 채점기준 항목을 쉽게 풀어 정리하면 다음과 같습니다.

	채점기준	내용
1	Task Achievement	주어진 문제의 요구 사항을 충족시키는 Report를 작성하였는가?
	Task Response	주어진 문제의 요구 사항을 충족시키는 Essay를 작성하였는가?
2	Coherence and Cohesion	논지가 명확히 드러난 짜임새 있는 글을 작성하였는가?
3	Lexical Resource	주어진 문제에 적절한 어휘를 다양하게 구사하였는가?
4	Grammatical Range and Accuracy	다양하고 정확한 문법을 구사하였는가?

한 가지 유의할 점은 시험에서 요구하는 최소한의 단어 수(Task 1=150자, Task 2= 250자)를 채우지 못하면 감점이 된다는 것입니다. 채점기준에 맞는 글을 쓰더라도 문제에서 요구한 글자 수를 채우지 못하면 고득점을 받기 어려워집니다. 따라서 Writing을 학습할 때에는 최소 요구 단어 수를 항상 지켜가면

서 연습을 하는 것이 좋습니다. 또한 한편의 완성된 글을 쓰는 연습을 게을리 하고 문장 단위의 학습만 하면, 전체적인 글을 완성시키는 능력을 키울 수가 없습니다. 따라서 평소에 150자, 250자 이상의 글을 채우는 연습을 꾸준히 하는 것이 좋습니다.

다음에서는 각 채점기준 항목에 대해 자세히 설명하도록 하겠습니다.

1. Task Achievement / Response
주어진 문제의 요구사항을 충족시키는 report를 또는 essay를 작성하였는가?

Task Achievement / Response는 응시자의 사고능력과 이해력을 평가하는 항목입니다. 주어진 문제를 얼마나 잘 분석하고, 이해하였는지가 중요한 채점기준이 됩니다. 문제에서 요구하는 대로 쓰는 것이 뭐 그리 어렵길래 채점기준 첫 번째일까 하고 의아해하는 분들이 많습니다. 하지만 실제로 응시자들이 쓴 답안지를 보면, 문제의 요구 사항과 동떨어진 글을 쓰는 일이 너무도 많습니다. 주어진 글쓰기 과제(Task)에 맞는(Achievement / Response) 글만 써도 4가지 채점기준 중 1개는 충족되는 것이며, 이를 달리 보면 아무리 영어실력이 좋다 하더라도 과제에 맞지 않는 글을 쓰면 좋은 점수를 받을 수 없다는 뜻이 됩니다. 따라서 IELTS Writing의 첫 번째 채점기준은 문제를 제대로 이해하고 글을 정확히 쓰는 실력을 평가하겠다는 의도가 있습니다.

Task Achievement
Task Achievement는 주어진 그래프의 두드러지는 특징을 정확하고 적절하게 설명하였는지를 평가하는 항목입니다. 보다 쉽게 설명하면, 문제에서 주어진 간단한 설명과 그래프를 보고 꼭 써야 할 것을 찾아서 쓰는 것이 Task Achievement라 할 수 있습니다. 이러한 이유로 Academic Writing Task 1을 Information-Transfer Task라고도 합니다. 이는 보여지는 도형이나 선, 수치 등을 자신의 해석이나 추측에 의해서가 아니라 객관적인 서술로 풀어내야 하기 때문입니다. 두드러지는 특징을 정확하고 빨리 파악하는 것이 무엇보다 중요한 Task입니다.

Task Response
Writing Task 1은 Task Achievement로 평가되지만, Writing Task 2는 Task Response 항목으로 채점이 됩니다. Task Achievement가 정확한 정보전달에 초점이 맞추어져 있다면, Task Response는 응시자의 사고능력과 이해력을 평가하는 항목입니다. 주어진 질문을 정확히 파악한 후 본인의 생각을 체계적으로 정리해서 올바른 결론을 도출할 수 있도록 글을 발전시켰는가에 중점을 두고 있습니다. 짧게 주어진 답안 작성 시간에 몰두하여 글을 쓰다 보면 배가 산으로 가듯이 글이 엉뚱하게 전개되는 경우가 흔하게 발생합니다. Task Response 외 나머지 채점항목에 부합되게 글이 전개되었다 할지라도, 이와 같이 글의 방향이 문제에서 요구하는 것을 벗어나게 되면(Off-Topic) 좋은 점수를 받을 수 없습니다. 따라서 응시자들은 문제를 정확히 파악한 후에 글을 작성해야 합니다.

Example와 함께 좀 더 자세히 설명하도록 하겠습니다.

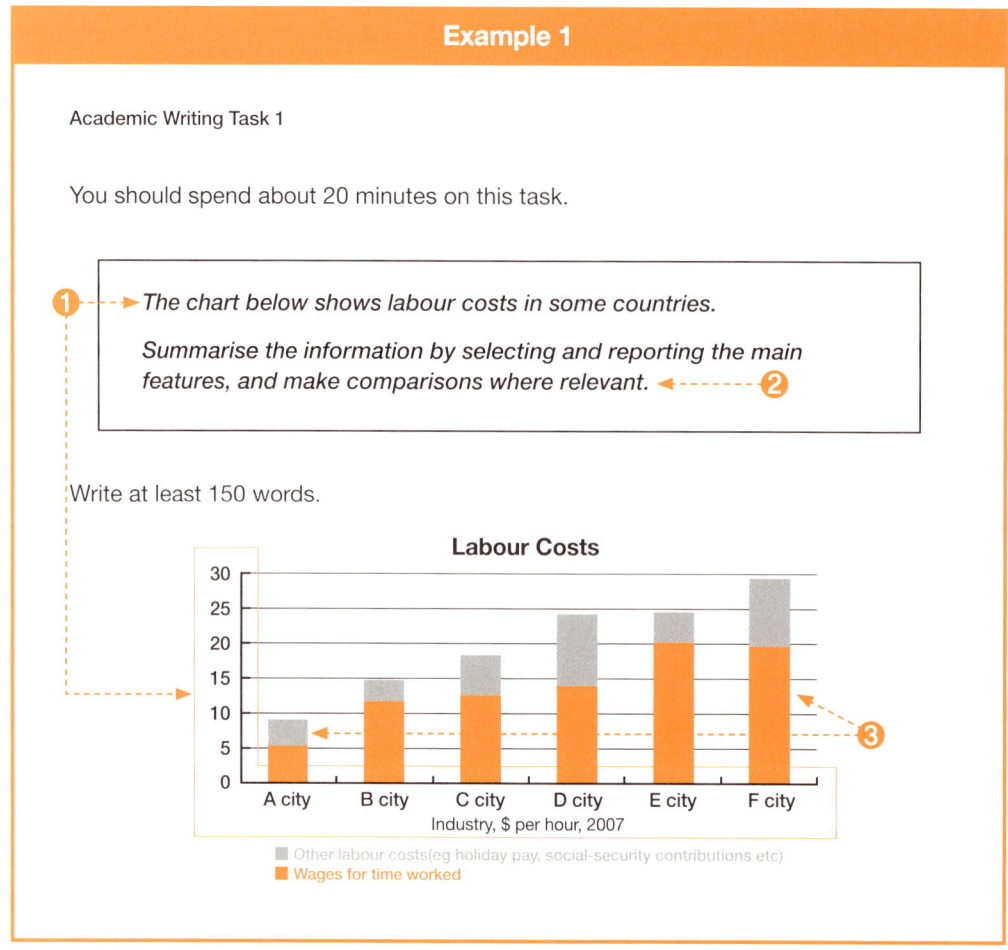

Task Achievement 채점항목을 충족시키기 위해 다음 사항들을 점검하도록 합니다.

❶ 그래프의 기본 정보

문제의 요구 사항에 앞서 어떠한 그래프인지 설명하고 있습니다. 하단의 해당 그래프의 X축과 Y축의 기준이 무엇인지, 몇 개의 그래프로 되어있는지, 그래프의 작성 연도는 언제인지 등등 그래프의 기본 정보를 확인하도록 합니다.

❷ 문제의 요구 사항

Academic Writing Task 1은 그래프 정보에 이어 문제의 요구 사항 'Summarise the information by selecting and reporting the main features, and make comparisons where relevant.'이 주어집니다. 따라서 요구 사항에 맞춰 주요 특징들을 선택하여 작성함으로써 정보를 요약해야 합니다.

③ 그래프의 주요 특징

문제의 요구 사항에 맞추기 위해서 주요 특징들이 무엇인지 정리합니다. 일반적으로 F city와 A city와 같이 가장 눈에 띄는 것부터 차례대로 나열하는 것이 수월하며, Wage for time worked 부분과 Other labour costs 부분에 대한 정보, 그리고 각 도시의 특성 또한 반드시 언급을 해주어야 합니다. 주요 특징들을 아래와 같이 나열할 수 있습니다.

✓	The wage for time worked is almost the same in B city, C city, and D city.
✓	E city and F city are the two cities whose labour costs are the most expensive.
☐	Compared with B city, A city workers are paid half as much as B city workers.
✓	The highest labour cost is in F city, which is nearly four times as much as that in A city.
✓	E city has the highest wage, which is $20 per hour. In F city, the wage is nearly the same as that in E city.
✓	A city offers the lowest wage, which is only $5 per hour. It is only one fourth of the approximate wage offered in E city.
☐	The highest wages are offered/found in E city and F city, but F city expends more money on other labour costs than E city.
☐	In D city, workers' wages are almost equal with their "Other labour costs".
☐	A city's other labour expenditure is almost the same as E city's.
☐	A city pays its workers $5 per hour and spends $4 for other labour costs.
✓	A city has the lowest labour cost/expenditure compared to all cities.
✓	In all the cities in the example, the expenditure for wages is higher than "Other labour costs".
✓	F city has the highest expenditure when wages and other labour costs are added.
✓	In E city, the wages given are much more than in other countries, excepts for F city in which workers are paid almost the same amount as in E city.
✓	It can be concluded that F city's labour cost is the highest, while E city ranks the second.

이 가운데 주요 사항을 묘사한 10개의 문장을 선택(✓)해 보았습니다. 이렇게 그래프의 주요 특징들이 정리되어지면 Task Achievement 채점항목을 만족시키게 되며, 더불어 평균 한 문장에 15개의 단어를 사용하게 되므로 대략 150자가 넘게 되어 문제에서 요구하는 단어 수 또한 충족하게 됩니다.

Example 2

Academic Writing Task 2

You should spend about 40 minutes on this task.
Write about the following topic:

> Some people think that schools should concentrate on academic classes. They think music and sports classes are not useful and should be omitted from primary school curriculum.
>
> To what extent do you agree or disagree with this point?

Give reasons for your answers and include any relevant examples from your own knowledge or experience. ◀------❸

Write at least 250 words.

Task Response 채점항목을 충족시키기 위해 다음 사항들을 점검하도록 합니다.

❶ 문제의 배경정보

Academic Writing Task 2는 문제 요구 사항에 대한 배경정보, 즉, Topic이 주어집니다. 이 주어진 배경정보를 끝까지 정확히 읽어야만 글의 방향이 문제에서 요구하는 것을 벗어나지(Off-Topic) 않게 됩니다. 응시자들은 반드시 아래의 문제 요구 사항과 더불어 문제의 배경정보를 정확히 파악하도록 해야 합니다.

❷ 문제의 요구 사항

위의 문제의 배경정보(Topic)에 이어 바로 To what extent do you agree or disagree with this point?와 같이 질문 형태 즉, 문제의 요구 사항이 나옵니다. 문제의 요구 사항에 따라 문제유형이 결정됩니다. 찬반논의를 요구하는지, 장단점 설명을 요구하는지, 문제 해결방안을 제시하길 요구하는지 등을 정확히 파악한 후에 그 요구 사항을 빠짐없이 답안에 작성하도록 해야 합니다.

❸ 문제와의 연관성 확인

답안 작성 시에는 충분한 예시와 부가설명이 뒷받침되어야 합니다. 하지만 이러한 예시와 설명이 문제와 연관되지 않고 주제를 벗어나는 경우가 종종 발생합니다. 따라서 위에서 열거한 배경정보와 요구 사항을 정확히 읽고 그에 따라 자신의 생각을 주제와 맞게 정리하는 것이 무엇보다 중요합니다.

주요 예시와 부가설명들을 아래와 같이 나열할 수 있습니다.

- ✓ Young children always have opportunities to learn music in extracurricular activities.
- ✓ It is costly for schools to provide spacious areas for PE classes.
- ✓ It is burdensome for schools to buy expensive musical instruments like pianos.
- ✓ Academic knowledge is useful and practical when students hunt for jobs later on.
- ✓ We should delete some subjects because there are already many of them in the students' curriculum.
- ✓ Music and sports can help develop children's talents as well as academic subjects.
- ✓ Schools could help children when their parents cannot afford music lessons.
- ✓ Learning sports is a good way to teach children about teamwork and cooperation.
- ✓ Students should not just be sitting all day long in the classroom and they need active lessons such as sports.
- ✓ Learning music can develop the right brain while academic subjects help with the left brain.
- ☐ Primary school teaches children many things that could affect their values in their future life.
- ☐ For children from low-income families, primary schools may be the only school they can go to in life.
- ☐ When children attend primary schools, they learn how to spell words and write.
- ☐ Parents can take off (pass on) the burden when they send children to primary schools.
- ☐ It is an effective method of reducing juvenile crime rates when sending them to schools.

이 가운데 체크되지 않은 5개의 문장은 문제의 배경정보와 연관되지 않은 primary school이 중요한 이유이므로 답안에는 적절하지 않습니다. 이 문장들을 제외하고 선택(✓)한 나머지 문장을 이용하여 답안을 작성하도록 합니다. 이와 같이 항상 예시가 문제와 연관성이 있는지를 점검하는 것이 Task Response 채점항목을 충족시키기 위해 중요합니다.

2. Coherence and Cohesion
논지가 명확히 드러난 짜임새 있는 글을 작성하였는가?

Coherence and Cohesion은 응시자가 작성한 답안이 얼마나 논리정연하게 흘러가고 문장과 문장의 연결이 자연스러운지를 평가하는 항목입니다. 즉, 쓰인 글이 읽는 사람으로 하여금 얼마나 쉽게 이해되고 잘 전달되는가에 초점이 맞춰져 있습니다.

Coherence

Coherence는 글이 얼마나 논리정연한지를 평가하는 것입니다. 좋은 Coherence를 위해선 글을 뒷받침하는 아이디어들이 일관성 있게 준비되어 서론(Introduction), 본론(Body), 결론(Conclusion)의 글의 순서가 합당하게 구성되야 합니다. 즉, 글 전체의 구성이 서론 → 본론 → 결론의 문단으로 되어야 하며, 이들 각각의 문단은 Main Idea sentence → Supporting Idea sentence → Concluding sentence(생략 가능)의 구조로 전개되어야 바람직합니다. 이러한 구조로 글이 전개될 때 '글의 문맥이 잘 잡혀있다, 논리적이고 논지가 명확히 드러나있다'라고 평가됩니다. 서론이 본론보다 너무 장황하고 길거나, 본론과 결론의 내용이 달라 감점되는 일이 없도록 주의해야 합니다.

Cohesion

Cohesion은 우리말로 결집성, 응집성이라고 하며 문장과 문장이 자연스럽게 연결되었는지, 적절한 연결어구를 사용하여 글의 흐름을 좋게 하였는지를 평가합니다. 좋은 Cohesion의 글을 쓰기 위해서는 as a result, however, accordingly, in addition, so, and, but과 같은 문장의 연결어들과 같은 말의 반복을 피하게 해주는 it, that, this 등과 같은 대명사들을 적절히 사용하여 문장과 문장이 매끄럽게 연결되도록 해야 합니다. 주의해야 할 점은 이러한 연결어구는 글의 흐름을 자연스럽게 해주지만, 지나치게 많이 사용하거나 너무 적게 사용하는 경우 감점 요인이 될 수 있으니 적절하게 조절해서 사용할 수 있는 능력을 키워야합니다.

그럼, Example와 함께 좀 더 자세히 설명하도록 하겠습니다.

Example 1

TOPIC
Many say that people who live in modern society are more stressed as compared to the people who lived in the past.

Jobs today demand higher levels of expertise. The requirements for superiority in terms of intelligence and ability have contributed to how youngsters are pressured to get into good universities in order to get a great education. As a result, they push themselves to do their best. This is a good effect of competition; however, it also adds to tension and anxiety. Although we are blessed with modern conveniences, many people are pressed for time. Their time is consumed by doing their work, commuting to and from work, or meeting their responsibilities and obligations at home or in the workplace. People have less time for themselves or for their families. One way is for people to psychologically and physically prepare themselves to face the demands of society. Since parents nowadays are aware of the competition in school and in the community, they should strive to prepare their children by giving them proper education. Parents and guardians should do their best to instill discipline and confidence in the youth. In addition, when people feel that they are too stressed, they should find time to relax or indulge themselves in their favorite activities. They could also go on vacation or travel to interesting places.

Coherence 채점항목을 충족시키기 위해 다음 사항들을 점검하도록 합니다.

❶ 문단 구성
답안은 서론, 본론, 결론으로 문단이 구분되어야 하며, 각각의 문단은 유기적으로 서로 연결되어 있어야 논리정연한 글이 됩니다. 서론은 글쓴이가 무엇을 논하고자 하는지를 보여주는 문단으로 읽는 이는 서론을 통해 글쓴이의 작문의도를 파악하게 됩니다. Writing Task 1은 어떤 도표인지 서술해주어야 하며, Writing Task 2는 자신의 관점을 보여주는 논제(Thesis)를 포함해야 합니다. 되도록 간단명료하게 쓰고, 도표의 상세정보나 논제를 뒷받침해주는 상세한 내용은 본론에서 보여줍니다.

❷ 각 문단의 주제문
각각의 본론 문단을 통해 자신의 논제를 뒷받침하는 예시와 부가설명을 보여주어야 합니다. 항상 문단에는 주제문(Topic Sentence)이 있어야 하며, 한 문단에는 한 가지 주제만 서술하도록 합니다. 다른 주제로 논제를 뒷받침하고자 할 경우 문단을 구분하고, 한 줄을 띄어 다른 주제문으로 새로운 문단을 시작하도록 합니다.

❸ 핵심 사항 정리
결론을 통해 본론에서 보여준 내용들을 정리하고 Writing Task 2의 경우 서론에서 밝힌 논제를 최종으로 정리합니다. 새로운 아이디어를 제시하기보다 간결하게 글을 마무리 짓는 것이 중요합니다.

앞의 지침대로 다음과 같이 글을 재구성할 수 있습니다.

서론

People living in modern society are constantly faced with stressful situations. Although our lives have been made easier with new technological innovations, our current fast-paced lifestyles have also made us more stressed. In this essay, I will discuss some of the causes of stress and how it can be alleviated. ← 자신의 관점을 보여주는 논제 제시

본론

First, extreme competition in school and in the workplace is one cause of stress. ← 주제문으로 문단 시작
Jobs today demand higher levels of expertise. The requirements for superiority in terms of intelligence and ability have contributed to how youngsters are pressured to get into good universities in order to get a great education. In companies, employees and even those who already hold high positions are threatened by the younger generation who may be more familiar with current trends and technological advancements. As a result, they push themselves to do their best. This is a good effect of competition; however, it also adds to tension and anxiety. ← 다양한 예시와 부가설명으로 주제문 뒷받침

← 문단과 문단 사이 한 줄 띄기로 구분한 후 다른 주제문으로 새로운 문단 시작

Second, our fast-paced lifestyles rob us of time to relax and unwind. Although we are blessed with modern conveniences, many people are pressed for time. Their time is consumed by doing their work, commuting to and from work, or meeting their responsibilities and obligations at home or in the workplace. People have less time for themselves or for their families.

There are many ways to alleviate stress. One way to avoid this is for people to psychologically and physically prepare themselves to face the demands of society. Since parents nowadays are aware of the competition in school and in the community, they should strive to prepare their children by giving them proper education. Parents and guardians should do their best to instill discipline and confidence in the youth. In addition, when people feel that they are too stressed, they should find time to relax or indulge themselves in their favorite activities. They could also go on vacation or travel to interesting places.

결론

In conclusion, some causes of stress are competition and having a fast-paced lifestyle. Fortunately, there are also ways to relieve the stress of everyday life. I believe we must always be aware that from time to time, our minds and our bodies need some time to relax and unwind. We should know what our limits are and endeavor not only to meet the demands of society, but also our own personal demands. ← 본론의 핵심 내용과 서론에서 언급한 논제 정리

이 글은 서론에서 소개한 논제를 본론 문단에서 원인과 해결책으로 나누어 잘 설명한 후에 핵심 내용을 반영한 결론으로 매끄럽게 마무리 하고 있습니다. 서론에서 제시한 논제로 본론과 결론을 진행해야 좋은 Coherence의 글을 완성할 수 있습니다.

Example 2

예문 A

The older generation feels challenged by younger people.
They push themselves to do their best.
This is a good effect of competition.
It causes tension.
It causes anxiety.

예문 B

Leah appreciates art.
Art helps Leah to express Leah's thoughts and feelings.

Cohesion 채점항목을 충족시키기 위해 다음 사항들을 점검하도록 합니다.

❶ 전환어구(Transitional Words)와 접속어구(Conjunctions) 사용

예문 A는 단문의 나열로만 이루어져 문장과 문장 간의 연결이 매끄럽지 않아 글의 흐름이 좋지 않습니다. 따라서 as a result, however처럼 문장과 문장의 연결을 매끄럽게 하고 화제 전환을 쉽게 해주는 전환어구(Transitional Words)나 also, and처럼 문장 안에서 단어와 구문을 유기적으로 결합해주는 역할을 하는 접속어구(Conjunctions)를 사용하여 아래와 같이 매끄럽게 수정하도록 합니다.

The older generation feels challenged by younger people. **As a result,** they push themselves to do do their best. This is a good effect of competition **; however,** it also causes tension **and** anxiety.

❷ 대명사(Pronouns), 소유형용사(Possessive Adjective) 사용

위의 전환어구(Transitional Words)와 접속어구(Conjunctions) 외에 대명사, 소유형용사도 Cohesion을 좋게 하는 기능을 합니다. 예문 B의 경우, 대명사 it을 사용하여 앞 문장의 art을 받아 동일한 단어의 반복을 막아 주고, 소유대명사 her을 Leah's 대신 써서 소유의 의미를 전달하면, 아래와 같이 더욱 흐름이 자연스러운 문장이 될 수 있습니다.

Leah appreciates **art**. **It** helps **her** to express **her** thoughts and feelings.

전환어구와 접속어구인 Cohesive Device의 종류를 더욱 자세히 알아보도록 하겠습니다.

전환어구(Transitional Words)

Time Relationship (시간 관계)	Spatial Relationship (장소 관계)	Comparison or Contrast (비교, 대조)	Cause & Effect (원인, 효과)	Addition (부가)	Emphasis (강조)	Examples (예)
first, second, third… after before during earlier finally later, now meanwhile next, last then	above ahead before behind beneath beyond here inside near outside	conversely however in like manner instead likewise nevertheless nonetheless on the contrary similarly yet	accordingly as a result consequently because of on account of since so then therefore thus	also as well besides furthermore in addition moreover second too	especially even indeed in fact in other words	also as an illustration for example for instance in particular namely that is

접속어구(Conjunctions)

Conjunctive Adverbs 접속부사

accordingly again also	besides consequently finally	furthermore however indeed	moreover nevertheless otherwise	then therefore thus

Coordinating Devices 등위어구

Coordinating Conjunctions (등위접속사)	Correlative Conjunctions (상관접속사)	Conjunctive Adverbs & semicolons (접속부사, 세미콜론)		
and but or nor yet so	either…or neither…nor not only…but also	; nevertheless, ; consequently, ; however,	; moreover, ; otherwise, ; indeed,	(;) 세미콜론만 단독으로 쓸 수 있음

Subordinating Words 종속어구

Comparisons (비교)	Addition or Identification (부가, 지시)	Time Relationships (시간 관계)	Cause & Effect (원인, 효과)	Contrasts (대조)
as though as if as well as just as as much as	that which who where whom whose	after as soon as before since until when whenever while	because in order that provided that so that whether	though whereas although

*출처: Gray Forlini, Grammar and Composition, Singapore : Pearson Prentice Hall, 2004 pp.52, 455, 456

3. Lexical Resource
주어진 문제에 적절한 어휘를 다양하게 구사하였는가?

응시자의 단어나 표현 사용이 얼마나 정확하고 유창한지도 IELTS Writing의 채점기준입니다. 벼락치기로 IELTS를 공부하시는 응시자가 가장 어려워하는 채점항목이 바로 이 Lexical Resource인데 어휘력을 평가한다고 생각하면 무리가 없습니다.

Lexical Resource
IELTS Writing에서 응시자는 다양한 어휘 사용으로 폭넓은 어휘력과 정확한 어휘 선택 능력을 채점자에게 보여주어야 합니다. 기본적인 어휘만으로 답안을 작성해 중복되는 어휘가 많지 않도록 동의어 또는 다양한 표현을 익혀두어야 합니다. 따라서 Lexical Resource 채점항목을 준비하기 위해서 응시자는 동의어를 비롯하여 look after 또는 hang out 등과 같이 동사와 전치사, 동사와 부사로 이루어진 구동사, 격언, 속담, 연어, 관용구 등 폭넓은 어휘를 활용할 수 있는 능력을 키워야 합니다. 주의할 것은 중복되는 어휘를 피하기 위해 상황에 맞지 않는 동의어를 사용해서 채점자가 글을 읽을 때 그 글의 의미에 혼동을 주어서는 안 된다는 것입니다.

그리고 IELTS Writing에서 느낌표, don't나 can't 등과 같은 축약형, wanna나 gonna 같은 속어, e.g나 pls 등과 같은 약어의 사용은 피하도록 합니다. 또한 우리말을 그대로 영어로 옮겨 의미가 어색한 콩글리쉬(broken English)도 조심해야 합니다. 항상 정확한 스펠링으로 단어를 작성해야 하며, 무조건 긴 단어나 자주 사용되지 않는 어려운 단어 또는 전문용어를 사용하기보다는 짧더라도 정확한 단어를 선택해서 채점자에게 명료하게 의미를 전달하는 것이 무엇보다 중요합니다. IELTS Listening, Reading에 비해 IELTS Writing 점수가 유난히 좋지 않다면 자신의 Lexical Resource 활용 능력을 점검해 볼 필요가 있습니다.

Example와 함께 좀 더 자세히 설명하도록 하겠습니다.

Example

People living in modern society are always faced with bad things. Although our lives have been made really, really, really easier with new things, our very fast lifestyles have also made us more stressed. In this essay, I will chat with you about the starting place of stress and how it can be cut out.

Lexical Resource 채점항목을 충족시키기 위해 다음 사항들을 점검하도록 합니다.

❶ 다양한 동의어 사용

적절한 동의어 사용은 같은 단어의 반복을 피할 수 있을뿐더러 글의 격을 높여 줄 수 있습니다. 따라서 자신이 자주 쓰는 단어 중에 그와 관련된 동의어를 미리 습득해 놓는 것이 좋습니다.

❷ 적절한 단어 선택

단어 선택 시에는 의미가 너무 포괄적이거나 뜻이 명확하지 않은 단어보다는 주어진 문제나 주제와 연관된 상세한 뜻을 가진 단어를 선택해야 합니다.

❸ 불필요한 단어 반복

강조하기 위해서 very, very beautiful과 같이 불필요하게 단어를 반복하기보다는 truly beautiful과 같이 표현하는 것이 한층 formal한 표현으로써 IELTS Writing 답안에 더욱 적합합니다.

❹ 적절한 관용어구

다양한 관용어구와 자주 함께 쓰이는 단어들의 조합을 익혀 보다 정확히 의미가 전달될 수 있도록 해야 합니다. 영문 에세이나 IELTS Reading에 나오는 지문을 활용하여 이러한 관용어구 및 앞에서 언급한 동의어를 익힐 수 있습니다.

❺ 스펠링 오류

정확한 스펠링은 IELTS Writing뿐 아니라, 다른 모든 파트에서도 중요한 부분입니다. 주어진 시간 안에 빠르게 작성하다 보면 실수로 스펠링이 틀리거나, 평소에 손으로 직접 써 보는 연습을 하지 않은 경우 시험 당일에 당황하여 기본적인 스펠링에서 실수가 일어날 수 있습니다. 따라서 평소에 꾸준한 연습으로 스펠링 부분을 철저히 준비해 나가야 하겠습니다.

❻ 콩글리쉬(broken English)

한국말을 그대로 영어로 옮긴다고 해서 그 의미도 그대로 옮겨지는 것은 아닙니다. 따라서, 위에서 말한 것처럼 동의어나 관용어구 또는 자주 함께 쓰이는 단어의 조합을 익혀두는 것이 중요합니다.

앞의 지침대로 다음과 같이 글을 재구성할 수 있습니다.

People living in modern society are ~~always~~ faced with ~~bad things~~.
① → constantly,
  → continuously,
  → continually,
② → stressful situation
  → taxing experience
  → hectic events

Although our lives have been made ~~really, really, really~~ easier with new things,
③ → absolutely

our ~~very fast~~ lifestyles have also made us more ~~stresed~~. In this essay, I will
④ → fast-paced
⑤ → stressed

chat with you about the ~~starting place of stress~~ and how it can be cut out.
⑥ → some causes of stress

---

① always는 너무 자주 쓰이는 단어입니다. constantly, continuously, continually 등의 동의어를 이용하면 더욱 글의 격을 올려 줄 수 있습니다.

② 이어 나오는 bad things은 의미가 너무 포괄적입니다. 정확히 어떤 것을 전달하고자 하는지를 명확히 알려줘야 합니다.

③ 강조하기 위해서는 really, really, really와 같은 반복보다는 absolutely와 같은 강조의 수식어를 사용해 다양한 어휘를 보여주는 것이 좋습니다.

④ lifestyle를 수식할 때는 fast-paced, slow-paced 등이 흔히 쓰입니다. fast-paced는 형용사로서 명사 앞에서 수식합니다.

⑤ 글을 완성한 후에는 정확한 스펠링을 사용하였는지 반드시 확인하도록 합니다.

⑥ 아마 우리말로 '스트레스가 시작되는 부분'을 그대로 영작해서 starting place of stress라고 한 것 같습니다. some causes of stress와 같이 쓰는 것이 더욱 자연스러운 표현입니다.

4. Grammatical Range and Accuracy
다양하고 정확한 문법을 구사하였는가?

Grammatical Range and Accuracy는 말 그대로 얼마나 다양하고 정확한 문법을 구사하는가를 평가하는 채점항목입니다. 단지 문법적인 실수만을 판단하는 것이 아닌 다양한 문법 지식을 보여줘야 합니다.

Grammatical Range

하지만 문법적 실수가 적다고 좋은 점수를 받는 것은 아닙니다. 문법적으로 실수의 여지가 별로 없는 평이한 문장들로만 글을 구성하면 문법 오류가 없더라도 좋은 점수를 받을 수 없습니다. 예를 들면, 주어+목적어+동사로 구성되는 3형식 문장에 자신이 있다고 글 전반을 3형식으로 작성하면 비록 250자 이상을 채웠더라도 좋은 점수를 받을 수가 없습니다.

Grammatical Range에서 Range는 범위입니다. 따라서 다양한 문법 지식을 보여주어야 합니다. 가정법, 관계사절, 분사구문, 비교법 등등의 다양한 유형의 문장으로 글을 써야 합니다. 또한 단문, 복문, 중문 등 문장 형태를 다양하게 해서 에세이를 리듬감 있게 만드는 스킬도 필요합니다.

Grammatical Accuracy

Range 채점기준에 이어서 나오는 것이 Accuracy입니다. 글이 문법적으로 오류가 없어서 채점자가 글을 잘 독해할 수 있는지를 파악합니다. to 부정사 다음에는 동사원형이 온다는 기본적인 문법사항 외에 응시자들이 신경 써야 할 것은 관사 a와 the의 구별 그리고 대명사 it, they의 사용입니다. 글의 앞부분에 명시한 명사를 다시 언급할 때에는 the를 붙여야 하며, 명사가 계속적으로 반복 된다면 it과 they 등으로 대치해서 동일한 단어가 계속 나와 읽는 이를 피곤하게 하는 것을 피해야 합니다.

또한 자주 틀리는 문법 실수 즉, 주어-동사의 수 일치나 병렬구조의 실수 등은 자칫 소홀하기 쉬운 부분이니 조심하시길 바랍니다. 주어진 시간 안에 답안을 완성해야 하기 때문에 자칫 구두점을 정확히 사용하지 않는 경우도 많습니다. 답안을 모두 작성 후에는 구두점 또한 정확하게 체크하는 습관을 가지도록 합시다.

Example와 함께 좀 더 자세히 설명하도록 하겠습니다.

Example

예문 A
Since parents nowadays are aware of the competition in school and in the community.

예문 B
Parents nowadays are aware of the competition in school and in the community they should strive to prepare their children by giving them proper education.

Grammatical Range and Accuracy 채점항목을 충족시키기 위해 다음 사항들을 점검하도록 합니다.

❶ 불완전 문장

예문 A는 불완전한 문장(Fragments)입니다. Fragments란, 문장이 주절과 종속절로 이어진 경우, 둘 간의 결합을 제대로 하지 않고 불완전한 문장으로 만드는 경우를 말합니다.

❷ 구두점 오류

예문 B는 구두점 오류 문장(Run-on Sentence)입니다. Run-on Sentence란, 마침표, 쉼표, 콜론 등으로 끊어주지 않아 이해가 어려운 문장을 말합니다. 주어진 시간 안에 답안을 완성해야 하는 수험생은 구두점을 정확히 하지 않는 경우가 많이 발생합니다. 영어는 마침표뿐 아니라, 쉼표도 굉장히 중요한 역할을 하니 쉼표 사용에 각별히 주의를 기울이기 바랍니다.

앞의 지침대로 다음과 같이 글을 재구성 할 수 있습니다.

예문 A

- ~~Since parents nowadays are aware of the competition in school and in the community.~~

- Since parents nowadays are aware of the competition in school and in the community, they should strive to prepare their children by giving them proper education.

  종속절(Since parents nowadays are aware of the competition in school and in the community,)에 어울리는 주절을 만들어 완전한 문장으로 만듭니다.

- Parents nowadays are aware of the competition in school and in the community.

  Since가 문두에 나오기 때문에 읽는 이는 복문을 예상하고 주절을 기다립니다.
  그러므로 문제의 기원이 되는 Since를 아예 생략하여 단문으로 만들 수 있습니다.

예문 B

- Parents nowadays are aware of the competition in school and in the ~~community they~~ should strive to prepare their children by giving them proper education.

- Parents nowadays are aware of the competition in school and in the community. They should strive to prepare their children by giving them proper education.

  마침표를 넣어 두 문장으로 완전히 분리합니다.

- Parents nowadays are aware of the competition in school and in the community; they should strive to prepare their children by giving them proper education.

  세미콜론으로 문장을 구분합니다. 완전한 문장 맺음이 아니므로 두 번째 절은 소문자로 씁니다.

- Parents nowadays are aware of the competition in school and in the community, so they should strive to prepare their children by giving them proper education.

  쉼표와 연결어를 사용하여 구분 지을 수 있습니다.

- Since parents nowadays are aware of the competition in school and in the community they should strive to prepare their children by giving them proper education.

  종속절과 주절로 만들 수 있습니다.

PART 2
TASK 1 전략

UNIT 1. Task 1 고득점 전략 | UNIT 2. Task 1 서론, 본론, 결론 구성 노하우

UNIT 01 Task 1 고득점 전략

Task 1 공략법을 익히자

IELTS Academic Writing을 처음 접하는 수험생의 대다수는 150자를 써야 하는 Task 1보다 250자를 써야 하는 Task 2(Essay Writing)를 더 어렵고 막막하게 생각합니다. 그러나 막상 시험을 준비하다 보면 상대적으로 쉽다고 생각한 Task 1에서 좋은 점수를 받지 못해 고생을 하는 경우가 많습니다.

Academic Writing Task 1에서는 간단한 설명과 함께 도표가 주어집니다. 이를 종류별로 구분하면 Line Graph, Bar Graph, Pie Chart, Table, Diagram, Pictures 등 6가지로 나누어집니다. 최근 시험에서는 이들 6가지 유형을 섞은 두 개 이상의 그래프가 제시된 복합형 문제도 많이 나오는 추세입니다.

Task 1은 주어진 도표의 정보를 분석해서 '기술(describing)'하는 것을 요구합니다. 여기서 '기술'이라함은 자신의 생각을 영어로 표현하는 것이 아니라 문제에서 요구하는 정보를 적절한 어휘를 사용하여 정확하고 명료하게 글로 표현하는 것을 뜻합니다. 따라서 Task는 주어진 정보를 잘 해석하여 리포트하는 실력을 평가하는 것입니다.

평소 일반적인 글을 잘 쓰는 응시자도 그래프, 도표, 데이터를 표현하는 방법에 익숙치 않으면 제대로 된 답안을 작성하기 어렵습니다. 다음에 제시하는 공략법을 통해 Task 1에 대한 감을 잡길 바랍니다.

1. **Task 1 전용 단어를 익히자**

    주어진 graph, chart 등에 나온 정보(data)를 설명하는 데 필요한 어휘는 무조건 외워야 합니다. 상승, 정체, 하락, 일정함, 변동이 큼 등등이 이러한 어휘들입니다. 영어일기나 E-mail 등에 쓰는 일상적인 어휘로는 제대로 된 그래프 분석의 글을 쓸 수 없습니다.

2. **Report 형식에 익숙해지자**

    Task 1은 주어진 토픽에 대한 자신의 생각을 주장하는 글이 아닙니다. 따라서 응시자의 주관적 의견이 반영된 에세이 형태의 글은 좋은 점수를 받는 데 방해가 됩니다. Task 1은 주어진 정보에 대한 객관적인 설명을 제시하는 Report 형식의 글이 되어야 하기 때문입니다.

3. **상용어구를 최대한 많이 외우자**

    서론, 본론, 결론에 자주 사용하는 상용어구는 실전에서 바로 쓸 수 있을 만큼 꼭 외워 놓아야 합니다. 그래야만 주어진 시간(약 15분 권장) 내에 답안을 완성할 수 있습니다.

4. 수치와 비교 표현을 익히자

수치를 표현하는 다양한 방법과 비교에 관련된 어휘들을 자신 있게 쓸 수 있도록 확실히 익혀 두어야 합니다. 또한 한두 번 외워서 공부한 표현은 실제 시험에서 기억나지 않을뿐더러 기억해내느라 시간낭비를 초래하기에 본인 손에 익숙하고 큰 고민 없이 쓸 수 있도록 숙달시키는 것이 좋습니다.

5. 모범 답안을 많이 읽어 보자

Task 1의 모범 답안을 많이 접하게 되면 그래프나 차트에서 보여지는 정보 중 어떤 것이 중요한 포인트인지 감을 잡는 데 도움이 됩니다. 또한 본인이 쓴 글과 비교하면서 자신의 현재 실력을 가늠해 볼 수 있습니다.

6. 답안은 연필로 쓰자

IELTS Writing 시험지의 작성은 연필, 볼펜 모두 가능하지만 되도록 연필로 작성하기를 권합니다. 볼펜으로 작성하면 글을 수정하기 힘들어 ×표나 가로로 줄을 그어서 틀린 것을 나타내게 되는데 이럴 경우 시험지가 지저분해질 가능성이 큽니다. 시험지가 지저분하다고 직접적인 감점은 없지만 결국에는 글이 산만해 보이고, 읽기 힘든 경우가 생겨서 간접적으로 점수에 감점을 줄 수 있습니다.

7. 자신이 쓴 단어 수를 파악하자

시험 도중 자신이 얼마만큼의 분량을 썼는지 파악할 수 있어야 합니다. Writing 시험은 시간과의 싸움이기 때문에 Task 1과 Task 2의 시간관리를 잘해야 합니다. Task 1을 작성 시 너무 과하게 150자를 넘기면 시간상 불리하게 되어 Task 2를 충분히 작성하지 못합니다. 실력이 좋은 학생일지라도 160~180자 정도에서 Task 1을 맺고 남는 시간에 철자, 문법 오류를 확인하거나 Task 2의 브레인스토밍에 시간을 할애하는 것이 좋습니다.

자신이 쓴 단어 수를 파악한다는 것은 정확한 단어 수를 센다는 의미가 아닙니다. 평소 writing연습을 할 때 한 줄에 몇 글자 정도를 평균적으로 쓰는지 파악해서 대충 몇 줄을 썼을 때 150자와 250자가 넘어가는지 파악해야 합니다. 그리고 되도록 실제 writing 답안지에 글을 쓰는 연습을 하는 것도 단어 분량 확인에 도움이 됩니다. 실제 writing 답안지는 저자가 운영하는 다음 카페 '알츠스쿨'에서 내려받을 수 있습니다.

답안 작성 시간을 배정하자

Writing Task 1에 주어진 시간은 보통 20분 내외입니다. 이어지는 Task 2 원활한 작성을 위해 TASK 1의 작성 시간을 적절히 배정하는 것이 무엇보다 중요합니다.

Writing Task 1 쓰는 순서 및 시간 배정

Structure Planning (2분 소요) → **Introduction 쓰기** (3분 소요) → **Main Body 쓰기** (10분 소요) → **Conclusion 쓰기 및 마무리 수정 작업** (5분 소요)

1. Structure Planning이란?

본격적인 답안을 작성하기 전에 대략적인 글의 구성을 짜는 것을 Structure Planning 또는 Brainstorming이라고 합니다. IELTS Writing 시험은 문제지에 여러 메모를 써넣어도 채점에 영향을 주지 않기 때문에 Structure Planning을 간단히 적어 놓는 것이 좋습니다. 문제지 하단 등의 여백에 어떠한 정보를 순차적으로 써야 하는지 간단히 적어 놓습니다(물론 이렇게 메모한 것은 답안지 제출 전까지 지워서 깔끔하게 보이는 것이 좋습니다). 이렇게 하면 답을 쓰는 도중에 방향을 잃고 엉뚱한 글을 쓰는 것을 미연에 방지할 수 있으며, 또한 제한된 시간 안에 글을 끝마칠 수 있습니다. 유의할 점은 분석과 계획은 짧은 시간 동안 해야지 너무 세밀하게 준비하는 나머지 많은 시간이 걸리면 안 된다는 점입니다. Structure Planning은 실전에서는 2분 이내에 끝내고 글쓰기 과정에 충분한 시간을 할애해야 합니다. IELTS Writing을 처음 시작하는 분들은 Structure Planning이 익숙해질 때까지 연습용 답안지에 쓰면서 연습해야 하며, 차후 이 작업이 익숙해지면 머릿속으로만 생각해 두고 바로 글을 작성하도록 합니다.

2. 작성 시 주의사항

The Biggest and Next Biggest 순서로 정보를 찾는다

도표에서 보이는 정보 중 제일 크게 눈에 띄는 것, 두드러진 것을 제일 먼저 찾습니다. 그리고 그 다음으로 눈에 띄는 정보를 찾아 두 번째, 세 번째 특징으로 설명합니다.

도표에서 너무 많은 정보를 찾으려고 하지 않는다

도표에서 중요한 정보를 5~7개 정도만 찾아서 본문에 쓰면 대부분 150자가 넘습니다. 너무 많은 정보를 찾아 쓰려고 하면 특징이 뚜렷하지 않은 정보 또한 나열되기 때문에 리포트 능력이 떨어지는 것으로 간주됩니다. Task 1은 많이 쓴다고 좋은 점수가 나오는 것이 아니라는 점을 유의하기 바랍니다.

주관적인 견해는 넣지 않는다

글자 수를 채우는 데에 급급한 나머지 도표에 없는 내용, 개인적인 추측, 의견을 쓰는 응시자들이 있습니다. 이러한 경우에는 오히려 감점을 받을 수 있으니 조심하기 바랍니다.

시간관리를 철저히 하자

IELTS 주관사에서는 Task 1을 약 20분 동안 쓰라고 권고하고 있는데, 실제로 writing에서 좋은 성적을 거두려면 써야 할 글자 수가 많은 Task 2에 더욱 신경을 많이 써야 되기 때문에 충분히 연습하여 Task 1을 15분 정도에 완성할 수 있도록 하는 것이 좋습니다.

Task 1에서 자주 저지르는 실수를 점검하자

1. **Not including sufficient information**(충분한 정보를 쓰지 않는 경우)

    몇몇 응시자들은 도표 이해력이 부족하여 도표의 정보를 충분하게 글에 담아내지 못합니다. 대부분의 이공계 계열 응시자는 도표 이해력이 좋지만 문과 계열의 일부 응시자나 도표를 평소에 접하지 않던 여성들은 Task 1의 도표를 파악하고 해석하는 데 어려움을 겪습니다. 이러한 응시자들은 Task 1의 문제유형을 자세하게 파악하여 문제패턴에 반드시 익숙해져야 합니다. 그리고 도표를 보고 두드러지는 정보를 4~5개 이상 찾는 훈련을 반복하기 바랍니다.

    > **결과** 채점기준 중 Task Achievement를 만족시키지 못해서 감점 요인

2. **Giving Reasons**(주관적인 생각, 의견을 제시하는 경우)

    Task 1은 도표로 주어진 문제를 글로 표현하는 data transfer 작업입니다. 그러나 몇몇 응시자들은 주어진 정보를 전달하기에 앞서 그에 대한 본인의 주관적인 의견이나 생각을 제시하려는 경우가 있습니다. 이는 객관적인 정보를 기술하는 리포트인 Task 1의 성격에서 벗어나는 글이 되기 쉽습니다.

    > **결과** 채점기준 중 Task Achievement를 만족시키지 못해서 감점 요인

3. Not developing answers sufficiently(도표의 설명을 제대로 못하는 경우)

   도표의 정보에 대한 설명이 너무 단편적이고 짧으면 요구된 글의 분량(150자)을 채우지 못하게 됩니다. 그리고 도표에서 나타나는 정보를 구체적으로 자세히 설명해 주어야 합니다. 도표의 정보를 짧은 단문으로 나열하는 것보다는 연관된 정보와 결합하여 중문, 복문으로 전개시키는 것이 좋습니다.

   > **결과** 채점기준 중 Task Achievement를 만족시키지 못해서 감점 요인

4. Presenting answers in an unclear form(논리적으로 불분명한 글을 쓰는 경우)

   앞서 설명한 채점기준 중 Coherence을 충족시키지 못하면 글의 내용이 불분명하게 됩니다. 서론, 본론, 결론에 걸쳐 논리적이지 않은 리포트는 채점자가 글의 내용을 이해할 수 없게 되고 득점에 실패합니다.

   > **결과** 채점기준 중 Coherence와 Cohesion을 만족시키지 못해서 감점 요인

5. Making basic expressions and spelling mistakes(쉬운 표현 사용, 단어 철자 실수)

   일상의 회화에서는 쉽게 설명하는 것이 매우 좋은 커뮤니케이션 방법이지만 응시자의 학습능력을 평가하는 IELTS Writing은 쉬운 표현만으로 작성된 리포트에 좋은 점수를 주지 않습니다. 상황에 맞는 전문 어휘의 사용과 철자 오류 없는 단어 사용이 매우 중요합니다.

   > **결과** 채점기준 중 Lexical Resource 부분에서 감점 요인

6. Grammatical mistakes(문법적인 실수를 범하는 경우)

   Task 2의 경우 한두 개의 문법적인 오류가 있다고 해도 전체 글의 흐름을 파악하는 데 큰 문제가 되지는 않습니다. 그러나 Task 1의 경우 그래프나 데이터, 수치를 비교 분석하는 글을 작성하는 것이기 때문에 문법적인 실수는 주어진 정보를 정확하게 전달하지 못하게 되는 치명적인 것이 될 수 있습니다.

   > **결과** 채점기준 중 Grammatical Range and Accuracy 부분에서 감점 요인

UNIT 02 Task 1 서론, 본론, 결론 구성 노하우

INTRODUCTION(서론) 구성

Task 1의 답안은 서론, 본론, 결론의 구성으로 작성해야 논리적인 글이 가능하고 Coherence 채점기준을 만족시킬 수가 있습니다. 서론으로 답안의 첫 문장을 시작하게 되는데, 글의 방향을 제시하는 역할이므로 길지 않게 두 문장 정도로 쓰는 것이 좋습니다. 도표 분석은 본론에서 진행하는 것이 좋으므로 서론에서부터 도표의 정보를 세밀하게 쓰며 들어가면 안 됩니다. 서론을 잘 작성하는 요령은 상용도입어구를 잘 익혀 두는 것입니다. 미리 익혀 둔 상용도입어구를 이용하여 문제와 도표에서 제시된 사항을 설명하는 방법으로 서론을 작성합니다.

1. Introduction의 기본 구성

★ 서론을 쓸 때 주의할 점
1. 서론은 도표를 분석하는 단계가 아니라 문제를 소개하는 단계입니다. '이것은 어떤 것을 보여주는 도표다'라는 정도로 간단히 작성합니다.
2. 문제, 도표에서 주어진 단어나 표현을 똑같이 써서는 안 됩니다.
3. Trend를 찾기 힘들면 억지로 쓰지 말고 바로 서론을 마치고 본론으로 들어갑니다.
4. 서론은 주어진 그래프의 시간과 관계없이 현재 상황에서 그래프를 소개하는 것이므로 특별한 경우가 아니면 첫 도입 문장은 현재(present) 시제를 사용합니다.

2. Introduction의 기본 구성 예제

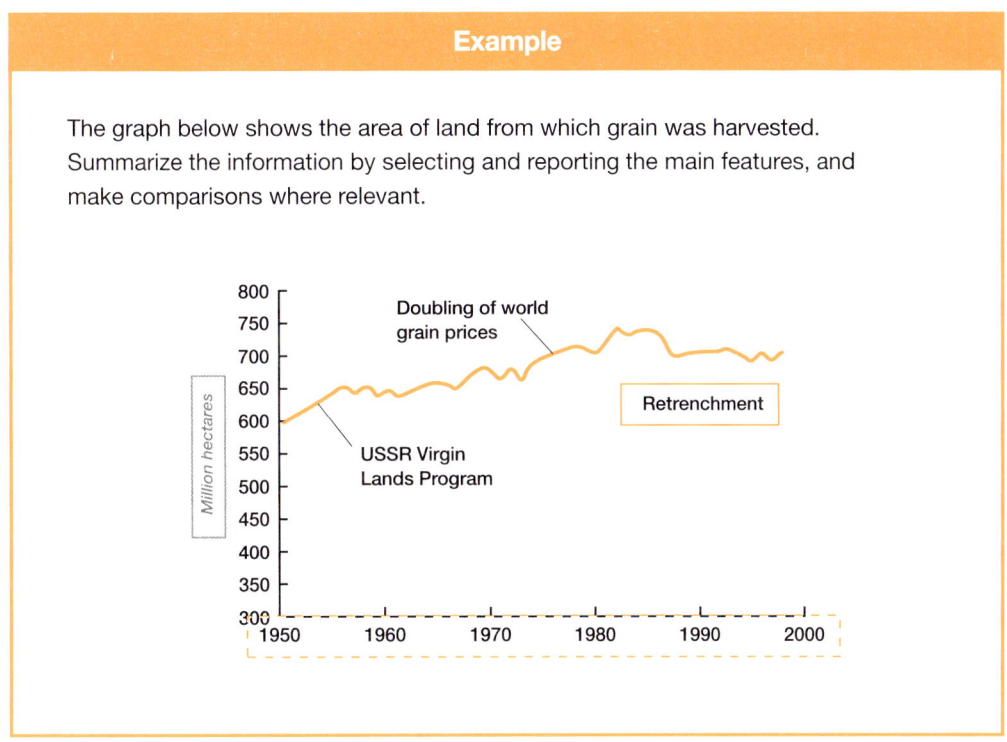

이 문제는 시간 그래프입니다. 그래프의 가로축은 1950~2000년의 시간, 세로축은 곡물 수확의 토지 면적이며 단위는 million hectares를 사용하고 있습니다.
위의 내용을 소개하는 서론의 첫 번째 문장은 아래와 같이 쓸 수 있습니다.

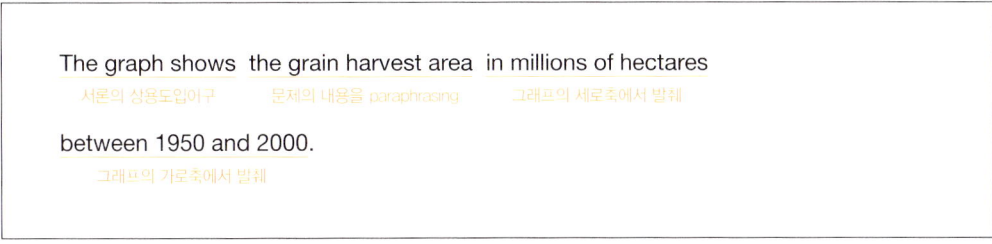

여기에 도표(그래프)에서 보여지는 Trend를 설명하는 두 번째 문장을 덧붙일 수 있습니다. 그래프를 보면 1950년부터 상승 추세이고 1980년에 이르러서는 최고점에 도달했으며, 그 후 하강합니다. 이를 반영한 두 번째 문장은 다음과 같이 쓸 수 있습니다.

> In general, the harvest area increased until 1980, at which point there was a reduction
> 상용어구　　　　　　　　　그래프에서 보이는 상승 추세　　　　　　1980년대 이후의 하강 추세
>
> in the area harvested due to retrenchment.
> 　　　　　　　그래프에서 보여지는 하강 추세의 원인

이제 서론을 종합하면 다음과 같습니다.

> The graph shows the grain harvest area in millions of hectares between 1950 and 2000. In general, the total harvest area increased until 1980, at which point there was a reduction in the area harvested due to retrenchment.
> (38 words)
> 이 그래프는 1950에서 2000년 사이의 수백만 헥타르의 곡물 경작 면적을 보여준다. 전반적으로, 전체 경작 면적은 1980까지 증가되었고, 그 시점부터 축소로 인해 경작면적의 감소가 있었다.

한 가지 주의할 것은 서론의 표현은 문제에서 제시된 것과 똑같아서는 안 된다는 것입니다. 문제의 표현을 답안에 그대로 옮기면 채점자는 이를 베껴 쓴 것으로 여기고 해당하는 단어만큼 전체 답안의 글자 수에서 제외합니다. 이런 상황을 피하기 위해서는 단어나 표현을 자신만의 것으로 Paraphrasing해야 합니다. 아래 문장을 참고하길 바랍니다.

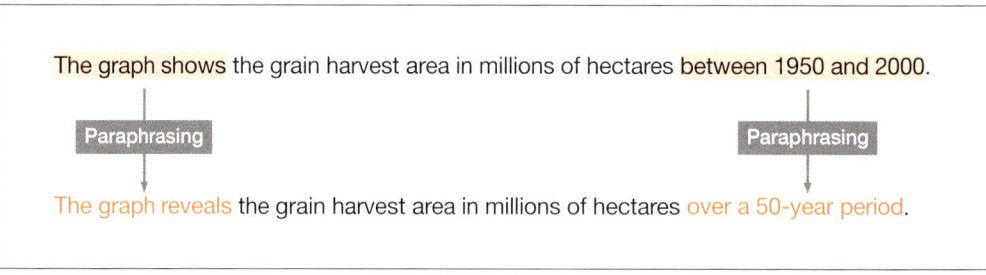

50

BODY(본론) 구성

서론을 간단히 마쳤으면 한 줄을 띄고 본문 작성을 시작합니다. 문단으로 서론과 본론을 구분해 놓지 않으면 채점자가 내용 파악에 어려움을 겪을 수 있어 Coherence 부분의 점수가 낮아질 수 있습니다. Task 1의 본론을 쓰기 위해서는 다음의 두 가지를 고려해야 합니다.

1. 도표의 유형과 정보의 유형을 파악한다

도표와 정보의 유형에 따라 본론이 전개되는 방법과 사용되어야 할 어휘와 표현이 달라집니다. 글쓰기를 시작하기 전 단계인 Structure Planning(Brainstorming)을 할 때 어느 정도 본문 작성의 밑그림을 작성했을 텐데, 본격적으로 본문을 쓰기 위해서는 보다 세밀한 관찰이 필요합니다.

도표의 6가지 유형		정보의 3가지 특징
Line Graph (라인 그래프)	Bar Graph (바 그래프)	Time data (시간 정보)
Pie Chart (파이 차트)	Table (테이블)	Comparison data (비교 정보)
Diagram (도식)	Pictures (그림)	Order data (순서 정보)
Complex Type (복합형)		

도표의 유형은 다양하지만 거기에 담고 있는 정보는 크게 시간 정보, 비교 정보, 순서 정보 세 가지로 나눌 수 있습니다. 시간이 진행됨에 따라 변하게 되는 데이터를 설명하거나, 비교 또는 대조되는 두 가지 이상의 정보를 설명하거나, 업무나 사건의 순서를 설명하는 것입니다.

2. 상용어구를 이용하여 Report 형식으로 작성한다

응시자가 본문을 작성할 때 꼭 유념해야 할 사항은 Task 1의 답안은 Report 형식으로 작성해야 한다는 것입니다. Task 2는 Essay 형식으로 어느 정도 자유로운 문체로 써도 되지만, Task 1은 Report 형식으로 작성해야 함으로 글의 형식과 단어 선정에 주의해야 합니다.

Report 형식의 글은 다소 formal한 편입니다. 틀에 맞춘 듯한 글이기 때문에 상용어구를 외워서 응용하면 좋습니다. 상용어구 이용을 꺼리는 학습자들도 있지만 상용어구를 준비하지 않고 Task 1을 준비하려면 학습시간이 매우 많이 걸리는 문제가 있습니다.

저자들이 IELTS 응시자들을 관찰한 결과 각 도표의 특성을 표현하는 상용어구를 이용해서 자신의 답안을 만들 줄 아는 응시자들의 성적이 좋았으며, 학습시간도 짧았습니다. 먼저 각 도표와 정보의 유형별로 자기에게 맞는 상용어구를 암기한 후 Task 1을 완성하는 연습을 하고, 이것에 익숙해지면 본인 나름의 스타일을 더하길 바랍니다.

3. 본문의 시제를 일정하게 유지한다

많은 응시자들이 Task 2 에세이 글과 같이 Task 1의 시제도 자신의 원하는 대로 사용하는 경우가 많습니다. 하지만 그래프는 Report 형식의 formal한 글이기 때문에 정확한 시제의 맞춤이 필요하고 이것은 채점항목 중 Grammar에 관련되어 채점되므로 관심을 가지고 대비해야 합니다.

주어진 그래프와 도표의 특색	시제 결정
연도나 시간이 안 나와 있는 경우	현재(present)시제를 사용
현재를 기준으로 과거 연도가 나와 있는 경우 (출제되는 대부분의 그래프가 과거 연도 것임)	과거(simple past)시제를 사용 (Task 1 본문 전반에서 대부분 사용)
여러 나열된 과거 연도 중 중간 연도에 관한 설명을 할 경우 예 '1990, 2000, 2010' 연도에서 2000년에 관한 설명	과거시제로 가능하면 과거시제로 하나 과거완료 (past perfect)시제를 사용하는 것을 추천
미래 연도나 미래에 관련된 사항을 서술할 경우	미래(future)시제 사용
진행되거나 움직이는 항목을 서술할 경우	현재진행형(present continuous)시제 사용

4. 항상 객관적인 정보로 증명 가능한 글을 써야 한다

계속 강조하지만 Task 1은 Report 형식의 formal한 글입니다. 따라서 그래프에 대해 쓸 때는 항상 수치나 움직임 혹은 구성비 같이 실제적으로 그래프에서 누구나 보고 찾을 수 있는 객관적인 정보를 가지고 글을 써야 합니다. 이것이 나와 있지 않은 글을 쓴다면 아무리 문법에 맞는 좋은 글을 쓰더라도 원하는 점수를 받을 수 없습니다.

★ **본문은 얼마나 써야 하나?**

본문의 글자 수가 얼마 이상이 되어야 한다는 규정은 없습니다. 서론을 두 문장으로 썼다면 대략 30자 전후인데, 결론에서 20자 정도를 할애할 것을 예상하면, 본문은 약 100자 정도가 적당합니다. 100자의 분량을 2~3문단으로 나눠서 쓰면 효율적으로 글을 쓸 수 있습니다.

CONCLUSION(결론) 구성

Academic Writing Task 1의 결론 부분은 Essay Writing처럼 반드시 완성된 문단 형식으로 써야 하는 것은 아닙니다. 본문에서 충분히 리포트를 해 주고 있다면 결론은 쓰지 않아도 괜찮지만 대부분 짧게나마 결론을 맺어 주고 글을 마칩니다. 결론은 나열된 중요한 사항을 간단히 요약하는 것이라고 생각하고 간단하게 작성하면 됩니다. 결론을 쓸 때 주의해야 할 사항은 다음과 같습니다.

1. 본문의 내용을 중복해서 쓰지 않는다

결론이 본문의 내용을 요약하는 것이지만, 그렇다고 본문의 일부 내용을 그대로 반복해서 쓴다면 이는 오히려 안 쓰는 것만 못합니다. 결론은 본문과 중복되지 않게 전체적으로 정리될 수 있도록 써야 합니다.

2. 개인의 주관적 의견을 넣지 않는다

결론에 쓸 것이 없다고 개인의 주관적인 의견을 쓰면 Task 1 본래의 Report 형식의 목적과도 맞지 않을 뿐더러 필요 이상으로 길어지기 쉽습니다. Task 1의 결론은 한 문장 내지 길어도 두 문장 이내로 마무리하는 것이 좋습니다.

3. 결론이라는 것을 확실히 보여준다

본문과의 문단 구분을 확실히 하고, 결론에 주로 쓰이는 상용어구를 이용하여 결론 문단이라는 것을 명확히 보여 줍니다.

4. 그래프 유형에 따른 결론 유형을 적절하게 사용한다

결론에 사용되는 문장은 주어진 그래프 유형에 따라 크게 4가지 유형으로 나누어 볼 수 있습니다. 이 4가지 유형을 고려하여 각기 하나씩 결론 문장을 미리 만들어서 사용하면 좀 더 쉽게 글을 잘 마무리 할 수 있습니다. 이 결론 유형은 각 응시자가 문제의 특성을 어떻게 잡아서 결론을 쓰는가에 따라 다른 것이지 절대적으로 어떤 도표에 '어떤 유형이 맞는다'는 규칙은 없습니다.
결론의 4가지 유형은 다음과 같습니다.

결론의 4가지 유형			
A. 요점 총결식	B. 이론 구축식	C. 미래 예측식	D. 종합 정리식

결론 유형 A. 요점 총결식

Sample Question

The following table is a statistics report showing aspects affecting the quality of life in five countries.

Country	GNP per head (1982: US dollars)	Daily calorie supply per head	Life expectancy at birth (years)	Infant mortality rates (per 1000 live births)
Bangladesh	140	1877	40	132
Bolivia	570	2086	50	124
Egypt	690	2950	56	97
Indonesia	580	2296	49	87
USA	13160	3652	74	12

요점 총결은 본문 전체에서 가장 중요한 것을 요약하여 결론으로 만드는 것을 말합니다. 위 테이블에서 보면 4가지 지수 중 미국의 데이터가 전반적으로 기타 4개 국가보다 훨씬 큽니다. 물론 하나하나 항목별로 따져 본다면 다른 사항도 언급할 수 있지만, 두드러지는 항목 하나에 집중하면, 제일 중요한 내용을 요약하는 결론을 만들어낼 수 있습니다.

이 요점 총결식 결론 방식은 가장 일반적이며 많은 응시자들이 사용하는 결론 방식이지만 자칫 본문의 연장이나 반복이 될 수 있으니 이점을 유의해서 사전에 학습을 하는 것이 좋습니다.

Sample Writing ▶ In conclusion, economic indicators show that the four developing countries are still far from attaining the quality of life seen in the USA.

<small>결론적으로, 경제 지표는 네 개의 개발도상국이 여전히 미국에서 보여지는 삶의 질에 도달하지 못한 것을 보여준다.</small>

결론 유형 B. 이론 구축식

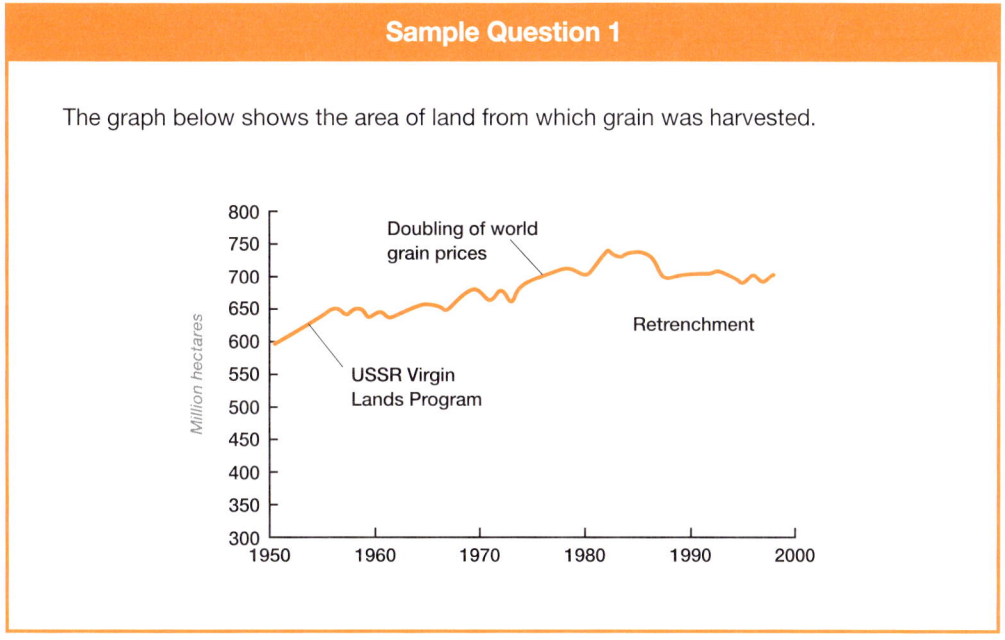

위의 그래프를 보면 3가지 포인트가 곡선에 영향을 주고 있습니다.

(1) USSR Virgin Land Program
(2) Doubling of world grain prices
(3) Retrenchment

(1), (3)은 정부 정책, (2)는 시장가격과 관련된다는 것을 알 수 있습니다. 이 세 가지 포인트를 단순히 summary하는 것이 아니라 어떤 이론으로 도출하여 정리할 수 있습니다. 이론 구축은 새로운 내용을 만들어내는 것이 아니라 기존의 핵심 사항을 일반화 해서 정리해준다고 생각하면 됩니다.
이 이론 구축식 결론 방식에서 주의할 것은 잘못된 이론이나 개인의 주관적 이론을 정리하면 오히려 감점이 되므로 객관적인 사실만 찾아서 제대로 기술할 수 있도록 충분한 학습을 하는 것입니다. 이 이론 구축식 결론 방식은 가장 어려운 결론 방식으로, 잘 쓰면 굉장히 독창적이고 좋은 점수를 받을 수 있지만, 다른 방식의 결론을 쓸 수 있고 그것이 더 쉽다면 다른 방식으로 결론을 쓰는 것도 좋습니다.

Sample Writing ▶ In summary, we can see that the area devoted to grain production was affected by both government policy and market forces.
정리하면, 우리는 곡물 생산에 관련된 지역이 정부 정책과 시장세력에 영향을 받는다는 것을 볼 수 있다.

Sample Question 2

It is often claimed that women have achieved greater freedom and have access to the same opportunities as men. The pie charts below show some employment patterns in Great Britain.

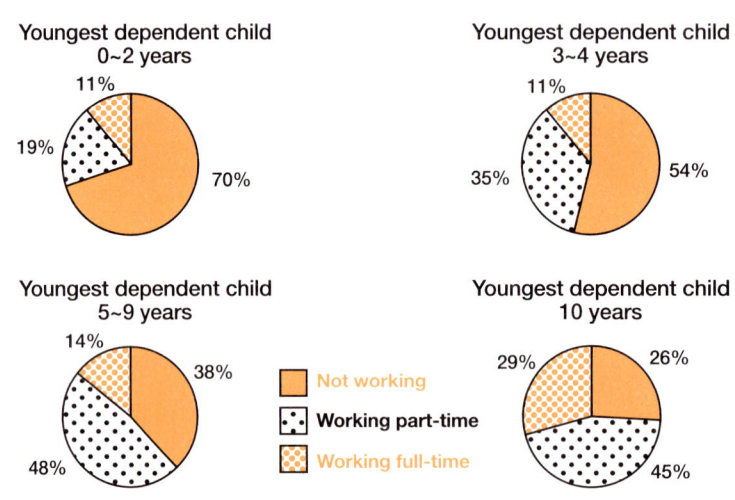

	Females	Males
Managerial and professional	22%	38%
Craft or similar	4.5%	21%
General labourers	0.5%	2%

위의 Pie chart와 Table을 보면 항목별로 여성과 남성의 직업비율이 다른 것을 알 수 있습니다. 본론에서 구체적인 수치를 비교하는 내용을 서술해 주었다면, 결론에서는 아래와 같이 '취업에 대한 접근성'이라는 측면에서 이론을 도출하여 마무리할 수 있습니다.

Sample Writing ▶ In conclusion, the two charts clearly show that women do not have the same access as men do to certain types of employment.

결론적으로, 두 차트는 여성이 남성과 같이 어떤 유형의 고용에 동일하게 접근하지 못한다는 것을 명백히 보여준다.

결론 유형 C. 미래 예측식

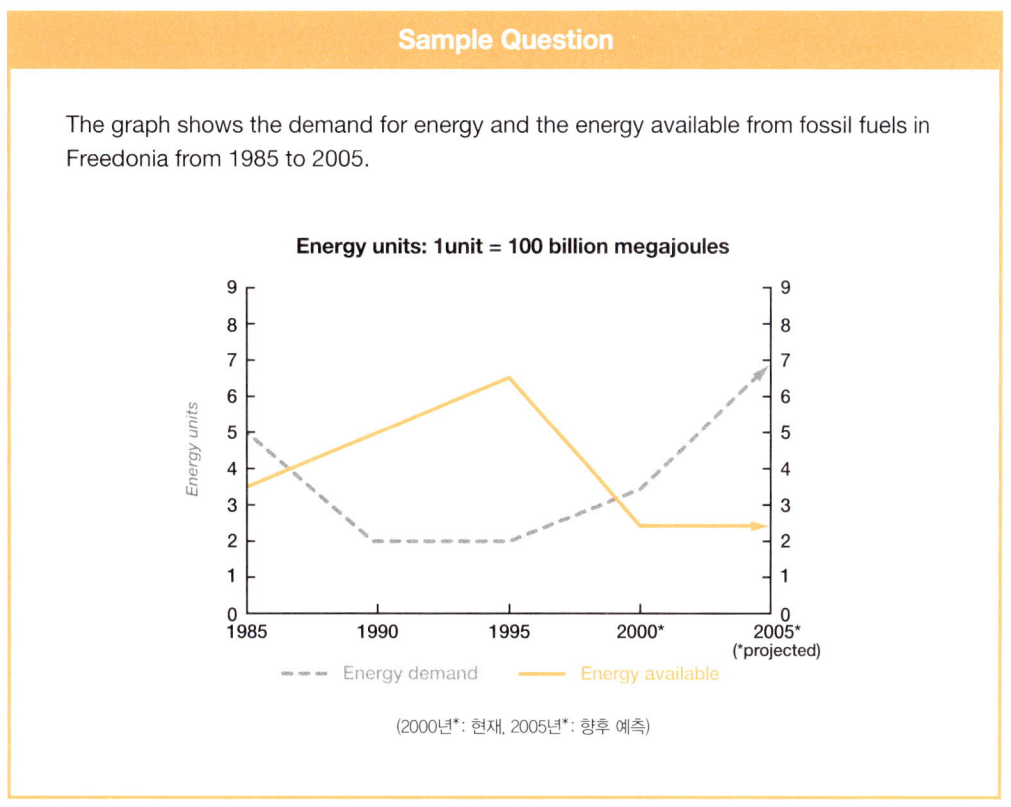

Task 1은 Report 형식이기 때문에 개인적인 견해와 주장은 배제하는 것이 좋습니다. 하지만 누가 보더라도 정확히 알 수 있는 향후 예측이 그래프에서 보인다면 이것을 결론으로 써도 무방합니다. 위 그래프의 경우, 실선의 마지막 부분에서 일정한 추세를 나타내고 점선의 마지막 부분에서 상승 추세를 나타내므로 이 두 곡선이 향후 어떻게 변화할지 추이를 예측할 수 있습니다.

이 미래 예측식 결론 방식은 다른 결론 방식에 비해 그래프의 향후 진행이 확실하게 눈에 띄는 경우 쉽게 사용할 수 있는 방식입니다. 앞서 두 개의 결론 방식에서도 언급했지만 특히 이 미래 예측식 결론 방식은 주어진 그래프를 응시자가 어떻게 분석하느냐에 따라 굉장히 주관적인 미래예측을 할 수도 있으니 최대한 객관적인 예측이 확실히 드러날 때만 이 방식을 쓰는 것이 좋습니다.

Sample Writing ▶ In conclusion, Freedonia enjoyed a surplus of energy in the 1990s, but later in the decade until the present day, it experienced an energy crisis that may likely continue in the future.

결론적으로, 프리도니아는 1990년에는 에너지의 풍부함을 누렸지만, 10년 이후 지금까지, 에너지 위기를 경험했으며 미래에도 지속될 것이다.

결론 유형 D. 종합 정리식

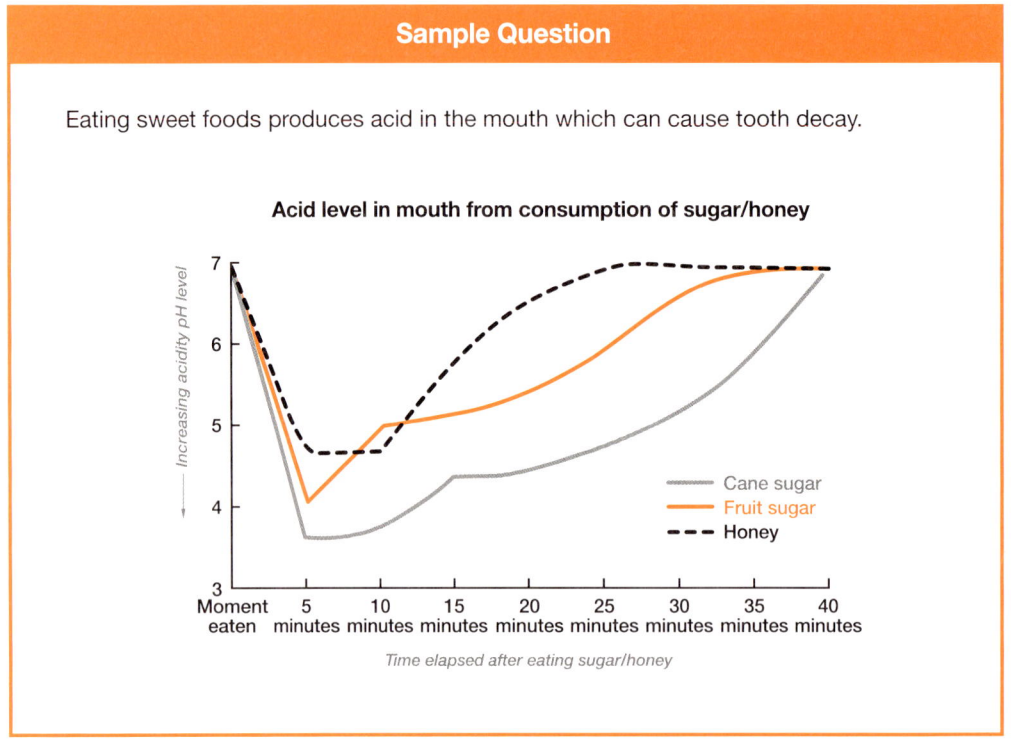

앞의 요점 총결식이 제일 중요한 것을 결론으로 도출하는 방법이라면, 종합정리는 말 그대로 전체적으로 본문을 정리하여 결론을 쓰는 것이라고 생각하면 됩니다.

이 종합 정리식 결론 방식은 요점 총결식 결론 방식과 더불어 가장 많은 응시자들이 사용하는 방식입니다. 하지만 본문을 전체적으로 정리하다 보면 서론의 trend와 비슷해질 수 있으며 이것은 감점이 될 수 있으니 각별한 주의가 필요합니다. 또한 본문에 이미 써 놓은 내용 자체가 그래프에서 중요한 것을 모아서 설명한 것이므로 이것을 다 정리하려고 하다가는 자칫 본문의 반복이 될 수 있으며, 쓸데없이 많은 양을 써서 시간을 낭비할 수도 있으니 한 두 문장으로 종결할 수 있는 포인트를 잡아서 결론을 쓸 수 있도록 학습을 철저히 해야 합니다.

Sample Writing ▶ The implications of people who insist on eating sweet foods are that fruit sugar or honey appears to be more preferable than cane sugar for tooth decay.

단 음식을 먹기 좋아하는 사람들에게 미치는 영향은 과일 설탕이나 꿀이 사탕수수 설탕보다 충치에 더 나쁘다는 것이다.

구성을 위한 상용어구

1. 서론(Introduction) 상용어구

A. 서론의 첫 문장(Paraphrase)을 위한 상용어구

문장의 주어		동사		설명에 관련된 목적어/목적어절
The	table/chart diagram graph	shows describes illustrates indicates reveals represents gives	보인다 묘사한다 설명한다 알려준다 드러낸다 나타낸다 준다	that... how... the number of... the amount of... the proportion of... the percentage of... information on... data on...
	figures statistics	show describe illustrate indicate reveal represent give	보인다 묘사한다 설명한다 알려준다 드러낸다 나타낸다 준다	

The chart shows the number of road accidents in Britain over a period of six years.
이 차트는 6년 이상의 기간 동안 영국의 도로 사고 수에 대해 보여준다.

The chart indicates the subjects studied by university students in Australia during the latter part of the last century.
이 차트는 지난 세기의 마지막 기간 동안 호주 대학생들이 공부한 과목들에 대해 알려준다.

The line graph reveals the amount of fast food consumed by Australian teenagers over a 25-year period; specifically, between the years 1975 and 2000.
이 라인 그래프는 25년 이상 동안 특히 1975년에서 2000년 사이의 호주 십대들에 의해 소비된 패스트푸드의 양을 드러낸다.

The bar chart illustrates the percentage of employees in different occupations who were absent from work in a given week in the year 2001.
이 바 차트는 2001년에 주어진 주간 동안 결근했던 각기 다른 직업의 고용인들의 비율을 설명한다.

The graph represents the numbers of men and women working within the police force in Korea between 1990 and 2000.
이 그래프는 1990년과 2000년 사이에 한국의 경찰 내에 일하는 남자와 여자의 수를 나타낸다.

B. 서론의 두 번째 문장(Overall Trend)를 위한 상용어구

There was an overall increase in earnings across the board.
거기에는 소득 전반에 전체적인 증가가 있었다.

The general trend is that the amount of TV watched increases with age.
TV를 보는 시간은 나이와 함께 증가하는 일반적인 경향이 있다.

All four continents saw a general population growth.
모든 네 개 대륙은 일반적인 인구 증가를 보여준다.

The trend continued through 1970.
1970년대 동안 이 경향은 지속되었다.

Overall, there was a decline in male smokers.
전반적으로, 남성 흡연자의 감소가 있었다.

A downward trend is noticed in the retail sales.
감소 추세는 소매점 판매에서 알려졌다.

A similar situation was seen in the wholesale and retail trade sector.
유사한 상황이 도매와 소매 부분에서도 보여졌다.

At first glance, we can see that classical music is far less popular than pop or rock music.
한눈에, 우리는 전통음악이 팝이나 락 음악보다 인기가 떨어진다는 것을 볼 수 있다.

The amount of calories consumed daily per person roughly followed the same pattern.
매일 각 사람이 소비하는 칼로리의 양은 대충 같은 형태를 따른다.

This trend is no doubt a reflection of the ability of three countries to invest more in education.
세 나라의 역량을 교육에 더 투자하고 있다는 것은 의심할 수 없는 추세이다.

2. 본론(Body) 상용어구

A. 정보 묘사를 위한 도입어구

As (is) shown by the As can be seen from the As is illustrated by the ~	~에 보여지는 것처럼 ~통해 볼 수 있는 것처럼 ~에 설명된 것처럼		table/chart, diagram, graph, figures	...
It can be seen We can see It is clear/apparent	볼 수 있다 볼 수 있다 이것은 확실/명백하다	from the	table/chart diagram graph figures	(that)...
From the				

As can be seen from the chart, great changes have been taking place in the ownership of mobile phones in Korea.
차트에서 보이는 것처럼, 한국의 휴대전화 소유권에 큰 변화가 있었다.

It can be seen from the graph that the population of Korea grew in the 20th century.
그래프에서 20세기 한국 인구의 증가를 볼 수 있다.

From the graphs we can see the most car production between 2000 to 2010.
그래프에서 2000과 2010년 사이의 대부분 자동차 생산을 볼 수 있다.

It is clear from the table that the popularity of K-pop grew in the 20th century.
테이블에서 20세기 K-pop 인기가 증가하는 것이 확실하다.

B. 시간 관련 표현

표현	사용방법	사용 예제	
in	구체적 연도나 시간적 표현과 함께 사용, 주로 달/년도/계절 등과 같은 큰 개념의 시간	In 2000... 2000년도에 In the five years... 5년간 In the Middle ages... 중세에 In October... 10월에	there was a significant decrease in business. 사업에서 중대한 감소가 있었다.
for	지속되는 구체적인 기간이 명시된 명사와 함께 사용	For decades... 10년간 For the first two weeks... 처음 두 주 동안	
during	지속되지만 구체적이지 않은 기간이 나왔을 때 사용	During most of last century... 마지막 세기 대부분 동안 During the remainder of the year... 한해 남은 기간 동안	population was slowing down. 인구는 서서히 감소 중이다.
around/about	대략적인 시간을 표시할 때 사용	Around 2000... 2000년도 정도에 About 1990... 대략 1990년도에	
from A to/until B	출발 시점 A부터 도착 시점 B사이의 시간을 표현할 때 사용	From January until March... 1월에서 3월까지 From 2000 to 2010... 2000년에서 2010년 까지	there was a dramatic increase in production. 생산에 극적인 증가가 있었다.
between A and B	두 시점의 출발 도착 개념 보다는 양쪽 시간적 범위 안이 중요하고 이것을 표현할 때 사용	Between January and March... 1월에서 3월 사이에 Between 1990 to 2000... 1990년과 2000년 사이에	
before	어떤 시점 전을 표현	Before 1900... 1900년도 전에	
after	어떤 시점 후를 표현	After 1900... 1900년도 후에	

by	어떤 시점까지를 표현	... by the early 20th century 20세기 초반까지	The most dramatic increase could be seen. 가장 극적인 증가를 볼 수 있었다.
at	어떤 해당 시점을 표현	... at the midnight 자정에	
since	어떤 시점 이래로 (계속해서)	Since the 20th century... 20세기부터	there has been a steady drop. 꾸준한 하락이 있었다.

C. 비교 묘사를 위한 표현

배수 비교를 위한 표현 어구			
주절의 주어와 동사	정도 부사	양을 나타내는 표현	비교 표현 + 명사
School A has 학교 A는 가지다	almost 거의 nearly 거의 approximately 대략 about 약	a/one quarter of 1/4 half of 1/2 a third of 1/3 three quarters of 3/4	the (total) number of students (총) 학생수
		a quarter 1/4 half 1/2 three quarters 3/4 twice 2배 three times 3배	as many students 학생수 만큼 as much space 공간 만큼 as school B 학교 B의

동등 비교를 위한 표현 어구				
주절의 주어와 동사	정도 부사	비교급 + 명사		비교대상
School A has 학교 A는 가지다	almost 거의 nearly 거의 approximately 대략 about 약	as many students as 학생수 만큼 as much space as 공간 만큼		school B 학교 B의
	exactly 정확히 precisely 정확히 approximately 대략 about 약	the same 같은	number 수 proportion 비율 amount 양	of students as school B 학교 B에 학생의

D. 변화하는 상황을 위한 표현

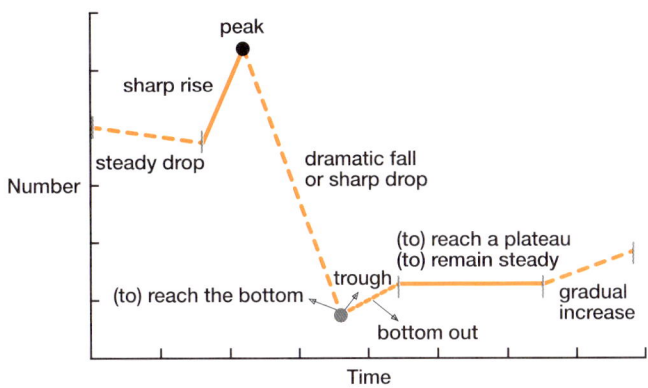

주어	변화를 묘사하는 동사		변화 정도를 표현하는 부사		시간대
	동사 + 부사 표현형 1				
The number of students 학생수는	increased jumped rose grew went up climbed	증가했다 증가했다 증가했다 증가했다 증가했다 증가했다	suddenly rapidly dramatically significantly sharply steeply	갑자기 급속히 급격히 현저히 급격하게 가파르게	from January to March. 1월에서 3월까지 between January and March. 1월에서 3월 사이에
	decreased dropped fell reduced went down	감소했다 감소했다 감소했다 감소했다 감소했다 감소했다	steadily consistently smoothly continually stably gradually slowly slightly	꾸준히 지속적으로 순조롭게 지속적으로 안정적으로 서서히 느리게 약간	
	fluctuated varied	요동쳤다 달라졌다			

동사 + 부사 표현형 2

시간대	주어	변화를 묘사하는 동사		변화 정도를 표현하는 부사	
From January to March 1월에서 3월까지	population 인구는 students 학생들은 workers 근로자들은 birth rate 출생률은	increased went up grew rose	증가했다 증가했다 증가했다 증가했다	suddenly rapidly dramatically significantly sharply steeply steadily	갑자기 급속히 급격히 현저히 급격하게 가파르게 꾸준히
		declined dropped went down fell	감소했다 감소했다 감소했다 감소했다	consistently smoothly continually stably gradually slowly slightly	지속적으로 순조롭게 지속적으로 안정적으로 서서히 느리게 약간

형용사 + 명사 표현형

주어	변화 정도를 표현하는 형용사		변화를 묘사하는 명사		시간대	
There was a 거기에 ~는 있었다	sudden rapid dramatic significant sharp steep large marked steady gradual slow small slight	갑작스러운 빠른 극적인 중대한 가파른 가파른 큰 두드러진 안정된 점진적인 느린 작은 조금의	increase jump rise growth	증가 증가 증가 증가	in the number of students 학생수에서	from January to March. 1월에서 3월까지 between January and March. 1월에서 3월 사이에
			decrease drop fall decline reduction	감소 감소 감소 감소 감소		
			fluctuation variation	변동 변화		

일정한 상태 표현

The number of students 학생수는	remained 남아 있다		steady 안정된 stable 안정된	from January to March. 1월에서 3월까지 between January and March. 1월에서 3월 사이에
	stayed the same 같게 유지되었다			
There was 거기에는 ~있다	little 작은 hardly any 거의 없는 no 없는	change 변화	in the number of students 학생수에서	

최고와 최저점 표현

The monthly profit 매달 이익이 The figures 수치가 The situation 상황이	peaked 최고치가 되었다		in March. 3월에 at 80%(20%). 80%(20%)에
	reached 도달했다	a peak 최고치 a high point 최고점	
	bottomed out 바닥을 쳤다		
	reached 도달했다	the bottom 바닥 a low point 저점	
	hit a trough 바닥에 도달했다		

3. Conclusion(결론) 상용어구

한 문장으로 끝내는 결론 표현들

결론 문단에 주로 사용되는 상용어구를 통해 본 문단이 결론이라는 것을 알려줄 수 있습니다.

In summary, 정리하면 To sum up, 요약하면 In short, 요약하면 In conclusion, 결론으로 To conclude, 종결하자면 On the whole, 전체적으로 Altogether, 전체적으로 Overall, 종합적으로 Finally, 마지막으로			we can say 우리는 말 할 수 있다	
			it can be said 언급할 수 있다	that...
Therefore, 그러므로 Thus, 그러므로 On this basis, 이런 근거로 Given this, 주어진 것으로		it can be	concluded 결론짓다 deduced 추론하다 inferred 추론하다	
From the ~에서	table 테이블에서 chart 차트에서 diagram 다이어그램에서	it can be	seen 보여진다 concluded 결론지어진다 shown 보여진다 estimated 추정된다 inferred 추론된다	

In summary, we can see that the area devoted to grain production was affected by both government policy and market forces.
정리하면, 곡식 생산에 기여하는 지역은 정부 정책과 시장 세력에 의해 영향을 받고 있는 것을 볼 수 있다.

In conclusion, it can be said that men occupy a greater percentage of high executive positions in the K-oil Company.
결론으로, K오일 회사의 높은 경영직책의 많은 부분은 남성이 차지하고 있는 것으로 언급될 수 있다.

Therefore, it is clear that looking after children often affects women's work availability.
그러므로, 아이를 돌보는 것이 엄마의 일하는 유용성에 영향을 끼치는 것이 명백하다.

From the diagram it can be safely concluded that from the years 1990 to 2000, Florida developed much more rapidly than the United States did as a whole.
이 다이어그램에서 1990년에서 2000년까지 플로리다가 미국 전역에 비해 더 빨리 발전했다는 것을 안전하게 결론 지을 수 있다.

From the figures above, we can draw a conclusion that most language students in private colleges came from Asia.
위에 그림에서 대부분의 사립학교의 랭귀지 학생들은 아시아에서 왔다는 것을 결론으로 이끌어 낼 수 있다.

PART 3
TASK 1 유형별 연습

UNIT 1. Line Graph | UNIT 2. Bar Graph | UNIT 3. Pie Chart
UNIT 4. Table | UNIT 5. Diagram | UNIT 6. Multiple Type A
UNIT 7. Multiple Type B | UNIT 8. Multiple Type C

≫ 그래프 유형 분석

시험에 나오는 그래프는 내용상 크게 아래와 같이 시간(Time) 그래프와 비교(Comparison) 그래프로 나눌 수 있습니다. 따라서 문제지를 받자마자 크게 어떤 그래프에 해당하는지를 파악하여 그래프의 성격에 맞춰 글을 전개해 나가는 것이 중요합니다.

● 시간(Time) 그래프

시간 그래프라면 시간 순에 따라 글의 본론을 써 나가는 것이 제일 용이합니다. 물론 시간 그래프에서도 항목이나 그래프 서로 간의 비교를 해야 할 경우도 발생하지만 이것은 전체 중 일부일 뿐이고, 대체적으로 시간에 따라 글쓰기를 진행하면 됩니다. 대표적인 시간 그래프 형태는 Line Graph와 간간히 나오는 시간 관련 Bar Graph가 있습니다.

> Ex) 1920년~ 1940년: 단순 상승, 1940년~ 1950년: 급상승, 1955년: 최고점, 1960년대: 급하강 등으로 각 시기별 key point를 나열합니다.

● 비교(Comparison) 그래프

비교 그래프는 그래프에서 보여지는 item과 item을 비교하여 글의 본론에서 설명하면 됩니다. 그리고 글을 쓸 때 순서는 item을 비교해서 제일 눈에 띄는 것이나 가장 중요한 것을 맨 처음에 쓰고, 그 다음 두드러진 것이나 중요한 것 그리고 그 다음에 두드러진 것이나 중요한 것 순으로 순차적으로 글을 써 나가면 됩니다. 대표적인 비교 그래프 형태에는 Bar Graph, Pie Chart, Table 등이 있습니다.

> Ex) 파이차트에서 보여지는 것은 A사는 B사에 비해 Food 부분에서는 절반 정도의 매출, Drink 부분에서는 3배나 매출이 많다.

이번 장에서는 각 그래프 유형별 전개방법에 대해 살펴보도록 하겠습니다.

UNIT 01 Line Graph

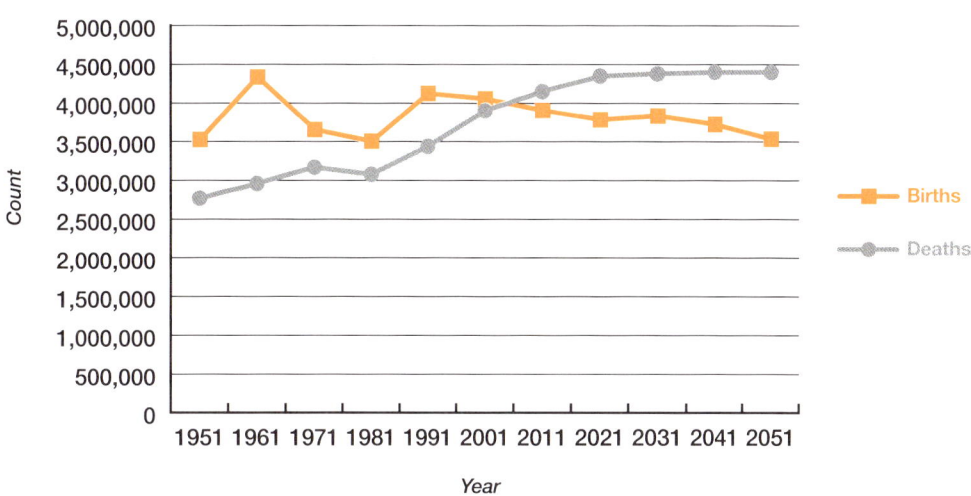

Number of Births and Deaths in the UK

Line Graph 분석 및 전개방법

그래프의 X축과 Y축	line의 개수	데이터 비교 분석
X축과 Y축이 각각 무엇을 나타내는지 파악하고, 제시된 수치와 단위 또는 항목을 분석합니다. 예를 들어 주어진 그래프가 Time Graph라면 X축의 연도의 흐름에 따라 달라지는 Y의 값을 확인하면 됩니다.	총 몇 개의 line이 있는지, 각 line이 무엇을 표시하는지를 확인합니다. 두 개 이상의 line이 나올 경우에는 각 항목을 실선, 점선 등으로 구분하거나 세모, 네모 등의 모양으로 구별해 주기도 합니다.	X축(대부분 시간) 흐름에 따른 line의 trend(상승 및 하강 추세), 각 항목별 최고점, 최저점, 분기점을 관찰합니다. 중요한 것은 각 항목의 분석에서 그치는 것이 아니라, 각각의 다른 line들과 비교 분석해야 한다는 것입니다. 예를 들어 두 개의 line이 동반 상승하는 경우, 한 개는 상승하는 반면 다른 한 개는 하강하는 경우 등을 구체적으로 언급해주어야 합니다.

CASE 01 | line이 상승하여 최고점을 찍는 경우

▶ **Key Words** | **peak** 최고점, 정점에 도달하다   *syn.* **top, reach the highest point, topmost**

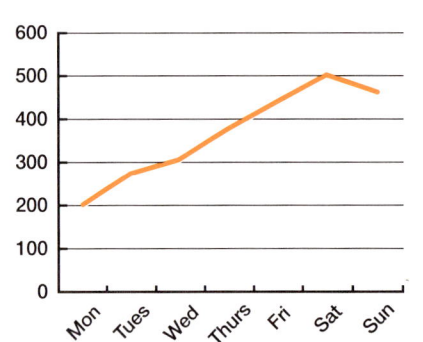

▶ **Example Sentences**

It recorded a **peak** of 500 on Saturday.
토요일에 최고점인 500을 기록했다.

There was a **peak** on Saturday.
토요일에 정점에 도달했다.

It **peaked** at 500 on Saturday.
토요일에 최고점 500을 찍었다.

A **peak** amount of 500 was reached on Saturday.
토요일에 최고점인 500에 도달했다.

The **highest** level is 500.
500이 최고 수준이다.

CASE 02 | line이 하강하는 경우

▶ **Key Words** | **down/downward** 아래쪽으로, 하강하는
syn. **toward a lower level, descending, sliding**

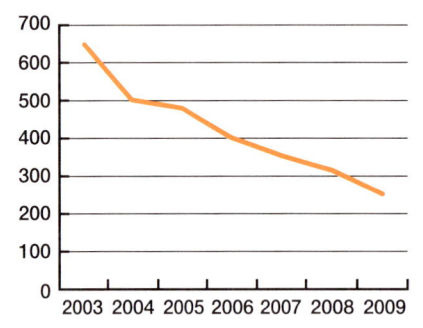

▶ **Example Sentences**

The trend is moving **downward**.
아래쪽으로 이동하는 경향이다.

The numbers continued to go **down** between 2003 and 2009.
2003년과 2009년 사이에는 숫자가 계속 내려갔다.

It moved in a **downward** direction during the 7-year period.
7년 동안 아래쪽으로 이동했다.

The graph showed a **descending** trend from 2003 to 2009.
그래프는 2003년부터 2009년까지 하강하는 경향을 보여 주었다.

CASE 03 | line이 지속적으로 상승하는 경우

▶ **Key Words** | **up/upward** 윗쪽으로, 상승하는
syn. to a higher level, increasing, rising, growing, ascending

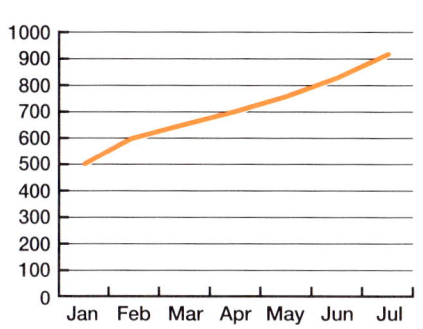

▶ **Example Sentences**

The levels went **up** from 500 in January to over 900 in July.
1월에 500에서 7월에 900이 넘어서까지 상승하였다.

The general trend is **upward**.
일반적으로 상승하는 추세이다.

An **upward** shift in figures was seen between January and July.
1월에서 7월 사이에 수치는 상승 이동을 했다.

The amounts moved in an **ascending** manner, from 500 to at least 900.
500에서 최소 900까지 상승 방식으로 이동했다.

CASE 04 | line이 안정적인 경우

▶ **Key Words** | **stable** 안정적인 syn. constant, steady, even
stabilize 안정적이다 syn. even out, become constant, steady

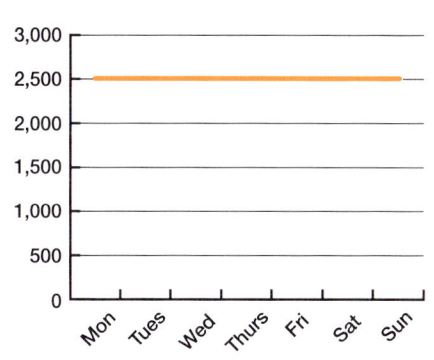

▶ **Example Sentences**

The trend was **stable** from Monday to Sunday.
월요일부터 일요일까지 안정적인 추세이다.

The figures registered a **steady** amount of 2,500.
수치는 2,500으로 일정하게 나타났다.

The quantities **stabilized** at 2,500.
수량은 2,500으로 안정적이었다.

The numbers **remained constant** throughout the week.
한 주 내내 수치는 변함이 없었다.

CASE 05 line이 오르락내리락하는 경우

▶ **Key Words** | **fluctuate** 변동하다 *syn.* vary, keep changing, swing
fluctuation 변동, 오르내림 *syn.* variation, rise and fall

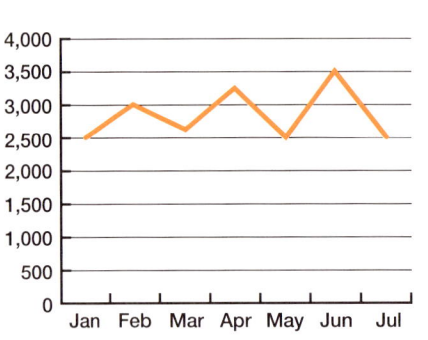

▶ **Example Sentences**

The amounts **fluctuated** during the seven-month period.
7개월 동안 수치는 변동하였다.

There were **fluctuations** between 2,500 and 3,500 from January to July.
1월에서부터 7월까지 2,500에서 3,500사이로 변동이 있었다.

The **fluctuations** happened during the first seven months of the year.
그 해 첫 7개월간 변동이 발생했다.

The values **swung** between 2,500 and 3,500 from January to July.
1월에서부터 7월까지 2,500에서 3,500사이로 값에 변동이 있었다.

CASE 06 두 개의 line의 추세가 반대로 전환되는 경우

▶ **Key Words** | **reverse** 역전, 반비례하다 *syn.* opposite, contrary, inverse

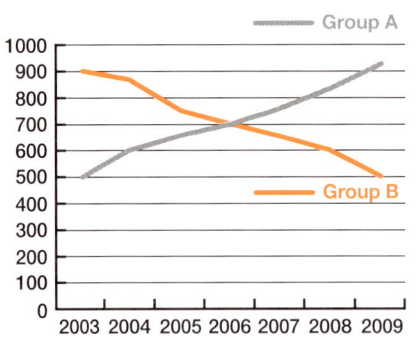

▶ **Example Sentences**

Group A's trend is the **reverse** of Group B's movement.
A그룹의 경향은 B그룹의 움직임과 반비례한다.

The trends of Groups A and B took **reverse** directions.
A그룹과 B그룹의 추세는 반대 방향을 가졌다.

Group A and Group B showed **inverse** movements from 2003 to 2009.
A그룹과 B그룹은 2003년부터 2009년까지 정반대의 움직임을 보였다.

Group A is the **opposite** of Group B based on its performance from 2003 to 2009.
2003년부터 2009년의 실적에 근거해 A그룹과 B그룹은 정반대다.

● CHECK-UP

▶ 정답은 86페이지에

다음의 그래프를 분석하고 빈칸에 알맞은 단어를 넣으세요.

Average Selling Price of a Condominium on the Big Island from 2004 to 2009
2004년부터 2009년까지 빅아일랜드 아파트의 평균 판매 가격

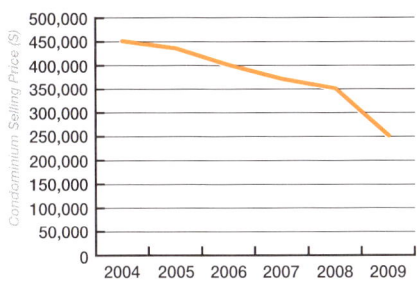

The average selling price of a condominium on the Big Island went ❶_____ from 2004 to 2009.
빅아일랜드 아파트의 평균 판매 가격은 2004년부터 2009년까지 하락했다.

A ❷_____ trend can be observed when looking at the average condominium prices.
아파트 평균 가격을 살펴보았을 때 하강하는 추세를 볼 수 있다.

David's Household Power Consumption in 2008
2008년 데이비드의 가정 전력 소비

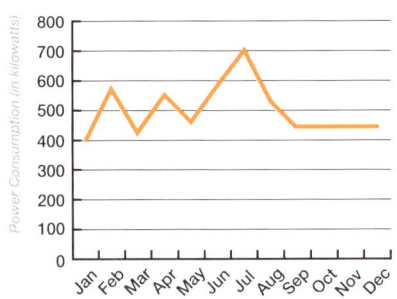

David's power consumption at home showed ❸_____ between 400 to 600 kilowatts during the first six months of 2008.
2008년 첫 6개월 동안 데이비드의 가정 전력 소비는 400에서 600킬로와트 사이에서 변동이 있었다.

David's consumption ❹_____ in July to 700 kilowatts, before ❺_____ to about 450 kilowatts from September to December.
데이비드의 전력 소비는 7월에 700킬로와트로 정점을 찍었다. 그리고 나서 9월부터 12월까지 약 450킬로와트로 일정한 수준을 유지했다.

People in Seoul Using Their Own Cars to Go to Work Versus Those Who Take Public Transport
서울에서 자가용으로 출근을 하는 사람들과 대중교통을 이용하는 사람들

There was a ❻_____ number of people in Seoul who ride buses and trains to work.
서울에서 기차와 버스로 출근을 하는 사람들이 증가했다.

Meanwhile, a ❼_____ trend is seen among those who bring their own cars to work.
한편, 직장에 자가용을 가지고 가는 사람들은 정반대의 추세를 보여준다.

73

EXERCISE 1

You should spend about 20 minutes on this task.

> *The two line graphs show the number of births and deaths in the United Kingdom. The figures shown are from 10-year intervals starting in 1951 and going into 2051.*
>
> 두 개의 선 그래프는 영국의 출생과 사망자 수를 보여준다. 수치는 1951년부터 시작되어 2051년까지 10년 간격으로 나타난다.
>
> *Summarise the information by selecting and reporting the main features, and make comparisons where relevant.*
>
> 주요 특징들을 선택하여 작성함으로써 정보를 요약하고, 관련된 것을 비교하세요.

Write at least 150 words.

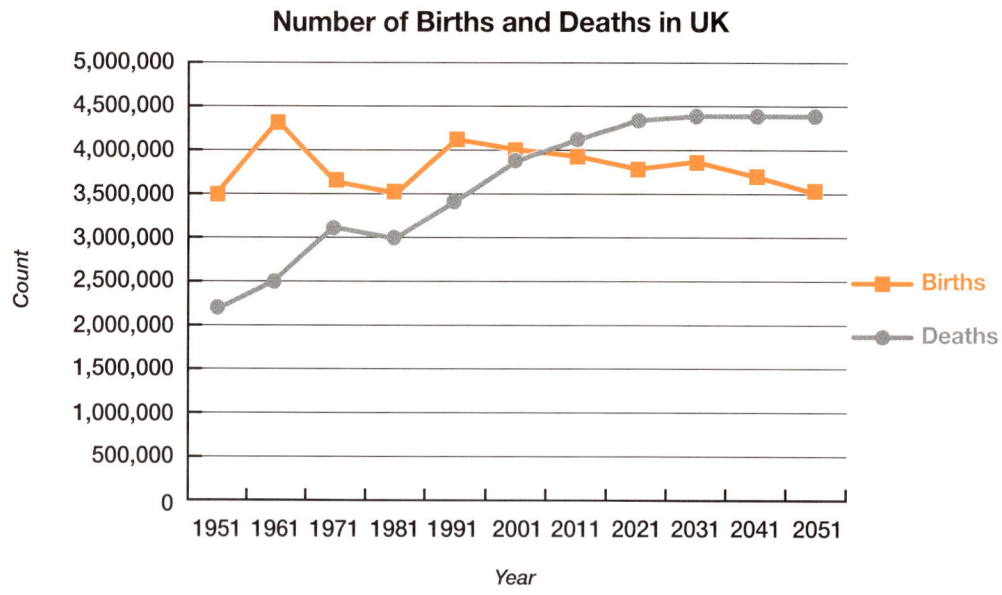

Number of Births and Deaths in UK

● STEP 1 | Brainstorming

▶ 정답은 86페이지에

그래프 정보를 분석하여 아래 질문에 대한 알맞은 내용을 선택하세요.

1. What do the two line graphs show?
  두 개의 선 그래프는 무엇을 나타내는가?

  A. birth and death counts in the United Kingdom
  B. number of citizens in the United Kingdom
  C. frequency of births in the United Kingdom

2. What is the general direction of the birth count in the United Kingdom?
  영국 출생자수의 일반적인 추세는 어떠한가?

  A. upwards
  B. downwards
  C. stable

3. How would you describe the rise in the number of births in the UK in 1961 and 1991?
  1961년과 1991년 영국 출생자수의 상승은 어떻게 설명할 수 있는가?

  A. permanent
  B. temporary
  C. invisible

4. What is the estimated birth count by the year 2051?
  2051년까지 예상 출생자수는 몇 명인가?

  A. exactly 4,500,000 deliveries
  B. close to 3,000,000 deliveries
  C. around 3,500,000 deliveries

5. How would the birth count in 2051 compare against the birth counts of other years?
  다른 해의 출생자수와 비교하여 2051년의 출생자수는 어떠한가?

  A. it would be one of the lowest
  B. it would be the highest
  C. it would be the same

6. What is the general trend of the number of deaths in the United Kingdom?
영국 사망자수의 일반적인 추세는 어떠한가?

   A. increasing
   B. decreasing
   C. constant

7. What is the expected death count by 2051?
2051년 예상되는 사망자수는 몇 명인가?

   A. nearly 3,500,000
   B. less than 4,000,000
   C. close to 4,500,000

8. How many times higher is the death count in 2051 versus the death count in 1951?
1951년의 사망자수에 비해 2051년의 사망자수는 몇 배가 더 높은가?

   A. nearly thrice
   B. almost two times
   C. roughly ten times

9. Which of the two has the higher count in the United Kingdom by 2051: births or deaths?
2051년 영국의 출생자수와 사망자수 중 어느 것이 더 높은가?

   A. births
   B. deaths
   C. births and deaths are equal

10. How would you describe birth and death count status in 2051 against the status in 1951?
1951년의 상황과 대조하여 2051년의 출생자수와 사망자수의 상황은 어떻게 설명할 수 있는가?

   A. similar
   B. related
   C. opposite

STEP 2 | Writing Activity

▶ 정답은 86페이지에

Brainstorming에서 분석한 정보를 이용하여 아래의 문장을 완성하세요.

1. 그래프는 1951년에서 2051년 사이 영국의 출생자수와 사망자수를 나타낸다.

The graphs exhibit the _____ between 1951 and 2051.

2. 영국의 출생자수에 관하여 일반적으로 하강하는 추세이다.

The general trend in terms of number of births in the United Kingdom is

_____.

3. 1961년과 1991년 출생 수치는 증가하였지만 일시적이다.

There were increases in birth figures in 1961 and 1991, but these were only

_____.

4. 2051년까지 출생자수는 약 3,500,000명에 달할 것으로 예상된다.

By the year 2051, the number of births is expected to hit _____

_____.

5. 덧붙여 말하면, 그 나라에서 기록된 가장 낮은 수치들 중 하나일 것이다.

Incidentally, _____ levels recorded in the country.

6. 반면, 영국의 사망자수는 1951년 이후로 상승하고 있다.

In contrast, the number of deaths in the United Kingdom has been _____ since 1951.

7. 그래프에 따르면, 2051년까지 사망자수는 4,500,000명에 가까울 것으로 예상된다.

According to the graph, the death count is expected to come _____ by 2051.

8. 이 수치는 1951년의 사망자수보다 거의 두 배가 더 높다.

This count is _____ higher than the number of deaths in the country in 1951.

9. 2051년까지 영국의 사망자수는 출생자수보다 훨씬 더 높을 것으로 예상된다.

By 2051, it is expected that the number of deaths would be _____ than the number of births in the United Kingdom.

10. 이것은 1951년 동안 출생자수와 사망자수와는 정반대의 상황이다.

This is _____ of the birth and death count status in the country during 1951.

MODEL ANSWER

● STEP 2 에서 완성한 문장을 아래와 같이 문단을 구분하여 답안을 완성합니다.

Introduction	The graphs exhibit the birth and death counts in the United Kingdom between 1951 and 2051.
Body	The general trend in terms of number of births in the United Kingdom is downwards. There were increases in birth figures in 1961 and 1991, but these were only temporary. By the year 2051, the number of births is expected to hit around 3,500,000 deliveries. Incidentally, it would be one of the lowest levels recorded in the country. In contrast, the number of deaths in the United Kingdom has been increasing since 1951. According to the graph, the death count is expected to come close to 4,500,000 by 2051. This count is almost two times higher than the number of deaths in the country in 1951.
Conclusion	By 2051, it is expected that the number of deaths would be significantly higher than the number of births in the United Kingdom. This is opposite of the birth and death count status in the country during 1951.

160 words

해석   그래프는 1951년에서 2051년 사이 영국의 출생자수와 사망자수를 나타낸다.
영국의 출생자수에선 일반적으로 하강하고 있는 추세이다. 1961년과 1991년 출생 수치는 증가하였지만 일시적이다. 2051년까지 출생자수는 약 3,500,000명에 달할 것으로 예상된다. 덧붙여 말하면, 이 나라에서 기록된 가장 낮은 수치들 중 하나일 것이다. 반면, 영국의 사망자수는 1951년 이후로 상승하고 있다. 그래프에 따르면, 2051년까지 사망자수는 4,500,000명에 가까울 것으로 예상된다. 이 수치는 1951년의 사망자수보다 거의 두 배가 더 높다.
2051년까지 영국의 사망자수는 출생자수보다 훨씬 더 높을 것으로 예상된다. 이것은 1951년 동안 출생자수와 사망자수와는 정반대의 상황이다.

CHECK-UP VOCABULARY

exhibit   v. (그림이나 표를) 나타내다, 표시하다, (문서를) 제시하다
incidentally   adj. 덧붙여 말하자면, 부수적으로, 우연히
trend   n. 추세, 경향, 방향, 기울기
according to   (기록 등에) 따르면, ~에 따라, ~에 의하면

EXERCISE 2

You should spend about 20 minutes on this task.

> *The graphs below show the total population in Britain and the percentage of the country's population by age group from 1960 to 2000, with projections for the years 2010 to 2040.*
>
> 아래 그래프는 영국의 총 인구와 1960년부터 2000년까지 연령별 인구 비율을 보여준다. 그리고 2010년부터 2040년 동안의 예상 비율을 나타낸다.
>
> *Summarise the information by selecting and reporting the main features, and make comparisons where relevant.*
>
> 주요 특징들을 선택하여 작성함으로써 정보를 요약하고, 관련된 것을 비교하세요.

Write at least 150 words.

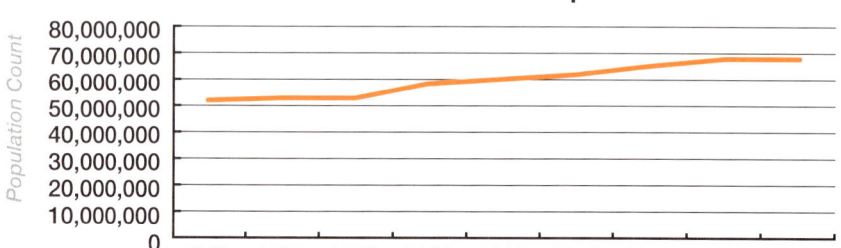

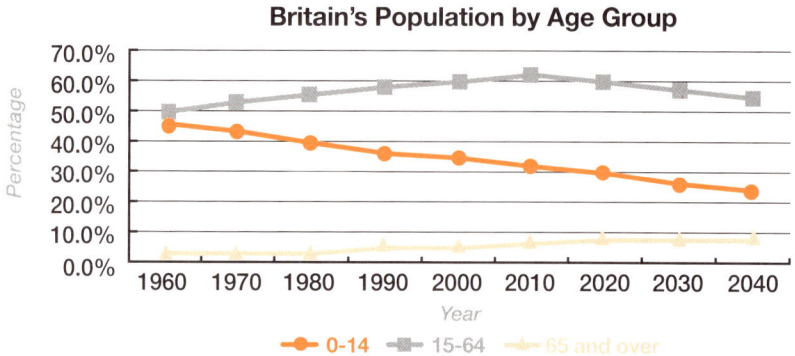

● STEP 1 | Brainstorming

▶ 정답은 86페이지에

그래프 정보를 분석하여 아래 질문에 대한 알맞은 내용을 선택하세요.

1. What specific information about Britain's population is described in the graphs?
   그래프에 서술된 영국 인구에 대한 구체적인 정보는 무엇인가?

   A. Britain's actual population count by age group
   B. changes in Britain's population grouping
   C. trend of Britain's population and its proportions by age group

2. Into what age groups is Britain's population divided?
   영국의 인구는 어떠한 연령층으로 나누어졌는가?

   A. 0-14, 15-64, and 65 years old and above
   B. 0-14 years old and 15-64 years old
   C. infants, children and adults

3. What is the projection for Britain's total population in the year 2040?
   2040년 영국의 총 인구는 어떠할 것으로 예상되는가?

   A. it is seen to be cut in half
   B. it is expected to reach almost 70,000,000
   C. it is likely to stay the same

4. What proportion of Britain's total population is held by the 15-64 year old age group?
   영국 총 인구에서 15세에서 64세 사이의 연령층은 얼마를 차지하는가?

   A. at least 50 percent
   B. maximum of 50 percent
   C. exactly 50 percent

5. Which age group has the second largest share of Britain's population?
   영국 인구에서 어떠한 연령층이 두 번째로 큰 부분을 차지하는가?

   A. 65 years old and over
   B. 15 to 64 years old
   C. 0 to 14 years old

6. How would you describe the general trend of the gap between the proportions of the 0-14 and 15-64 age groups?
0세에서 14세 연령층과 15세에서 64세 연령층 비율 사이의 격차는 어떠한가?

   A. getting smaller
   B. growing
   C. worsening

7. What is the general direction of the population share of Britain's elderly citizens?
영국 노년층이 차지하는 비율의 일반적인 방향은 어떠한가?

   A. upward
   B. downward
   C. steady

8. What is the expected share of the population of Britain's senior citizens by 2040?
2040년까지 영국 노인들의 인구 비율은 어떠할 것으로 예상되는가?

   A. about 50 percent
   B. almost 20 percent
   C. roughly 10 percent

9. How would you describe the ranking of the three age groups in terms of their share of Britain's population?
영국 인구의 세 연령층이 차지하고 있는 비율에 관하여 세 연령층의 순위는 어떻게 설명할 수 있는가?

   A. irregular
   B. consistent
   C. unpredictable

10. How would you describe the changes in the actual proportions of Britain's population by age?
연령에 따라 영국 인구의 실제 비율의 변화는 어떠한가?

   A. unnoticeable
   B. significant
   C. no change at all

● STEP 2 | Writing Activity

▶ 정답은 86페이지에

Brainstorming에서 분석한 정보를 이용하여 아래의 문장을 완성하세요.

1. 그래프는 1960년에서 2040년 사이 영국의 총 인구와 연령에 따른 인구 비율을 나타낸다.

The graphs reveal _____

_____ between the years of 1960 and 2040.

2. 인구는 0세에서 14세와 15세에서 64세, 65세 이상의 세 연령층으로 나누어진다.

The population is divided into three age groups: _____

_____.

3. 그래프 중 하나를 바탕으로 영국의 총 인구는 상승하고 있고 2040년에는 거의 70,000,000명에 이를 것으로 예상된다.

Based on one of the graphs, Britain's total population is on the rise and is _____

_____ by year 2040.

4. 15세에서 64세 연령층은 가장 인구 비율이 높으며 영국 전체 인구에서 적어도 50퍼센트를 차지한다.

The 15-64 year old age group has the highest share of the country's populace,

holding _____ of Britain's total inhabitants.

5. 한편, 0세에서 14세 연령층은 영국 인구에서 두 번째로 높은 비율을 가지고 있다.

Meanwhile, the 0-14 year old age group has _____

of Britain's population.

6. 그러나 0세에서 14세 연령층과 15세에서 64세 연령층 사이의 비율 격차는 1970년부터 계속 늘어나고 있다.

However, the share gap between the 0 to 14 and 15 to 64 years old age groups has been _____ from 1970 onwards.

7. 0세에서 14세 연령층과 달리 영국의 노년층의 인구 비율은 일반적으로 상승하고 있다.

Unlike the 0 to 14 years old group, the general direction of the population share of Britain's elderly citizens is _____.

8. 2040년에 영국의 노인들은 국가 인구에서 대략 10퍼센트를 차지할 것으로 추정된다. 이 수치는 1960년 인구 비율의 약 두 배이다.

The Britain's senior citizens are estimated to own _____ of the country's population by 2040; this is almost twice its population share in 1960.

9. 영국 인구의 세 연령층이 차지하고 있는 비율에 관하여 세 연령층의 순위는 1960년부터 2040년까지 변함이 없다.

The ranking of the different age groups in terms of their share of Britain's population _____ from 1960 to 2040.

10. 그럼에도 불구하고 실제 비율에는 상당한 변화가 나타난다.

Nevertheless, _____ are seen in their actual proportions.

MODEL ANSWER

● STEP 2 에서 완성한 문장을 아래와 같이 문단을 구분하여 답안을 완성합니다.

Introduction	The graphs reveal Britain's total population trends and its proportions by age group between the years of 1960 and 2040.
Body	The population is divided into three age groups: 0-14, 15-64, and 65 years old and above. Based on one of the graphs, Britain's total population is on the rise and is expected to reach almost 70,000,000 by year 2040. The 15-64 year old age group has the highest share of the country's populace, holding at least 50 percent of Britain's total inhabitants. Meanwhile, the 0-14 year old age group has the second largest share of Britain's population. However, the share gap between the 0 to 14 and 15 to 64 years old age groups has been getting smaller from 1970 onwards. Unlike the 0 to 14 years old group, the general direction of the population share of Britain's elderly citizens is upward. The Britain's senior citizens are estimated to own roughly 10 percent of the country's population by 2040; this is almost twice its population share in 1960.
Conclusion	The ranking of the different age groups in terms of their share of Britain's population is consistent from 1960 to 2040. Nevertheless, significant changes are seen in their actual proportions.

197 words

해석 그래프는 1960년에서 2040년 사이 영국의 총 인구와 연령에 따른 인구 비율을 나타낸다.
인구는 0세에서 14세와 15세에서 64세, 65세 이상의 세 연령층으로 나누어진다. 그래프 중 하나를 바탕으로 영국의 총 인구는 상승하고 있고 2040년에는 거의 70,000,000명에 이를 것으로 예상된다. 15세에서 64세 연령층은 가장 인구 비율이 높으며 영국 전체 인구에서 적어도 50퍼센트를 차지한다. 한편, 0세에서 14세 연령층은 영국 인구에서 두 번째로 높은 비율을 가지고 있다. 그러나 0세에서 14세 연령층과 15세에서 64세 연령층 사이의 비율 격차는 1970년부터 계속 줄어들고 있다. 0세에서 14세 연령층과 달리 영국의 노년층의 인구 비율은 일반적으로 상승하고 있다. 2040년에 영국의 노인들은 국가 인구에서 대략 10퍼센트를 차지할 것으로 추정된다. 이 수치는 1960년 인구 비율의 약 두 배이다.
영국 인구의 세 연령층이 차지하고 있는 비율에 관하여 세 연령층의 순위는 1960년부터 2040년까지 변함이 없다. 그럼에도 불구하고 실제 비율에는 상당한 변화가 나타난다.

CHECK-UP VOCABULARY

reveal v. 나타내다, 드러내 보이다, 밝히다, 알려주다
estimate v. 추정하다, 평가하다, 어림잡다, 판단하다
onwards adj. (특정 시간부터) 계속, 줄곧, 앞으로
in terms of ~에 관하여, ~의 말로, ~ 면에서

UNIT 1 ANSWERS

CHECK-UP

1. down
2. downward
3. fluctuations/variations
4. peaked
5. stabilizing
6. growing/rising
7. reverse/opposite

EXERCISE 1

STEP 1 ▶ 1. A 2. B 3. B 4. C 5. A 6. A 7. C 8. B 9. B 10. C

STEP 2 ▶
1. birth and death counts in the United Kingdom
2. downwards
3. temporary
4. around 3,500,000 deliveries
5. it would be one of the lowest
6. increasing
7. close to 4,500,000
8. almost two times
9. significantly higher
10. opposite

EXERCISE 2

STEP 1 ▶ 1. C 2. A 3. B 4. A 5. C 6. B 7. A 8. C 9. B 10. B

STEP 2 ▶
1. Britain's total population trends and its proportions by age group
2. 0-14, 15-64, and 65 years old and above
3. expected to reach almost 70,000,000
4. at least 50 percent
5. the second largest share
6. growing
7. upward
8. roughly 10 percent
9. is consistent
10. significant changes

UNIT 02 Bar Graph

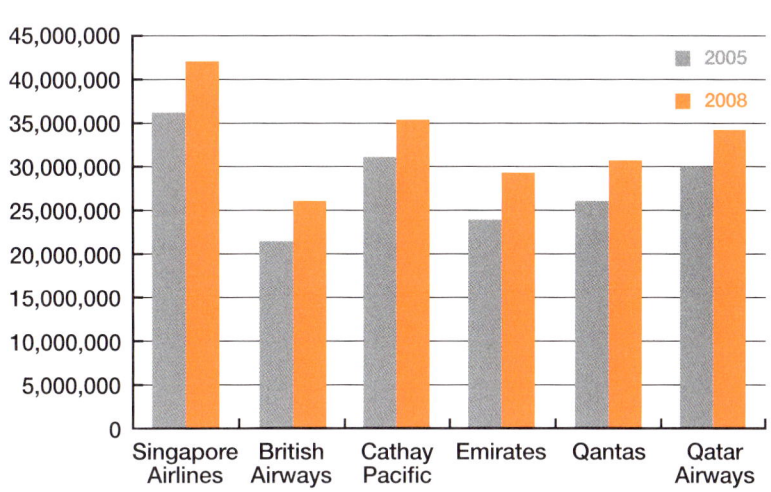

Bar Graph 분석 및 전개방법

X축과 Y축	bar의 개수	데이터 비교 분석
X축과 Y축이 각각 무엇을 나타내는지 파악하고, 제시된 수치와 단위 또는 항목을 분석합니다. 주어진 그래프가 세로 막대인지 가로 막대인지에 따라 각 항목이 X축 또는 Y축 어디에 해당하는지 주의 깊게 살펴봐야 합니다. 예를 들어 세로 bar 그래프의 경우, 각 항목이 순차적으로 X축에 나오고 Y축에는 단위(비율)나 수치 등이 제시됩니다.	전체적으로 모두 몇 개의 bar로 구성되어 있고, 각 bar가 무엇을 나타내는지 관찰합니다. Bar Graph가 Line Graph와 다른 점은 한 항목에 대해서도 여러 개의 막대가 나올 수 있다는 것입니다. 따라서 Line Graph보다 분석해야 할 항목이 많다는 점에 주의해야 합니다.	각각의 bar의 오르고 내림, 최고/최저점과 bar 사이의 고/저 차이를 관찰합니다. 즉 복수의 막대들이 한 항목에서 어떻게 이동하는지, 그리고 각 항목들간의 관계는 어떤지를 비교 분석합니다.

CASE 01 — Bar Graph가 전반적으로 상승하는 경우

▶ **Key Words** | **improve** 상승하다 *syn.* get better, pick up, expand
improvement 상승 *syn.* increase, change for the better

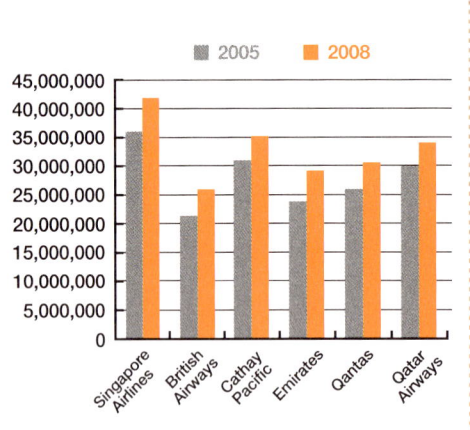

▶ **Example Sentences**

Overall, the performance of featured airlines **improved** in 2008.
전반적으로 2008년 표에 나타난 항공사의 실적은 상승하였다.

All the airline companies in the graph achieved **improved** figures in 2008.
그래프의 모든 항공사는 2008년에 향상된 수치를 달성하였다.

There is a general **improvement** in numbers in 2008 for the six airline companies.
2008년 여섯 개의 항공사의 수치는 일반적으로 상승하였다.

All the values **picked up** from 2005 to 2008.
2005년부터 2008년까지 모든 값은 상승하였다.

CASE 02 — Bar Graph 항목 하나가 다른 항목보다 2배 이상일 때

▶ **Key Words** | **double** 두 배의, 두 배가 되다
syn. to become twice as much, to be increased twofold

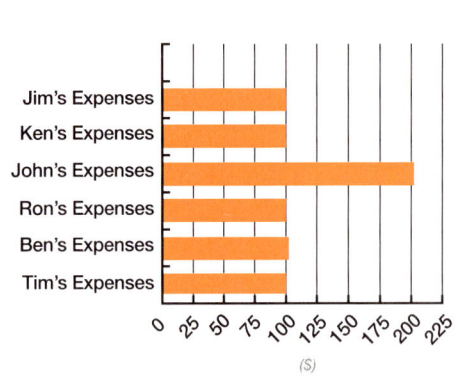

▶ **Example Sentences**

John's spending is **double** the amount spent by the other boys.
존의 지출은 다른 소년들이 지출한 양의 두 배이다.

John reported total expenses of $200, or **twice** the individual sum of his colleagues.
존의 총 지출은 200달러로 동료들의 개인 액수의 두 배이다.

At $200, John's expenses **doubled** those of the other members of the group.
존의 지출액 200달러는 다른 사람들의 지출의 두 배이다.

John's expenditure hit $200, **doubling** the average spending of $100 by the other boys.
존의 지출은 200달러에 달했고, 다른 소년들의 평균 지출인 100달러의 두 배이다.

CASE 03 | Bar Graph가 갑자기 하락할 때 그래프

▶ **Key Words** | **sudden** 갑작스러운 *syn.* unexpected, abrupt
suddenly 갑자기 *syn.* abruptly, rapidly, out of the blue

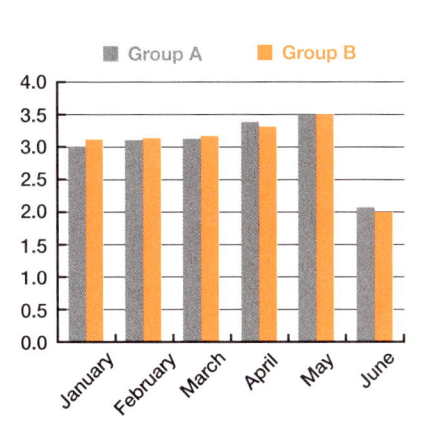

▶ **Example Sentences**

The chart reveals a **sudden** drop in average figures in June.
도표는 6월 평균 수치의 갑작스러운 하락을 보여준다.

The calculations fell **suddenly** from 3.5 in May to roughly 2 in June.
5월에 3.5에서 6월에는 대략 2까지 수치가 갑자기 하락했다.

An **unexpected** decline during June slashed the total count to about 2 for each group.
6월의 예상치 못한 하락은 각 그룹의 총 수치를 2로 대폭 낮췄다.

After gradual increases from January to May, the values went down **rapidly** in June.
1월부터 5월까지 점진적으로 상승한 후에 6월에 갑자기 하락했다.

CASE 04 | Bar Graph 항목 하나가 두드러지게 나타나는 경우

▶ **Key Words** | **significant** 상당한, 현저한 *syn.* sizeable, substantial
significantly 상당히, 두드러지게
syn. quite large in amount or quantity, considerably

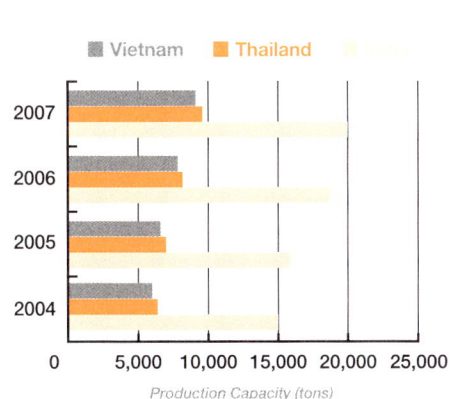

▶ **Example Sentences**

There is a **significant** gap in production capacity between India and the other two countries.
인도와 다른 두 국가 사이의 생산 능력의 격차는 상당하다.

India's manufacturing capabilities are **significantly** bigger than those of Vietnam and Thailand.
인도의 제조 능력은 베트남과 태국의 제조 능력보다 현저히 크다.

India exhibits a **sizeable** production advantage over Vietnam and Thailand.
인도는 베트남과 태국보다 상당한 생산 우위를 나타낸다.

India is **considerably** better than Thailand and Vietnam in terms of production capability.
생산 능력에 있어서 인도는 태국과 베트남보다 상당히 좋다.

CASE 05 Bar Graph 항목 하나가 다른 항목들을 리드하는 경우

▶ Key Words | **lead** 앞장서다, 선두 *syn.* to be first/ahead, first position
leading 선도하는, 1등의 *syn.* topmost; primary

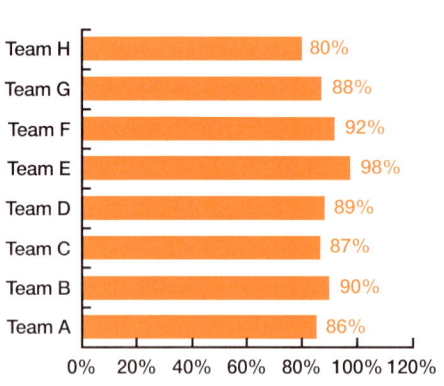

▶ Example Sentences

Team E **leads** this period based on percentage scores.
백분율을 기반으로 이 기간에는 E팀이 앞서고 있다.

Team E has taken the **lead** with a rating of 98%.
E팀은 98퍼센트의 비율로 선두를 달리고 있다.

Team E enjoys a **lead** of 6% over Team F.
E팀은 F팀보다 6퍼센트 앞선다.

The **leading** group for this period is Team E, followed by Team F.
이 기간 동안 선두를 달리는 그룹은 E팀이고 그 다음으로 F팀이다.

With a grade of 98%, Team E **is ahead** of the other groups.
98퍼센트의 점수로 E팀은 다른 팀들보다 앞선다.

CASE 06 Bar Graph의 흐름이 최저점을 찍고 회복되는 추세를 보일 때

▶ Key Words | **recover** 회복하다 *syn.* to get back, regain
recovery 회복 *syn.* a return to a normal condition, revival

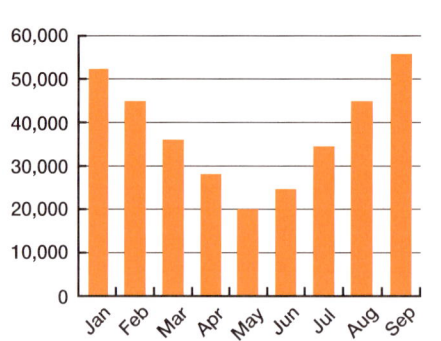

▶ Example Sentences

The volumes **recovered** from June to September.
6월부터 9월까지 수량은 회복되었다.

As seen in the graph, there was a **recovery** following the month of May.
그래프에서 보여지듯이 5월 이후로 회복되었다.

The months of June to September are the periods of **recovery**.
6월부터 9월은 회복기이다.

After May, the quantities began to **get back** to their previous levels.
5월 이후로, 수량은 이전 수준을 회복하고 있다.

CHECK-UP

다음의 그래프를 분석하고 빈칸에 알맞은 단어를 넣으세요.

Meat Sales in Major Stores in Los Angeles
LA 주요 상점들의 고기 판매량

In general, meat sales in the four major stores in Los Angeles ❶ _____ from January to March.
일반적으로, LA에 있는 주요 네 개 상점의 고기 판매량은 1월부터 3월까지 상승하였다.

The quantity of meat sold at Store C during in the first quarter is ❷ _____ higher compared to meat sales in the other three stores.
1분기 동안 C상점에서 판매된 고기양은 다른 세 상점의 고기 판매량에 비해 상당히 높다.

Student Council Election Votes in Samson High
삼손 고등학교의 학생회 선거 투표

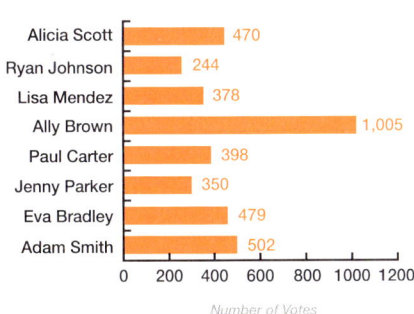

Based on the latest tally of student council election votes, Ally Brown is on the ❸ _____ with 1,005 votes.
학생회 선거 투표의 최근 항목을 기반으로 앨리 브라운은 1,005개의 투표수로 선두를 달리고 있다.

The number of votes received by Ms. Brown is ❹ _____ the votes garnered by second-placed Adam Smith. This is a ❺ _____ gap.
브라운 양이 받은 투표수는 2위를 기록한 아담 스미스가 얻은 투표수의 두 배이다. 상당한 격차이다.

Average Number of Cars Sold
평균 차량 판매 수

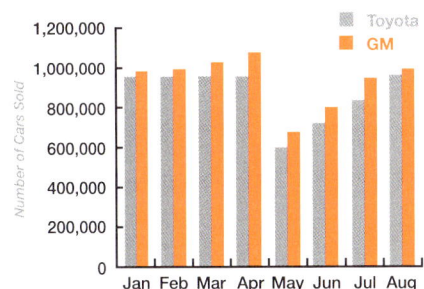

The average number of cars sold for both Toyota and GM ❻ _____ went down in May.
도요타와 GM의 평균 차량 판매 수는 5월에 갑자기 하락하였다.

Nevertheless, the figures immediately ❼ _____ starting in June.
그럼에도 불구하고, 6월에 곧 회복하기 시작했다.

EXERCISE 1

You should spend about 20 minutes on this task.

> *The bar chart illustrates the number of mobile phones and computers, per 1,000 individuals, in six countries in 2003.*
>
> 막대 그래프는 2003년 6개 국가의 1,000명 당 소유하고 있는 휴대 전화와 컴퓨터의 수를 보여준다.
>
> *Summarise the information by selecting and reporting the main features, and make comparisons where relevant.*
>
> 주요 특징들을 선택하여 작성함으로써 정보를 요약하고, 관련된 것을 비교하세요.

Write at least 150 words.

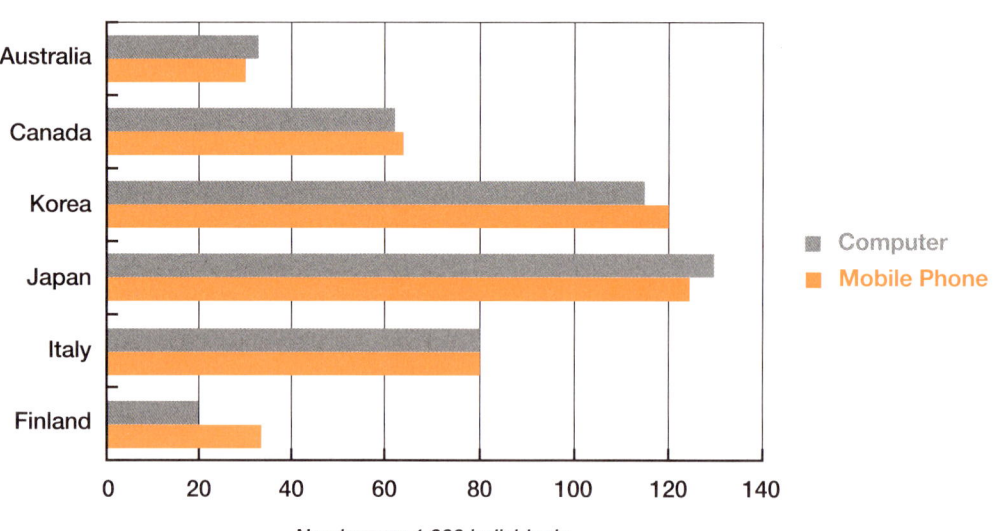

● STEP 1 | Brainstorming

▶ 정답은 104페이지에

그래프 정보를 분석하여 아래 질문에 대한 알맞은 내용을 선택하세요.

1. What particular information about mobile phones and computers is shown in the chart?
   도표에서 보여지는 휴대전화와 컴퓨터에 대한 특정한 정보는 무엇인가?

   A. count of mobile phones and computers for every group of 1,000 individuals
   B. quality of mobile phone and computers sold in six countries
   C. number of mobile phones and computer per individual

2. Which country led in terms of their mobile phone count? What about in computer count?
   휴대전화 수와 관련해서 어느 국가가 앞섰는가? 컴퓨터 수와 관련해서는 어떠한가?

   A. mobile phone: Korea; computer: Japan
   B. mobile phone: Japan; computer: Korea
   C. mobile phone: Japan; computer: Japan

3. Which country had the least number of mobile phones? Which one had the least number of computers?
   휴대전화의 수가 가장 적은 국가는 어디였는가? 컴퓨터의 수가 가장 적은 국가는 어디였는가?

   A. mobile phone: Canada; computer: Finland
   B. mobile phone: Australia; computer: Finland
   C. mobile phone: Australia; computer: Canada

4. Out of the six countries, how many registered a higher number of mobile phones than computers?
   6개 국가 중에서 컴퓨터보다 휴대전화의 수가 더 많이 기록된 국가는 몇 개인가?

   A. two   B. three   C. four

5. Which countries recorded a higher mobile phone than computer count?
   컴퓨터의 수보다 휴대전화의 수가 더 많이 나타난 국가는 어느 국가인가?

   A. Canada, Korea, Finland
   B. Japan, Australia, Italy
   C. Canada, Japan, Korea

6. In which countries were computers more common than mobile phones?
   어느 국가에서 휴대전화보다 컴퓨터를 더 흔히 볼 수 있는가?

   A. Korea, Japan
   B. Australia, Canada
   C. Australia, Japan

7. How would you compare the number of mobile phones and computers in Italy?
   이탈리아의 컴퓨터와 휴대전화의 수는 어떻게 비교할 수 있는가?

   A. it recorded the same number of mobile phones and computers
   B. it had more mobile phones than computers
   C. it reported a greater number of computers versus mobile phones

8. In general, what can you say about the presence of mobile phones and computers in the countries cited in the graph?
   일반적으로, 그래프에 언급된 국가들에서 휴대전화와 컴퓨터의 유무에 대해 어떻게 설명할 수 있는가?

   A. mobile phone and computers were highly used in the six countries
   B. mobile phones and computers were most widespread in Japan and Korea
   C. mobile phones had already taken the place of computers in the six countries cited

9. What was the estimated count of mobile phones and computers per 1,000 persons in Japan and Korea?
   일본과 한국의 개인 1,000명 당 소유하고 있는 휴대전화와 컴퓨터의 측정 수치는 어떠했는가?

   A. less than 100
   B. over 500
   C. more than 100

10. What can you say about the mobile phones and computers in countries where they had the least count?
    가장 적게 갖고 있는 국가의 휴대전화와 컴퓨터에 대해 어떻게 설명할 수 있는가?

    A. (they) had already gained high popularity
    B. (they) had yet to gain considerable presence
    C. (they) would never be acceptable in those countries

● STEP 2 | Writing Activity

▶ 정답은 104페이지에

Brainstorming에서 분석한 정보를 이용하여 아래의 문장을 완성하세요.

1. 도표는 2003년 호주, 캐나다, 한국, 일본, 이탈리아, 핀란드의 개인 1,000명 당 소유하고 있는 휴대전화와 컴퓨터의 수를 보여준다.

   The chart shows the _____

   _____ in Australia, Canada,

   Korea, Japan, Italy and Finland in 2003.

2. 일본이 휴대전화와 컴퓨터의 수가 가장 많았고 그 뒤를 한국이 이었다.

   _____ of both mobile phones and

   computers, followed by Korea.

3. 그 반면에 호주는 개인 1,000명 당 가지고 있는 휴대전화의 수가 가장 적었던 반면 핀란드는 컴퓨터의 수가 가장 적었다.

   On the other hand, _____ per 1,000

   individuals while _____.

4. 도표에 언급된 6개 국가 중에서 3개 국가의 1,000명 당 컴퓨터의 수보다 휴대전화의 수가 더 높았다.

   The number of cellular phones was higher than the number of computers per

   1,000 persons in _____ cited in the chart.

5. 그 3개의 국가는 캐나다, 한국, 핀란드였다.

   _____.

6. 반면, 호주와 일본에서는 휴대전화보다 컴퓨터가 더 흔하였다.

In contrast, _____ than mobile phones in

_____.

7. 이탈리아는 개인 1,000명 당 휴대전화와 컴퓨터의 수가 같았다.

Italy _____

for every 1,000 individuals.

8. 6개 국가 중에서 일본과 한국에 휴대전화와 컴퓨터가 가장 널리 퍼져있다.

Among the six countries, _____

_____.

9. 이 국가들에서 개인 1,000명 당 100개 이상의 휴대전화와 컴퓨터를 가지고 있다.

There were _____ mobile phones and computers for

every 1,000 individuals in these countries.

10. 한편, 호주와 핀란드에서는 이러한 전자기기들이 아직 많이 존재하지 않았다.

In the meantime, these technological gadgets _____

_____ in Australia and Finland.

MODEL ANSWER

● STEP 2 에서 완성한 문장을 아래와 같이 문단을 구분하여 답안을 완성합니다.

Introduction	The chart shows the count of mobile phones and computers for every group of 1,000 individuals in Australia, Canada, Korea, Japan, Italy and Finland in 2003.
Body	Japan recorded the highest quantities of both mobile phones and computers, followed by Korea. On the other hand, Australia had the least mobile phone count per 1,000 individuals while Finland was lowest in terms of computer count.
	The number of cellular phones was higher than the number of computers per 1,000 persons in three out of the six countries cited in the chart. These countries were Canada, Korea and Finland. In contrast, computers were more common than mobile phones in Australia and Japan. Italy recorded the same number of mobile phones and computers for every 1,000 individuals.
Conclusion	Among the six countries, mobile phones and computers were most widespread in Japan and Korea. There were more than 100 mobile phones and computers for every 1,000 individuals in these countries. In the meantime, these technological gadgets had yet to gain considerable presence in Australia and Finland.

170 words

해석

도표는 2003년 호주, 캐나다, 한국, 일본, 이탈리아, 핀란드의 개인 1,000명 당 소유하고 있는 휴대전화와 컴퓨터의 수를 보여준다.

일본이 휴대전화와 컴퓨터의 수가 가장 많았고 그 뒤를 한국이 이었다. 그 반면에 호주는 개인 1,000명 당 가지고 있는 휴대전화의 수가 가장 적었던 반면 핀란드는 컴퓨터의 수가 가장 적었다.

도표에 언급된 6개 국가 중에서 3개 국가의 1,000명 당 컴퓨터의 수보다 휴대전화의 수가 더 높았다. 그 3개의 국가는 캐나다, 한국, 핀란드이다. 반면, 호주와 일본에서는 휴대전화보다 컴퓨터가 더 흔하였다. 이탈리아는 개인 1,000명 당 휴대전화와 컴퓨터의 수가 같았다.

6개 국가 중에서 일본과 한국에 휴대전화와 컴퓨터가 가장 널리 퍼져있다. 이 국가들에서 개인 1,000명 당 100개 이상의 휴대전화와 컴퓨터를 가지고 있다. 한편, 호주와 핀란드에서는 이러한 전자기기들이 아직 많이 존재하지 않았다.

CHECK-UP VOCABULARY

quantity n. (셀 수 있는) 양, 수량, 분량, 다량, 다수
cite v. 언급하다, 인용하다, (예를) 들다, ~에 대해 말하다
while conj. 반면에, (둘 사이를 대조하여) ~인데 반하여, ~하는 동안에, 그런데 한편
In the meantime 그 동안에, 한편, 그 사이에

EXERCISE 2

You should spend about 20 minutes on this task.

The charts below give information on new student enrollment in Australia's top universities in 1997, 2002 and 2007, and the number of applications to four majors offered at these universities during those years.

아래 도표는 1997년과 2002년, 2007년 호주 상위권 대학에 입학한 신입생에 대한 정보를 제공한다. 그리고 이 기간 동안 대학에서 제공하는 4개의 전공과목에 지원한 수를 보여준다.

Summarise the information by selecting and reporting the main features, and make comparisons where relevant.

주요 특징들을 선택하여 작성함으로써 정보를 요약하고, 관련된 것을 비교하세요.

Write at least 150 words.

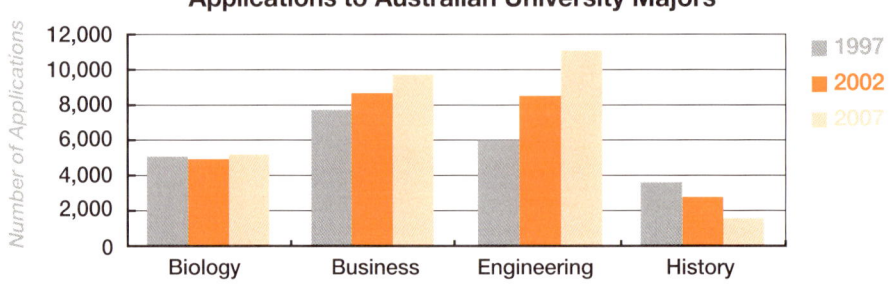

● STEP 1 | Brainstorming

▶ 정답은 104페이지에

그래프 정보를 분석하여 아래 질문에 대한 알맞은 내용을 선택하세요.

1. What specific category of schools is referred to in the graphs?
   그래프에 언급된 학교의 특정 범주는 무엇인가?

   A. top students in Australian universities
   B. top universities in Australia
   C. normal university in Australia

2. What is the general observation on new student enrollment in leading Australian universities?
   호주의 일류 대학에 입학한 신입생에 대한 전반적인 의견은 무엇인가?

   A. it remained constant for 10 years
   B. it dropped from 1997 to 2007
   C. it went up between 1997 and 2007

3. Which university had the biggest increase in new student enrollment?
   어느 대학의 신입생이 가장 많이 증가했는가?

   A. Australian National University
   B. University of Sydney
   C. University of Melbourne

4. Which university had the highest number of new enrollees in 2007? What is the estimated count?
   2007년 신입생의 수가 가장 높은 곳은 어느 대학인가? 예상 수는 몇 명인가?

   A. University of Sydney; approximately 15,000 new enrollees
   B. University of Queensland; around 4,000 new students
   C. Australian National University; roughly 10,000 new enrollees

5. Next to the University of Sydney, which university recorded the highest number of new students?
   시드니 대학 다음으로 신입생의 수가 가장 높은 곳은 어느 대학인가?

   A. University of Melbourne
   B. University of Queensland
   C. Australian National University

6. According to the graph, which courses are in highest demand among the students?

그래프에 따르면, 학생들 사이에서 수요가 가장 높은 과목은 무엇인가?

A. engineering and business
B. business and biology
C. biology and history

7. What is the proportion of engineering and business course applications to those of the other major courses in 2007?

2007년 다른 전공 과목에 지원한 학생들의 비율에 비해 공학과 경영 과목의 지원 비율은 어떠한가?

A. half of the applications to other major courses
B. four times the volume of applications to other major courses
C. at least double the number of applications to other major courses

8. Select the word which best completes this conclusion:
More students have been _____ to study at leading Australian universities.

이 결론에 가장 적합한 단어를 고르시오. 더욱 많은 학생들이 호주 일류 대학에서 공부하도록 ____되고 있다.

A. encouraged
B. failing
C. discouraged

9. What common trend is observed in the University of Sydney, Australian National University and University of Melbourne in relation to their new student enrollment?

신입생들과 관련해서 멜버른 대학과 호주 국립 대학, 시드니 대학에서 볼 수 있는 공통적인 경향은 무엇인가?

A. there is a general decline in new student enrollment
B. there is an improvement in new student enrollment
C. there is remarkable increases in new student enrollment across all Australian universities

10. Aside from engineering, what is another preferred major in top Australian universities?

공학을 제외하고, 호주 상위권 대학에서 선호하는 또 다른 과목은 무엇인가?

A. history
B. biology
C. business

● **STEP 2** | Writing Activity ▶ 정답은 104페이지에

Brainstorming에서 분석한 정보를 이용하여 아래의 문장을 완성하세요.

1. 도표는 호주의 상위권 대학 4곳에 입학한 신입생의 수를 비교하여 나타낸다. 그리고 1997년과 2002년, 2007년 동안 이 대학에서 제공하는 전공 과목에 지원한 학생수를 비교한다.

   The charts compare _____

   _____ and the number of applications to the major courses

   offered in these Australian universities during the years 1997, 2002 and 2007.

2. 퀸즐랜드 대학을 제외하고 1997년에서 2007년 사이 나머지 일류 대학의 신입생은 모두 증가했다.

   New student enrollment in all leading Australian universities _____

   _____ except for at the University of Queensland.

3. 2007년 시드니 대학에 입학한 신입생의 수는 1997년 신입생의 수에 거의 두 배로 가장 많이 증가했다.

   The University of Sydney registered the biggest increase, with the number of its

   new students in 2007 _____ its 1997 level.

4. 마찬가지로, 2007년 시드니 대학의 신입생은 대략 15,000명으로 신입생 수와 관련해서 선두를 달리고 있다.

   Similarly, the University of Sydney led in terms of its new student count in 2007,

   with _____.

5. 2007년 호주 국립 대학의 신입생 수는 두 번째로 높으며 멜버른 대학과 퀸즐랜드 대학이 뒤를 잇고 있다.

   The Australian National University _____ number

   of new enrollments in 2007, followed by the University of Melbourne and

   University of Queensland, respectively.

6. 그리고 공학과 경영 과목에 더 많은 학생들이 지원하고 있는 반면에 역사 과목은 가장 적게 지원했다.

Incidentally, _____ in engineering and business courses, whereas history had the least number of applications.

7. 2007년 현재, 공학과 경영 과목에 지원한 학생수는 호주 일류 대학의 다른 전공 과목에 지원한 학생수에 최소 두 배이다.

As of 2007, applications to engineering and business programs were _____

_____

_____ at the top Australian universities studied.

8. 일반적으로 말해서, 더 많은 학생들이 호주 일류 대학에서 공부하도록 권장되고 있다.

_____, more students _____ to study at leading Australian universities.

9. 이 근거는 시드니 대학과 호주 국립 대학, 멜버른 대학의 신입생이 증가한 것을 통해 잘 나타난다.

Evidence of this is shown by the _____

_____ at the University of Sydney, Australian National University and at the University of Melbourne.

10. 현재로는 여전히 공학과 경영 과목이 호주 일류 대학에서 가장 선호하는 과목이다.

For now, engineering and business remain _____ at top universities in Australia.

MODEL ANSWER

● STEP 2 에서 완성한 문장을 아래와 같이 문단을 구분하여 답안을 완성합니다.

Introduction	The charts compare the number of new students enrolling in four of the top universities in Australia and the number of applications to the major courses offered in these Australian universities during the years 1997, 2002 and 2007.
Body	New student enrollment in all leading Australian universities went up between 1997 and 2007, except for at the University of Queensland. The University of Sydney registered the biggest increase, with the number of its new students in 2007 nearly doubling its 1997 level. Similarly, the University of Sydney led in terms of its new student count in 2007, with approximately 15,000 new enrollees. The Australian National University had the second highest number of new enrollments in 2007, followed by the University of Melbourne and University of Queensland, respectively. Incidentally, more students continued to apply in engineering and business courses, whereas history had the least number of applications. As of 2007, applications to engineering and business programs were at least double the number of applications to other major courses at the top Australian universities studied.
Conclusion	Generally speaking, more students have been encouraged to study at leading Australian universities. Evidence of this is shown by the improvement in new student enrollment at the University of Sydney, Australian National University and at the University of Melbourne. For now, engineering and business remain the most preferred majors at top universities in Australia.

226 words

해석
도표는 호주의 상위권 대학 4곳에 입학한 신입생의 수를 비교하여 나타낸다. 그리고 1997년과 2002년, 2007년 동안 이 대학에서 제공하는 전공 과목에 지원한 학생수를 비교한다.
퀸즐랜드 대학을 제외하고 1997년에서 2007년 사이 나머지 일류 대학의 신입생은 모두 증가했다. 2007년 시드니 대학에 입학한 신입생의 수는 1997년 신입생의 수에 거의 두 배로 가장 많이 증가했다. 마찬가지로, 2007년 시드니 대학의 신입생은 대략 15,000명으로 신입생 수와 관련해서 선두를 달리고 있다. 2007년 호주 국립 대학의 신입생 수는 두 번째로 높으며 멜버른 대학과 퀸즐랜드 대학이 뒤를 잇고 있다.
그리고 공학과 경영 과목에 더 많은 학생들이 지원하고 있는 반면에 역사 과목은 가장 적게 지원했다. 2007년 현재, 공학과 경영 과목에 지원한 학생수는 호주 일류 대학의 다른 전공 과목에 지원한 학생수에 최소 두 배이다.
일반적으로 말해서, 더 많은 학생들이 호주 일류 대학에서 공부하도록 권장되고 있다. 이 근거는 시드니 대학과 호주 국립 대학, 멜버른 대학의 신입생이 증가한 것을 통해 잘 나타난다. 현재로는 여전히 공학과 경영 과목이 호주 일류 대학에서 가장 선호하는 과목이다.

CHECK-UP VOCABULARY

nearly adv. 거의, 대략, 긴밀하게, 가까이
remain v. 여전히 ~이다, ~채로 있다, 결국 ~의 것이 되다, 남다
respectively adv. 각각, 저마다, 제각기, 각자, 따로따로
except for ~이 없으면, 제외하고, ~이 없었더라면, ~이라는 점 외에는

UNIT 2 ANSWERS

CHECK-UP

1. improved
2. significantly
3. lead
4. double
5. considerable
6. suddenly
7. recovered

EXERCISE 1

STEP 1 ▶ 1. A 2. C 3. B 4. B 5. A 6. C 7. A 8. B 9. C 10. B

STEP 2 ▶
1. count of mobile phones and computers for every group of 1,000 individuals
2. Japan recorded the highest quantities
3. Australia had the least mobile phone count / Finland was lowest in terms of computer count
4. three out of the six countries
5. These countries were Canada, Korea and Finland
6. computers were more common / Australia and Japan
7. recorded the same number of mobile phones and computers
8. mobile phones and computers were most widespread in Japan and Korea.
9. more than 100
10. had yet to gain considerable presence

EXERCISE 2

STEP 1 ▶ 1. B 2. C 3. B 4. A 5. C 6. A 7. C 8. A 9. B 10. C

STEP 2 ▶
1. the number of new students enrolling in four of top universities in Australia
2. went up between 1997 and 2007
3. nearly doubling
4. approximately 15,000 new enrollees
5. had the second highest
6. more students continued to apply
7. at least double the number of applications to other major courses
8. Generally speaking/have been encouraged
9. improvement in new student enrollment
10. the most preferred majors

UNIT 03 Pie Chart

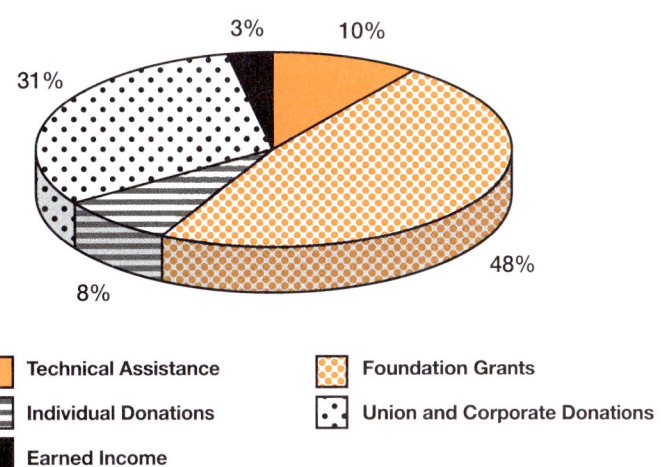

People for People Charity Group's Funds by Source in 2005

- Technical Assistance
- Individual Donations
- Earned Income
- Foundation Grants
- Union and Corporate Donations

♛ Pie Chart 분석 및 전개방법

Pie Chart 주제	Pie Chart의 개수	데이터 비교 분석
Pie Chart의 주제를 확인합니다. Pie Chart는 주어진 주제를 항목별로 분류한 것이므로 무엇에 관한 것인지를 파악하는 것이 중요합니다.	모두 몇 개의 Pie Chart가 있는지 확인하고, 각각의 관계가 무엇인지 관찰합니다. 또한 각각의 pie에 몇 개의 구역이 있고, 그 구역이 각각 무엇을 대표하는지를 살펴봅니다.	Pie Chart 각 구역간의 비율(%)을 확인합니다. Line Graph나 Bar Graph에서는 상승/하강 추세를 주로 분석했다면, Pie Chart에서는 항목끼리의 비교 분석이 주로 이루어집니다. 따라서 'A가 가장 많은 부분을 차지한다', 'C영역이 D영역보다 몇 배 더 크다' 등의 비교 표현이 많이 나온다는 점에 유의해야 합니다.

105

CASE 01 한 구역이 pie의 대부분을 차지하는 경우

▶ **Key Words** │ **bulk** 대부분, 대량 *syn.* greater or major portion, majority

▶ **Example Sentences**

Casual clothes form the **bulk** of the entire clothing collection.
전체 의상의 대부분은 평상복이다.

The **majority** of the clothes in the collection are casual wear.
의상의 대부분은 평상복이다.

A **greater portion** of the entire clothing assortment is composed of clothes worn on casual occasions.
전체 의상의 대부분은 평상시에 입는 옷들로 구성된다.

CASE 02 한 구역이 pie의 25%를 차지하는 경우

▶ **Key Words** │ **quarter** 4분의 1, 25퍼센트 *syn.* one of four equal parts, one-fourth

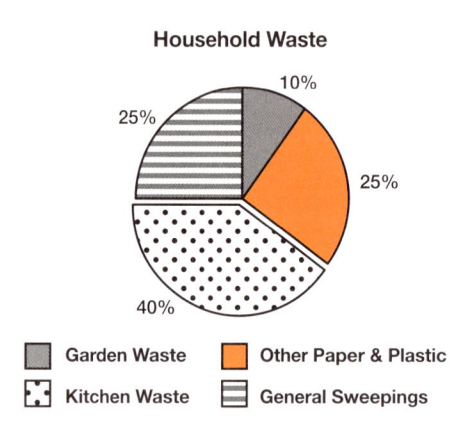

▶ **Example Sentences**

A **quarter** of the total household trash examined consists of paper and plastic waste.
조사된 전체 가정 쓰레기의 4분의 1은 종이와 플라스틱 쓰레기로 구성된다.

Trash in the form of paper and plastic makes up **twenty-five percent** of the domestic waste examined.
종이와 플라스틱 형태의 쓰레기는 조사된 가정 쓰레기의 25퍼센트를 차지한다.

Paper and plastic waste accounts for **one-fourth** of the household garbage examined.
종이와 플라스틱 쓰레기는 조사된 가정 쓰레기의 4분의 1을 차지한다.

CASE 03 한 구역이 pie에서 소수를 차지하고 있는 경우

▶ **Key Words** | **minority** 소수, 소수의
syn. smaller in amount, extent or size, secondary, marginal

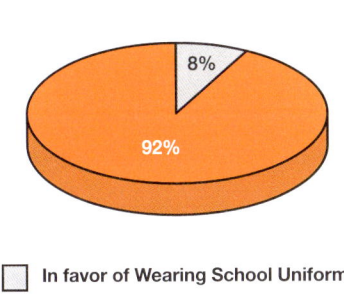

In favor of Wearing School Uniform
Against Wearing of School Uniform

▶ **Example Sentences**

Only a **minority** of students supports wearing a school uniform.
소수의 학생들만이 교복 입는 것을 지지한다.

Those in favor of wearing school uniforms are in the **minority**.
교복 입는 것을 찬성하는 학생들은 소수이다.

Pro-school uniform wearing people are the **minority**.
교복 입는 것을 찬성하는 사람들은 소수이다.

There are only a **minor** percentage of individuals in favor of wearing a school uniform.
교복 입는 것을 찬성하는 사람들의 비율은 단지 소수이다.

CASE 04 각 영역이 동등하게 분포되어 있는 경우

▶ **Key Words** | **equal** 동등한, 같은 양의, 균등하다
syn. of the same value or quantity as another, the same; alike

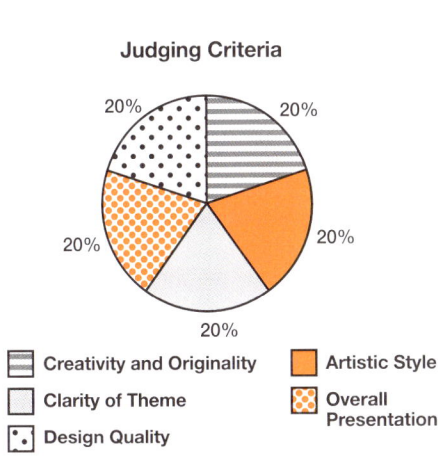

Creativity and Originality
Clarity of Theme
Design Quality
Artistic Style
Overall Presentation

▶ **Example Sentences**

The five judging criteria have **equal** weight at 20% each.
다섯 개의 심사기준은 각각 20퍼센트로 동등한 비중을 차지한다.

Based on the chart, the overall presentation **equals** all the other judging criteria.
도표에 의하면, 전반적인 발표는 다른 심사기준과 동등하다.

All the evaluation standards have **the same** percentage.
모든 평가기준은 동등한 비율을 차지한다.

CASE 05   pie chart가 한 가지 영역에 일방적으로 편중되어 있는 경우

▶ **Key Words** | **partial** 일방적으로 편중된, 편파적인
syn. favoring one person or side over another, biased
partiality 편파, 편견, 불공정   *syn.* bias, preference, inclination

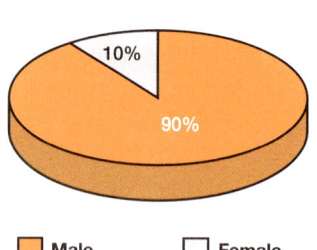

Employees at ABC Company

- Male 90%
- Female 10%

▶ **Example Sentences**

ABC Company appears to be **partial** to male staff.
ABC회사는 남자 직원들에게 편중되어 있는 것 같다.

The company looks **partial** to non-female workers as ninety percent of its workforce is male.
회사 직원의 90퍼센트가 남자인 것으로 보아 회사는 여성이 아닌 직원들에게 편중된 것 같다.

The **partiality** of ABC company to male workers is quite obvious.
ABC회사의 남자 직원들에 대한 편파성은 매우 분명하다.

ABC company seems to have a **bias** towards hiring male applicants.
ABC회사는 남성 지원자들을 고용하는 것에 편중되어 있는 것 같다.

CASE 06   항목 하나가 전체의 절반 영역을 차지하고 있는 경우

▶ **Key Words** | **half** 절반, 2분의 1
syn. fifty percent, one part equal to the sum of the remaining part/s

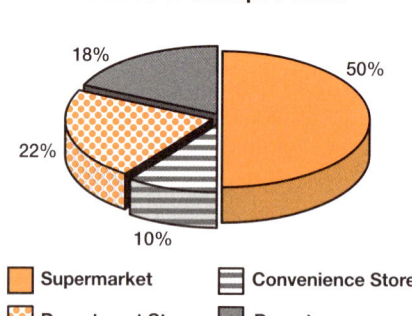

Source of Shampoo Sales

- Supermarket 50%
- Department Stores 22%
- Drugstores 18%
- Convenience Stores 10%

▶ **Example Sentences**

Exactly **half** of the shampoo sales come from supermarkets.
정확하게 샴푸 판매의 절반은 슈퍼마켓에서 나온 것이다.

Supermarket shampoo sales are **half** of the total quantity of shampoo sold overall.
슈퍼마켓의 샴푸 판매는 판매된 전체 샴푸양의 절반이다.

Supermarkets account for **fifty percent** of the total shampoo sales.
슈퍼마켓은 전체 샴푸 판매의 50퍼센트를 차지한다.

CHECK-UP

▶ 정답은 122페이지에

다음의 그래프를 분석하고 빈칸에 알맞은 단어를 넣으세요.

Employment Categories in South Australia as of 2008
2008년 현재 남호주의 취업 범주

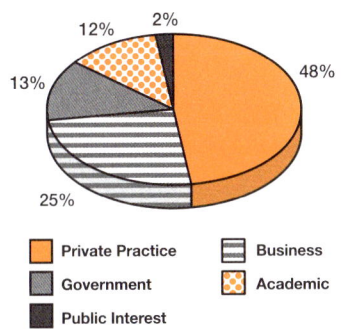

In South Australia, close to ❶ _____ of all employed individuals are engaged in private practice, while ❷ _____ are employed as business workers.
남호주 고용자들의 절반에 가까운 사람들은 개인영업에 종사하고 있는 반면 25퍼센트는 회사원으로 고용된다.

Meanwhile, those with public interest jobs form the ❸ _____ occupational group in 2008.
한편, 공익 사업에 종사하는 사람들은 2008년 직업군에서 소수를 차지한다.

Jenny's Total Monthly Spending
제니의 총 월간 지출

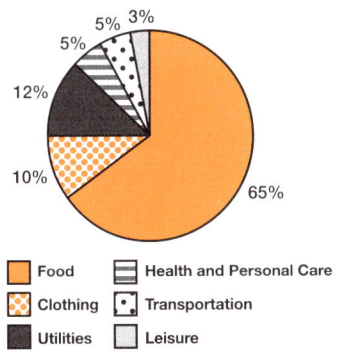

❹ _____ of Jenny's monthly budget is spent on food.
제니의 월간 예산의 대부분은 식품비로 쓰인다.

In the meantime, ❺ _____ is used up on transportation and health/personal care expenses.
한편, 교통과 건강, 개인 관리비에는 동등하게 사용된다.

Votes of SOS Company's Board Members re Launch of a New Soap Product
새로운 비누 상품에 대한 SOS회사 임원진의 재 출시 투표

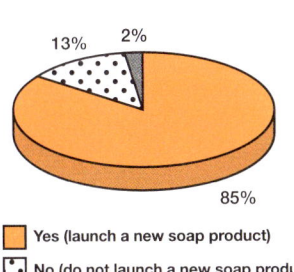

The members of SOS Company's board are ❻ _____ to the introduction of a new soap product in the market.
SOS회사 임원들은 시장에 새로운 비누 상품을 선보이는 것에 편중되어 있다.

A ❼ _____ of the board members have yet to make a clear stand on the issue.
소수의 임원진은 아직 분명한 입장을 내세우지 않고 있다.

109

EXERCISE 1

You should spend about 20 minutes on this task.

The pie chart below shows the composition of the Texas Public Library's book collection. The information is as of the year 2005.
아래 파이차트는 텍사스 공공도서관이 소장한 도서의 구성 품목을 보여준다. 2005년의 정보이다.

Summarise the information by selecting and reporting the main features, and make comparisons where relevant.
주요 특징들을 선택하여 작성함으로써 정보를 요약하고, 관련된 것을 비교하세요.

Write at least 150 words.

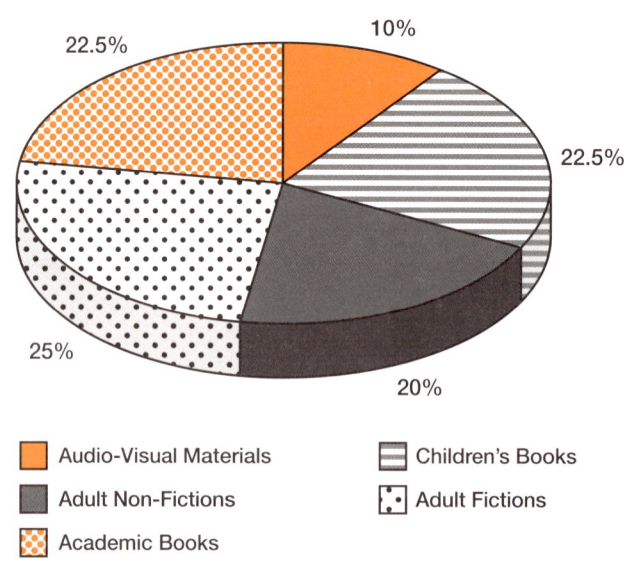

Collection of Reading Materials at Texas Public Library (as of 2005)

● STEP 1 | Brainstorming

▶ 정답은 122페이지에

그래프 정보를 분석하여 아래 질문에 대한 알맞은 내용을 선택하세요.

1. What information is described in the pie chart?
   파이차트에 어떠한 정보가 설명되어 있는가?

   A. assortment of reading materials at the Texas Public Library
   B. types of books found in a library
   C. variety of reading books sold in Texas

2. What time period is represented by the data in the chart?
   도표의 자료는 어느 시기에 제공된 것인가?

   A. 2004   B. 2005   C. 2006

3. Which book category had the largest share of Texas Public Library's reading materials?
   텍사스 공공도서관의 읽기 자료 중에서 가장 많은 부분을 차지한 도서 범주는 무엇인가?

   A. children's books
   B. adult non-fiction books
   C. adult fiction books

4. Which book categories closely followed adult fiction in terms of share of the library's total collection?
   도서관 전체 소장 도서의 할당 면에서 성인 소설에 바로 뒤이어 온 도서 범주는 무엇인가?

   A. educational books as well as children's books
   B. children's books and audio-visual materials
   C. adult non-fiction

5. What were the individual proportions represented by academic books and children's books?
   학술 도서와 아동 도서에 나타난 각각의 비율은 어떠했나?

   A. academic books: 20%; children's books: 22.5%
   B. 22.5 percent (each)
   C. 20 percent (each)

6. How much of Texas Public Library's assortment was allocated to adult non-fiction books?

텍사스 공공도서관의 여러 가지 도서 중에서 성인 비소설 도서에 얼마큼 할당되었는가?

   A. one-half
   B. one-fourth
   C. one-fifth

7. Based on the pie chart, which category held exactly ten percent of the total volume of reading materials in the library?

파이차트를 기반으로 도서관의 총 도서자료에서 정확히 10퍼센트를 차지한 범주는 무엇인가?

   A. audio-visual materials
   B. children's books
   C. academic books

8. In general, which group/s of library goers did the Texas Public Library cater to?

일반적으로, 텍사스 공공도서관에 어떠한 사람들이 다녔는가?

   A. children only
   B. adults only
   C. children and adults

9. What was the scope of the library's book collection?

도서관에 소장된 도서의 범위는 어떠한가?

   A. limited to academic books only
   B. academic and children's books to fiction and non-fiction books for adults
   C. restricted to fiction and non-fiction books for grown-ups

10. Complete the sentence below:
Each book category formed around _____ of the library's total collection, while the remaining ten percent was composed of audio-visual materials.

아래 빈칸을 완성하라. 도서관의 전체 소장 도서에서 각각의 도서 범주는 약 _____ 를 형성한 반면 나머지 10퍼센트는 시청각 자료로 구성됐다.

   A. 10 to 15 percent
   B. 15 to 20 percent
   C. 20 to 25 percent

● **STEP 2** | Writing Activity

▶ 정답은 122페이지에

Brainstorming에서 분석한 정보를 이용하여 아래의 문장을 완성하세요.

1. 파이차트는 텍사스 공공도서관의 각종 읽을 자료들을 보여준다.

   The pie chart illustrates the_____

   _____.

2. 도표의 자료는 2005년 자료이다.

   The data in the chart _____.

3. 성인 소설은 25퍼센트로 도서관의 전체 도서 중 가장 큰 부분을 차지했다.

   _____ of the library's entire collection

   at 25 percent.

4. 그러나, 아동 도서뿐만 아니라 교육용 도서의 각각의 비중도 뒤처지지 않았다.

   However, the individual shares of _____

   were not far behind.

5. 이 두 개의 범주는 텍사스 공공도서관의 읽기 자료 중에서 각각 22.5퍼센트를 차지했다.

   _____

   of Texas Public Library's reading material collection.

6. 한편, 도서관의 도서 목록 중 5분의 1은 성인들을 위한 비소설 도서로 이루어졌다.

In the meantime, _____ of the library's assortment consisted of non-fiction books for adults.

7. 이것 외에도, 도서관은 전체 도서의 10퍼센트에 해당하는 시청각 자료들을 소장하고 있다.

Aside from these, the library kept several _____ _____.

8. 일반적으로, 텍사스 공공도서관은 아이들과 성인들을 위한 다양한 읽을 자료들을 가지고 있다.

Generally, the Texas Public Library had a variety of reading materials _____ _____.

9. 도서관의 도서 선집은 학술 도서와 아동 도서에서 성인들을 위한 소설과 비소설 도서까지 다양했다.

The library's reading selection ranged from _____ _____.

10. 각각의 도서 범주는 전체 도서 중에서 약 20~25퍼센트를 형성하는 반면 나머지 10퍼센트는 시청각 자료로 구성되었다.

Each book category formed _____, while the remaining ten percent was composed of audio-visual materials.

MODEL ANSWER

● STEP 2 에서 완성한 문장을 아래와 같이 문단을 구분하여 답안을 완성합니다.

Introduction	The pie chart illustrates the assortment of reading materials at the Texas Public Library. The data in the chart is as of the year 2005.
Body	Adult fiction books had the biggest proportion of the library's entire collection at 25 percent. However, the individual shares of educational books as well as children's books were not far behind. Each of these two categories accounted for 22.5 percent of Texas Public Library's reading material collection. In the meantime, one-fifth of the library's assortment consisted of non-fiction books for adults. Aside from these, the library kept several audio-visual materials which represented a tenth of its total collection.
Conclusion	Generally, the Texas Public Library had a variety of reading materials for both children and adults. The library's reading selection ranged from academic and children's books to fiction and non-fiction books for adults. Each book category formed around 20 to 25 percent of the library's total collection, while the remaining ten percent was composed of audio-visual materials.

160 words

해석 파이차트는 텍사스 공공도서관의 각종 읽을 자료들을 보여준다. 도표의 자료는 2005년 자료이다.
성인 소설은 25퍼센트로 도서관의 전체 도서 중 가장 큰 부분을 차지했다. 그러나, 아동 도서뿐만 아니라 교육용 도서의 각각의 비중도 뒤처지지 않는다. 이 두 개의 범주는 텍사스 공공도서관의 읽기 자료 중에서 각각 22.5퍼센트를 차지했다. 한편, 도서관의 도서 목록 중 5분의 1은 성인들을 위한 비소설 도서로 이루어졌다. 이것 외에도, 도서관은 전체 도서의 10퍼센트에 해당하는 시청각 자료들을 소장하고 있다.
일반적으로, 텍사스 공공도서관은 아이들과 성인들을 위한 다양한 읽을 자료들을 가지고 있다. 도서관의 도서 선집은 학술 도서와 아동 도서에서 성인들을 위한 소설과 비소설 도서까지 다양했다. 각각의 도서 범주는 전체 도서 중에서 약 20~25퍼센트를 형성하는 반면 나머지 10퍼센트는 시청각 자료로 구성되었다.

CHECK-UP VOCABULARY

illustrate v. (도표 등을 이용하여) 보여주다, 이용하다, 도해하다, 설명하다
range v. ~에서 ~까지 다양하다, 분류하다, 포함하다, ~에서 ~에 이르다
represent v. 해당하다, 상당하다, 보여주다, 표현하다
as of ~일자로, ~로 부터 시작하여(=as from)

EXERCISE 2

You should spend about 20 minutes on this task.

The pie charts illustrate People for People Charity Group's funds, according to funds by source and the allocation of the funds in 2005.

파이차트는 2005년 자금의 할당과 출처에 따른 사람들을 위한 사람들의 자선단체의 자금을 보여준다.

Summarise the information by selecting and reporting the main features, and make comparisons where relevant.

주요 특징들을 선택하여 작성함으로써 정보를 요약하고, 관련된 것을 비교하세요.

Write at least 150 words.

People for People Charity Group's Funds by Source in 2005

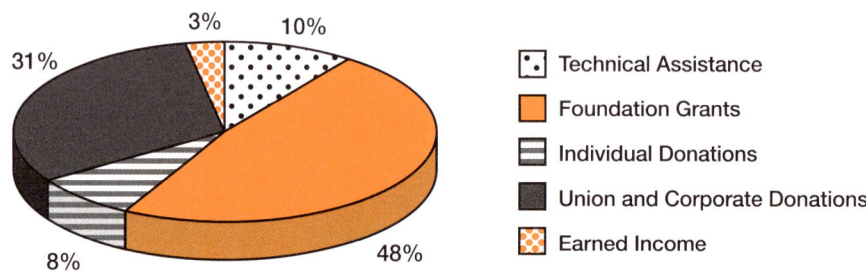

People for People Charity Group's Allocation of Funds in 2005

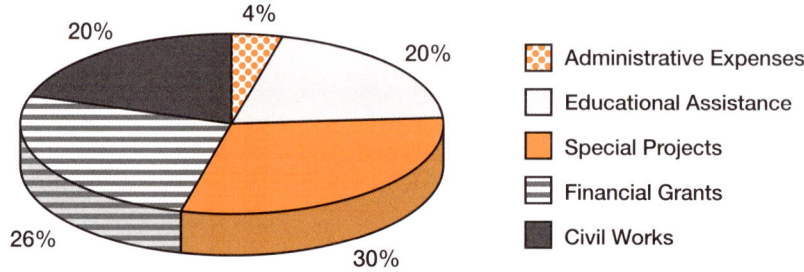

● **STEP 1** | Brainstorming ▶ 정답은 122페이지에

그래프 정보를 분석하여 아래 질문에 대한 알맞은 내용을 선택하세요.

1. The first pie chart shows the different sources of People for People Charity Group's funds in 2005. What information is described in the second pie chart?
   첫 번째 파이차트는 2005년 사람들을 위한 사람들의 자선단체의 다양한 자금 출처를 보여준다. 두 번째 파이차트는 어떠한 정보를 설명하는가?

   A. where the funds came from
   B. why the funds were raised
   C. how the charity's funds were distributed

2. What were the top two primary fund sources of the People for People Charity Group?
   사람들을 위한 사람들의 자선단체 자금 출처의 상위 주요 두 개는 무엇인가?

   A. foundation grants; union and corporate donations
   B. earned income and foundation grants
   C. foundation grants and technical assistance

3. What fractions of the charity's total money are accounted for by the top two primary fund sources?
   자선단체의 총 자금에서 상위 주요 두 개의 출처는 얼마를 차지하는가?

   A. earned income=3%; foundation grants=48%
   B. foundation grants=almost half; union and corporate donations=31%
   C. foundation grants=nearly 50%; technical assistance=one-tenth

4. Besides foundation grants and aid from unions and corporations, what were the other sources of the charity's funds?
   재단지원금과 노조와 기업의 지원 외에 자선단체 자금의 다른 출처들은 무엇인가?

   A. technical assistance, individual donations and earned income
   B. earned income and special projects
   C. financial grants and educational assistance

5. How much of the charity's resources were allocated to special projects and financial grants?
   자선단체의 자금은 특별 프로젝트와 재정 지원에 얼마나 할당되었는가?

   A. 30% each
   B. 40% in total
   C. 30% and 26%, respectively

6. What was the individual allocation made to educational assistance and civil works?
   교육지원과 민간사업에 각각 어느 정도 할당되었는가?

   A. 20% and 26%, respectively
   B. 20% each
   C. 30% and 20%, respectively

7. What proportion of the People for People Charity Group's money was allotted for administrative expenses?
   사람들을 위한 사람들의 자선단체의 자금에서 관리비에 얼마나 할당되었는가?

   A. 4%   B. 8%   C. 10%

8. As a whole, how would you describe the charity group's financial resources in terms of its sources?
   전체적으로, 자금 출처에 관하여 자선단체의 재정 자원은 어떻게 설명할 수 있는가?

   A. none were obtained from private institutions
   B. bulk came from foundation grants and union and corporate donations
   C. everything was donated by corporate groups

9. What is the combined contribution of foundation grants and union and corporate aid to the People for People Charity Group's funding?
   자선단체의 자금에서 재단지원금과 노조와 기업의 지원을 합친 기부금은 얼만큼인가?

   A. about 50%   B. exactly 100%   C. close to 80%

10. How much of the charity group's money was used on special projects and financial grants altogether?
    자선단체의 자금은 특별 프로젝트와 재정지원에 총 얼마가 쓰였는가?

    A. more than half   B. less than half   C. about half

● **STEP 2** | Writing Activity ▶ 정답은 122페이지에

Brainstorming에서 분석한 정보를 이용하여 아래의 문장을 완성하세요.

1. 첫 번째 파이차트는 2005년 사람들을 위한 사람들의 자선단체 자금의 다양한 출처를 보여준다. 반면, 두 번째 파이차트는 그 해 자금의 분배를 나타낸다.

   The first pie chart shows the different sources of People for People Charity Group's funds in 2005, while the second pie chart reveals _____ _____ that year.

2. 노조와 기업의 기부금과 함께 재단지원금은 2005년 사람들을 위한 사람들의 자선단체 자금의 주요 출처이다.

   _____ were the primary source of funding for the People for People Charity Group in 2005.

3. 특히, 재단지원금으로부터 거의 절반을 받은 반면 노조와 기업의 기부금은 31퍼센트를 차지한다.

   In particular, _____ the group's funds were obtained from foundation grants, whereas 31 percent came from donations by unions and corporations.

4. 마찬가지로, 기술지원과 개인 기부금, 근로소득이 자선단체의 자금에 더해졌다. 이 출처들은 총 기부금의 21퍼센트를 차지한다.

   Likewise, _____ added to the charity group's funding; these sources had a _____.

5. 사람들을 위한 사람들의 자선단체 자금의 분배에 관해 특별 프로젝트와 재정지원에 각각 30퍼센트, 26퍼센트로 가장 크게 배분되었다.

   With regard to the distribution of the People for People Charity Group's funds, special projects and financial grants were given the biggest allocations, at_____ _____.

6. 교육지원과 민간사업은 총 자선자원에서 각각 20퍼센트로 동일한 자금을 받았다.

Educational assistance and civil works received equal funding of the total charity resources, at _____.

7. 그러나 2005년에는 관리비에 4퍼센트만 할당되었다.

Incidentally, _____ to administrative expenses in 2005.

8. 요컨대, 사람들을 위한 사람들의 자선단체의 재정자원의 대부분은 재단지원금과 노조와 기업의 기부금으로부터 왔다.

In summary, _____ of the People for People Charity Group's financial resources _____ foundation grants and union and corporate donations.

9. 이 두 출처는 자선단체의 총 자금의 이미 80퍼센트 가까이를 차지했다.

These two sources already accounted for _____ of the charity group's total funds.

10. 자선단체의 자금 절반 이상은 전체적으로 특별 프로젝트와 재정지원으로 쓰이는 반면 민간사업과 교육지원에는 40퍼센트가 사용된다.

_____ of these funds collectively went to special projects and financial grants, while 40 percent was used for civil works and educational assistance.

MODEL ANSWER

● STEP 2 에서 완성한 문장을 아래와 같이 문단을 구분하여 답안을 완성합니다.

Introduction	The first pie chart shows the different sources of People for People Charity Group's funds in 2005, while the second pie chart reveals how these funds were distributed that year.
Body	Foundation grants along with union and corporate donations were the primary source of funding for the People for People Charity Group in 2005. In particular, almost half of the group's funds were obtained from foundation grants, whereas 31 percent came from donations by unions and corporations. Likewise, Technical assistance, individual donations and earned income added to the charity group's funding; these sources had a total contribution of 21 percent. With regard to the distribution of the People for People Charity Group's funds, special projects and financial grants were given the biggest allocations, at 30 percent and 26 percent, respectively. Educational assistance and civil works received equal funding of the total charity resources, at 20 percent each. Incidentally, only four percent was allocated to administrative expenses in 2005.
Conclusion	In summary, the bulk of the People for People Charity Group's financial resources came from foundation grants and union and corporate donations. These two sources already accounted for close to 80 percent of the charity group's total funds. More than half of these funds collectively went to special projects and financial grants, while 40 percent was used for civil works and educational assistance.

220 words

해석 첫 번째 파이차트는 2005년 사람들을 위한 사람들의 자선단체 자금의 다양한 출처를 보여준다. 반면, 두 번째 파이차트는 그 해 자금의 분배를 나타낸다.
노조와 기업의 기부금과 함께 재단지원금은 2005년 사람들을 위한 사람들의 자선단체 자금의 주요 출처이다. 특히, 재단지원금으로부터 거의 절반을 받은 반면 노조와 기업의 기부금은 31퍼센트를 차지한다. 마찬가지로, 기술지원과 개인 기부금, 근로소득이 자선단체의 자금에 더해졌다. 이 출처들은 총 기부금의 21퍼센트를 차지한다.
사람들을 위한 사람들의 자선단체 자금의 분배에 관해 특별 프로젝트와 재정지원에 각각 30퍼센트, 26퍼센트로 가장 크게 배분되었다. 교육지원과 민간사업은 총 자선자원에서 각각 20퍼센트로 동일한 자금을 받았다. 그러나 2005년에는 관리비에 4퍼센트만 할당되었다.
요컨대, 사람들을 위한 사람들의 자선단체의 재정자원의 대부분은 재단지원금과 노조와 기업의 기부금으로부터 왔다. 이 두 출처는 자선단체의 총 자금의 이미 80퍼센트 가까이를 차지했다. 자선단체의 자금 절반 이상이 전체적으로 특별 프로젝트와 재정지원으로 쓰이는 반면 민간사업과 교육지원에는 40퍼센트가 사용된다.

CHECK-UP VOCABULARY

whereas conj. ~에 반하여, ~인 까닭에, ~을 고려하면, 그러나, 그런데
collectively adv. 전체적으로, 집합적으로, 총괄하여
allocate v. 할당하다, 배분하다, 배치하다
along with ~과 함께, ~과 일치하여, 함께, 더불어, 비롯하여

UNIT 3 ANSWERS

CHECK-UP

1. half/fifty percent
2. twenty five percent/a quarter
3. minority
4. bulk
5. equal
6. partial
7. minority

EXERCISE 1

STEP 1 ▶ 1. A   2. B   3. C   4. A   5. B   6. C   7. A   8. C   9. B   10. C

STEP 2 ▶
1. assortment of reading materials at the Texas Public Library
2. is as of the year 2005
3. Adult fiction books had the biggest proportion
4. educational books as well as children's books
5. Each of these two categories accounted for 22.5 percent
6. one-fifth
7. audio-visual materials which represented a tenth of its total collection
8. for both children and adults
9. academic and children's books to fiction and non-fiction books for adults
10. around 20 to 25 percent of the library's total collection

---

EXERCISE 2

STEP 1 ▶ 1. C   2. A   3. B   4. A   5. C   6. B   7. A   8. B   9. C   10. A

STEP 2 ▶
1. how these funds were distributed
2. Foundation grants along with union and corporate donations
3. almost half of
4. Technical assistance, individual donations and earned income/total contribution of 21 percent
5. 30 percent and 26 percent, respectively
6. 20 percent each
7. only four percent was allocated
8. the bulk/came from
9. close to 80 percent
10. More than half

UNIT 04 Table

Average Number of People per Household			
Country	1985	2000	2015
Korea	4.8	4.5	3.6
USA	4.3	3.7	2.7
Singapore	2.5	2.3	2.0
United Kingdom	3.9	3.4	3.2
China	3.8	3.3	3.0

♛ Table 분석 및 전개방법

가로(row)와 세로(column)

Table의 가로(row)와 세로(column)가 각각 무엇을 나타내는지를 파악합니다.

또한 각 항목의 수치가 어떤 단위를 기준으로 나열되었는지를 확인합니다.

수치에 따른 그룹화

효율적인 도표 설명을 위해 Table data 수치의 크고 작음에 따라 그룹으로 나눌 수 있는지를 관찰합니다.

가령 'A, B 항목은 줄어들고 C, D 항목은 늘어나고 있다' 와 같이 그룹별 비교 분석을 할 수 있습니다.

데이터 비교 분석

주어진 Table에서 하나의 줄을 기준으로 삼고, 다른 줄은 참조로 하여 각각의 데이터를 비교 분석할 수 있습니다.

또한 도표에서 주의해야 할 수(예를 들어 최대치/최소치/0수치/빈자리) 등을 관찰합니다.

CASE 01 한 항목의 변동이 두드러지게 나타나는 경우

▶ Key Words | **remarkable, remarkably** 현저한, 두드러지게 나타나는
syn. notable, noteworthy

	1st Grading	2nd Grading	3rd Grading	4th Grading
Christine	85%	87%	86%	95%
Anne	92%	93%	93%	95%
Keith	88%	87%	88%	89%
Charlie	88%	88%	88%	88%

▶ **Example Sentences**

Christine's progress during the fourth grading period was **remarkable**.
네 번째 평가기간 동안 크리스틴의 성적향상은 현저했다.

Christine's grade was **remarkably** higher in the fourth grading period.
크리스틴의 성적은 네 번째 평가기간에 두드러지게 상승했다.

There was a **notable** increase in Christine's grades in the fourth term, rising from 86% to 95%.
네 번째 평가기간에 크리스틴의 성적은 86퍼센트에서 95퍼센트로 두드러지게 향상했다.

CASE 02 한 항목의 수치나 데이터가 점점 늘어나는 경우

▶ Key Words | **get better** 호전되다, 개선되다 syn. improve, pick up

Productivity (in million pieces)			
	1998	2003	2008
Factory 1	48.8	52.5	55.1
Factory 2	40.1	43.2	45.3
Factory 3	25.4	27.6	30.7

▶ **Example Sentences**

The productivity of the factories **got better** over a ten-year period.
10년 동안 공장의 생산성은 개선되었다.

Every factory's output has been **getting better** since 1998.
모든 공장의 생산량은 1998년 이후로 개선되고 있다.

The total production of each factory **picked up** in 2008.
2008년에 각 공장의 총 생산량은 개선되었다.

CASE 03 항목 하나가 대부분의 비율을 차지하는 경우

▶ **Key Words** | **main, mainly** 주요한, 대부분을 차지하는
syn. major, mostly; largely, for the most part

Daily Budget (in US$)		
	John	Mark
Transportation	10	5
Meals	50	60
Miscellaneous	5	5
Total	65	70

▶ **Example Sentences**

Food is the **main** expenditure that John and Mark have each day.
존과 마크가 매일 먹는 음식이 지출의 대부분을 차지한다.

John and Mark spend the **main** part of their daily budgets on food.
존과 마크는 하루 예산의 대부분을 음식에 사용한다.

Food is a **major** daily expense for both John and Mark.
음식은 존과 마크의 일일 지출의 대부분을 차지한다.

John and Mark's daily budgets are used **largely** for meals.
존과 마크의 하루 예산은 대부분 음식에 사용된다.

CASE 04 항목 하나의 수치나 자료가 다른 항목보다 높게 나타나는 경우

▶ **Key Words** | **high** 높은, 최고 수준
syn. a number, level or amount that is large or larger than usual

	Sydney	Melbourne	Brisbane
Monday	19.3 ℃	19.2 ℃	24.7 ℃
Tuesday	18.5 ℃	18.4 ℃	23.3 ℃
Wednesday	19.6 ℃	18.5 ℃	23.9 ℃
Thursday	22.8 ℃	17.6 ℃	25.3 ℃
Friday	20.1 ℃	17.9 ℃	24.1 ℃
Saturday	19.6 ℃	18.3 ℃	24.4 ℃
Sunday	19.8 ℃	18.6 ℃	23.8 ℃

▶ **Example Sentences**

Brisbane's temperature for the week reached a **high** of 25.3℃ on Thursday.
한 주 동안 브리즈번의 기온은 목요일에 25.3도로 최고로 높았다.

In general, Brisbane's temperature is **higher** than that of Sydney and Melbourne.
일반적으로, 브리즈번의 기온은 시드니와 멜버른의 기온보다 더 높다.

The **highest** temperature recorded in Sydney for the week is 22.8℃.
한 주간 시드니의 가장 높은 기온은 22.8도이다.

CASE 05 | 항목 하나의 수치나 자료가 다른 항목보다 낮게 나타나는 경우

▶ **Key Words** | **low** 낮은, 최저 수준 *syn.* small or smaller than usual in amount or value

Average Food Prices (US$/per kilogram)				
	1st Quarter	2nd Quarter	3rd Quarter	4th Quarter
Fish	2.0	2.5	2.9	3.9
Chicken	2.1	2.8	3.2	4.3
Beef	3.2	4.3	5.4	6.1
Pork	1.9	2.5	3.4	4.1
Flour	0.3	0.35	0.33	0.38
Rice	0.55	0.52	0.54	0.6

▶ **Example Sentences**

Food prices tend to be **lower** during the first quarter.
1분기 동안 식품가격은 더 낮은 경향이 있다.

Rice prices averaged a **low** of $0.52 a kilo in the second quarter.
2분기에 쌀 가격은 평균 1킬로 당 0.52달러로 낮은 수준이다.

From a **low** of $2.1, the average price of chicken doubled to $4.3 in the fourth quarter.
닭고기의 평균 가격은 최저 2.1달러에서 4분기에 4.3달러로 두 배가 되었다.

Pork has the lowest price among the meat products.
돼지고기는 육류 중에서 가격이 가장 낮다.

CASE 06 | 항목 하나의 수치나 자료가 다른 항목보다 낮게 나타나는 경우

▶ **Key Words** | **worse** 악화되는 *syn.* not as good as
worsen 나빠지다 *syn.* to become worse

Average Unemployment Rate			
	1998	2003	2008
USA	4.1%	5.8%	7.2%
UK	4.8%	5.1%	6.80%
Australia	7.5%	6.2%	4.90%

▶ **Example Sentences**

Among the three countries studied, the USA had the **worst** unemployment situation in 2008.
조사된 세 국가 중에 2008년 미국의 실업 상황은 가장 악화됐다.

Since 2003, the unemployment status in the USA has been **worse** than the UK's.
2003년 이후로 미국의 실업 상황은 영국보다 나빠지고 있다.

Unlike in Australia, unemployment in the USA and in the UK **worsened** in 2008.
호주와는 달리 2008년 미국과 영국의 실업률은 나빠졌다.

Employment problems in the UK and in the USA **became worse** in 2008.
2008년 영국과 미국의 실업 문제는 악화되었다.

● CHECK-UP

다음의 그래프를 분석하고 빈칸에 알맞은 단어를 넣으세요.

Chocolate Sales in Canada (in kilograms)
캐나다의 초콜릿 판매 (킬로그램 단위)

	Godiva	Royce	Ghirardelli
January/February	43,650	35,980	30,740
March/April	35,260	24,101	22,435
May/June	36,950	34,884	22,430
July/August	36,370	24,555	22,889
September/October	35,940	24,670	22,850
November/December	37,200	25,950	23,900

In general, chocolate sales in Canada are ❶_____ high during the months of January and February.
일반적으로, 캐나다의 초콜릿 판매는 1월과 2월 동안 현저하게 높다.

Throughout the year, Godiva sales are consistently ❷_____ than those of Royce and Ghirardelli.
일년 내내 고디바 판매량은 로이스와 기라델리의 판매량보다 항상 높다.

It was only during the November/December period that the sales of all three chocolate brands ❸_____ compared to the previous period.
세 개의 초콜릿 브랜드 모두의 판매량이 이전과 비교했을 때 호전된 것은 11월과 12월 동안만이다.

Tally of Scores in a Dance Competition
춤 경연대회의 점수 기록

	Judge 1	Judge 2	Judge 3
Contestant 1	6	5.5	6
Contestant 2	10	10	10
Contestant 3	10	9	9.5
Contestant 4	5.5	5	5

Two out of the four contestants got relatively ❹_____ scores from the judges.
4명의 참가자 중에서 2명은 심판으로부터 상대적으로 낮은 점수를 받았다.

The fourth contestant performed the ❺_____ among the four competition participants.
네 번째 참가자는 4명의 대회 참가자 중에서 최하의 공연을 했다.

Record of Registered Voters in Seoul by Gender
성별에 따른 서울의 등록 유권자 기록

	Male	Female	Total
District 1	540	470	1010
District 2	250	45	295
District 3	680	550	1230
District 4	350	300	650

The number of registered voters is ❻_____ in the second district in Seoul.
서울의 두 번째 지역의 등록 유권자 수는 가장 낮다.

Incidentally, voters from District 2 are ❼_____ males.
그러나 두 번째 지역의 유권자는 대부분 남성이다.

EXERCISE 1

You should spend about 20 minutes on this task.

> *The table compares the TV, radio, print and cinema advertising expenditure, in millions of pounds, made by four automobile companies in Britain in 2002.*
>
> 표는 2002년 영국의 4개 자동차 회사에서 만든 텔레비전, 라디오, 인쇄, 영화 광고 비용(백만 파운드 단위)을 비교하여 나타낸다.
>
> *Summarise the information by selecting and reporting the main features, and make comparisons where relevant.*
>
> 주요 특징들을 선택하여 작성함으로써 정보를 요약하고, 관련된 것을 비교하세요.

Write at least 150 words.

Advertising Expenditure for 2002 (in £ million)					
	TV	Radio	Print	Cinema	Total
Land Rover	19.6	5.4	28.0	7.5	60.5
Rolls-Royce	14.8	0.0	23.4	6.2	44.4
Bentley	22.3	6.6	26.4	7.5	62.8
Ford	21.9	8.2	34.1	10.0	74.2

● STEP 1 | Brainstorming

▶ 정답은 140페이지에

그래프 정보를 분석하여 아래 질문에 대한 알맞은 내용을 선택하세요.

1. What data is presented in the table?
   표에 제시된 자료는 무엇인가?

   A. list of various automobile brands in Britain as of 2002
   B. comparison of the advertising expenses of four automobile companies in Britain in 2002
   C. advertising expenses of British companies in 2002

2. Which of the four automobile companies had the highest amount of advertising expenses?
   4개의 자동차 회사 중에서 광고 비용이 가장 높은 곳은 어디인가?

   A. Land Rover   B. Rolls-Royce
   C. Bentley   D. Ford

3. Which advertising medium did Ford spend the most money on?
   포드 자동차 회사가 가장 많은 비용을 쓴 광고매체는 무엇인가?

   A. TV   B. radio
   C. print   D. cinema

4. How would you compare Ford's radio and cinema advertising expenses with its print and TV ads spending?
   포드의 라디오, 영화 광고 비용과 인쇄, 텔레비전 광고 비용을 어떻게 비교할 수 있는가?

   A. Ford spent lesser amounts for its radio and cinema advertisements
   B. Ford spent more on radio and Cinema advertising
   C. Ford spent equal amounts on all the advertising media

5. Which company ranked third in terms of having the highest total advertising expenditure?
   가장 높은 총 광고 비용 면에서 3위를 차지한 회사는 어디인가?

   A. Land Rover   B. Rolls-Royce
   C. Bentley   D. Ford

6. Aside from print ads, which advertising initiative did the car companies spend a lot of money on?

인쇄 광고를 제외하고 자동차 회사가 많은 비용을 들인 광고 계획은 무엇인가?

  A. radio advertising
  B. cinema commercials
  C. television publicity

7. What advertising medium did Bentley, Land Rover and Rolls-Royce make the least investment on?

벤틀리와 랜드로버, 롤스로이스 회사가 가장 적게 투자를 한 광고매체는 무엇인가?

  A. TV   B. radio
  C. print   D. cinema

8. How did Rolls-Royce compare to the other car companies in Britain in terms of advertising spending?

광고 비용 면에서 영국의 다른 자동차 회사들과 롤스로이스 회사를 어떻게 비교할 수 있는가?

  A. Rolls-Royce was the heaviest advertiser
  B. Rolls-Royce was the least aggressive
  C. Rolls-Royce usually spent more than other companies

9. What is the estimated amount of money individually spent by the four companies on print advertisements?

4개의 회사가 인쇄 광고에 각각 사용한 예상 비용은 얼마인가?

  A. at least 23 million pounds
  B. below 20 million pounds
  C. maximum of 23 million pounds

10. In general, how would you describe the proportion of television ad expenses to the total advertising expenditure of the four car companies?

일반적으로, 4개의 자동차 회사의 총 광고 비용에서 텔레비전 광고 비용이 차지하는 비율은 어떠한가?

  A. totally negligible
  B. relatively notable
  C. quite small

● STEP 2 | Writing Activity

▶ 정답은 140페이지에

Brainstorming에서 분석한 정보를 이용하여 아래의 문장을 완성하세요.

1. 표는 2002년 영국의 4개 자동차 회사의 텔레비전, 라디오, 인쇄, 영화 광고 비용을 비교하여 나타낸다.

The table _____ the television, radio, print and cinema advertising expenses of four automobile companies in Britain in 2002.

2. 4개의 자동차 회사 중에서 포드는 총 7,420만 파운드로 가장 많은 광고 비용을 썼다.

Among the four automobile companies, _____, totaling 74.2 million pounds.

3. 포드는 인쇄 광고에 가장 많은 비용을 사용했으며 두 번째로는 텔레비전 광고이다. 총 5,600만 파운드가 이 두 광고매체에 사용되었다.

Ford _____, with television advertisements coming in second; a total of 56 million pounds was spent on these two advertising media.

4. 그러나, 포드는 라디오와 영화 광고에 보다 적은 금액을 사용했다.

Incidentally, _____ on radio and cinema advertisements.

5. 한편, 벤틀리와 랜드로버는 각각 2위, 3위를 차지한 반면 롤스로이스는 그룹 내에서 가장 돈을 적게 쓴 광고주이다.

In the meantime, Bentley and Land Rover were_____ _____, while Rolls-Royce was the most prudent advertiser in the group.

6. 포드와 같이 벤틀리와 랜드로버, 롤스로이스는 주로 인쇄 광고와 텔레비전 광고에 투자했다.

Just like Ford, Bentley, Land Rover and Rolls-Royce invested _____

_____.

7. 마찬가지로, 이 세 회사는 라디오 광고에 가장 적은 비용을 썼다.

Similarly, these three companies spent _____

_____.

8. 결론적으로 말하자면 포드는 표에 나타난 영국 자동차 회사 중에서 가장 상위 광고주인 반면 롤스로이스는 가장 덜 적극적이었다.

To conclude, Ford was the top advertiser among the featured automobile companies in Britain, whereas _____.

9. 4개 자동차 회사 모두 인쇄 광고에 최소 2,300만 파운드를 쓰면서 인쇄 광고에 많은 홍보 노력을 기울였다.

All four car companies spent most heavily on publicity efforts in print, with each company spending _____ on print advertisements.

10. 텔레비전 광고는 회사의 총 광고 비용에서 상대적으로 두드러진 비율을 차지하는 반면 라디오와 영화 광고에는 상당히 적은 비용이 쓰였다.

_____ of the company's total advertising expenditures went to television advertisements, whilst fairly lower amounts were spent on radio and cinema advertisements.

MODEL ANSWER

● STEP 2 에서 완성한 문장을 아래와 같이 문단을 구분하여 답안을 완성합니다.

Introduction	The table shows a *comparison* of the television, radio, print and cinema advertising expenses of four automobile companies in Britain in 2002.
Body	*Among* the four automobile companies, Ford had the largest advertising expenditure, totaling 74.2 million pounds. Ford spent the most on print advertising, with television advertisements coming in second; a total of 56 million pounds was spent on these two advertising media. Incidentally, Ford spent lesser amounts on radio and cinema advertisements.
	In the meantime, Bentley and Land Rover were the second and third highest advertising spenders, respectively, while Rolls-Royce was the most prudent advertiser in the group. *Just like* Ford, Bentley, Land Rover and Rolls-Royce invested mainly in print advertisements and television publicity. Similarly, these three companies spent the least amount on radio advertising.
Conclusion	To conclude, Ford was the top advertiser among the featured automobile companies in Britain, whereas Rolls-Royce was the least aggressive. All four car companies spent most heavily on publicity efforts in print, with each company spending at least 23 million pounds on print advertisements. A relatively *notable* proportion of the company's total advertising expenditures went to television advertisements, whilst fairly lower amounts were spent on radio and cinema advertisements.

195 words

해석 표는 2002년 영국의 4개 자동차 회사의 텔레비전, 라디오, 인쇄, 영화 광고 비용을 비교하여 나타낸다.
4개의 자동차 회사 중에서 포드는 총 7,420만 파운드로 가장 많은 광고 비용을 썼다. 포드는 인쇄 광고에 가장 많은 비용을 사용했으며 두 번째로는 텔레비전 광고이다. 총 5,600만 파운드가 이 두 광고매체에 사용되었다. 그러나, 포드는 라디오와 영화 광고에 보다 적은 금액을 사용했다.
한편, 벤틀리와 랜드로버는 각각 2위, 3위를 차지한 반면 롤스로이스는 그룹 내에서 가장 돈을 적게 쓴 광고주이다. 포드와 같이 벤틀리와 랜드로버, 롤스로이스는 주로 인쇄 광고와 텔레비전 광고에 투자했다. 마찬가지로, 이 세 회사는 라디오 광고에 가장 적은 비용을 썼다.
결론적으로 말하자면 포드는 표에 나타난 영국 자동차 회사 중에서 가장 상위 광고주인 반면 롤스로이스는 가장 덜 적극적이었다. 4개 자동차 회사 모두 인쇄 광고에 최소 2,300만 파운드를 쓰면서 인쇄 광고에 많은 홍보 노력을 기울였다. 텔레비전 광고는 회사의 총 광고 비용에서 상대적으로 두드러진 비율을 차지하는 반면 라디오와 영화 광고에는 상당히 적은 비용이 쓰였다.

CHECK-UP VOCABULARY

comparison n. 비교, 대조, 대비
notable adj. 두드러진, 주목할 만한, 저명한
among prep. ~ 중에서, ~의 사이에, ~의 가운데서, ~에 둘러싸여
just like ~처럼, ~같다, ~대로, 마찬가지로

EXERCISE 2

You should spend about 20 minutes on this task.

The first table shows the average number of people living in one household in five countries in the years 1985 and 2000, and predictions for 2015. The second table shows the total number of households, in millions, in the five countries in the same two periods.

첫 번째 표는 1985년과 2000년 5개 국가의 한 가구 당 평균 인원수와 2015년 예상 인원수를 보여준다. 두 번째 표는 같은 두 기간에 5개 국가의 총 가구수(백만 명 단위)를 보여준다.

Summarise the information by selecting and reporting the main features, and make comparisons where relevant.

주요 특징들을 선택하여 작성함으로써 정보를 요약하고, 관련된 것을 비교하세요.

Write at least 150 words.

Average Number of People per Household			
Country	1985	2000	2015
Korea	4.8	4.5	3.6
USA	4.3	3.7	2.7
Singapore	2.5	2.3	2.0
United Kingdom	3.9	3.4	3.2
China	3.8	3.3	3.0

Total Number of Households (in millions)			
Country	1985	2000	2015
Korea	8.5	14.6	18.9
USA	81.7	101.5	140.2
Singapore	1.4	1.8	2.5
United Kingdom	13.7	17.0	20.6
China	350.2	390.1	410.2

● **STEP 1** | **Brainstorming** ▶ 정답은 140페이지에

그래프 정보를 분석하여 아래 질문에 대한 알맞은 내용을 선택하세요.

1. Aside from the total number of households, what other information about the five countries is shown in the tables?
   총 가구수를 제외하고, 표에 다섯 국가에 대한 다른 어떠한 정보를 보여주는가?

   A. average number of household members
   B. total count of household members
   C. average household count

2. Coming from their 1985 levels, which general direction did the average number of household members go in 2000?
   1985년 수준에서 비롯되어 2000년에 평균 가구원 수의 전반적인 방향은 어떠한가?

   A. up   B. down   C. steady

3. What is the reference year used for the predicted average counts of household members?
   평균 가구원 수를 예측하기 위해 사용된 표준 연도는 언제인가?

   A. 1985   B. 2000   C. 2015

4. Which country registered the lowest number of household members? What about the country with the highest number of household members?
   어느 국가가 가장 낮은 가구원 수를 기록하였는가? 가구원 수가 가장 높은 국가는 어디인가?

   A. lowest=Korea; highest=Singapore
   B. lowest=Singapore; highest=Korea
   C. lowest=China; highest=USA

5. What was the general trend of the total number of households in the five countries from 1985 to 2000?
   1985년부터 2000년까지 5개 국가의 총 가구원 수의 일반적인 경향은 어떠한가?

   A. it increased
   B. it decreased
   C. it stayed constant

135

6. What general prediction about the total household count in the five countries can be made for 2015?

2015년 5개 국가의 총 가구수에 대한 전반적인 예측은 어떠한가?

    A. it will stabilize

    B. it will drop further

    C. it will rise even more

7. Which country shows the highest number of households by 2015? What is the household count?

2015년에 가구수가 가장 높은 국가는 어디인가? 가구수는 얼마인가?

    A. USA; around 140.2 million

    B. China; approximately 410.2 million

    C. Korea; almost 19 million

8. How much higher is China's estimated household count than that of Singapore?

중국의 예상 가구수는 싱가폴보다 얼마나 더 높은가?

    A. roughly 164 times

    B. nearly twice

    C. about ten times

9. What is the general trend of the predicted total household counts for the five countries?

5개 국가의 예상 총 가구수의 일반적인 경향은 어떠한가?

    A. it will continue to grow

    B. it will start declining

    C. it will not change

10. How would you describe the estimated size of a typical household in 2015 compared to in previous years?

이전과 비교하여 2015년에 추정되는 가정의 규모는 어떠한가?

    A. it will not change much

    B. it will be much bigger than before

    C. it will no longer be as big as before

● **STEP 2** | Writing Activity ▶ 정답은 140페이지에

Brainstorming에서 분석한 정보를 이용하여 아래의 문장을 완성하세요.

1. 첫 번째 표는 1985년과 2000년, 2015년에 선정된 5개 국가의 평균 가구원 수를 나타내는 반면 두 번째 표는 이 국가들의 총 가구수를 보여준다.

    The first table presents the _____ in five selected countries in 1985, 2000 and 2015, whereas the second table shows the total household count in these countries.

2. 1985년 수치와 비교했을 때 2000년 5개 국가의 가구 당 평균 인원수는 하락하였다.

    The average number of people per household in all the five countries _____ in 2000 compared to their 1985 figures.

3. 2015년의 추정치를 기반으로 평균 인원수는 더욱 감소할 것으로 예상된다.

    The averages are expected to decrease further based on _____ _____.

4. 5개 국가 중에서 싱가폴 가구의 인원수가 가장 적은 반면 한국의 가구원 수가 가장 많다.

    Amongst the five countries, Singapore has the least number of people in a typical household, while _____.

5. 가구 당 평균 인원수의 경향과는 반대로 1985년부터 2000년까지 5개 국가의 총 가구수는 상승하였다.

    Contrary to the trend of the average head count per household, the total household count in the five countries_____ from 1985 to 2000.

6. 총 가구수는 2015년까지 더 많이 상승할 것으로 예상된다.

The total number of households is expected to _____ by 2015.

7. 2015년에 중국은 대략 4억 1,020만 가구로 예상 가구수가 계속해서 가장 높다.

China continues to have the highest projected household count at _____ _____ households by 2015.

8. 이 수치는 싱가폴의 예상 가구수의 대략 164배이다.

This is _____ the predicted household count in Singapore.

9. 보여지는 것과 같이 선정된 5개 국가의 총 가구수는 계속해서 증가할 것이다.

As can be observed, the five selected countries _____ in terms of total household count.

10. 그러나, 2015년에 가구 당 평균 인원수는 더욱 감소할 것으로 예상됨에 따라 각 가구의 평균 규모는 이전만큼 크지 않을 것이다.

However, the usual size of each household _____ _____ as the average number of people in a household will likely decrease more going into 2015.

MODEL ANSWER

● STEP 2 에서 완성한 문장을 아래와 같이 문단을 구분하여 답안을 완성합니다.

Introduction	The first table **presents** the average number of household members in five selected countries in 1985, 2000 and 2015, whereas the second table shows the total household count in these countries.
Body	The average number of people per household in all the five countries went down in 2000 compared to their 1985 figures. The averages are expected to decrease further **based on** 2015 estimates. Amongst the five countries, Singapore has the least number of people in a typical household, while Korea has the most number of household members. **Contrary** to the trend of the average head count per household, the total household count in the five countries increased from 1985 to 2000. The total number of households is expected to rise even more by 2015. China continues to have the highest projected household count at approximately 410.2 million households by 2015. This is roughly 164 times the predicted household count in Singapore.
Conclusion	As can be **observed**, the five selected countries will continue to grow in terms of total household count. However, the usual size of each household will no longer be as big as before, as the average number of people in a household will likely decrease more going into 2015.

200 words

해석 첫 번째 표는 1985년과 2000년, 2015년에 선정된 5개 국가의 평균 가구원 수를 나타내는 반면 두 번째 표는 이 국가들의 총 가구수를 보여준다.
1985년 수치와 비교했을 때 2000년 5개 국가의 가구 당 평균 인원수는 하락하였다. 2015년의 추정치를 기반으로 평균 인원수는 더욱 감소할 것으로 예상된다. 5개 국가 중에서 싱가폴 가구의 인원수가 가장 적은 반면 한국의 가구원 수가 가장 많다.
가구 당 평균 인원수의 경향과는 반대로 1985년부터 2000년까지 5개 국가의 총 가구수는 상승하였다. 총 가구수는 2015년까지 더 많이 상승할 것으로 예상된다. 2015년에 중국은 대략 4억 1,020만 가구로 예상 가구수가 계속해서 가장 높다. 이 수치는 싱가폴의 예상 가구수의 대략 164배이다.
보여지는 것과 같이 선정된 5개 국가의 총 가구수는 계속해서 증가할 것이다. 그러나, 2015년에 가구 당 평균 인원수는 더욱 감소할 것으로 예상됨에 따라 각 가구의 평균 규모는 이전만큼 크지 않을 것이다.

CHECK-UP VOCABULARY

present v. 보여주다, 나타내다, 제시하다, 제출하다, (글 등으로) 표하다
based on ~을 기반으로 하여, ~에 근거하여, ~을 기초로, ~을 바탕으로

contrary adj. 반대되는, ~와는 다른, 상반되는
observe v. ~을 보다, 관측하다, 알다, 목격하다

UNIT 4 ANSWERS

CHECK-UP

1. remarkably
2. higher
3. got better
4. low
5. worst
6. lowest
7. largely

EXERCISE 1

STEP 1 ▶ 1. B 2. D 3. C 4. A 5. A 6. C 7. B 8. B 9. A 10. B

STEP 2 ▶
1. shows a comparison of
2. Ford had the largest advertising expenditure
3. spent the most on print advertising
4. Ford spent lesser amounts
5. the second and third highest advertising spenders, respectively
6. mainly in print advertisements and television publicity
7. the least amount on radio advertising
8. Rolls-Royce was the least aggressive
9. at least 23 million pounds
10. A relatively notable proportion

EXERCISE 2

STEP 1 ▶ 1. A 2. B 3. C 4. B 5. A 6. C 7. B 8. A 9. A 10. C

STEP 2 ▶
1. average number of household members
2. went down
3. 2015 estimates
4. Korea has the most number of household members
5. increased
6. rise even more
7. approximately 410.2 million
8. roughly 164 times
9. will continue to grow
10. will no longer be as big as before

UNIT 05 Diagram

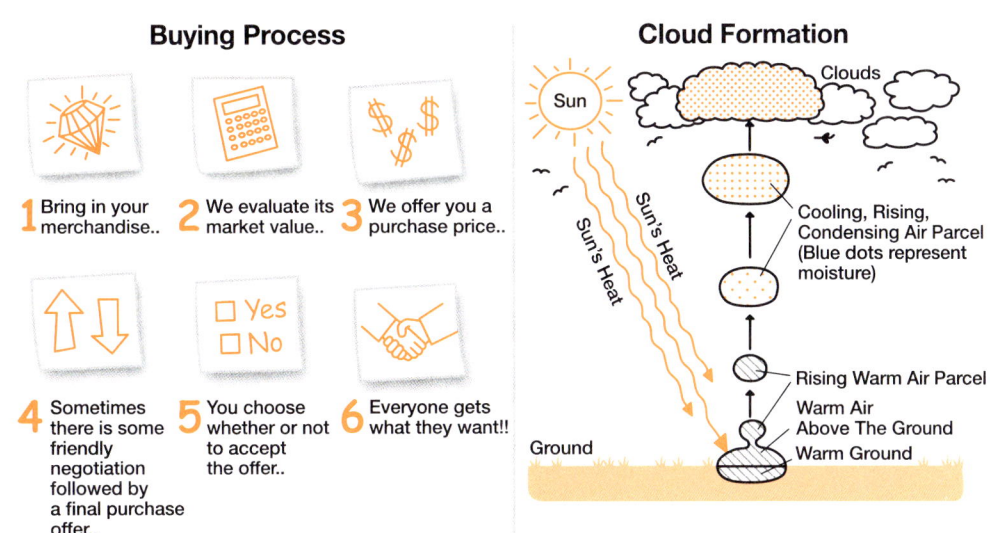

♕ Diagram 분석 및 전개방법

Diagram 문제는 일 년 중 한두 번, 많으면 두세 번 정도 출제되는 문제유형입니다. 하지만 라인이나 막대, 규격화된 테이블, 파이 등과 달라서 이런 유형에 대비하지 않은 응시자들이 많이 당황하고 점수가 나쁘게 나오는 대표적인 유형입니다. 규격화된 그래프와 달리 정해진 관용구가 적고 어떤 면에선 Essay 글쓰기와 비슷하게 쓴다고 생각하면 좋습니다. 시제는 주로 현재형을 사용하며 전체적인 순서나 과정이 있는 그림이 나오거나 시간 변화에 따른 같은 그림의 차이점 등을 비교하는 문제들이 출제됩니다.

그림 형태	시작점과 끝나는 점	데이터 비교 분석
제시된 그림이 순차적인 단계로 진행되는 그림인지, 비슷하거나 달라진 점을 서로 비교하는 그림인지를 파악합니다.	단계별로 나열되어 있는 경우 그 시작과 끝이 어디인지를 확인합니다.	몇 개의 단계로 이루어져 있는지, 변화된 점은 몇 개인지, 비슷하게 유지된 점은 몇 개인지 등을 분석합니다. 일정한 순서가 없는 그림이 제시된 경우 내용상 중요한 순서대로 작성하면 됩니다.

CASE 01 이전에 일어난 항목을 설명할 때

▶ **Key Words** | **precede** ~에 앞서다, 선행하다 *syn.* prior, come first, go before

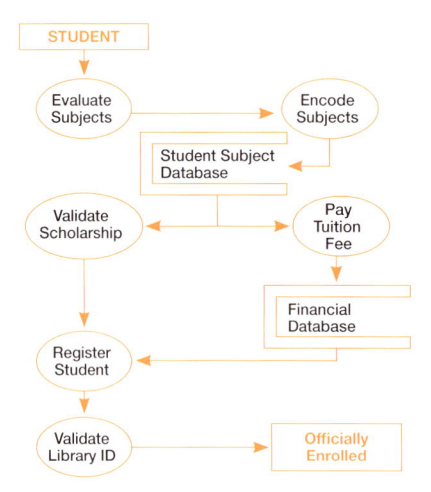

▶ **Example Sentences**

Based on the figure, student registration **precedes** library ID validation.
그림을 바탕으로 학생 등록은 도서관 신분 확인에 선행한다.

The encoding of subjects is **preceded** by subject evaluation.
과목들을 부호화하는 것에 앞서 과목 평가가 있다.

A student must fulfill all the **preceding** steps before he or she can register.
학생은 등록하기 전에 선행 단계들을 모두 이행해야 한다.

Tuition fee payment is one of the **prior** stages to student registration.
수업료 지불은 학생 등록 전 단계 중 하나이다.

CASE 02 이후에 일어난 항목을 설명할 때

▶ **Key Words** | **follow** 따라가다, 뒤따르다
syn. to happen or do something after something else

Buying Process

1. Bring in your merchandise..
2. We evaluate its market value..
3. We offer you a purchase price..

4. Sometimes there is some friendly negotiation followed by a final purchase offer..
5. You choose whether or not to accept the offer..
6. Everyone gets what they want!!

▶ **Example Sentences**

In the buying process, the purchase price offer **follows** the market value evaluation of the item.
구입 과정에서 구매 가격의 제공은 물건의 시장가치 평가를 뒤따른다.

Friendly negotiations sometimes **follow** purchase price offers.
가끔씩 우호적인 협의는 구매 가격 제공을 뒤따른다.

Once a final purchase offer is made, an acceptance or rejection of the offer **follows**.
최종 구매신청이 이뤄지기만 하면 신청 승낙이나 거절이 뒤따른다.

CASE 03 항목들이 순환하는 경우

▶ **Key Words** | **cycle** 주기, 순환 *syn.* circle, rotate or series of events

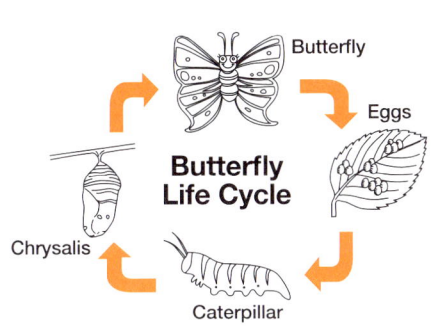

▶ **Example Sentences**

A butterfly's **cycle** of development involves four different stages.
나비의 성장 주기는 4단계를 포함한다.

A butterfly takes the form of a caterpillar in the earlier phase of its life **cycle**.
나비는 생명주기의 초기 단계에서 애벌레의 형태를 갖는다.

According to process, changes in butterfly body shape occur in **cycles**.
과정에 따르면 이 주기 동안 나비의 몸 형태의 변화가 발생한다.

CASE 04 항목들이 수직적인 위계질서를 보이는 경우

▶ **Key Words** | **direct, directly** 직접적인, 직접적으로 *syn.* immediate, immediately

▶ **Example Sentences**

The executive secretary is a **direct** subordinate of the general manager.
비서실장은 총 관리자의 직접적인 부하직원이다.

Three directors report **directly** to the general manager.
세 명의 이사들은 총 관리자에게 직접적으로 보고한다.

In terms of rank, officers come **directly** after the directors.
지위 면에서 관리자들은 이사들 다음에 바로 온다.

The accounting officer acts as the **immediate** boss of the accounting assistant.
회계 관리자는 회계 보조의 직접적인 상사의 역할을 한다.

CASE 05 시간의 흐름에 따라 항목이 꾸준히 발전하는 경우

▶ **Key Words** | **develop, development** 발전하다, 발전
syn. grow into something more advanced, growth

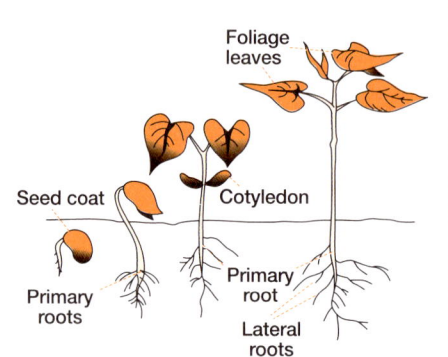

▶ **Example Sentences**

A seed grows roots as it **develops** into a plant.
씨앗이 식물로 발전해감에 따라 씨앗의 뿌리가 자란다.

As a plant **develops**, it increases in size and in number of leaves.
식물이 발전해가면서 크기가 커지고 잎의 수도 증가한다.

A plant goes through several phases during its **development**.
식물이 발전해가는 동안 여러 단계를 거친다.

CASE 06 항목 간에 서로 연결되어 있는 경우

▶ **Key Words** | **beside** 바로 옆에 *syn.* next to, at the side of

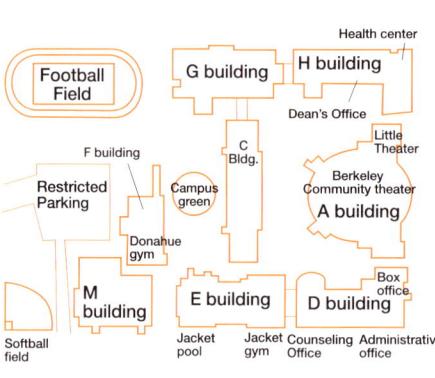

▶ **Example Sentences**

E building is located **beside** D building.
E건물은 D건물 바로 옆에 위치한다.

A restricted parking area can be found **next to** the F building.
주차 제한구역은 F건물 바로 옆에 있다.

G building is situated **at the side of** H building.
G건물은 H건물 바로 옆에 위치한다.

● CHECK-UP

▶ 정답은 158페이지에

다음의 그래프를 분석하고 빈칸에 알맞은 단어를 넣으세요.

Layout of M&S Health Center
M&S 의료센터 배치도

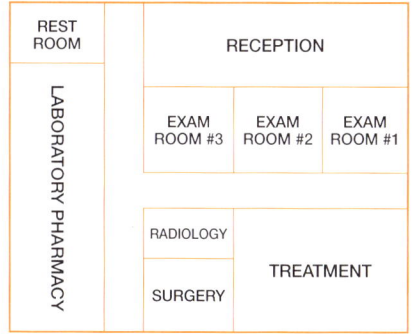

M&S Health Center is an offsite clinic that offers medical services to outpatients. The center has three exam rooms. There is also a radiology room and ❶_____ it is the surgery room.

M&S 의료센터는 외래환자들에게 의료서비스를 제공하는 외부 진료소이다. 진료소에는 세 개의 진료실이 있다. 또한 방사선실이 있고 바로 옆에 수술실이 있다.

Ethanol Production
에탄올 생산

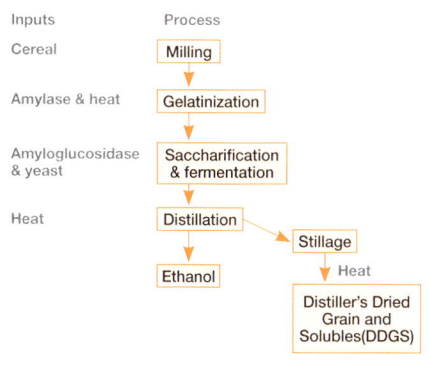

The production of ethanol starts with the milling process, ❷_____ by gelatinization.

에탄올 생산은 우선 제분 과정을 거치고 뒤이어 호화 과정을 거친다.

Saccharification and fermentation ❸_____ take place after gelatinization.

당화와 발효는 호화 과정 이후에 바로 발생한다.

Saccharification and fermentation ❹_____ the distillation process.

당화와 발효는 증류 과정에 선행한다.

Cloud Formation
구름 형성

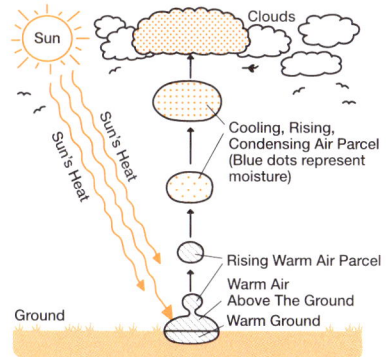

Cloud formation ❺_____ begins when ❻_____ heat from the sun strikes the air on the ground, making it warm.

태양으로부터 직접적인 열이 지면의 공기와 부딪쳤을 때 공기가 따뜻해지고 구름 형성주기가 시작된다.

Clouds ❼_____ when warm air parcels rise above the ground, cool and condense.

따뜻한 공기덩이가 지면 위로 상승하고 차가워지면서 응축될 때 구름이 형성된다.

EXERCISE 1

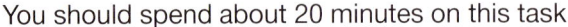

You should spend about 20 minutes on this task.

The diagram below shows how a sand dune forms, starting from when the wind blows over loose sand.

아래 그림은 건조한 모래 위로 바람이 불어오는 것으로부터 모래 언덕이 형성되는 과정을 보여준다.

Summarise the information by selecting and reporting the main features, and make comparisons where relevant.

주요 특징들을 선택하여 작성함으로써 정보를 요약하고, 관련된 것을 비교하세요.

Write at least 150 words.

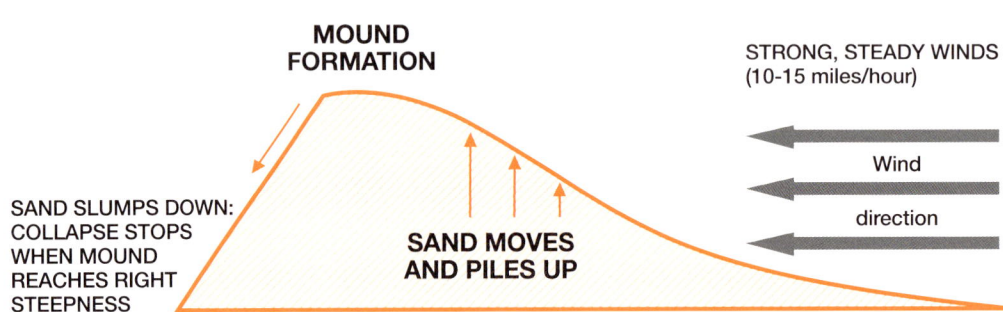

● STEP 1 | Brainstorming

▶ 정답은 158페이지에

그래프 정보를 분석하여 아래 질문에 대한 알맞은 내용을 선택하세요.

1. What is the main subject matter presented in the drawing?
   그림에 제시된 주된 주제는 무엇인가?

   A. characteristics of a sand dune
   B. steps in identifying sand
   C. process by which a sand dune is formed

2. What are sand dunes primarily made of?
   모래언덕은 주로 무엇으로 만들어지는가?

   A. loose sand
   B. water
   C. wind

3. Aside from loose sand, what is the other main element in the formation of sand dunes?
   건조한 모래를 제외하고 모래언덕을 형성하는 다른 주된 요소는 무엇인가?

   A. loose sand
   B. water
   C. wind

4. How would you describe the direction taken by the winds that create sand dunes?
   모래언덕을 만드는 바람이 부는 방향은 어떻게 설명할 수 있는가?

   A. opposite
   B. the same
   C. different

5. What are the characteristics of winds capable of moving loose sand?
   건조한 모래를 움직일 수 있는 바람의 특징은 무엇인가?

   A. strong and steady
   B. light and irregular
   C. gusty and slow

147

6. What happens when sand begins to pile up?

모래가 쌓이기 시작하면 어떠한 일이 발생하는가?

A. the wind starts blowing
B. sand begins to collapse
C. a small mound or dune develops

7. What pushes the sand to the top of the mound?

모래를 언덕 위로 밀어 올리는 것은 무엇인가?

A. collapse of the sand dune
B. continuous movement of the wind
C. formation of the wind

8. How would you describe the form taken by the mound as the sand continues to move to its top?

모래가 계속해서 언덕 위로 이동하면서 언덕은 어떠한 형태를 갖게 되는가?

A. flat
B. low
C. steep

9. What happens when the mound becomes very steep?

언덕이 매우 가파르게 되면서 어떠한 일이 발생하는가?

A. the sand slumps down
B. the sand piles up further
C. the sand gets blown by the wind

10. What happens when the mound achieves its desirable steepness?

언덕이 바람직한 경사도를 이루어냈을 때 무엇이 발생하는가?

A. the sand piles up
B. the sand's collapse stops
C. the wind stops blowing

● STEP 2 | Writing Activity

▶ 정답은 158페이지에

Brainstorming에서 분석한 정보를 이용하여 아래의 문장을 완성하세요.

1. 그림은 **모래언덕이 형성되는 과정**을 나타낸다.

   The diagram illustrates the _____.

2. 모래언덕은 사막, 바다와 해양의 해안선에서 **흔히 발견되는 건조한 모래**가 쌓인 것이다.

   Sand dunes are piles of _____ in deserts and along shorelines of seas and oceans.

3. **바람이 건조한 모래 위로 불 때** 모래언덕 형성이 시작된다.

   The formation of sand dunes begins _____.

4. 바람은 **같은 방향으로** 불면서 바람 앞에 있는 모래 입자를 밀어 올린다.

   As the wind blows in _____, it pushes the grains of sand in front of it.

5. 건조한 모래를 움직이게 하기 위해 약 시속 10~15마일의 속도로 **강하고 일정한** 바람이 분다.

   It actually takes _____ winds, particularly those moving at a speed of about ten to fifteen miles per hour, to set loose sand in motion.

6. 그 후에 모래가 움직이면서 쌓이기 시작하고 작은 모래언덕이 생겨난다.

Then, as the sand moves, it starts to pile up and _____

_____.

7. 바람의 끊임없는 움직임은 모래입자를 언덕 위로 몰아간다.

The_____ drives the sand grains up to the

top of the mound.

8. 언덕이 가파르게 될 때까지 모래는 이러한 방향으로 움직인다.

The sand moves in this direction until the mound becomes _____.

9. 언덕이 매우 가파르게 되면 모래는 바람이 부는 쪽으로 쓰러진다.

Once the mound gets very steep, _____ the

side the wind is blowing on.

10. 언덕의 경사도가 알맞은 수준에 이르자마자 모래가 무너지는 것이 멈춘다.

_____ as soon as the mound reaches the right

level of steepness.

MODEL ANSWER

● STEP 2 에서 완성한 문장을 아래와 같이 문단을 구분하여 답안을 완성합니다.

Introduction	The diagram illustrates the process by which a sand dune is formed.
Body	Sand dunes are piles of loose sand commonly found in deserts and along shorelines of seas and oceans. The formation of sand dunes begins when the wind blows over loose sand. As the wind blows in the same direction, it pushes the grains of sand in front of it. It actually takes strong and steady winds, particularly those moving at a speed of about ten to fifteen miles per hour, to set loose sand in motion. Then, as the sand moves, it starts to pile up and a small mound or dune develops. The continuous movement of the wind drives the sand grains up to the top of the mound. The sand moves in this direction until the mound becomes steep. Once the mound gets very steep, the sand slumps down the side the wind is blowing on. The sand's collapse stops as soon as the mound reaches the right level of steepness.

164 words

해석   그림은 모래언덕이 형성되는 과정을 나타낸다.
모래언덕은 사막, 바다와 해양의 해안선에서 흔히 발견되는 건조한 모래가 쌓인 것이다. 바람이 건조한 모래 위로 불 때 모래언덕 형성이 시작된다. 바람은 같은 방향으로 불면서 바람 앞에 있는 모래 입자를 밀어 올린다. 건조한 모래를 움직이게 하기 위해 약 시속 10~15마일의 속도로 강하고 일정한 바람이 분다. 그 후에 모래가 움직이면서 쌓이기 시작하고 작은 모래언덕이 생겨난다. 바람의 끊임없는 움직임은 모래입자를 언덕 위로 몰아간다. 언덕이 가파르게 될 때까지 모래는 이러한 방향으로 움직인다. 언덕이 매우 가파르게 되면 모래는 바람이 부는 쪽으로 쓰러진다. 언덕의 경사도가 알맞은 수준에 이르자마자 모래가 무너지는 것이 멈춘다.

CHECK-UP VOCABULARY

commonly   adj. 흔히, 일반적으로, 보통으로, 통속적으로
continuous   adj. 끊임없는, 연속적인, 계속 이어지는, 반복되는
motion   n. 움직임, 동작, 운동, 이동
in front of   ~의 앞쪽에, 앞에서

EXERCISE 2

You should spend about 20 minutes on this task.

The diagrams show the life cycle of a mosquito and the process by which dengue fever is spread.

그림들은 모기의 생명 주기와 뎅기열이 확산되는 과정을 보여준다.

Summarise the information by selecting and reporting the main features, and make comparisons where relevant.

주요 특징들을 선택하여 작성함으로써 정보를 요약하고, 관련된 것을 비교하세요.

Write at least 150 words.

Life Cycle of a Mosquito

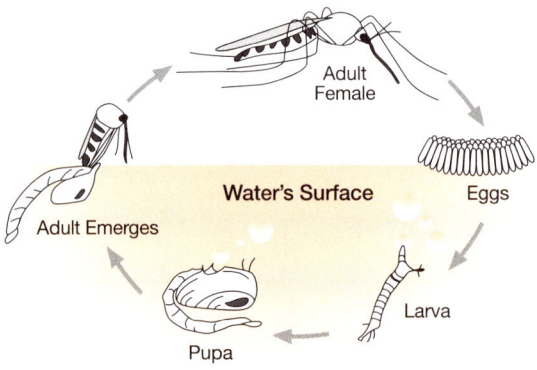

Dengue Virus Transmission Process

Mosquito bites Dengue-infected person
⬇
Dengue virus multiplies inside the mosquito for about a week
⬇
Mosquito bites a healthy person
⬇
Dengue fever manifestations occur

● STEP 1 | Brainstorming

▶ 정답은 158페이지에

그래프 정보를 분석하여 아래 질문에 대한 알맞은 내용을 선택하세요.

1. What particular information about dengue is presented in the second diagram?
   두 번째 그림에 제시된 뎅기열에 관한 특정 정보는 무엇인가?

   A. stages in a mosquito's life
   B. steps in curing dengue
   C. process of dengue virus transmission

2. How does a mosquito's life cycle start?
   모기의 생명 주기는 어떻게 시작되는가?

   A. adult mosquito gives birth to a female mosquito
   B. adult female mosquito lays several eggs on the water's surface
   C. eggs from a female mosquito transform into larva

3. What does a mosquito egg turn into when it hatches?
   알이 부화되었을 때 모기 알은 무엇으로 변하는가?

   A. larva
   B. pupa
   C. adult mosquito

4. What stage in the mosquito's life cycle comes after the larva phase?
   애벌레 단계 다음으로 모기의 생명 주기의 어떤 단계가 오는가?

   A. eggs
   B. pupa
   C. adult

5. What happens when the mosquito is already fully developed?
   모기가 이미 완전히 성장하였을 때 어떠한 일이 발생하는가?

   A. it comes out of the pupa
   B. it stays on the water's surface
   C. it starts laying eggs

6. What insect has the ability to spread the dengue virus?
뎅기열 바이러스를 확산시킬 수 있는 곤충은 무엇인가?

A. fly
B. butterfly
C. mosquito

7. How does a mosquito acquire the dengue virus?
모기는 뎅기열 바이러스를 어떻게 얻는가?

A. when it is bitten by a dengue-infected mosquito
B. when it bites a person infected with dengue
C. when it bites a healthy individual

8. How does a mosquito transfer the dengue virus?
모기는 뎅기열 바이러스를 어떻게 옮기는가?

A. once it bites a healthy individual
B. as soon as it lays eggs on the water
C. when a female mosquito acquires the dengue virus

9. What are the four stages in a mosquito's life cycle?
모기의 생명 주기의 네 단계는 무엇인가?

A. adult, water, larva, pupa
B. eggs, larva, pupa and adult
C. eggs, larva, young adult, adult female

10. At what life cycle stage are mosquitoes able to transmit dengue virus to healthy individuals?
어떤 생명 주기 단계에서 모기는 건강한 사람에게 뎅기열 바이러스를 전염시킬 수 있는가?

A. larva stage
B. eggs stage
C. adult stage

● **STEP 2** | Writing Activity ▶ 정답은 158페이지에

Brainstorming에서 분석한 정보를 이용하여 아래의 문장을 완성하세요.

1. 첫 번째 그림은 모기의 생명 주기의 여러 단계를 보여주는 반면 두 번째 그림은 뎅기열 바이러스가 전염되는 과정에 관한 정보를 제공한다.

   The first picture shows the different stages in the life cycle of a mosquito while the second one gives an idea about the _____.

2. 성인 암컷 모기가 수면 위에 여러 개의 알을 낳을 때 모기의 삶의 성장이 시작된다.

   A mosquito's life development begins _____

   _____.

3. 그 이후에 알이 부화되고 알들은 애벌레가 된다.

   Later on, the eggs hatch and each one _____.

4. 그 후로 애벌레는 번데기로 성장을 하고 수면 아래에서 계속 살아간다.

   _____, which continues to live just under the water's surface.

5. 결국, 완전히 성장한 성인 모기가 번데기로부터 나온다.

   Eventually, a fully-developed adult mosquito _____.

6. 그러나 불행히도, 성인 모기는 뎅기열 바이러스를 확산시킬 수 있다.

Unfortunately, an adult _____ the dengue virus.

7. 모기는 뎅기열에 감염된 사람을 물었을 때 바이러스를 얻는다.

A mosquito acquires the virus _____

_____.

8. 바이러스는 약 한 주간 모기 몸 속에서 증식되어 모기가 건강한 사람을 물었을 때 전염된다.

The virus multiplies inside the mosquito for a week more or less, and is transmitted _____.

9. 요컨대 모기는 생명 주기의 네 단계를 거친다. 즉 알, 애벌레, 번데기, 성인 단계이다.

In brief, mosquitoes go through four distinct stages in their life cycle: _____ _____.

10. 성인 단계 동안 모기는 한 사람에서 다른 사람으로 뎅기열 바이러스를 전염시킬 수 있다.

_____, mosquitoes are capable of transmitting the dengue virus from one person to another.

MODEL ANSWER

● STEP 2 에서 완성한 문장을 아래와 같이 문단을 구분하여 답안을 완성합니다.

Introduction	The first picture shows the different stages in the life cycle of a mosquito while the second one gives an idea about the process of dengue virus transmission.
Body	A mosquito's life development begins when an adult female mosquito lays several eggs on the water's surface. Later on, the eggs hatch and each one becomes a larva. Afterward, the larva develops into a pupa, which continues to live just under the water's surface. Eventually, a fully-developed adult mosquito comes out from the pupa. Unfortunately, an adult mosquito has the ability to spread the dengue virus. A mosquito acquires the virus when it bites a person infected with dengue. The virus multiplies inside the mosquito for a week more or less, and is transmitted once that mosquito bites a healthy individual.
Conclusion	In brief, mosquitoes go through four distinct stages in their life cycle: namely eggs, larva, pupa and adult. During the adult stage, mosquitoes are capable of transmitting the dengue virus from one person to another.

164 words

해석   첫 번째 그림은 모기의 생명 주기의 여러 단계를 보여주는 반면 두 번째 그림은 뎅기열 바이러스가 전염되는 과정에 관한 정보를 제공한다.
성인 암컷 모기가 수면 위에 여러 개의 알을 낳을 때 모기의 삶의 성장이 시작된다. 그 이후에 알이 부화되고 알들은 애벌레가 된다. 그 후로 애벌레는 번데기로 성장을 하고 수면 아래에서 계속 살아간다. 결국, 완전히 성장한 성인 모기가 번데기로부터 나온다. 그러나 불행히도, 성인 모기는 뎅기열 바이러스를 확산시킬 수 있다. 모기는 뎅기열에 감염된 사람을 물었을 때 바이러스를 얻는다. 바이러스는 약 한 주간 모기 몸 속에서 증식되어 모기가 건강한 사람을 물었을 때 전염된다.
요컨대 모기는 생명 주기의 네 단계를 거친다. 즉 알, 애벌레, 번데기, 성인 단계이다. 성인 단계 동안 모기는 한 사람에서 다른 사람으로 뎅기열 바이러스를 전염시킬 수 있다.

CHECK-UP VOCABULARY

afterward adv. 뒤에, 나중에, 그 후, 곧 이어
distinct adv. 뚜렷한, 분명한, 명확한, 틀림없는
eventually adv. 결국, 마침내, 최종적으로
later on 추후, 나중에, 이 뒤에

UNIT 5 ANSWERS

CHECK-UP

1. beside/next to
2. followed
3. directly
4. precede
5. cycle
6. direct
7. develop

EXERCISE 1

STEP 1 ▶ 1. C   2. A   3. C   4. B   5. A   6. C   7. B   8. C   9. A   10. B

STEP 2 ▶
1. process by which a sand dune is formed
2. loose sand commonly found
3. when the wind blows over loose sand
4. the same direction
5. strong and steady
6. a small mound or dune develops
7. continuous movement of the wind
8. steep
9. the sand slumps down
10. The sand's collapse stops

EXERCISE 2

STEP 1 ▶ 1. C   2. B   3. A   4. B   5. A   6. C   7. B   8. A   9. B   10. C

STEP 2 ▶
1. process of dengue virus transmission
2. when an adult female mosquito lays several eggs on the water's surface
3. becomes a larva
4. Afterward, the larva develops into a pupa
5. comes out from the pupa
6. mosquito has the ability to spread
7. when it bites a person infected with dengue
8. once that mosquito bites a healthy individual
9. namely eggs, larva, pupa and adult
10. During the adult stage

UNIT 06
Multiple Type A
Bar Graph + Line Graph

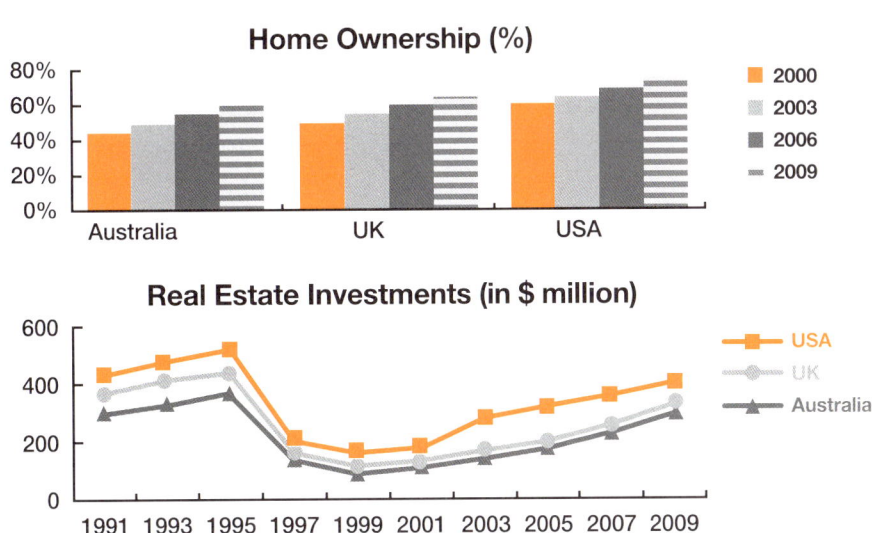

♛ Bar Graph+Line Graph 분석 및 전개방법

복합형 문제가 나오면 많은 응시자들이 한 가지 그래프 유형보다 더 어렵고 힘들어 합니다. 하지만 Task 1 특성상 글자 수가 정해져 있고 필요 이상 길게 쓴다고 더 좋은 점수를 받는 것이 아니므로 복잡해 보이는 복합형 그래프가 써야 될 중요한 것이 더 눈에 확실히 띄고 세부적으로 찾지 않아도 되어 더 편합니다. 한 가지 그래프일 경우 본문에 써야 되는 정보는 약 5~7개 정도지만 복합형 그래프일 경우 각기 2~3개의 가장 중요한 것과 두 그래프 사이의 상관관계만 찾으면 오히려 글을 쉽게 쓸 수 있습니다.

그래프의 X축과 Y축

그래프의 X축과 Y축이 각각 무엇을 나타내는지 파악하고, 제시된 수치와 단위 또는 항목을 분석합니다.

Line Graph의 X축과 Y축

Line Graph의 경우, X축(대부분 시간)의 흐름에 따른 line의 trend(상승 및 하강 추세), 각 항목별 최고점, 최저점, 분기점을 관찰합니다.

Bar Graph 역시 X축의 진행에 따라 Y축이 어떻게 변화하는지 확인합니다.

두 그래프 상관관계 분석

각 그래프의 분석이 끝났다면 둘 사이의 상관관계를 분석해야 합니다. 예를 들어 두 그래프가 관계가 있다면 line Graph가 상승세에 있을 때, 그 추세가 Bar Graph에 어떤 영향을 끼치는지 추론할 수 있어야 합니다.

CASE 01 한 항목의 손실을 다른 항목이 메우거나 만회하는 경우

▶ **Key Words** | **compensate** 만회하다 *syn.* make up for

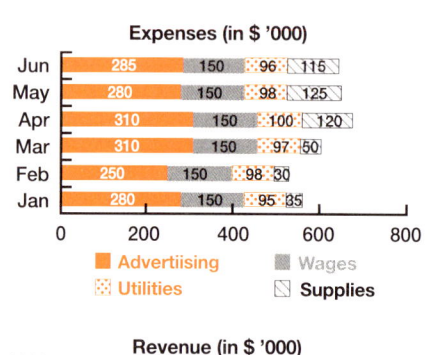

▶ **Example Sentences**

Supplies expenses doubled starting in April, but this was **compensated** by higher revenues from consultancy.
물품 비용은 4월이 되면서 두 배가 되었지만 자문으로부터 수입이 더욱 증가하면서 만회되었다.

The additional income from consultancy **compensated** for the increase in supplies expenses.
자문으로부터의 추가 수입은 물품 비용의 증가를 만회했다.

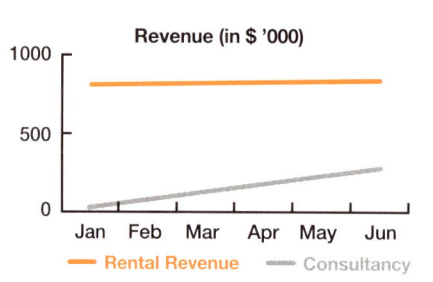

CASE 02 그래프의 추세가 다른 그래프와 상반되게 진행되는 경우

▶ **Key Words** | **contradict** 상반되다 *syn.* to disagree with something

▶ **Example Sentences**

The average productivity data seem to **contradict** the employee satisfaction results.
평균 생산성 자료는 직원 만족도 결과와 상반된다.

The employee satisfaction trend is **contradicted** by that of the productivity rating.
직원 만족도의 경향은 생산성 평가 경향과 상반된다.

CASE 03 그래프가 최저점을 찍고 반등하는 경우

▶ **Key Words** | **bounce back** 되살아나다, 회복하다 *syn.* recover, improve

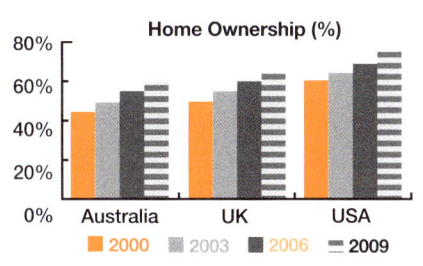

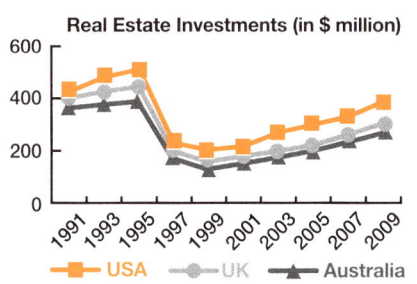

▶ **Example Sentences**

The real estate industry in Australia, the UK and the USA began to **bounce back** in 2001 as home ownership in these countries expanded.
호주와 영국과 미국의 주택 소유가 늘어가면서 이 국가들의 부동산업계는 2001년에 회복하기 시작했다.

The home ownership rate in the three countries examined has been going up, and this helped the real estate industry to **bounce back**.
조사된 세 국가의 주택 보유율은 상승하고 있고 부동산업계가 되살아나는데 도움을 주었다.

CASE 04 두 그래프가 일관된 흐름을 나타내는 경우

▶ **Key Words** | **be consistent with** 일치하다, 일관되다
syn. to match another idea, fact or situation

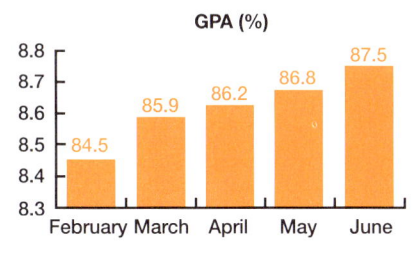

▶ **Example Sentences**

The improvement in GPA scores **is consistent with** the increase in the number of hours spent studying.
GPA 점수의 향상은 공부한 시간의 증가와 일치한다.

The GPA results **are consistent with** the increased study time.
GPA 결과는 증가한 공부 시간과 일치한다.

CASE 05 그래프에서 취약한 항목을 나타내는 경우

▶ **Key Words** | **weak** 약한, 부족한 *syn.* lacking intensity, power or strength

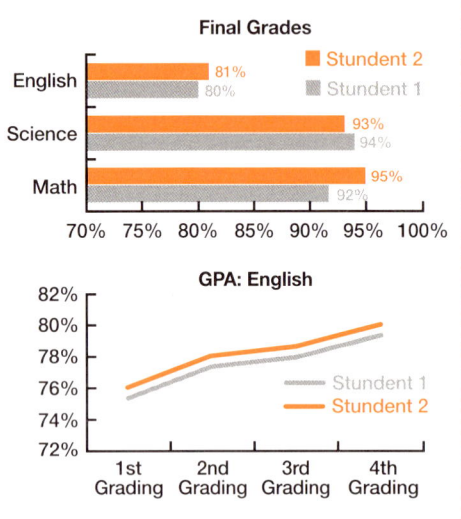

▶ **Example Sentences**

Both students are still **weak** in English, though their average grades in the subject are improving.
두 학생은 영어에서 여전히 부족하지만 과목의 평균 성적은 향상하고 있다.

Among the three main subjects, the students are **weakest** in English.
주요 세 과목 중에서 학생들은 영어가 가장 약하다.

CASE 06 두 그래프가 비슷한 경향을 보일 때

▶ **Key Words** | **similar** 비슷한, 유사한 *syn.* alike, comparable
similarly 비슷하게 *syn.* likewise, in the same way

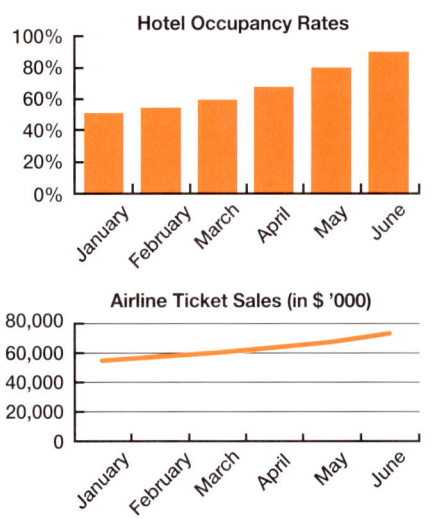

▶ **Example Sentences**

Hotel occupancy rates follow a **similar** trend as airline ticket sales.
호텔 객실 이용률은 항공권 판매량과 유사한 경향을 따른다.

Hotel occupancy and airline ticket sales took **similar** directions in the months between January and June.
호텔 객실과 항공권 판매량은 1월에서 6월 사이에 비슷한 방향을 따른다.

Hotel occupancy is increasing from January to June. **Similarly**, the sale of airline tickets is taking the same direction.
호텔 객실은 1월부터 6월까지 상승하고 있다. 비슷하게 항공권 판매량은 같은 방향을 따르고 있다.

CHECK-UP

다음의 그래프를 분석하고 빈칸에 알맞은 단어를 넣으세요.

Green Tea Sales and Soft Drink Consumption in Asia
아시아의 녹차 판매량과 탄산음료 소비량

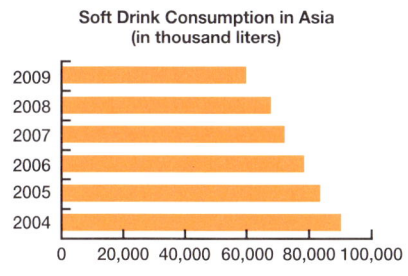

Green tea sales in Asia have been going up since 2004. This trend ❶ _____ the downward direction of soft drink consumption in the same periods.

아시아의 녹차 판매량은 2004년 이후로 증가하고 있다. 이러한 경향은 같은 기간 탄산음료 소비량의 하향 방향과 일치한다.

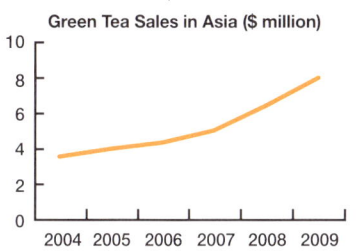

Green tea sales were almost ❷ _____ in 2004 and 2005. It started to show improvements in 2006.

2004년과 2005년에 녹차 판매량은 거의 유사했다. 2006년에 향상하기 시작했다.

Volume Sales of Cars 'R Us (in Units Sold)
Cars 'R Us의 판매량(판매 대수)

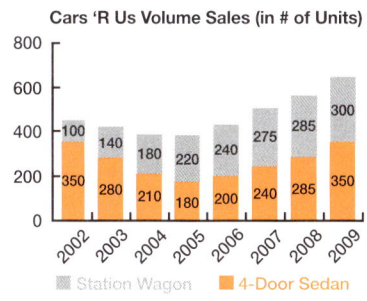

After hitting its lowest sales level in 2004, Cars 'R Us was able to ❸ _____ completely by 2009.

2004년에 가장 낮은 판매량을 기록한 후에 2009년에 Cars 'R Us는 완전히 회복할 수 있었다.

Four-door sedan sales recovered in 2006, as the steady increases of the black and gray models ❹ _____ for the ❺ _____ sales of the red model.

검은색과 회색 모델의 지속적인 증가가 빨간색 모델의 부족한 판매량을 만회함에 따라 2006년에 4도어 세단 판매량은 회복되었다.

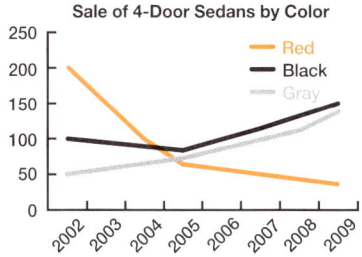

Presidential Election Results in ABBA Sports Club
아바 스포츠클럽의 회장 선거 결과

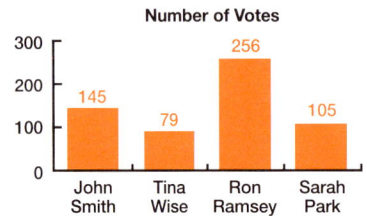

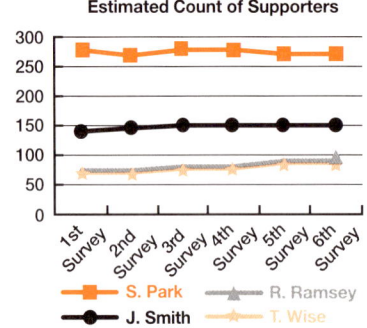

The actual results of ABBA Sports Club's presidential election ⑥ _____ the earlier surveys made as Ron Ramsey emerged as the new club president.
론 램지가 새로운 클럽 회장으로 떠오르면서 아바 스포츠 클럽 회장 선거의 실제 결과는 앞서 실시된 조사와 상반되었다.

Meanwhile, the estimated standing of Tina Wise in terms of supporter count ⑦ _____ her actual vote ranking.
한편, 후원자 수에 관해 티나 와이즈의 예상 순위는 그녀의 실제 투표 순위와 일치했다.

EXERCISE 1

You should spend about 20 minutes on this task.

The bar graph compares the percentage of the population aged 65 and above in 1980 and 2000, with projections for 2020, in three different countries. Meanwhile, the line graph shows the birth rates in these countries between 1980 and 2020.

막대 그래프는 세 국가의 1980년과 2000년, 2020년 65세 이상 인구 비율을 비교하여 나타낸다. 한편, 선 그래프는 1980년에서 2020년 사이 세 국가의 출생률을 보여준다.

Summarise the information by selecting and reporting the main features, and make comparisons where relevant.

주요 특징들을 선택하여 작성함으로써 정보를 요약하고, 관련된 것을 비교하세요.

Write at least 150 words.

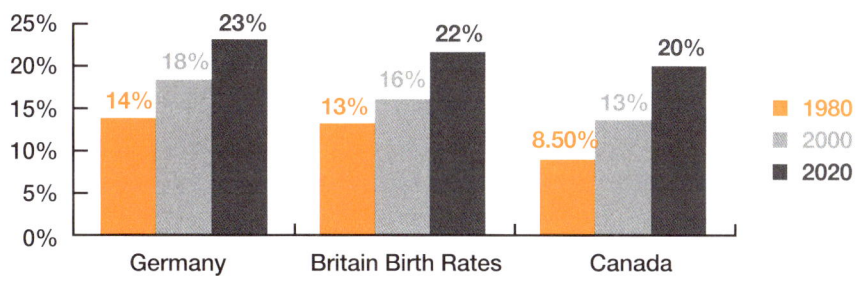

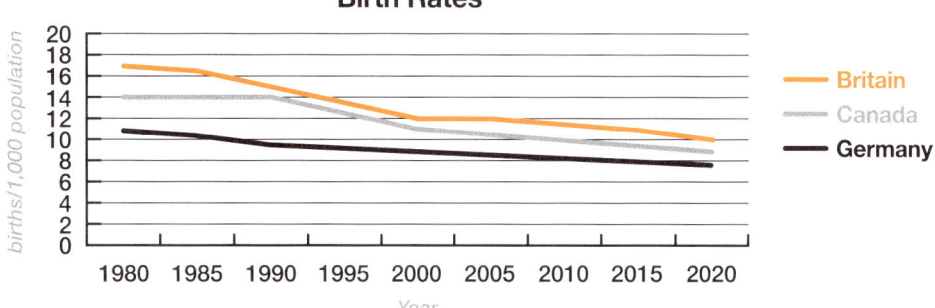

● **STEP 1** | **Brainstorming** ▶ 정답은 177페이지에

그래프 정보를 분석하여 아래 질문에 대한 알맞은 내용을 선택하세요.

1. What key information is shown in the bar graph?
   막대 그래프에 나타난 주요 정보는 무엇인가?

   A. percentage of citizens above 65 years old in three countries
   B. population of individuals aged 65 and above in Germany, Britain and Canada
   C. proportion of population groups in three countries

2. What graph is used to show the birth count per 1,000 individuals in Germany, Britain and Canada?
   독일과 영국, 캐나다의 인구 1,000명 당 출생률을 보여주기 위해 사용된 그래프는 무엇인가?

   A. table
   B. line graph
   C. bar graph

3. In general, what happened to the share of elderly citizens in the three countries examined from 1980 to 2000?
   일반적으로, 1980년부터 2000년까지 조사된 세 국가의 노년층의 비율은 어떠한가?

   A. it rose from 1980 to 2000
   B. it dropped from 1980 to 2000
   C. it remained stable in 20 years

4. What is the estimated proportion of the elderly citizens in these three countries by 2020?
   2020년까지 이 세 국가의 노년층의 예상 비율은 어떠한가?

   A. exactly 10% of the total population
   B. at least 20% of the entire population
   C. 50% of the population

5. Which country registers the most significant growth in terms of its elderly population?
   노년 인구 면에서 가장 두드러진 성장을 보인 국가는 어디인가?

   A. Germany   B. Britain   C. Canada

6. Name one factor that is likely influencing the aging populations of Germany, Britain and Canada.
독일과 영국, 캐나다의 고령화에 영향을 미칠 가능성이 있는 한 가지 요소를 말하시오.

   A. increasing birth rates
   B. falling birth rates
   C. rising death toll

7. Based on the line graphs, what is the general trend of the birth rates in Germany, Britain and Canada?
선 그래프를 바탕으로 독일과 영국, 캐나다의 출생률의 일반적인 경향은 어떠한가?

   A. down   B. up   C. stable

8. How would you describe the population of Germany, Britain and Canada?
독일과 영국, 캐나다의 인구에 대해 어떻게 설명할 수 있는가?

   A. aging   B. young   C. immature

9. What year was the projected elderly population in the three countries based on?
이 세 국가의 예상 노년 인구는 몇 년도를 기반으로 하는가?

   A. 1980   B. 2000   C. 2020

10. What is the most appropriate description of the trend of birth rates in Germany, Britain and Canada?
독일과 영국, 캐나다의 출생률의 경향에 대해 가장 적절한 설명은 무엇인가?

   A. rising   B. sliding   C. consistent

● STEP 2 | Writing Activity

▶ 정답은 177페이지에

Brainstorming에서 분석한 정보를 이용하여 아래의 문장을 완성하세요.

1. 막대 그래프는 1980년과 2000년 독일과 영국, 캐나다의 65세 이상 인구와 2020년의 예상 인구수를 제시한다.

    The bar graph presents the _____

    in Germany, Britain and Canada in 1980 and 2000, with predicted numbers for

    2020.

2. 그 반면에 선 그래프는 이 국가들의 인구 1,000명 당 출생률을 보여준다.

    On the other hand, the _____ for every

    1,000 individuals in these countries.

3. 독일과 영국, 캐나다에서 1980년부터 2000년까지 노년층의 비율은 상승하였다.

    In Germany, Britain and Canada, the proportion of elderly citizens

    _____.

4. 2020년까지 이 국가들의 전체 인구의 20퍼센트는 적어도 노년층으로 구성될 전망이다.

    By 2020, they are expected to form _____

    in these countries.

5. 캐나다의 노년층은 1980년에서 2020년 사이 11.5퍼센트가 급증하면서 가장 두드러진 성장을 보여주었다.

    Canada's elderly citizens entered _____,

    with its population jumping by 11.5% between 1980 and 2020.

6. 독일과 영국, 캐나다의 고령화에 원인이 되는 한 가지 가능한 요인은 출생률의 저하이다.

One possible factor behind the aging population of Germany, Britain and Canada is their _____.

7. 이 세 국가의 인구 1,000명 당 출생수는 1980년 이후로 하락하고 있다.

The birth counts per 1,000 individuals in these countries have been going _____.

8. 결론적으로 독일과 영국, 캐나다의 인구는 고령화 되어 가고 있다.

In conclusion, the populations of Germany, Britain and Canada _____.

9. 2020년까지 이 국가들의 65세 이상 인구의 각 비율은 최소 20퍼센트에 이를 것으로 예상된다.

_____, the respective proportions of individuals 65 years old and above are projected to reach a minimum of 20% in these countries.

10. 독일과 영국, 캐나다의 출생률 하락은 노년 인구의 뚜렷한 성장에 원인이 될 것으로 예상된다.

The _____ in Germany, Britain and Canada likely contributed to the marked growth in their elderly citizen population.

MODEL ANSWER

● STEP 2 에서 완성한 문장을 아래와 같이 문단을 구분하여 답안을 완성합니다.

Introduction	The bar graph presents the population of individuals aged 65 and above in Germany, Britain and Canada in 1980 and 2000, with **predicted** numbers for 2020. **On the other hand**, the line graph shows the number of births for every 1,000 individuals in these countries.
Body	In Germany, Britain and Canada, the proportion of elderly citizens rose from 1980 to 2000. By 2020, they are expected to form at least 20% of the entire population in these countries. Canada's elderly citizens entered the most **significant** growth, with its population jumping by 11.5% between 1980 and 2020. One possible factor behind the aging population of Germany, Britain and Canada is their falling birth rates. The birth counts per 1,000 individuals in these countries have been going down since 1980.
Conclusion	In conclusion, the populations of Germany, Britain and Canada are aging. By 2020, the respective proportions of individuals 65 years old and above are projected to reach a minimum of 20% in these countries. The sliding birth rates in Germany, Britain and Canada likely **contributed** to the marked growth in their elderly citizen population.

181 words

해석   막대 그래프는 1980년과 2000년 독일과 영국, 캐나다의 65세 이상 인구와 2020년의 예상 인구수를 제시한다. 그 반면에 선 그래프는 이 국가들의 인구 1,000명 당 출생률을 보여준다.

독일과 영국, 캐나다에서 1980부터 2000년까지 노년층의 비율은 상승하였다. 2020년까지 이 국가들의 전체 인구의 20퍼센트는 적어도 노년층으로 구성될 전망이다. 캐나다의 노년층은 1980년에서 2020년 사이 11.5퍼센트가 급증하면서 가장 두드러진 성장을 보여주었다. 독일과 영국, 캐나다의 고령화에 원인이 되는 한 가지 가능한 요인은 출생률의 저하이다. 이 세 국가의 인구 1,000명 당 출생수는 1980년 이후로 하락하고 있다.

결론적으로 독일과 영국, 캐나다의 인구는 고령화 되어 가고 있다. 2020년까지 이 국가들의 65세 이상 인구의 각 비율은 최소 20퍼센트에 이를 것으로 예상된다. 독일과 영국, 캐나다의 출생률 하락은 노년 인구의 뚜렷한 성장에 원인이 될 것으로 예상된다.

CHECK-UP VOCABULARY

predict v. 예상하다, 예측하다, 예견하다
contribute v. ~의 한 원인이 되다, 기여하다, ~의 도움이 되다
significant adj. 두드러진, 커다란, 의미 있는, 중요한
on the other hand 다른 한편, 이에 반해서, 반면에

EXERCISE 2

You should spend about 20 minutes on this task.

> *The charts illustrate the sale of fair trade products in the United States between the years 1998 and 2003, and agricultural product imports by the country over a ten-year period.*
>
> 도표들은 1998년에서 2003년 사이 미국의 공정 무역 상품의 판매량과 10년 동안 미국이 수입한 농산물을 보여준다.
>
> *Summarise the information by selecting and reporting the main features, and make comparisons where relevant.*
>
> 주요 특징들을 선택하여 작성함으로써 정보를 요약하고, 관련된 것을 비교하세요.

Write at least 150 words.

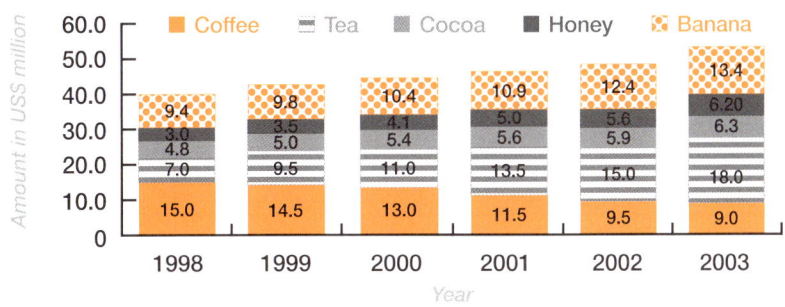

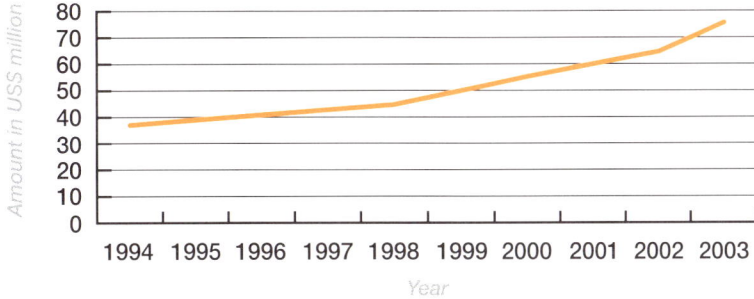

● STEP 1 | Brainstorming

그래프 정보를 분석하여 아래 질문에 대한 알맞은 내용을 선택하세요.

1. What information is being represented by the line graph?
   선 그래프에 제시된 정보는 무엇인가?

   A. annual sum of agricultural products imported by the United States
   B. different fair trade products in The United States
   C. amount of agricultural products sold in the United States

2. In general, what was the trend of fair trade products sold in the United States from 1998 to 2003?
   일반적으로, 1998년부터 2003년도까지 미국에서 판매된 공정 무역 상품의 경향은 어떠한가?

   A. (it) remained constant
   B. (it) steadily declined
   C. (it) continuously went up

3. Which product recorded the highest increase from 1998 to 2003 in terms of dollar sales?
   달러 판매에 관하여 1998년부터 2003년까지 어떠한 상품이 가장 많이 증가하였는가?

   A. coffee   B. tea   C. banana

4. How was the overall sales performance of coffee from 1998 to 2003?
   1998년부터 2003년까지 커피의 전체 판매 실적은 어떠한가?

   A. (it) grew a bit
   B. (it) dropped significantly
   C. (it) recovered year-on-year

5. How do the increases in tea sales affect the decline in coffee sales?
   차 판매량의 증가는 커피 판매량의 감소에 어떠한 영향을 미치는가?

   A. (they) compensate for the drop in coffee sales
   B. (they) prevent any drop in coffee sales
   C. (they) experienced the same drop in sales

6. Based on the line graph, how would you describe the growth of imported agricultural products in the United States?
   선 그래프를 기반으로 미국의 수입 농산물의 증가를 어떻게 설명할 수 있는가?

   A. slow   B. rapid   C. irrelevant

7. Around when did imported agricultural products in the United States grow at a faster rate?
   미국의 수입 농산물이 빠른 속도로 증가하는 것은 언제쯤인가?

   A. 1994 to 1996
   B. 1997
   C. 1999 to 2003

8. What could have influenced the faster growth rate of imported agricultural products in the United States?
   미국의 수입 농산물이 더욱 빠르게 성장하도록 영향을 미친 것은 무엇인가?

   A. increasing demands for tea and banana
   B. poor coffee sales
   C. sale of fair trade products

9. How would you describe the overall performance of fair trade product sales in the United States from 1998 to 2003?
   1998년부터 2003년까지 미국의 공정 무역 상품 판매량의 전체 실적은 어떻게 설명할 수 있는가?

   A. (it) did not change
   B. (it) slowed down
   C. (it) improved

10. In what manner was the demand for tea and bananas in the United States increasing?
    미국의 차와 바나나의 수요는 어떠한 방식으로 증가하였는가?

    A. irregularly
    B. unexpectedly
    C. steadily

● STEP 2 | Writing Activity

▶ 정답은 177페이지에

Brainstorming에서 분석한 정보를 이용하여 아래의 문장을 완성하세요.

1. 막대 그래프는 1998년부터 2003년까지 미국에서 팔린 공정 무역 상품의 양을 나타내는 반면 선 그래프는 10년 동안 이 국가에 수입된 농산물의 연간 합계를 제시한다.

The bar chart reveals the amount of fair trade products sold in the United States from 1998 to 2003, while the line graph presents _____ _____ imported by the country over a ten-year period.

2. 커피를 제외하고 미국의 다양한 공정 무역 상품 중에서 달러 판매는 1998년부터 2003년까지 계속적으로 성장했다.

Except for coffee, the dollar sales of various fair trade products in the United States _____ from 1998 to 2003.

3. 판매량에 관하여 차가 가장 많은 증가를 기록하였고 바나나 판매량이 그 뒤를 이었다.

Tea, followed by bananas, _____ in terms of amounts sold.

4. 한편, 커피 판매량은 6년 동안 현저하게 감소했다.

Meanwhile, coffee sales _____ over the six-year period.

5. 그럼에도 불구하고 차 판매량의 상승은 커피 판매량의 감소를 만회하기에 충분했다.

Nevertheless, increases in tea sales were more than enough to _____ _____.

6. 그러나 미국의 차와 바나나 판매량의 지속적인 증가는 이 국가의 수입 농산물의 급속한 증가와 일치했다.

Incidentally, the constant increases in tea and banana sales in the United States coincided with the _____ growth of the country's imported agricultural products.

7. 농산물의 수입은 1998년 이전에 꾸준한 증가를 기록한 반면 1999년부터 2003년까지 더욱 빠른 속도로 성장하였다.

While imports of agricultural products posted steady increases before 1998, they grew at _____.

8. 이것은 다른 공정 무역 농산물 중에서 차와 바나나의 수요 증가가 가장 많은 영향을 미쳤을 가능성이 있다.

This was most likely influenced by the _____, among other fair trade agricultural products.

9. 간략하게 요약하면, 미국의 공정 무역 상품의 전체 판매량은 차와 바나나의 엄청난 판매량의 증가로 인해 1998년부터 2003년까지 향상되었다.

To recap, the overall sales of fair trade products in the United States _____ from 1998 to 2003, driven by huge sales increases of tea and bananas.

10. 이 두 상품의 수요는 꾸준히 상승하였고 그 당시 이 국가의 수입 농산물의 더욱 빠른 증가를 이끌었다.

The demand for these two products rose _____, driving the more rapid growth of the country's imported agricultural products at that time.

MODEL ANSWER

● STEP 2 에서 완성한 문장을 아래와 같이 문단을 구분하여 답안을 완성합니다.

Introduction	The bar chart reveals the amount of fair trade products sold in the United States from 1998 to 2003, while the line graph presents the annual sum of agricultural products imported by the country over a ten-year period.
Body	Except for coffee, the dollar sales of various fair trade products in the United States continuously went up from 1998 to 2003. Tea, followed by bananas, recorded the highest increases in terms of amounts sold. Meanwhile, coffee sales dropped significantly over the six-year period. Nevertheless, increases in tea sales were more than enough to compensate for the drop in coffee sales.
	Incidentally, the constant increases in tea and banana sales in the United States coincided with the rapid growth of the country's imported agricultural products. While imports of agricultural products posted steady increases before 1998, they grew at a faster rate from 1999 to 2003. This was most likely influenced by the increasing demand for tea and bananas, among other fair trade agricultural products.
Conclusion	To recap, the overall sales of fair trade products in the United States improved from 1998 to 2003, driven by huge sales increases of tea and bananas. The demand for these two products rose steadily, driving the more rapid growth of the country's imported agricultural products at that time.

211 words

해석   막대 그래프는 1998년부터 2003년까지 미국에서 팔린 공정 무역 상품의 양을 나타내는 반면 선 그래프는 10년 동안 이 국가에 수입된 농산물의 연간 합계를 제시한다.
커피를 제외하고 미국의 다양한 공정 무역 상품 중에서 달러 판매는 1998년부터 2003년까지 계속적으로 성장했다. 판매량에 관하여 차가 가장 많은 증가를 기록하였고 바나나 판매량이 그 뒤를 이었다. 한편, 커피 판매량은 6년 동안 현저하게 감소했다. 그럼에도 불구하고 차 판매량의 상승은 커피 판매량의 감소를 만회하기에 충분했다.
그러나 미국의 차와 바나나 판매량의 지속적인 증가는 이 국가의 수입 농산물의 급속한 증가와 일치했다. 농산물의 수입은 1998년 이전에 꾸준한 증가를 기록한 반면 1999년부터 2003년까지 더욱 빠른 속도로 성장하였다. 이것은 다른 공정 무역 농산물 중에서 차와 바나나의 수요 증가가 가장 많은 영향을 미쳤을 가능성이 있다.
간략하게 요약하면, 미국의 공정 무역 상품의 전체 판매량은 차와 바나나의 엄청난 판매량의 증가로 인해 1998년부터 2003년까지 향상되었다. 이 두 상품의 수요는 꾸준히 상승하였고 그 당시 이 국가의 수입 농산물의 더욱 빠른 증가를 이끌었다.

CHECK-UP VOCABULARY

amount   n. 양, 총계, 합계, 총액
coincided   v. 일치하다, 아주 비슷하다, 동시에 일어나다, 부합하다

nevertheless   adv. 그럼에도 불구하고, 그렇지만, 역시
to recap   간략하게 요약하면, 정리해 보면

UNIT 6 ANSWERS

CHECK-UP

1. is consistent with
2. similar
3. bounce back
4. compensated
5. weak
6. contradicted
7. was consistent with

EXERCISE 1

STEP 1 ▶ 1. B   2. B   3. A   4. B   5. C   6. B   7. A   8. A   9. C   10. B

STEP 2 ▶
1. population of individuals aged 65 and above
2. line graph shows the number of births
3. rose from 1980 to 2000
4. at least 20% of the entire population
5. the most significant growth
6. falling birth rates
7. down since 1980
8. are aging
9. By 2020
10. sliding birth rates

EXERCISE 2

STEP 1 ▶ 1. A   2. C   3. B   4. B   5. A   6. B   7. C   8. A   9. C   10. C

STEP 2 ▶
1. the annual sum of agricultural products
2. continuously went up
3. recorded the highest increases
4. dropped significantly
5. compensate for the drop in coffee sales
6. rapid
7. a faster rate from 1999 to 2003
8. increasing demand for tea and bananas
9. improved
10. steadily

UNIT 07

Multiple Type B
Line Graph + Pie Chart

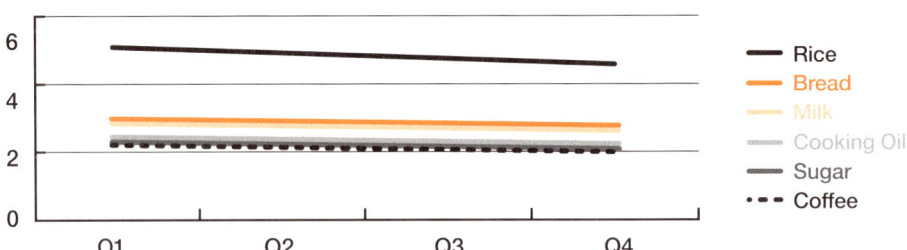

$ Price of Basic Commodities (per Li / Kg)

— Rice
— Bread
— Milk
— Cooking Oil
— Sugar
··· Coffee

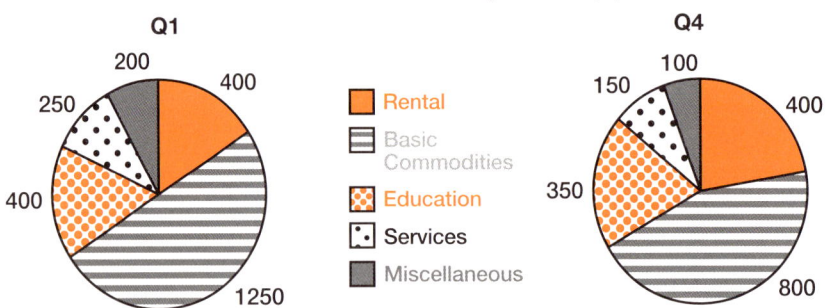

Total Household Expenses ($)

Q1: 200, 400, 250, 400, 1250
Q4: 100, 150, 400, 350, 800

- Rental
- Basic Commodities
- Education
- Services
- Miscellaneous

 Line Graph + Pie Chart 분석 및 전개방법

Line Graph의 X축과 Y축	Pie Chart 주제	두 그래프 상관관계
Line Graph의 X축과 Y축이 각각 무엇을 나타내는지 파악하고, 제시된 수치와 단위 또는 항목을 분석합니다.	Pie Chart의 주제를 확인하고, 각 항목(구역)간의 비율(%)을 확인합니다. 도표에서 가장 두드러지는 항목(예를 들어 가장 큰 것/가장 작은 것) 위주로 내용을 파악합니다.	Line Graph와 Pie Chart의 상관관계를 확인합니다. 즉, Line Graph에서의 증감 추세가 Pie Chart에서의 각 항목의 비율에 어떠한 영향을 끼치는지를 분석하면 됩니다.

CASE 01 항목 하나가 다른 그래프의 항목을 보완하는 경우

▶ **Key Words** | **complement** 보완하다, 보충하다
syn. to make a good combination with something

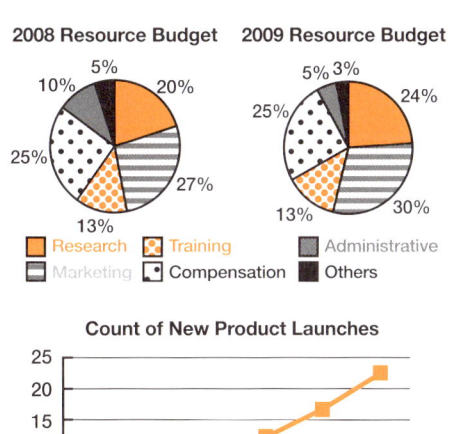

▶ **Example Sentences**

Plans to launch more new products in 2009 are **complemented** by higher resource budgets for research and marketing.
2009년에 더 많은 신상품을 출시하기 위한 계획들은 연구와 마케팅을 위한 더 높은 자원 예산에 의해 보완된다.

The bigger budget share for research and marketing **complements** product expansion plans for 2009.
연구와 마케팅을 위한 더 많은 예산비율은 2009년 상품 확장 계획을 보완한다.

CASE 02 한 항목이 상대적으로 강세를 보이는 경우

▶ **Key Words** | **strong** 강한, 우세한 *syn.* sound, tough, dominant, powerful

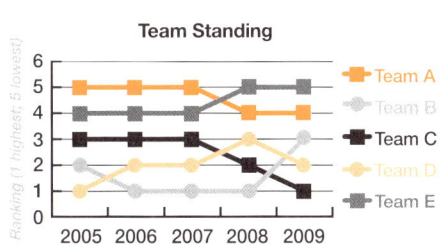

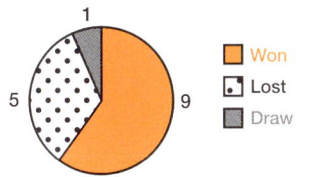

▶ **Example Sentences**

Despite winning most of their games in the 2009 season, Team B was not as **strong** as it was before.
2009년 시즌 동안 대부분의 경기에서 이겼음에도 불구하고 B팀은 이전만큼 강하지 않았다.

Team C, the **strongest** team in the 2009 season, must have won more than nine games.
2009년 시즌에 가장 우세한 C팀은 9경기 이상에서 이겼음에 틀림없다.

CASE 03

그래프의 항목이 차지하는 비율을 나타내는 경우

▶ **Key Words** | **make up** 형성하다, 구성하다 *syn.* form, compose

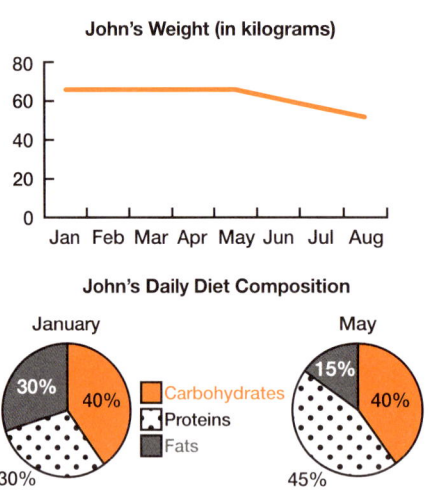

▶ **Example Sentences**

John's daily diet before his weight loss was **made up** of 30% fat, 30% protein and 40% carbohydrate.

체중감량을 하기 전 존의 일상 식단은 지방 30퍼센트와 단백질 30퍼센트, 탄수화물 40퍼센트로 구성되어 있었다.

Consistently, carbohydrates **make up** 40% of John's daily diet.

탄수화물은 존의 일상 식단에서 꾸준히 40퍼센트를 구성한다.

CASE 04

그래프의 흐름이 점진적으로 완화되거나 줄어드는 경우

▶ **Key Words** | **ease** 완화되다, 경감하다 *syn.* gradually improve or become less

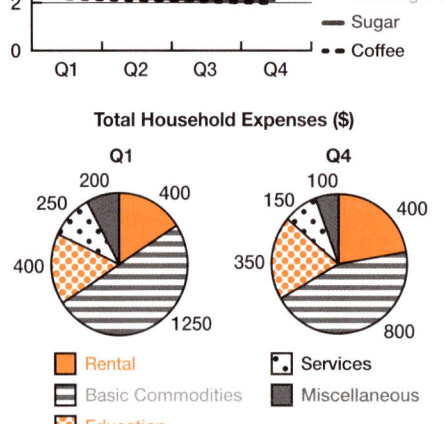

▶ **Example Sentences**

Total household spending has gone down between Q1 and Q4 as basic commodity prices **ease**.

기본 필수품의 가격이 경감하면서 1분기와 4분기 사이에 총 가계 지출은 감소하였다.

Basic commodity prices have been **easing**, influencing the decline of total household expenses.

기본 필수품의 가격은 경감하고 있으며 총 가계지출 감소에 영향을 끼친다.

CASE 05 그래프 추세가 상대적으로 높은 경우

▶ **Key Words** | **higher** 더 높은 *syn.* greater or larger value as compared to another

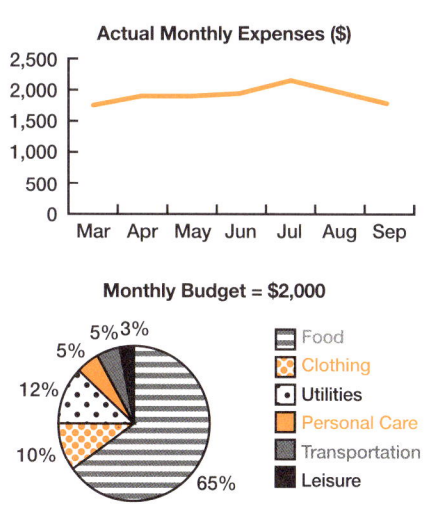

▶ **Example Sentences**

The total spending for July was **higher** than the $2,000 monthly budget.
7월의 총 지출은 월간예산 2,000달러보다 더 높았다.

The actual expenses accrued in July were **higher** than the budget for the month.
7월에 발생한 실제 지출은 월간예산보다 더 높았다.

CASE 06 그래프 추세가 상대적으로 낮은 경우

▶ **Key Words** | **lower** 더 낮은 *syn.* lesser or smaller value as compared to another

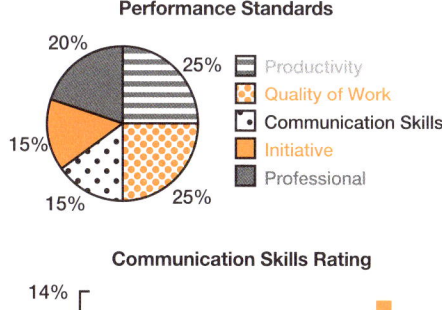

▶ **Example Sentences**

The evaluation of communication skills in the four quarters was **lower** than the performance standards.
4분기 동안의 의사소통 기술에 대한 평가는 평가 기준보다 더 낮았다.

The communication skills ratings were **lower** than average in all four quarters.
의사소통 기술 평가는 4분기 전체 평균보다 더 낮았다.

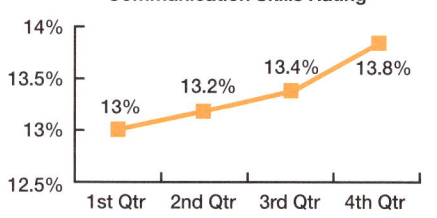

CHECK-UP

▶ 정답은 196페이지에

다음의 그래프를 분석하고 빈칸에 알맞은 단어를 넣으세요.

Revenue of Crystal Co., Ltd.
크리스탈 주식회사의 수입

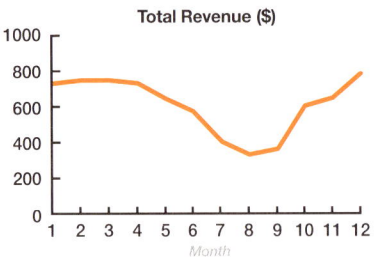

The total revenue of Crystal Co., Ltd. ❶_____ starting May and hit its lowest point in August.

크리스탈 주식회사의 총 수입은 5월부터 경감하였고 8월에 최저 수준으로 떨어졌다.

Fortunately, sales became ❷_____ in the last quarter of the year.

다행히도, 그 해의 4분기에는 판매가 더욱 강화되었다.

Income from product sales ❸_____ bulk of the company's revenue, followed by earnings from consulting and repair services.

상품 판매의 수입은 회사 수입의 대부분을 구성하며 자문과 수리서비스의 소득이 뒤를 잇는다.

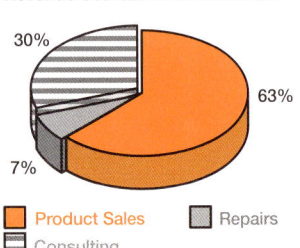

Volume Sales of Company A (in Units Sold)
A회사의 판매량(판매 대수)

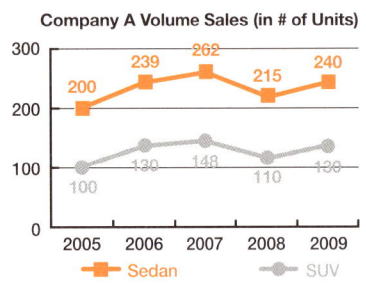

Company A was the number two seller of sedans and SUVs in 2009. It sold 240 sedans and 130 SUVs that year. These sales figures are ❹_____ than those in 2008.

A회사는 2009년에 SUV차량과 세단 판매 2위였다. 그 해에 세단 240대와 SUV 130대를 팔았다. 이러한 판매 수치는 2008년의 판매 수치보다 높다.

However, the 2009 sales of Company A were still ❺_____ than its 2007 sales peak.

그러나 A회사의 2009년 판매량은 여전히 2007년의 최대 판매량보다 더 낮았다.

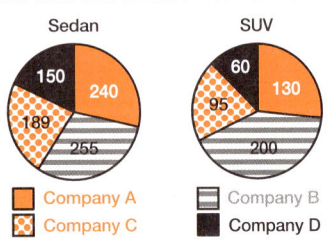

Personal Care Budget and Demand for Skin Care Products in the United Kingdom
영국의 개인 관리 예산과 피부 관리 제품의 수요

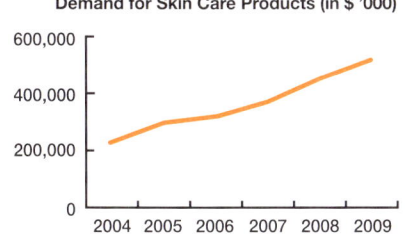

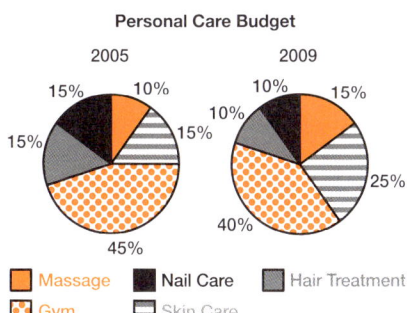

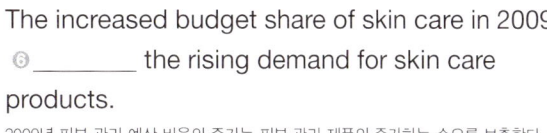

The increased budget share of skin care in 2009 ❻ _____ the rising demand for skin care products.
2009년 피부 관리 예산 비율의 증가는 피부 관리 제품의 증가하는 수요를 보충한다.

From 15% in 2005, skin care ❼ _____ 25% of the personal care budget in 2009.
2005년에 15퍼센트부터 피부 관리는 2009년 피부 관리 예산의 25퍼센트를 구성한다.

EXERCISE 1

You should spend about 20 minutes on this task.

The pie charts show Sydney Camera Club's overall performance in 2008 according to its top management and general members, while the line graph reveals club membership figures from 2005 to 2008.

원그래프는 시드니 카메라 클럽의 최고 경영진과 일반 회원들에 따른 2008년의 전반적 성과를 보여주는 반면 선 그래프는 2005년부터 2008년까지 클럽 회원의 수치를 나타낸다.

Summarise the information by selecting and reporting the main features, and make comparisons where relevant.

주요 특징들을 선택하여 작성함으로써 정보를 요약하고, 관련된 것을 비교하세요.

Write at least 150 words.

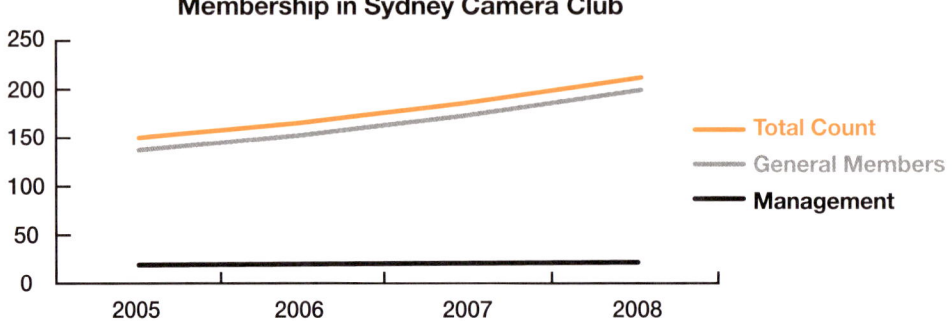

● STEP 1 | Brainstorming

그래프 정보를 분석하여 아래 질문에 대한 알맞은 내용을 선택하세요.

1. What information about the camera club's 2008 performance is shown in the pie charts?
   원그래프에 나타난 카메라 클럽의 2008년 성과에 대한 정보는 무엇인가?

   A. results of (the club's) overall performance assessment
   B. outcome of (the club's) membership status
   C. evaluation of (the club's) members

2. What fraction of the top management gave high ratings to the club's performance?
   클럽의 성과에 높은 점수를 준 최고 경영진은 얼마를 차지하는가?

   A. insignificant minority
   B. big majority
   C. roughly fifty percent

3. What specific proportion of the top management gave the highest performance ratings?
   가장 높은 성과 점수를 준 최고 경영진의 구체적인 비율은 어떠한가?

   A. 15%   B. 42%   C. 38%

4. As a whole, how would you describe the general members' evaluation of the club's performance?
   전체적으로 일반 회원들의 클럽 성과에 대한 평가는 어떻게 설명할 수 있는가?

   A. a bigger fraction graded the club's overall performance as merely good
   B. most members assessed the club's performance as outstanding
   C. only a few rated the club's performance as good

5. What is the general trend followed by the number of management members of the Sydney Camera Club from 2005 to 2008?
   2005년부터 2008년까지 시드니 카메라 클럽의 경영진의 수의 일반적인 경향은 어떠한가?

   A. increasing   B. fluctuating   C. constant

6. What is the total membership of Sydney Camera Club by 2008?
   2008년까지 시드니 카메라 클럽의 총 회원 수는 몇 명인가?

   A. approximately 200
   B. less than 200
   C. roughly 10

7. Which group dominates the camera club in terms of head count?
   인원수에 관하여 카메라 클럽에서 우세한 그룹은 어떤 그룹인가?

   A. top management
   B. general members
   C. all groups are equal in head count

8. In general, how would you describe the top management's view towards the club's 2008 performance?
   일반적으로, 클럽의 2008년 성과에 대한 최고 경영진의 관점은 어떻게 설명할 수 있는가?

   A. (top management) was very pleased
   B. (top management) was not satisfied
   C. (top management) was just somewhat content

9. What were the most common ratings given by the club's high-ranking members?
   클럽의 고위 관리자가 준 가장 보편적인 점수는 무엇인가?

   A. poor and needs improvement
   B. good and very good
   C. very good and outstanding

10. How would you compare the general club members' assessment with those of the top management?
    일반 클럽 회원들의 평가와 최고 경영진의 평가를 어떻게 비교할 수 있는가?

    A. the general club members gave lower ratings
    B. the general club members have higher scores
    C. the general club members gave the same ratings as the top management

● STEP 2 | Writing Activity

▶ 정답은 196페이지에

Brainstorming에서 분석한 정보를 이용하여 아래의 문장을 완성하세요.

1. 원그래프는 2008년 시드니 카메라 클럽의 전반적 성과 평가의 결과를 나타내는 반면 선 그래프는 2005년부터 2008년까지 클럽의 회원 통계를 보여준다.

   The pie charts exhibit the _____

   _____ for 2008, whereas the line graph displays the club's

   membership statistics from 2005 to 2008.

2. 시드니 카메라 클럽 최고 경영진의 대다수는 2008년 클럽의 전체 성과에 대해 높은 점수를 주었다.

   A _____ of Sydney Camera Club's top management gave high ratings

   for the club's total performance for 2008.

3. 클럽 최고 경영진의 42퍼센트는 매우 좋음에 점수를 주었고 38퍼센트는 훌륭함에 점수를 주었다.

   Forty-two percent of the club's top management gave a rating of very good and

   _____.

4. 반대로 일반 회원들의 대다수가 클럽의 전반적 성과를 단순히 좋다고 점수를 매겼다. 정확하게 말하자면, 54퍼센트가 좋음에 점수를 주었다.

   Conversely, _____ of the general members _____

   _____; to be exact, 54% gave a rating of good.

5. 시드니 카메라 클럽의 회원에 관해 경영진들은 2005년부터 2008년까지 대략 10명 정도의 일정한 수치를 유지했다.

   When it comes to the membership of Sydney Camera Club managers _____

   _____ of more or less 10 from 2005 to 2008.

6. 2008년까지 이미 약 10명의 경영진과 200명보다 약간 낮은 일반 회원들로 대략 총 200명의 회원들이 있다.

By 2008, there were already about 10 management members, a little lower than 200 general members, for _____.

7. 다시 말해서, 일반 회원들은 시드니 카메라 클럽의 총 회원 중에서 90퍼센트 이상을 구성한다.

In other words, the general members _____ of Sydney Camera Club's total membership.

8. 일반적으로, 시드니 카메라 클럽의 최고 경영진은 2008년 클럽의 전반적 성과에 매우 만족했다.

Generally, the top management of the Sydney Camera Club _____ with the club's overall performance for 2008.

9. 클럽 고위 관리자의 대부분은 매우 좋음과 훌륭함에 성과 점수를 주었다.

A majority of the club's high-ranking members _____ _____.

10. 최고 경영진과 달리 일반 클럽 회원들은 낮은 점수를 주었으며 50퍼센트가 약간 넘는 회원들이 클럽의 성과를 단순히 좋다고 평가하였다.

Unlike the top management, _____, with slightly over 50% of the group evaluating the club's performance as only good.

MODEL ANSWER

● STEP 2 에서 완성한 문장을 아래와 같이 문단을 구분하여 답안을 완성합니다.

Introduction	The pie charts exhibit the results of Sydney Camera Club's overall performance assessment for 2008, whereas the line graph displays the club's membership statistics from 2005 to 2008.
Body	A big majority of Sydney Camera Club's top management gave high ratings for the club's total performance for 2008. Forty-two percent of the club's top management gave a rating of very good and 38% gave a rating of outstanding. Conversely, a bigger fraction of the general members graded the club's overall performance as merely good; to be exact, 54% gave a rating of good. When it comes to the membership of Sydney Camera Club managers maintained a constant figure of more or less 10 from 2005 to 2008. By 2008, there were already about 10 management members, a little lower than 200 general members, for a total of approximately 200 members. In other words, the general members make up well over 90% of Sydney Camera Club's total membership. Generally, the top management of the Sydney Camera Club was very pleased with the club's overall performance for 2008.
Conclusion	A majority of the club's high-ranking members awarded performance ratings of very good and outstanding. Unlike the top management, the general club members gave lower ratings, with slightly over 50% of the group evaluating the club's performance as only good.

215 words

해석 원그래프는 2008년 시드니 카메라 클럽의 전반적 성과 평가의 결과를 나타내는 반면 선 그래프는 2005년부터 2008년까지 클럽의 회원 통계를 보여준다.
시드니 카메라 클럽 최고 경영진의 대다수는 2008년 클럽의 전체 성과에 대해 높은 점수를 주었다. 클럽 최고 경영진의 42퍼센트는 매우 좋음에 점수를 주었고 38퍼센트는 훌륭함에 점수를 주었다. 반대로 일반 회원들의 대다수가 클럽의 전반적 성과를 단순히 좋다고 점수를 매겼다. 정확하게 말하자면, 54퍼센트가 좋음에 점수를 주었다. 시드니 카메라 클럽의 회원에 관해 경영진들은 2005년부터 2008년까지 대략 10명 정도의 일정한 수치를 유지했다. 2008년까지 이미 약 10명의 경영진과 200명보다 약간 낮은 일반 회원들로 대략 총 200명의 회원들이 있다. 다시 말해서 일반 회원들은 시드니 카메라 클럽의 총 회원 중에서 90퍼센트 이상을 구성한다. 일반적으로, 시드니 카메라 클럽의 최고 경영진은 2008년 클럽의 전반적 성과에 매우 만족했다.
클럽 고위 관리자의 대부분은 매우 좋음과 훌륭함에 성과 점수를 주었다. 최고 경영진과 달리 일반 클럽 회원들은 낮은 점수를 주었으며 50퍼센트가 약간 넘는 회원들이 클럽의 성과를 단순히 좋다고 평가하였다.

CHECK-UP VOCABULARY

statistics n. 통계, 통계학, 통계 자료
evaluate v. 평가하다, ~의 값을 구하다, ~의 값을 구하다
constant adj. 일정한, 끊임 없이 계속하는, 거듭되는, 변함없는
to be exact 정확히 말하자면, 엄밀히 말하면

EXERCISE 2

You should spend about 20 minutes on this task.

The charts below show changes in the unemployment rates across different categories between 1993 and 2003, and the proportion of Korea's work force in different occupational categories in 2003.

아래 도표는 1993년에서 2003년 사이 다양한 범주를 통해 실업률의 변화와 2003년 다양한 직종에 따른 한국 노동인구의 비율을 보여준다.

Summarise the information by selecting and reporting the main features, and make comparisons where relevant.

주요 특징들을 선택하여 작성함으로써 정보를 요약하고, 관련된 것을 비교하세요.

Write at least 150 words.

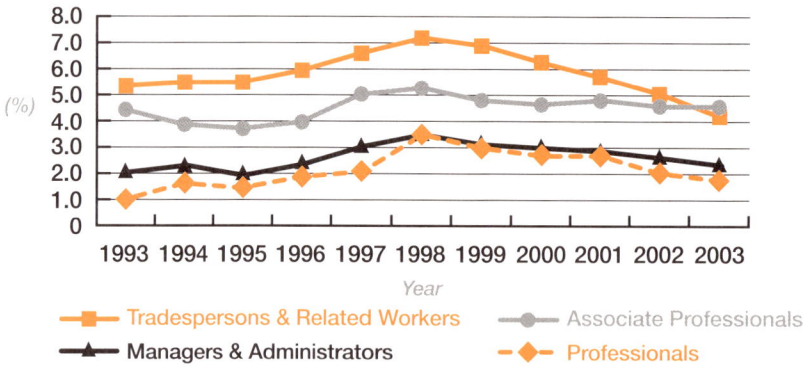

● STEP 1 | Brainstorming

▶ 정답은 196페이지에

그래프 정보를 분석하여 아래 질문에 대한 알맞은 내용을 선택하세요.

1. What key information about the various occupational groups in Korea is revealed in the line graphs?
   선 그래프에 나타난 한국의 다양한 직업군에 대한 주요 정보는 무엇인가?

   A. employment classifications
   B. growth rates of each occupational group
   C. unemployment trends

2. Into how many groups was Korea's work force sub-divided in the pie chart?
   원그래프에서 한국의 노동인구는 얼마나 많은 직종에 세분화되었는가?

   A. one employment group
   B. four occupational categories
   C. five occupational classes

3. What trends did the occupational categories take during the years 1993 to 1998?
   1993년에서 1998년 동안 직종은 어떠한 경향을 보이는가?

   A. upward   B. downward   C. constant

4. In what year between 1993 and 2003 were unemployment rates in the different occupational categories highest?
   1993년에서 2003년 사이 다양한 직종에서 실업률이 가장 높은 연도는 언제인가?

   A. 1995   B. 1998   C. 2003

5. Which occupational group had the highest unemployment rate in 2003?
   2003년에 어떠한 직업군의 실업률이 가장 높았는가?

   A. professionals
   B. managers and administrators
   C. associate professionals

6. What were the occupational groups that made up Korea's work force?
   한국 노동인구를 구성한 직업군은 무엇이었나?

   A. professionals and associate professionals
   B. professionals, associate professionals, managers and administrators, tradespersons and other related workers
   C. tradespersons and other related professionals

7. How much of Korea's work force was accounted for by tradespersons and other related workers?
   기술자와 기타 관련 근로자에 한국의 노동인구가 얼만큼 차지했는가?

   A. 46%   B. 15%   C. 10%

8. Which occupational group had the lowest proportion of Korea's labor pool?
   한국 노동인구가 가장 낮은 비율을 차지한 직업군은 무엇인가?

   A. managers
   B. tradespersons
   C. professional workers

9. How would you describe the unemployment status in Korea in the years going into 2003?
   2003년에 들어서면서 한국의 실업 상태를 어떻게 설명할 수 있는가?

   A. (it) had been increasing
   B. (it) had been easing
   C. (it) had stabilized

10. Which category made up the highest proportion of Korea's total labor force?
    한국의 총 노동인구에서 가장 높은 비율을 구성한 범주는 무엇인가?

    A. Tradespersons and other related occupations
    B. Managers and Administrators
    C. Professionals

● STEP 2 | Writing Activity

Brainstorming에서 분석한 정보를 이용하여 아래의 문장을 완성하세요.

1. 선 그래프는 1993년부터 2003년까지 한국의 다양한 직업군에 따른 실업 동향을 보여준다.

The line graphs show the _____ across the different occupational groups in Korea from years 1993 to 2003.

2. 한편, 원그래프는 2003년 한국 노동인구가 속한 네 개 직종의 각각의 비율을 나타낸다.

On the other hand, the pie chart illustrates the respective shares of the _____ _____ of the country's work force in 2003.

3. 1993년부터 1998년까지 모든 직종은 상승하는 추세였다.

The trends for all the occupational categories were _____ from 1993 to 1998.

4. 1998년에 정점에 달한 뒤 2003년까지 실업률은 하락하였다.

_____, the unemployment rates went downward until 2003.

5. 2003년 현재 전문직 종사자에서 실업률이 가장 낮으며 준 전문가 중에서 실업률이 가장 높다.

As of 2003, the unemployment rate was lowest among professional workers and highest _____.

6. 전문직과 준 전문직을 제외하고, 한국의 노동인구는 기술자와 기타 관련 근로자들뿐만 아니라 경영자와 관리자들로 구성되었다.

_____, Korea's work force also consisted of managers and administrators, as well as tradespersons and other related workers.

7. 기술자와 기타 관련 근로자들은 46퍼센트의 비율로 한국 노동인구에서 가장 큰 비율을 차지했다.

_____, tradespersons and other related workers accounted for the biggest proportion of the country's labor pool.

8. 반대로, 전문직 종사자들은 한국의 총 노동인구에서 10퍼센트만을 형성하며 가장 마지막에 기록됐다.

In contrast, professional workers registered last, forming _____

_____.

9. 전반적으로 한국의 실업률은 2003년으로 들어서면서 5년 동안 경감하고 있다.

On the whole, unemployment in Korea _____ in the five periods shown going into 2003.

10. 한국 노동인구에서 모든 직종에 걸쳐 기술자와 기타 관련 근로자들이 큰 비율을 차지한다는 것은 분명하다.

This is evident across all the occupational categories in the country's labor force, _____

_____.

MODEL ANSWER

● STEP 2 에서 완성한 문장을 아래와 같이 문단을 구분하여 답안을 완성합니다.

Introduction	The line graphs show the unemployment trends across the different occupational groups in Korea from years 1993 to 2003. On the other hand, the pie chart illustrates the respective shares of the four occupational categories of the country's work force in 2003.
Body	The trends for all the occupational categories were upward from 1993 to 1998. After peaking in 1998, the unemployment rates went downward until 2003. As of 2003, the unemployment rate was lowest among professional workers and highest among associate professionals. Aside from professionals and associate professionals, Korea's work force also consisted of managers and administrators, as well as tradespersons and other related workers. With a share of 46%, tradespersons and other related workers accounted for the biggest proportion of the country's labor pool. In contrast, professional workers registered last, forming only 10% of Korea's total work force.
Conclusion	On the whole, unemployment in Korea had been easing in the five periods shown going into 2003. This is evident across all the occupational categories in the country's labor force, where a larger percentage was made up of tradespersons and other related workers.

182 words

해석   선 그래프는 1993년부터 2003년까지 한국의 다양한 직업군에 따른 실업 동향을 보여준다. 한편, 원그래프는 2003년 한국 노동인구가 속한 네 개 직종의 각각의 비율을 나타낸다.

1993년부터 1998년까지 모든 직종은 상승하는 추세였다. 1998년에 정점에 달한 뒤 2003년까지 실업률은 하락하였다. 2003년 현재 전문직 종사자에서 실업률이 가장 낮으며 준 전문가 중에서 실업률이 가장 높다.

전문직과 준 전문직을 제외하고 한국의 노동인구는 기술자와 기타 관련 근로자들뿐만 아니라 경영자와 관리자들로 구성된다. 기술자와 기타 관련 근로자들은 46퍼센트의 비율로 한국 노동인구에서 가장 큰 비율을 차지했다. 반대로, 전문직 종사자들은 한국의 총 노동인구에서 10퍼센트만을 형성하며 가장 마지막에 기록됐다.

전반적으로 한국의 실업률은 2003년으로 들어서면서 5년 동안 경감하고 있다. 한국 노동인구에서 모든 직종에 걸쳐 기술자와 기타 관련 근로자들이 큰 비율을 차지한다는 것은 분명하다.

CHECK-UP VOCABULARY

across prep. ~ 전체에 걸쳐, 온 ~에, ~ 전역에서
consists v. (부분으로) 되어 있다, 이루어지다, 구성되다
share n. 몫, 할당, 일부분, 분담
be made up of ~로 구성되다, 이루어지다, 보충하다

UNIT 7 ANSWERS

CHECK-UP

1. eased
2. stronger
3. make up
4. higher
5. lower
6. complements
7. makes up

EXERCISE 1

STEP 1 ▶ 1. A   2. B   3. C   4. A   5. C   6. A   7. B   8. A   9. C   10. A

STEP 2 ▶
1. results of Sydney Camera Club's overall performance assessment
2. big majority
3. 38% gave a rating of outstanding
4. a bigger fraction/graded the club's overall performance as merely good
5. maintained a constant figure
6. a total of approximately 200 members
7. make up well over 90%
8. was very pleased
9. awarded performance ratings of very good and outstanding
10. the general club members gave lower ratings

EXERCISE 2

STEP 1 ▶ 1. C   2. B   3. A   4. B   5. C   6. B   7. A   8. C   9. B   10. A

STEP 2 ▶
1. unemployment trends
2. four occupational categories
3. upward
4. After peaking in 1998
5. among associate professionals
6. Aside from professionals and associate professionals
7. With a share of 46%
8. only 10% of Korea's total work force
9. had been easing
10. where a larger percentage was made up of tradespersons and other related workers

UNIT 08

Multiple Type C
Bar Graph + Table

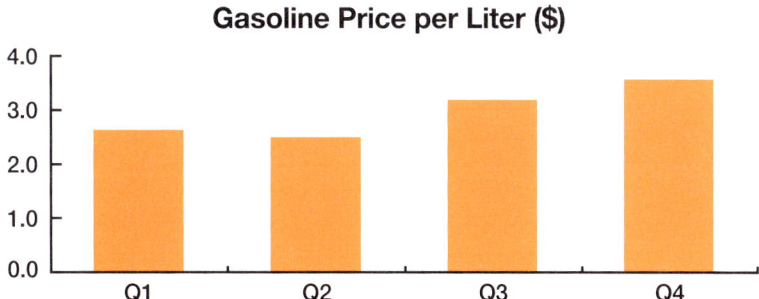

Gasoline Price per Liter ($)

Budget Allowance					
	Food	Gas	Clothing	Rent	Others
Jan/Feb	50%	8%	7%	30%	5%
Mar/Apr	49%	8%	6%	30%	7%
May/Jun	49%	8%	7%	30%	6%
Jul/Aug	47%	10%	7%	30%	6%
Sep/Oct	47%	11%	7%	30%	5%
Nov/Dec	45%	13%	6%	30%	6%

Bar Graph + Table 분석 및 전개방법

Bar Graph의 X축과 Y축

Bar Graph의 X축과 Y축이 각각 무엇을 나타내는지 파악하고, 각각의 bar의 오르고 내림, 최고점과 최저점, bar 사이의 고/저 차이를 관찰합니다.

→

Table의 가로(row)와 세로(column)

Table의 가로(row)와 세로(column)가 각각 무엇을 나타내고 있는지를 파악해야 합니다.

효율적인 도표 설명을 위하여 Table data 수치의 크고 작음에 따라 그룹으로 나눌 수 있는지를 관찰합니다.

→

두 그래프 상관관계

각 그래프의 분석이 끝났다면 둘 사이의 상관관계를 분석해야 합니다.

Bar Graph의 증감, 또는 각 항목별 비율이 Table의 데이터에 어떤 영향을 끼치고 있는지를 추론해냅니다.

CASE 01 그래프 항목의 추세가 테이블의 수치와 유사하게 진행될 때

▶ **Key Words** | **agree** 일치하다, 동일하다 *syn.* match, be the same, be consistent with

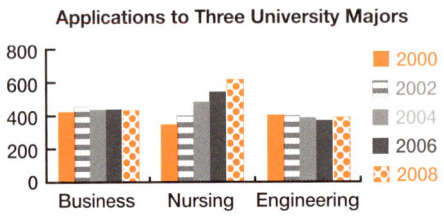

Demand for Nurses (in millions)			
	USA	Canada	Ireland
1998	2.0	1.5	1.3
2000	2.3	1.8	1.5
2002	2.5	2.1	1.9
2004	3.1	2.7	2.4
2006	3.6	3.2	3.0
2008	4.1	3.7	3.5

▶ **Example Sentences**

The increasing number of applications to nursing courses **agrees** with the increasing direction of the demand for nurses.
간호 과정 지원의 증가는 간호사의 수요가 증가하는 경향과 일치한다.

Applications to nursing majors are growing. This data **agrees** with the fact that nurses are increasingly in demand.
간호학과의 지원은 증가하고 있다. 이 자료는 간호사의 수요가 증가하고 있다는 사실과 일치한다.

CASE 02 두 가지 항목이 같은 시점에 발생되는 경우

▶ **Key Words** | **coincide** 동시에 발생하다, 일치하다 *syn.* happen together
coincidence 일치, 동시발생
syn. when two things or occurrence happen at the same time

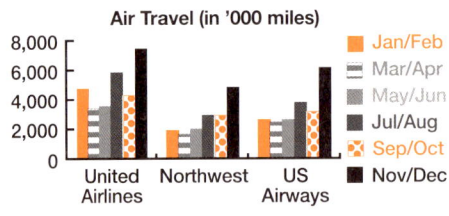

Federal Holidays in the US			
January 1	New Year's Day	September, 1st Monday	Labor Day
January, 3rd Monday	Martin Luther King Jr. Day	October, 2nd Monday	Columbus day
February, 3rd Monday	Washington's Birthday	November 11	Veterans Day
May, last Monday	Memorial Day	November, 4th Thursday	Thanksgiving Day
July 4	Independence Day	December 25	Christmas

▶ **Example Sentences**

Air travel is most active in Nov/Dec, **coinciding** with the celebration of Thanksgiving Day and Christmas.
항공 여행은 11월과 12월에 가장 활발하며 추수 감사절과 크리스마스 행사와 일치한다.

The peak season for air travel **coincides** with the celebration of two popular holidays in the United States.
항공 여행의 성수기는 미국의 유명한 두 공휴일의 기념 행사와 일치한다.

It is an expected **coincidence** that people travel more in November and December due to Thanksgiving and Christmas festivities.
추수감사절과 크리스마스 행사로 인해 11월과 12월에 여행을 더 많이 가는 것은 예상된 일치이다.

CASE 03 그래프의 추세가 갈수록 하락하는 경우

▶ **Key Words** | **deteriorate** 악화되다, 떨어지다
syn. to become worse, to decline, go down
deterioration 하락, 악화 *syn.* weakening, fall, worsening

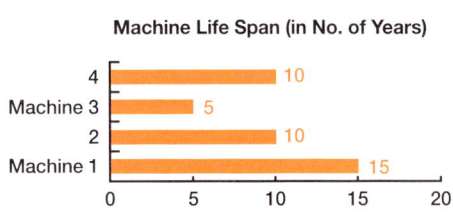

Machine Usability		
	Machine 1	Machine 2
Year 1	100%	100%
Year 2	93%	90%
Year 3	86%	80%
Year 4	80%	70%
Year 5	73%	60%

▶ **Example Sentences**

The usability of Machine 2 is reduced each year, and is expected to fully **deteriorate** in ten years.
2번 기계의 유용성은 매년 줄어들고 10년 안에 완전히 악화될 것으로 예상된다.

Machine 2 is likely to **deteriorate** faster than Machine 1.
2번 기계는 1번 기계보다 더 빠르게 악화될 가능성이 있다.

Due to its shorter life span, Machine 2's **deterioration** is faster than that of Machine 1.
2번 기계는 수명이 더욱 짧기 때문에 1번 기계보다 더욱 빨리 악화된다.

CASE 04 그래프의 항목이 다른 항목에 비해 월등하거나 높을 때

▶ **Key Words** | **superior** 뛰어난, 우수한 *syn.* better than someone or something else

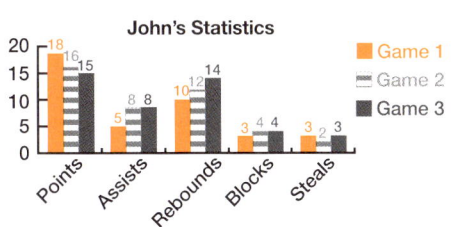

Average Player Statistics per Game	
Points	10.2
Assists	3.5
Rebounds	5.1
Blocks	1.2
Steals	1.8

▶ **Example Sentences**

Compared to a typical basketball player, John has **superior** abilities.
일반적인 농구 선수와 비교했을 때 존은 뛰어난 능력을 가지고 있다.

John's performance in these three games shows that he is **superior** to the average player.
이 세 경기에서 존의 성과는 그가 평균 수준의 선수보다 뛰어나다는 것을 보여준다.

CASE 05 그래프의 항목이 다른 항목에 비해 떨어지거나 낮은 경우

▶ **Key Words** | **inferior** 열등한, 떨어지는
syn. lower grade, not as good as someone or something else

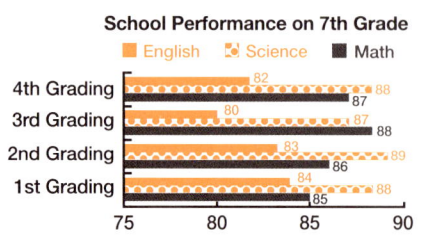

Average Grade in Previous Years			
	Math	Science	English
3rd Grade	93	95	89
4th Grade	94	94	88
5th Grade	92	96	88
6th Grade	90	94	89

▶ **Example Sentences**

School performance in the 7th grade is **inferior** when compared to the previous years' standing.
7학년의 학업 성적은 전년도(6학년)의 성적에 비해 열등하다.

Noticeably, the seventh grade ratings are **inferior** to those during the earlier years.
7학년의 등급은 전년도 동안의 등급보다 눈에 띄게 열등하다.

CASE 06 그래프의 항목이 다른 항목에 영향을 끼치는 경우

▶ **Key Words** | **support** 지원하다, 유지하다
syn. to show or prove that an idea, result or fact is correct, back up

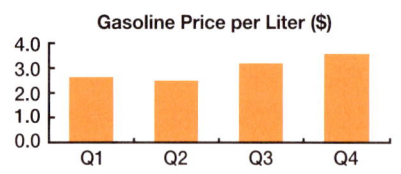

Budget Allowance					
	Food	Gas	Clothing	Rent	Others
Jan/Feb	50%	8%	7%	30%	5%
Mar/Apr	49%	8%	6%	30%	7%
May/Jun	49%	8%	7%	30%	6%
Jul/Aug	47%	10%	7%	30%	6%
Sep/Oct	47%	11%	7%	30%	5%
Nov/Dec	45%	13%	6%	30%	6%

▶ **Example Sentences**

The higher oil prices in Q3 and Q4 **support** the observed increases in gas allowance starting in July.
3분기와 4분기의 유가 상승은 7월이 시작되면서 증가한 가스 비용을 뒷받침한다.

The budget for gas notably went up starting in July, and this is **supported** by the rise in gasoline prices around that time.
7월이 시작되면서 가스 비용은 현저하게 상승하였고 그 당시 휘발유 가격의 상승으로 뒷받침된다.

The jump in the per-liter price of gasoline **supports** the fact that gas got a bigger budget share beginning in July.
리터 당 휘발유 가격의 증가는 7월부터 가스에 더 많은 예산이 할당되었다는 사실을 뒷받침한다.

CHECK-UP

▶ 정답은 215페이지에

다음의 그래프를 분석하고 빈칸에 알맞은 단어를 넣으세요.

Average Output of Various Printer Models
다양한 프린터 모델의 평균 생산량

Average Output (in characters per second)			
	Dot Matrix	Ink Jet	Laser
2000 Models	100	400	600
2003 Models	250	550	800
2006 Models	350	800	1300

The release of the 2009 dot matrix printers makes the older dot matrix models ❶ _____.

2009년 모델 도트 매트릭스 프린트의 출시는 이전 모델의 도트 매트릭스 프린터를 열등하게 만든다.

Even the low-end DR-600+ is ❷ _____ to the typical 2006 dot matrix printer model.

심지어 저가의 DR-600+은 전형적인 2006년 도트 매트릭스 프린터 모델보다 뛰어나다.

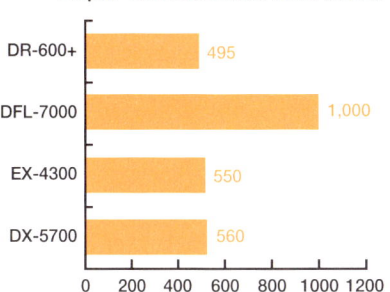

Work Force Movement in SOS Company
SOS 회사의 인력 이동

SOS Company hires more new employees during July and December. This ❸ _____ with the higher incidence of resignation and retirement in the company.

SOS회사는 7월과 12월 동안 더 많은 신입사원을 채용한다. 이것은 회사의 사퇴와 은퇴의 높은 발생률과 일치한다.

The higher rate of retirement and resignation in December ❹ _____ the company's move to hire more employees during this period.

12월의 은퇴와 사퇴의 높은 비율은 이 기간 동안 더 많은 사원들을 채용하기 위한 회사의 이동을 뒷받침한다.

Resignations/Retirements (in # of employees)		
	Resignation	Retirement
July	10	8
August	5	5
September	4	3
October	6	4
November	5	6
December	22	15

Personal Care Budget and Demand for Skin Care Products in the United Kingdom
영국의 개인 관리 예산과 피부 관리 제품의 수요

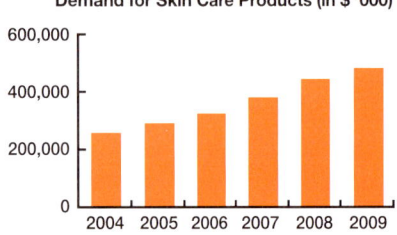

Personal Care Budget Allocation		
	2005	2009
Massage	10%	15%
Skin Care	15%	25%
Gym	45%	40%
Hair Treatment	15%	10%
Nail Care	15%	10%

The growth in skin care budget allocation, from 15% in 2005 to 25% in 2009, ❺_____ with the upward demand trend of skin care products, as seen in the bar graph.

2005년에 15퍼센트에서부터 2009년의 25퍼센트까지 피부 관리 예산 할당의 증가는, 막대 그래프에서 보여지는 피부 관리 제품 수요의 상승 추세와 일치한다.

The increased budget share of skin care in 2009 ❻_____ the rising demand for skin care products.

2009년 피부 관리 예산의 증가는 피부 관리 제품의 증가하는 수요를 뒷받침한다.

EXERCISE 1

You should spend about 20 minutes on this task.

The chart illustrates the number of overseas applicants to Australian universities between 1999 and 2003, while the table shows overseas migration figures during the same period.

도표는 1999년에서 2003년 사이 호주 대학의 해외 지원자의 수를 나타내는 반면 표는 같은 기간 동안 해외 이민 수치를 보여준다.

Summarise the information by selecting and reporting the main features, and make comparisons where relevant.

주요 특징들을 선택하여 작성함으로써 정보를 요약하고, 관련된 것을 비교하세요.

Write at least 150 words.

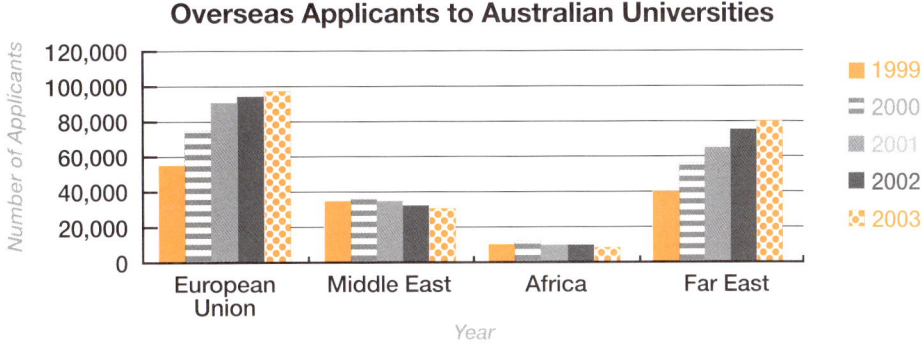

Overseas Migration (in number of people)			
	Canada	Australia	United States
1999	2,250,000	50,890	22,190,000
2000	2,495,850	60,780	23,960,310
2001	2,580,000	75,600	25,100,300
2002	2,670,000	101,950	26,950,850
2003	2,780,950	122,450	28,740,140

● STEP 1 | Brainstorming

▶ 정답은 215페이지에

그래프 정보를 분석하여 아래 질문에 대한 알맞은 내용을 선택하세요.

1. What countries were represented by the overseas migration figures shown in the table?
   표에 보여지는 해외 이민 수치를 나타내는 국가는 어디인가?

   A. Canada, Korea and Australia
   B. Canada, Australia and the United States
   C. Europe and Africa

2. Which region came after the European Union in terms of number of Australian university applications?
   호주 대학 지원자 수에 관하여 유럽 연합의 뒤를 잇는 지역은 어디인가?

   A. Far East region   B. Middle East region   C. Africa

3. Which regions had low levels of yearly applications to Australian universities?
   호주 대학 연간 지원자가 낮은 지역들은 어디인가?

   A. European Union and Far East
   B. Middle East and Far East
   C. Middle East and Africa

4. What was the trend of Australian university applications from the Middle East and Africa?
   중동과 아프리카에서 호주 대학에 지원한 학생들의 추세는 어떠한가?

   A. it rose consistently from 1999 to 2003
   B. it declined year-on-year from 1999 to 2003
   C. it dropped in 2000 before increasing in the years that follow

5. In 2003, how many applicants were from the European Union?
   2003년 유럽 연합에서 얼마나 많은 학생들이 지원했는가?

   A. nearly 100,000
   B. almost 10,000
   C. a little below 60,000

6. How would you compare the number of applications from Africa with those from the Middle East?
아프리카에서의 지원자 수와 중동 지원자 수를 어떻게 비교할 수 있는가?

    A. those (applications) from Africa were stable
    B. those (applications) from Africa increased
    C. those (applications) from Africa were less

7. What movement is seen in the overseas migration figures to Australia between 1999 and 2003?
1999년에서 2003년 사이 호주로의 해외 이민 수치에 나타난 움직임은 어떠한가?

    A. less people are migrating to Australia
    B. more and more people had been relocating to Australia
    C. more Australians are migrating to the United States

8. Give a common observation about Australian university applications from the European Union and the Far East.
유럽 연합과 극동 지역에서 호주 대학에 지원한 사람들에 대한 일반적인 의견을 제시하시오.

    A. annual drop in university applications
    B. steady increase in overseas migration
    C. yearly growth of Australian university applications

9. Which regions contributed to the growth of overseas Australian university applications?
호주 대학의 해외 지원자 증가에 기여한 지역들은 어디인가?

    A. European Union and Far East
    B. Africa and Far East
    C. European Union and Middle East

10. What factor could have influenced the growth of overseas Australian university applications?
호주 대학의 해외 지원자 증가에 영향을 미친 요소는 무엇인가?

    A. greater number of Australian universities
    B. rise in the count of migrants to Australia
    C. decreasing number of overseas students in Australia

● **STEP 2** | Writing Activity

Brainstorming에서 분석한 정보를 이용하여 아래의 문장을 완성하세요.

1. 막대 그래프는 1999년부터 2003년까지 호주 대학에 지원한 외국 학생들의 수를 나타내는 반면 표는 이 기간 동안 캐나다와 호주, 미국으로의 해외 이민 수치를 보여준다.

   The bar chart exhibits the number of foreign students applying to Australian universities from 1999 to 2003, whereas the table presents overseas migration figures to _____.

2. 유럽 연합은 계속해서 가장 많은 수의 호주 대학 지원을 기록하였으며 극동 지역이 그 뒤를 이었다.

   The European Union consistently recorded the most number of Australian university applications, _____.

3. 중동과 아프리카에서의 연간 지원은 저조하다.

   Annual applications from the Middle East and Africa were _____ only.

4. 게다가, 이 두 지역에서 지원한 사람들의 수는 1999년부터 2003년까지 매년 감소하고 있는 반면 유럽 연합과 극동 지역에서의 지원은 정반대의 상황을 보였다.

   In addition, the count of applications coming from these two regions _____ _____, while the reverse was seen in applications from the European Union and the Far East.

5. 2003년 현재 유럽 연합에서의 지원자들은 거의 100,000명이고 극동 지역에서는 80,000명이다.

   As of 2003, there were _____ applicants from the European Union and 80,000 from the Far East.

6. 반대로 중동은 약 30,000명의 정도의 지원자가 있고 아프리카에서 지원한 사람들은 더욱 적었다.

   On the contrary, there were only around 30,000 applications from the Middle East; _____.

7. 부수적으로, 해외 이민 수는 1999년에서 2003년 사이 매년 더욱 많은 사람들이 호주로 이주해왔던 것을 보여준다.

   Incidentally, overseas migration numbers show that each year, between 1999 and 2003, _____.

8. 이 자료는 유럽 연합과 극동 지역에서 호주 대학 지원이 매년 증가하는 것과 일치한다.

   This data agrees with the observed _____ _____ from the European Union and the Far East.

9. 요컨대 특히 유럽 연합과 극동 지역의 호주 대학의 해외 지원 수는 높은 수준을 유지하고 있다. 게다가 1999년부터 2003년까지 매년 증가했다.

   In summary, the volume of overseas applications to Australian universities, particularly those from the European Union and the Far East, remained at high levels; what is more, they _____.

10. 이것은 부분적으로는 호주 이민자 수의 증가에 의해 나아갔을 것이다.

    This, in part, may have been steered by the _____ _____.

MODEL ANSWER

● STEP 2 에서 완성한 문장을 아래와 같이 문단을 구분하여 답안을 완성합니다.

Introduction	The bar chart exhibits the number of foreign students applying to Australian universities from 1999 to 2003, whereas the table presents overseas migration figures to Canada, Australia and the United States *during* this period.
Body	The European Union *consistently* recorded the most number of Australian university applications, followed by the Far East region. Annual applications from the Middle East and Africa were at low levels only. In addition, the count of applications coming from these two regions declined year-on-year from 1999 to 2003, while the reverse was seen in applications from the European Union and the Far East. As of 2003, there were nearly 100,000 applicants from the European Union and 80,000 from the Far East. On the contrary, there were only around 30,000 applications from the Middle East; those from Africa were even less. Incidentally, overseas migration numbers show that each year, between 1999 and 2003, more and more people had been relocating to Australia. This data agrees with the observed yearly growth of Australian university applications from the European Union and the Far East.
Conclusion	In summary, the volume of overseas applications to Australian universities, particularly those from the European Union and the Far East, remained at high levels; what is more, they grew yearly from 1999 to 2003. This, *in part*, may have been *steered* by the rise in the count of migrants to Australia.

226 words

해석 막대 그래프는 1999년부터 2003년까지 호주 대학에 지원한 외국 학생들의 수를 나타내는 반면 표는 이 기간 동안 캐나다와 호주, 미국으로의 해외 이민 수치를 보여준다.
유럽 연합은 계속해서 가장 많은 수의 호주 대학 지원을 기록하였으며 극동 지역이 그 뒤를 이었다. 중동과 아프리카에서의 연간 지원은 저조하다. 게다가 이 두 지역에서 지원한 사람들의 수는 1999년부터 2003년까지 매년 감소하고 있는 반면 유럽 연합과 극동지역에서의 지원은 정반대의 상황을 보였다. 2003년 현재 유럽 연합에서의 지원자들은 거의 100,000명이고 극동 지역에서는 80,000명이다. 반대로 중동은 약 30,000명의 정도의 지원자가 있고 아프리카에서 지원한 사람들은 더욱 적었다.
부수적으로, 해외 이민 수는 1999년에서 2003년 사이 매년 더욱 많은 사람들이 호주로 이주해왔던 것을 보여준다. 이 자료는 유럽 연합과 극동 지역에서 호주 대학 지원이 매년 증가하는 것과 일치한다.
요컨대 특히 유럽 연합과 극동 지역의 호주 대학의 해외 지원 수는 높은 수준을 유지하고 있다. 게다가 1999년부터 2003년까지 매년 증가했다. 이것은 부분적으로는 호주 이민자 수의 증가에 의해 나아갔을 것이다.

CHECK-UP VOCABULARY

during prep. ~ 동안, ~사이, ~내내, ~ 중
steer v. 나아가다, 움직이다, 이끌다

consistently adj. 계속해서, 지속적으로, 시종일관하여, 끊임없이
in part 부분적으로는, 얼마간, 어느 정도

EXERCISE 2

You should spend about 20 minutes on this task.

The table compares the main reasons British people go to libraries in 1990 and 2000. The bar graph meanwhile shows the proportion of households in the country with Internet access from 1990 to 2000.

표는 1990년과 2000년에 영국인들이 도서관에 가는 주요 이유들을 비교하여 나타낸다. 한편, 막대 그래프는 1990년부터 2000년까지 인터넷을 사용하는 영국 가정의 비율을 보여준다.

Summarise the information by selecting and reporting the main features, and make comparisons where relevant.

주요 특징들을 선택하여 작성함으로써 정보를 요약하고, 관련된 것을 비교하세요.

Write at least 150 words.

Main Reasons for Going to Libraries in Britain		
	1990	2000
Borrow and return books	32%	25%
Study	18%	21%
Research (Offline)	34%	18%
Read books, magazine, etc.	13%	10%
Use/connect to the Internet	3%	22%
Others	0.5%	3.5%

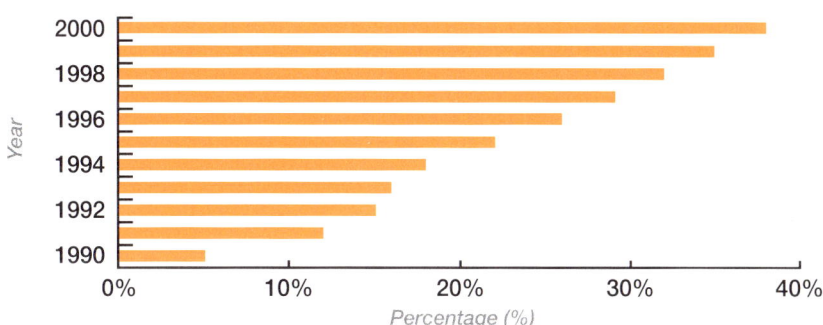

Regular Internet Usage Among People in Britain

● **STEP 1** | Brainstorming ▶ 정답은 215페이지에

그래프 정보를 분석하여 아래 질문에 대한 알맞은 내용을 선택하세요.

1. What years do the data in the table represent?
   표에 나타난 자료의 연도는 언제인가?

   A. 1990 to 1998
   B. 2000
   C. 1990 and 2000

2. What specific classification of individuals is described in the bar chart?
   막대 그래프에서 사람들은 어떻게 특정하게 분류되었는가?

   A. those who accessed the Internet on a regular basis
   B. those who went to libraries to use the Internet
   C. those who regularly visit libraries in Britain

3. What were the top two reasons for going to libraries in Britain in 1990?
   1990년 영국 사람들이 도서관에 가는 상위 두 가지 이유는 무엇인가?

   A. study; offline research
   B. offline research; borrowing and returning books
   C. read books; use the Internet

4. What replaced offline research as one of the top reasons for going to libraries in 2000?
   2000년에 도서관에 가는 주요 이유들 중 오프라인 연구를 대신하는 것은 무엇인가?

   A. offline research
   B. use or connect to the Internet
   C. borrow and return books

5. How many library goers visited libraries primarily to use or connect to the Internet in 2000?
   2000년에 도서관에 다니는 사람들 중 주로 인터넷을 사용하기 위해 도서관에 방문한 사람은 얼마인가?

   A. 3%   B. 25%   C. 22%

6. What may have influenced the increase of people going to libraries to use the Internet?
   인터넷을 사용하기 위해 도서관에 가는 사람들의 증가에 영향을 미친 것은 무엇인가?

   A. increased frequency of Internet usage
   B. cheaper Internet rates
   C. the need to study harder

7. In contrast, the share of individuals who went to libraries to research mainly offline _____ remarkably; the percentage of those who borrowed/returned books _____ well.
   반대로, 주로 오프라인 연구를 위해 도서관에 가는 사람들의 비율은 현저하게 _____ 하였고 도서 대출, 반납을 위해 도서관에 방문한 사람들의 비율 또한 _____ 하였다.

   A. dropped, declined
   B. increased, dropped
   C. increased, grew up

8. How would you describe the proportion of individuals who went to library primarily to study from 1990 to 2000?
   1990년부터 2000년까지 주로 공부를 하기 위해 도서관에 간 사람들의 비율을 어떻게 설명할 수 있는가?

   A. it dropped significantly
   B. it remained fairly stable
   C. it rose drastically

9. In general, how were library visits in Britain affected by the increased usage of the Internet in the country?
   일반적으로, 영국에서 인터넷 사용의 증가는 도서관 방문자들에게 어떠한 영향을 미쳤는가?

   A. library visits in Britain became less frequent
   B. the purpose for visiting the library was neglected
   C. the main reasons for library visits in Britain changed

10. Which was a more common motive for going to libraries in 2000: Internet use or offline research?
    2000년에 도서관에 가는 더욱 보편화된 동기는 인터넷 사용과 오프라인 연구 중에 어떠한 것인가?

    A. Internet use
    B. Offline research
    C. both are primary motives

● **STEP 2** | Writing Activity ▶ 정답은 215페이지에

Brainstorming에서 분석한 정보를 이용하여 아래의 문장을 완성하세요.

1. 표는 영국에서 도서관에 가는 주요 이유들을 나타내며 1990년과 2000년의 수치들을 비교하여 나타낸다.

The table reveals the main reasons for going to libraries in Britain, _____ _____.

2. 한편, 막대 그래프는 11년 동안 정기적으로 인터넷을 이용했던 사람들의 비율을 보여준다.

Meanwhile, the bar chart shows the proportion of individuals in the country who _____ within the eleven-year time frame.

3. 1990년에는 오프라인 연구와 책을 대출하고 반납하는 것이 영국에서 도서관을 방문하는 사람들의 주 이유들이었다.

In 1990, _____ _____ people visited libraries in Britain.

4. 그러나 2000년에는 더 이상 그렇지 않았다. 오프라인 연구를 수행하기 보다는 주로 인터넷을 사용 또는 접속하기 위해 도서관에 갔던 사람들이 더욱 많았다.

However, this was no longer the case in 2000, when more people went to libraries to _____ rather than to conduct offline research.

5. 이러한 이유로 도서관에 가는 사람들의 비율은 1990년에 3퍼센트에서 2000년에 22퍼센트로 상승하였다.

The percentage of these library goers climbed _____.

212

6. 막대 그래프의 자료에서 볼 수 있듯이 영국의 인터넷 사용의 빈도 증가에 의해 이러한 경향이 뒷받침되고 있었다.

This trend was supported by the _____

in Britain, as seen in from the bar chart data.

7. 반대로 주로 오프라인 연구를 위해 도서관에 가는 사람들의 비율은 현저하게 하락하였고 도서 대출, 반납을 위해 도서관에 방문한 사람들의 비율 또한 감소하였다.

In contrast, the share of individuals who went to libraries to research mainly

offline _____; the percentage of those

who borrowed/returned books declined as well.

8. 한편, 책과 잡지를 읽고 공부를 하기 위해 도서관에 방문한 사람들의 비율은 특히 매우 안정적으로 유지되었다.

In the meantime, the fraction of individuals who dropped by libraries to study

and read books and magazines particularly _____.

9. 일반적인 의견으로 영국에서 도서관을 방문하는 주요 이유들은 1990년에서 2000년 사이에 변화하였고 이 시기는 인터넷을 더욱 정기적으로 이용하게 될 때이다.

As a general observation, _____

_____ between 1990 and 2000, just when Internet usage in the country

became more regular.

10. 사실, 2000년에는 오프라인 연구보다는 주로 인터넷 사용을 위해 도서관에 간 사람들이 더욱 많았다.

In fact, in 2000, more individuals mainly went to libraries _____

_____.

213

MODEL ANSWER

● STEP 2 에서 완성한 문장을 아래와 같이 문단을 구분하여 답안을 완성합니다.

Introduction	The table reveals the main reasons for going to libraries in Britain, comparing figures for 1990 and 2000. Meanwhile, the bar chart shows the proportion of individuals in the country who accessed the Internet on a regular basis within the eleven-year time frame.
Body	In 1990, offline research, borrowing and returning books were the leading reasons people visited libraries in Britain. However, this was no longer the case in 2000, when more people went to libraries to primarily use or connect to the Internet rather than to conduct offline research. The percentage of these library goers climbed from 3% in 1990 to 22% in 2000. This trend was supported by the increased frequency of Internet usage in Britain, as seen in from the bar chart data. In contrast, the share of individuals who went to libraries to research mainly offline dropped remarkably; the percentage of those who borrowed/returned books declined as well. In the meantime, the fraction of individuals who dropped by libraries to study and read books and magazines particularly remained fairly stable.
Conclusion	As a general observation, the main reasons for library visits in Britain changed between 1990 and 2000, just when Internet usage in the country became more regular. In fact, in 2000, more individuals mainly went to libraries for Internet use rather than for offline research.

215 words

해석   표는 영국에서 도서관에 가는 주요 이유들을 나타내며 1990년과 2000년의 수치들을 비교하여 나타낸다. 한편, 막대 그래프는 11년 동안 정기적으로 인터넷을 이용했던 사람들의 비율을 보여준다.

1990년에는 오프라인 연구와 책을 대출하고 반납하는 것이 영국에서 도서관을 방문하는 사람들의 주 이유들이었다. 그러나 2000년에는 더 이상 그렇지 않았다. 오프라인 연구를 수행하기 보다는 주로 인터넷을 사용 또는 접속하기 위해 도서관에 갔던 사람들이 더욱 많았다. 이러한 이유로 도서관에 가는 사람들의 비율은 1990년에 3퍼센트에서 2000년에 22퍼센트로 상승하였다. 막대 그래프의 자료에서 볼 수 있듯이 영국의 인터넷 사용의 빈도 증가에 의해 이러한 경향이 뒷받침되고 있었다. 반대로 주로 오프라인 연구를 위해 도서관에 가는 사람들의 비율은 현저하게 하락하였고 도서 대출, 반납을 위해 도서관에 방문한 사람들의 비율 또한 감소하였다. 한편, 책과 잡지를 읽고 공부를 하기 위해 도서관에 방문한 사람들의 비율은 특히 매우 안정적으로 유지되었다.

일반적인 의견으로 영국에서 도서관을 방문하는 주요 이유들은 1990년에서 2000년 사이에 변화하였고 이 시기는 인터넷을 더욱 정기적으로 이용하게 될 때이다. 사실, 2000년에는 오프라인 연구보다는 주로 인터넷 사용을 위해 도서관에 간 사람들이 더욱 많았다.

CHECK-UP VOCABULARY

remarkably   adv. 두드러지게, 현저하게, 눈에 띄게, 굉장히
fairly   adv. 꽤, 매우, 상당히, 뚜렷하게, 명백히
fraction   n. 일부, 부분, 분수
no longer   더 이상 ~하지 않다, 이미 ~ 아니다

UNIT 8 ANSWERS

CHECK-UP

1. inferior
2. superior
3. coincides
4. supports
5. agrees
6. supports

EXERCISE 1

STEP 1 ▶ 1. B   2. A   3. C   4. B   5. A   6. C   7. B   8. C   9. A   10. B

STEP 2 ▶ 1. Canada, Australia and the United States during this period
2. followed by the Far East region
3. at low levels
4. declined year-on-year from 1999 to 2003
5. nearly 100,000
6. those from Africa were even less
7. more and more people had been relocating to Australia
8. yearly growth of Australian university applications
9. grew yearly from 1999 to 2003
10. rise in the count of migrants to Australia

EXERCISE 2

STEP 1 ▶ 1. C   2. A   3. B   4. B   5. C   6. A   7. A   8. B   9. C   10. A

STEP 2 ▶ 1. comparing figures for 1990 and 2000
2. accessed the Internet on a regular basis
3. offline research, borrowing and returning books were the leading reasons
4. primarily use or connect to the Internet
5. from 3% in 1990 to 22% in 2000
6. increased frequency of Internet usage
7. dropped remarkably
8. remained fairly stable
9. the main reasons for library visits in Britain changed
10. for Internet use rather than for offline research

PART 4
TASK 2 전략

UNIT 1. Task 2 고득점 전략 | UNIT 2. Task 2 서론, 본론, 결론 구성 노하우

UNIT 01 Task 2 고득점 전략

채점자와 대화하라

우리나라 IELTS 응시자들은 학교에서 영어 글쓰기 학습을 거의 배우지 않아서 그런지 IELTS writing을 가장 어려운 과목으로 꼽는 분들이 많습니다. 그럼 어려운 영어 글쓰기를 어떻게 하면 효과적으로 공부할 수 있을까요? 그것은 바로 영어회화를 글쓰기에 접목하는 것입니다. 이렇게 하면 의외로 쉽게 글쓰기의 실마리가 풀립니다. 따라서 첫 번째 노하우는 '대화하듯 글쓰기를 진행하라'는 것입니다.

대화 1

A: I feel bad about global warming.

B: Yeah, me too. Is there anything we can do?

A: Well, my friend told me that we can recycle and change our car fuel to bio-fuel.

B: Hmm... I don't know about changing to bio-fuel yet because it's expensive and difficult to do.

A: Yeah, but the least we can do is recycle paper and plastic.

» 대화 1은 두 명의 고등학생 정도 되는 학생들의 지구온난화에 대한 대화인 것 같습니다. 내용을 보니 A의 일방적인 대화도 아니고 B의 일방적인 대화도 아닙니다. 두 사람의 적절한 질문과 답변을 통해 마지막 문장에서는 A가 일정한 결론을 짓고 있습니다.

이제 A가 집에 돌아와 오늘의 대화를 바탕으로 아래와 같이 글을 써봅니다.

글 1

I felt bad about the global warming. We have to do something about it. People say that recycling our garbage and using alternative fuels like bio-fuel can help lessen global warming. But changing to bio-fuel could be difficult to do and expensive for people. For now, they can help by recycling paper and plastic waste.

» 하나의 문단으로 글을 완성하였는데, 이 문단의 주제는 무엇입니까? 지구온난화의 대화의 내용을 적었으므로 이 역시 지구온난화가 주제입니다. 다만 대화의 B의 질문까지도 A가 적절히 자신의 글에 녹여서 보여 주었습니다. 대화의 이야기 전개와 글의 전개는 같음을 알 수 있습니다.

즉, 말과 글은 일맥 상통하는 것이지요. 우리의 대화 즉 말은 상대방의 응대를 전제로 합니다. 그리고 글 역시 상대방(읽는이)의 반응을 전제로 한 것입니다. 대화 하나를 더 살펴 보겠습니다.

> **대화 2**
>
> A: I feel terrible about the global warming situation.
>
> B: Oh, yes, it is indeed terrible. Is there anything that we can do to alleviate the phenomenon?
>
> A: People should recycle paper and plastic waste so that less is being produced. Also people can use alternative fuels, such as bio-fuel, instead of fossil fuels.
>
> B: Bio-fuel? That would be quite difficult and possibly too expensive for most people to do as of now. Fortunately, I think it is possible in future.
>
> A: Yes, if we can't change our fuel yet, the least we can do is recycle our paper and plastic waste.

>> 대화 2의 화제는 무엇입니까? 이 역시 지구온난화입니다. 대화 1과 다른 점은 대화의 수준이 높다는 것입니다. 대화의 수준이 높다고 느낀 것은 대화자 A, B가 좀 더 어려운 문법과 단어를 쓰기 때문입니다. alleviate, phenomenon 등과 같은 라틴어 계열의 어휘 때문에 A, B의 대화가 전문가 수준으로 올라갔습니다. 줄거리는 대화 1과 차이가 없지만 문법과 어휘의 변화로 인해 대화의 격이 달라졌습니다.

이제 A가 다시 집에 돌아와서 대화를 바탕으로 글을 썼습니다.

> **글 2**
>
> Global warming is indeed a terrible situation. People have to do something to alleviate the phenomenon. For a start, people can recycle products and use alternative fuels, such as bio-fuel, instead of fossil fuels. Making the change to bio-fuel, however, may be difficult and too expensive at the moment. Fortunately, people can also save the earth by recycling paper and plastic waste. Even though this seems like a small contribution to change, it is still better than doing nothing at all.

>> 전반적으로 살펴보면 글 2는 글 1에 비해 수준이 높습니다. 대화의 수준이 높아졌기 때문에 자연히 글의 수준도 높아진 것이지요. 글 1이 영어일기 수준이라면 글 2는 에세이 수준입니다. 여러분이 써야 할 IELTS Writing의 답안이 바로 글 2인 에세이 수준이지요. 앞서 대화에 나온 수준 높은 라틴어 계열의 어휘 alleviate, phenomenon 등은 에세이에 잘 어울립니다. 이러한 단어를 많이 사용할수록 IELTS 채점항목의 Lexical Resource의 점수가 올라갑니다. 한자어를 적절히 잘 쓰는 외국인이 우리나라 말의 소통능력이 높은 것과 마찬가지입니다.

영어 에세이나 영어일기는 똑같이 의사소통에서 파생된 글이기 때문에 상대방이 있습니다. 이렇게 놓고 보면 대부분의 에세이는 가상의 대화를 혼자서 주고 받는 형식이라고 말할 수 있습니다. 그렇다면 에세이를 작성할 때 가상의 상대방을 염두하고 글을 쓰는 것은 어떨까요? 꼬치꼬치 따지기 좋아하는 까다로운 상대방이 있다고 가정해 보는 것입니다.

글 2

Global warming is indeed a terrible situation.

(That's a big problem!)

People have to do something to alleviate the phenomenon.

(What is that?)

For a start, people can recycle products and use alternative fuels, such as bio-fuel, instead of fossil fuels.

(Oh really? Is this possible for everyone?)

Making the change to bio-fuel, however, may be difficult and too expensive at the moment.

(What shall we do then?)

Fortunately, people can also save earth by recycling paper and plastic waste. Even though this seems like a small contribution to change, it is still better than doing nothing at all.

» IELTS Writing의 글을 쓸 때 글의 전개가 어려운 분들은 괄호 속의 질문자를 IELTS writing 채점자라고 가정해 보세요. 집요하게 물어보는 채점자의 질문에 하나하나 친절히 설명한다고 생각을 하면 글 작성이 쉬워질 것입니다. 중요한 것은 이 질문자를 내 친구로 만들어야 한다는 것입니다. 질문자가 계속 나에게 날카로운 질문을 할 수 있도록 도와 줘야 내가 쓸 말이 생깁니다. 따라서 질문자의 입장이 되어 Topic에 대해 날카롭게 질문을 던지는 연습을 많이 해보시기 바랍니다.

대화를 할 때나 글을 쓸 때나 주의해야 할 사항이 있습니다. 바로 매너 있게 말하기, 쓰기입니다. 대화 1에서 A가 도중에 대화의 주제를 바꾸려면 어떻게 해야 할까요? 지구온난화에 대한 이야기를 마무리 짓고, 화제를 돌려야 합니다. You know what 또는 By the way 등으로 화제 전환의 신호를 주어야 매너 있는 대화법입니다. 글쓰기에서도 마찬가지입니다. 지구온난화에 대해 글을 쓰다가 갑자기 주제를 돌려 다른 이야기를 쓰고 싶다면 지구온난화에 대한 문단을 잘 마무리 짓고 줄을 바꾸어 새로운 문단에 써야 합니다. 즉, 하나의 문단에는 하나의 주제만 담기도록 해야 합니다.

영어식 사고방식으로 글을 쓰자

신문의 opinion란에 나오는 글들을 읽어 보면 두세 부류로 분위기를 나눌 수 있습니다. 글의 분위기는 글쓴이의 직업에 따라 사뭇 다른 것을 알 수 있는데, 예를 들어 대학교수 등의 학자들이 쓴 글과 소설가들이 쓴 글은 논리를 전개하는 방법이 서로 상이합니다. 소설가들이 쓴 글은 글의 진행에 부담이 없습니다. 서론과 본론이 자연스럽게 진행되고 마지막 부분에 이르러 고개를 끄덕이게 만드는 결론을 도출하지요. 그런데, 대학교수가 쓴 글은 본론이 강합니다. 자신의 논점을 끌고 나가기 위해 많은 예를 들고 이를 본론에서 충분히 보여 주어 글의 짜임이 분명합니다.

우리가 Essay 시험에서 써야 하는 글은 소설가의 글보다는 대학교수의 글에 가까워야 합니다. 요즘 많은 대학교수들이 외국에서 공부해서 학위를 취득하기 때문에 이런 대학교수들의 필체는 서양식 Essay와 비슷하기 때문입니다.

그럼 서론, 본론, 결론 중에서 가장 중요한 것은 무엇일까요? 대부분의 우리나라 사람들은 결론이라고 말할 것입니다. 하지만 대부분의 서양 사람들은 본론이 중요하다고 말을 합니다. "결론이 아니라 본론이라고요?"라고 묻고 싶은 분들이 계시겠죠? 네, Essay에서 중요한 것은 본론입니다. 왜냐하면 그들은 플라톤의 후예이기 때문입니다. 공자는 제자들과의 대화에서 사람 된 도리로서의 인, 효, 예, 충 등등이 매우 중요하다고 말했습니다. 그리고 이러한 가르침에 대한 이유를 약장수처럼 장황하게 설명하진 않았습니다.

하지만 플라톤의 경우는 다릅니다. 그의 대화록은 어떠한 결론을 내기까지 플라톤의 생각이 어떻게 전개되는지를 보여주고 있습니다. 다소 싱거운 결론을 내기 위해 그렇게나 생각이 많이 필요한가 의심스러울 정도입니다. '모든 동물은 죽는다, 사람은 동물이다, 그래서 모든 사람은 죽는다' 등의 삼단논법이 아주 유명한데, 사람이 죽는다라는 너무나 뻔한 결론을 이렇게 분석하여 설명했습니다. 결론에 이르기까지의 분석의 과정이 플라톤 사상의 핵심입니다. 과정을 중요시했지 결론을 중요시한 것이 아닙니다.

서양의 학교에서 학생의 답이 틀리더라도 답을 도출하는 방법이 논리적이고 합당하다면 점수를 주는 것도 같은 이유입니다. 그러한 플라톤의 영향을 받아서 서양의 Essay는 본론이 매우 강합니다. 따라서 영어로 글을 쓸 때는 하고자 하는 말을 모두 Body에서 풀어내야 하며, Conclusion에서는 Body에서 이미 언급한 내용을 정리하고 마무리하는 것이 좋습니다. 또한 나의 의견을 강하게 어필하고 싶다면 반드시 Body에서 하도록 하고 Conclusion에는 새로운 주장을 포함시키지 않도록 해야 합니다.

'나는 의미심장한 Conclusion이 좋기 때문에 새로운 화두를 제시하며 글을 마무리 하고 싶다'라고 말할 분도 있겠지만 Writing 채점자는 그러한 스타일의 글을 그리 좋아하지 않습니다. 그 이유는 그 채점자가 영어권 국가의 중학교, 고등학교, 대학교 동안 배워 온 Essay는 과거 플라톤의 그것에서 유래된 것이기 때문입니다.

IELTS Writing의 두 번째 채점기준인 Coherence는 글의 논리력을 반영하는 서론, 본론, 결론의 구성을 평가하고 있습니다. 따라서 지금까지 설명한 내용을 반드시 숙지하여 Coherence 부분의 고득점을 이루기 바랍니다.

글을 세밀하게 전개하자

앞선 글을 통해 Essay에서 가장 중요한 것은 결론에 이르기까지 생각이 어떻게 전개되는지를 보여주는 것이며 Introduction, Conclusion보다는 Body가 중요하다고 강조했습니다. 다시 말해 Body는 자신의 아이디어를 전개하는 장소이므로 Body의 구성이 Essay에서는 핵심입니다. 그럼 Body는 어떻게 만들어야 할까요? 이 역시 생각을 채점기준에 맞게 해야 합니다.

Body는 특정한 주제를 아주 세세하게 분석하여 그 과정을 보여줘야 합니다. 그렇기에 큰 주제 보다는 논리적이고 세밀한 글을 위해서는 특정한 작은 주제를 가지고 글을 쓰는 것이 유리합니다. 서양인들은 동양인인 우리처럼 큰 흐름만 가지고 대의를 생각하며 글을 쓰는 것이 아닙니다. 이는 대학의 논문 제목에서도 드러납니다.

> 노인복지계획 수립을 위한 기초연구 – 뉴욕시를 중심으로
> 사회복지사의 직무성과에 관한 연구 – 노인복지시설을 중심으로

우리나라가 세계 지식계를 선도하고 있는 나라라면 논문들이 우리네 정서에 맞게 다음과 같은 제목이 붙여졌을 겁니다.

> 노인복지 계획론
> 사회복지사 직무성과론

우리나라 대학서의 수많은 OO론은 한국식이지 영어식 접근법은 아닙니다. 경영대 학생이라면 모두 알고 있는 케인즈의 일반이론도 아래와 같은 제목입니다.

> 《고용,이자 및 화폐의 일반이론》 (The General Theory of Employment, Interest and Money)

큰 흐름과 대의를 중요하게 생각하기 때문에 우리나라 사람의 글은 결론이 거창합니다. 뭔가 그럴듯한 글을 써야 한다는 의지가 매우 강해서 글을 쓰다 보면 자신도 모르게 흥분하기 마련입니다. 청소년 가장에 대한 글을 쓸 경우를 예로 들어 설명해 보겠습니다.

> **에세이 1**
>
> 청소년이 생계를 책임지는 가정이 많아지고 있다.
> 학업에 정진해 큰 꿈을 키워나가야 할 시기에 가장으로서 생활을 책임져야 한다는 것은 매우 가슴 아픈 일이다.
> 이는 양극화 문제가 매우 심하기 때문이다.
> 각각의 개개인이 어려운 형편의 이웃을 돕는 것은 자선활동 이상의 의무이다.
> 또한 정부는 청소년 가장에 대한 대책을 세워 이들의 어려움을 해소하여 모두가 행복하게 살 수 있는 정책을 만들어야 한다.
> 정부와 시민 모두 밝고 희망찬 사회를 만드는데 최선을 다해야 한다.
>
> **제목 : 청소년 가장과 희망찬 사회건설**
>
> ---
>
> **에세이 2**
>
> 청소년이 생계를 책임지는 가정이 많아지고 있다. 우리 동네에도 15살의 소녀 가장이 있다.
> 이 소녀 가장을 돕기 위한 이웃 사람들과 구청의 태도를 보면 현재 우리나라의 상황을 볼 수 있다.
> 나는 청소년 가장의 문제를 해결하기 위해 아래와 같은 것을 제안한다.
> 첫째, 기초 생활이 부족한 사람들 중 학생인 경우엔 생계비 외에 교육비를 지원해야 한다.
> 둘째, 전담 컨설턴트와 양부모 등의 사회적 제도를 마련해서 실제적인 겪을 수 있는 어려움을 효과적으로 해결할 수 있게 한다.
> 셋째, 해당 동네와 담당자를 통해 주별/월별 구체적으로 도울 수 있는 계획을 세운다.
> 이러한 방법을 통해 우리 동네 소녀 가장에 대한 문제는 개선될 수 있을 것이다.
>
> **제목 : 청소년 가장 문제와 그에 대한 대책: OOO학생의 예를 중심으로**

» 우리나라 사람들의 대부분은 에세이 1의 글에 익숙합니다. 하지만 에세이 2의 논리전개 방법이 영어 Essay에서 좋은 점수를 받을 확률이 큽니다. 에세이 2는 Topic을 작게 잡아 생각의 폭을 좁혔고 이에 대한 자세한 idea를 논리적으로 전개해 나갔습니다. 여기서 다시 한번 강조하고 싶은 것은 자세하고 세밀한 글의 전개가 정말로 중요하다는 것입니다.

세밀한 글의 전개의 중요성은 에세이 시험 문제에 고스란히 녹아 있습니다. IELTS Writing Task 2 문제를 예로 들어 보겠습니다.

> Some people argue that a growing number of young people spend too much time watching TV. Why does this phenomenon happen? What kinds of activities should be encouraged them to do instead?
>
> Give your reasons for your answer and include any relevant examples from your own knowledge or experience.

이 문제를 읽어 보면 특정 사회현상을 언급한 뒤, 이 현상이 발생된 이유와 문제를 해결하기 위한 행동을 제시하는 것으로 Body의 Idea를 좁힙니다. 여기에 한번 더, 뒷받침할 이유와 예를 제시하라고 연이어 문제에서 제시하고 있습니다. 에세이 문제 출제 배경이 이렇다는 것을 알게 된 이상 더욱 우리는 에세이 2와 같은 글을 써야 합니다. 바로 이것이 IELTS Writing 채점항목인 TASK responses에 대한 대책이 될 수 있습니다.

고수들의 노하우를 알자

에세이를 작성하는 방법에는 정답이 없습니다. 따라서 자신에게 맞는 나름대로의 Essay 작성법을 연구하는 것도 좋은 방법입니다. 하지만 처음부터 에세이를 능숙하게 작성하는 것은 쉽지가 않습니다. 그래서 이번에는 수월한 글쓰기 노하우인 글쓴이가 말하고자 하는 아이디어가 고갈될 때까지 글을 전개하는 '문맥 잇기'라는 방법을 소개하려고 합니다.

> **글쓴이가 말하고자 하는 아이디어**
> Coal harms the environment. It can cause pollution and acid rain. Mining is dangerous.

Coal과 관련하여 글쓴이는 environment, pollution, acid, mining 등과 관련된 아이디어를 보여주려고 합니다. 이 아이디어들을 전개시켜 보겠습니다.

• *environment*	The production and use of coal have harmful effects to the environment.
• *pollution*	Coal production and use emits carbon dioxide which plays a major role in intensifying the greenhouse effect. The greenhouse effect contributes to global warming.
• *acid rain*	Another chemical that coal emits is sulphur dioxide. This contributes to acid rain. It affects water and aquatic life, rainforests and our soils.
• *mining*	Coal mining is difficult and dangerous. It destroys a considerable amount of our environment, particularly the landscape.

아이디어가 문장으로 설명되는 것을 볼 수 있습니다.

그럼 이렇게 설명되어진 문장들에 Topic sentence를 추가해 보겠습니다.

> Coal is a non-renewable form of energy and poses some threats to nature. ◄-- (Topic sentence)
> The production and use of coal have harmful effects to the environment. The process of coal production and use emits carbon dioxide which plays a major role in intensifying the greenhouse effect. The greenhouse effect contributes to global warming. Another chemical that coal emits is, sulphur dioxide. This contributes to acid rain. It affects water and aquatic life, rainforests and our soils. Coal mining is difficult and dangerous. It destroys a considerable amount of our environment, particularly the landscape.

» 글쓴이가 생각한 아이디어를 문장으로 만들고, Coal is a non-renewable form of energy and poses some threats to nature.이라는 전체적인 Topic 문장을 넣어서 하나의 문단을 만들었습니다.

이 자체로도 괜찮은 문단이 되었지만 조금더 아이디어와 아이디어 사이의 연계성과 글의 짜임성을 높여 읽는 사람으로 하여금 글이 매끄럽고 자연스럽다고 느낄 수 있도록 also, lastly, furthermore 등과 같은 연결어를 넣어서 마무리 해보겠습니다.

> Coal is a non-renewable form of energy and also poses some threats to nature. The production and use of coal have harmful effects to the environment. Coal production and use emits carbon dioxide which plays a major role in intensifying the greenhouse effect. In turn, the greenhouse effect contributes to global warming. Furthermore, another chemical that coal emits is sulphur dioxide. This contributes to acid rain which affects water and aquatic life, rainforests and our soils. Lastly, coal mining is difficult and dangerous. It also destroys a considerable amount of our environment, particularly the landscape.

» 글쓴이의 아이디어를 총 동원한 후 문장으로 만들어서 글이 매끄럽게 이어지도록 완성시킨 문단입니다.

여기서 다시 한번 생각할 것은 아이디어만 제대로 생각해내도 문단으로 만들어 가는 데 큰 도움이 되며, 생각해 낸 아이디어가 완전히 다른 것이 아닌 한 가지 주제에 연관된 것이라면 연결어구를 통해 읽기 좋고 짜임성 있는 문장을 만들 수 있다는 것입니다.

문장과 문장 사이의 연결을 잘해서 문단을 보기 좋고, 읽기 좋게 만드는 것도 IELTS Writing 채점항목 Cohesion의 평가 항목입니다. 따라서 평소 본인이 잘 사용하는 연결어구를 준비해 공부해서 글을 쓸 때 적절하고 정확하게 사용할 수 있도록 하는 것이 IELTS Writing 고득점을 위한 노하우가 될 것입니다.

UNIT 02 Task 2 서론, 본론, 결론 구성 노하우

INTRODUCTION(서론) 구성

Introduction에서 말하고자 하는 내용을 전부 쓰는 것이 아닙니다. 3~5문장으로 구성된 한 문단에 문제에 대한 내용을 언급하고 글의 전개 방향을 알려주는 것입니다. 그리고 부담 없이 Introduction을 시작해야 주어진 시간 안에 쉽게 글을 풀어갈 수 있습니다. 주어진 문제를 바탕으로 하여 문제에서 제시하는 상황들을 설명하거나, 의견을 제시하는 방법으로 Introduction을 전개해 나갈 수 있습니다. 여기에서는 가장 많이 사용되는 세 문장을 기본으로 한 구성방법을 설명하도록 하겠습니다.

1. Introduction의 기본 구성

> 문제상황 또는 의견 설명 **문장 1**
>
> 문제상황 또는 의견 설명 **문장 2**
>
> 논제(Thesis) **문장 3**

논제(Thesis)는 '무엇을 쓰겠다'라고 말하는 것입니다. Introduction에서 맨 마지막에 쓰여지는데, 읽는 이는 논제를 통해 글쓴이가 어떠한 방향으로 글을 전개해 나갈 것인지를 알 수 있습니다. 이것은 길에 있는 간판을 보고 그 가게가 무엇을 파는 곳인지 파악하는 것과 같습니다. 그러므로 전달이 잘될 수 있도록 단순하면서 명쾌하게 쓰는 것이 좋습니다.

> ★ 논제(Thesis)를 위한 Tip!
>
> 1. 문장은 1인칭 또는 essay를 주어로 해서 만듭니다.
>   - 예 In this essay, I will discuss some causes and effects of this phenomenon and what we could do to stop it.
>   - 예 This essay look at ideas in favor of and against abortion.
> 2. 본문의 글이 앞으로 어떻게 전개되는지에 대해 구체적으로 보여줍니다.
>   - 예 I am going to analyze the effects of alcoholism on the individual, the family and society.
> 3. 논제(Thesis)문장에 적당한 단어들을 미리 익혀둡니다.
>   - 예 analyze, look at, examine, discuss, outline, consider, describe 등등

2. Introduction의 기본 구성 예제

첫 번째 문장과 두 번째 문장에 주어진 문제에 대한 자세한 상황을 설명하고 마지막 문장에 자신의 논제를 밝힌 Introduction을 살펴보겠습니다.

Example 1

In the past, many household jobs used to be done by hand. However, nowadays they are done by machine. Do you think this improvement has more advantages than its disadvantages?

문제상황 설명 Nowadays, most daily household tasks are aided by the use of machines. 문제상황 설명 These machines, including dishwashers, microwave ovens and dryers, have replaced the work people did by hand in the past. 논제(Thesis) This essay will examine both the advantages and disadvantages of machines in the home before forming a conclusion.

IELTS Writing Task 2의 문제는 양쪽의 의견이 분분한 경우가 많습니다. 다음은 각각의 상반된 의견을 설명 후 마지막 문장에 자신의 논제를 제시한 Introduction을 살펴보겠습니다.

Example 2

Some people believe that all children in school should be required to learn at least one foreign language. However, others say that those who are not linguistically talented should not have to learn foreign languages. What is your opinion?

문제의견 설명 There are those that argue that all school-aged children should be required to study a second language. 문제의견 설명 Then again, those who say that only the linguistically talented should have to study a second language have a valid point. 논제(Thesis) In this essay, I will illustrate how important it is that children be more than monolingual.

> ★ 단어 중복을 피하기 위한 Tip!
>
> 1. 제시된 문제의 핵심어구를 파악하여 동의어 또는 관련된 단어를 사용합니다.
>   예) job → task   learn → study
>
> 2. 주어진 문제의 단어를 자세하게 풀어 씁니다.
>   예) machine → These machines, including dishwashers, microwave ovens and dryers
>
> 3. IELTS Writing에서는 단순히 글자 수를 채우기 위한 중복된 단어는 단어 수에서 제외시키고 있습니다. 하지만 이런 중복을 피하기 위해 여러 비슷한 뜻의 동의어를 무턱대고 쓰다 보면 사용에 따라 문장에서 전혀 다른 의미를 보이는 것도 있으므로 사용하는 문장이나 문맥에 따라 적절하고 정확하게 단어를 선택하여 사용해야 합니다. 이것이 Writing 채점항목 중 하나로써 단어 사용에 관련된 Lexical Resources라는 채점항목입니다.

BODY(본론) 구성

Introduction Thesis에서 밝힌 대로 논리를 풀어가는 곳이 Body(본론)입니다. 제시된 문제와 글쓴이의 아이디어에 따라 다르지만 보통 2~3개의 Paragraph(문단)으로 이루어집니다.

Paragraph 구분 없이 본문을 쓰면 논리적인 의견을 제시하기 어려울 뿐 아니라, 채점자 또한 글의 흐름을 파악하기 어렵습니다. 다음은 Paragraph의 기본 구성을 알아보겠습니다.

1. Paragraph의 기본 구성

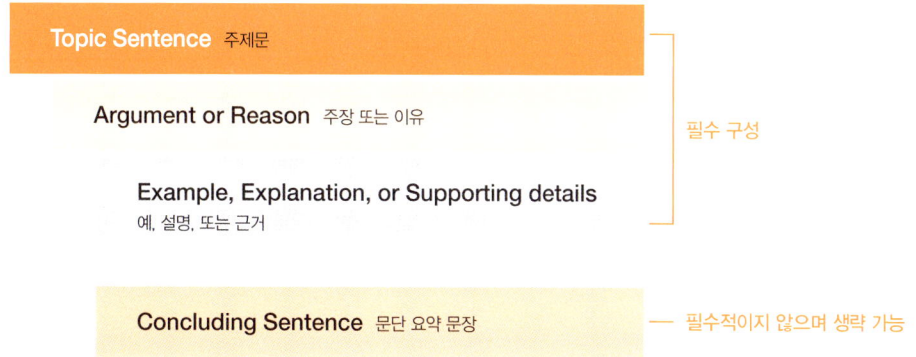

2. Paragraph의 기본 구성 예제

Example
More and more students choose to go to other countries for a higher education. Do you think the benefits outweigh the problems associated with it?

Topic Sentence 주제문	First of all, there are more opportunities for a better education overseas for some students.
Argument or Reason 주장 또는 이유	The number of universities is larger combined in other countries than that is in one's own country.
Example, Explanation, or Supporting details 1 예, 설명, 또는 근거 1	For example, schools and educational institutions in China are definitely more than those in Korea because the country itself is big.
Example, Explanation, or Supporting details 2 예, 설명, 또는 근거 2	Students who are not able to choose their ideal subjects in their homeland surely can access to them in foreign countries.

주제문을 더욱 자세히 뒷받침 해주기 위해 1~2개의 주장 또는 근거를 추가 할 수 있습니다.

3. Body의 전개방식

Paragraph이 구성되면 주어진 문제와 쓰고자 하는 아이디어를 바탕으로 하여 Body를 전개해야 합니다. Body 전개방식은 2문단과 3문단으로 전개해나가는 방식이 있습니다. 각각의 문단은 비슷한 분량으로 비중을 균형 있게 잡아야 합니다.

2문단 Body 전개방식

Paragraph 1

Topic Sentence
- Argument or Reason
  - Example, Explanation, or Supporting details
- Argument or Reason
  - Example, Explanation, or Supporting details

Paragraph 2

Topic Sentence
- Argument or Reason
  - Example, Explanation, or Supporting details
- Argument or Reason
  - Example, Explanation, or Supporting details

» 2문단 Body 전개방식은 찬성과 반대 의견을 모두 쓰는 경우에 선호되는 구성입니다. 찬성과 반대의 전개 순서는 상관이 없으며, 3문단 구성보다 1~2개의 주장 또는 근거가 추가되기도 합니다.

3문단 Body 전개방식

Paragraph 1

Topic Sentence
- Argument or Reason
  - Example, Explanation, or Supporting details

Paragraph 2

Topic Sentence
- Argument or Reason
  - Example, Explanation, or Supporting details

Paragraph 3

Topic Sentence
- Argument or Reason
  - Example, Explanation, or Supporting details

» 3문단 Body 전개방식은 찬성과 반대 둘 중 하나의 의견만 쓸 때나 장단점을 설명할 때 선호되는 구성입니다. 2문단 구성보다 비교적 짧은 문단을 이용해 전개되며 초, 중급 정도 실력의 응시자들이 글쓰기에 편해서 선호하는 전개방식입니다.

4. 2문단 Body의 전개방식 예제

> **Example**
>
> In some countries, schools are open late after formal lessons so that children can be looked after while their parents are at work. Discuss the advantages and disadvantages.

Paragraph(문단) 1

Topic Sentence 주제문	According to popular belief, parents should not depend on others to be the primary caregivers of their children.
Argument or Reason 1 주장 또는 이유 1	Obviously, many people are upset that parents are opting to work late over spending quality time with their children.
Example, Explanation, or Supporting details 1 예, 설명, 또는 근거 1	Children need their parent's love, support and nurturing during their school-aged years for their healthy development.
Argument or Reason 2 주장 또는 이유 2	Understandably, some believe that asking children to stay at school each day from 8:00 am to 6:00 pm is absurd.
Example, Explanation, or Supporting details 2 예, 설명, 또는 근거 2	Generally speaking, it is not healthy for children to be held and forced to obey under one roof for ten hours.

Paragraph(문단) 2

Topic Sentence 주제문	There are many ways that parents can still be successful at work, raise healthy children and keep childminders working.
Argument or Reason 1 주장 또는 이유 1	First, employers should make it easier for parents to leave the office at a normal time.
Example, Explanation, or Supporting details 1 예, 설명, 또는 근거 1	By doing so, parents will be able to spend more time with their children and less money on childcare.
Argument or Reason 2 주장 또는 이유 2	Secondly, childminding should not be offered at schools, where students have already spent too much time each day.
Example, Explanation, or Supporting details 2 예, 설명, 또는 근거 2	Children requiring extended care should change locations to a local home business and be allowed to play outside.

5. 3문단 Body의 전개방식 예제

> **Example**
>
> Some people point out that international travel numbers are decreasing. Do you think it is a positive or negative trend?

Paragraph(문단) 1

Topic Sentence 주제문	According to estimates, the upcoming holiday travel period will see fewer fliers than a year ago due to lingering economic concerns.
Argument or Reason 주장 또는 이유	As a consequence, local travel is increasing, which in turn benefits the local economy rather than international destinations.
Example, Explanation, or Supporting details 예, 설명, 또는 근거	Hopefully, with more people exploring their own countryside, local hotels, attractions and restaurants will profit.

Paragraph(문단) 2

Topic Sentence 주제문	Of course, travelling internationally often means that people have to take weeks off from work, making it an expensive luxury.
Argument or Reason 주장 또는 이유	Conversely, travelling locally can be done on weekends or with just a few days of vacation away from work.
Example, Explanation, or Supporting details 예, 설명, 또는 근거	In addition, many people choose to take their work with them while on a weekend getaway, making travel a practical pursuit.

Paragraph(문단) 3

Topic Sentence 주제문	Air pollution will get reduced since fewer tourists take plane to visit other countries.
Argument or Reason 주장 또는 이유	It is considered that frequent flights contribute to the severe global air pollution.
Example, Explanation, or Supporting details 예, 설명, 또는 근거	When people choose not to use airplane that often, the emission comes from fuel burning will decrease, and therefore our environment gets cleaner.

CONCLUSION(결론) 구성

Conclusion으로 글은 마무리됩니다. 읽는 사람은 Conclusion을 가장 오래 기억하므로 간결하면서도 명료한 마무리로 좋은 인상을 남겨야 합니다. Conclusion은 Body에서 보여준 아이디어들을 요약하거나 자신의 의견을 최종적으로 제시하고 끝을 맺습니다. 한 가지 유념할 점은, 에세이의 마무리인 Conclusion에서 새로운 문제를 제기하거나 정보를 주면 읽는 사람에게 혼란을 일으킬 수 있으며 감점의 원인이 될 수 있으니 주의해야 한다는 것입니다.

1. Conclusion을 위한 Tip

Conclusion에서는 Vocabulary가 더욱 중요합니다

Conclusion은 사뭇 Introduction과 비슷합니다. 하지만 Introduction에서 쓰인 단어를 반복하여 쓰는 것은 피하도록 합니다. 같은 단어를 계속 쓰면 채점자는 단어 수를 억지로 늘리기 위한 시도라고 생각합니다. 글을 본격적으로 쓰기 전에 질문의 핵심어구를 파악해서 의미가 제대로 전달되는 동의어나 표현 등을 미리 준비해 놓는 것이 좋은 결론을 짓기 위한 준비가 될 것입니다.

Conclusion은 선물을 싼 포장지에 비유됩니다

Introduction과 Conclusion은 흔히 선물 포장지에 비유가 됩니다. 포장지로 선물을 싸는 모습을 떠올려 보면 포장지는 선물의 본질이 아니라 선물을 돋보이게 하는 역할을 합니다. 포장지가 선물보다 비싸지 않듯이 글의 핵심은 Introduction과 Conclusion에 있는 것이 아니라 Body에 있으며 이런 이유로 주요정보나 핵심 논리를 Conclusion에서 새로 보여주는 것은 바람직하지 않습니다. 그리고 Introduction으로 시작되는 글은 Conclusion으로 마무리 짓기 때문에 둘의 연관이 잘 맞아 떨어져야 합니다.

2. Conclusion의 예제

> **Example**

Is genetic manipulation ethical?

→ In summary, I strongly believe that human genetic manipulation is unethical. Scientist should not toy with human DNA. An individual's DNA is unique and is the "blueprint" of each person's genetic make-up. Manipulating genes may result to disorders in the evolutionary process which they might not be able to contain or control.

Should governments fund space exploration?

→ To conclude, I agree that governments should fund space exploration. However, they should only allot a reasonable budget for this. Governments should avoid giving overly huge amounts of the national budget for space research. They must never forget that they have a responsibility to improve the living conditions of their citizens, first and foremost.

Do fairy tales teach children good values?

→ In conclusion, although fairy tales are fictitious and fanciful, most contain stories that uphold good values. These include honesty, kindness, bravery, generosity and family-love to name a few. Therefore, I think that fairy tales introduce children to decent values in a light and entertaining manner.

Should we give alms to beggars?

→ To sum up, whether to give alms to beggars is dependent on the situation. If we can perceive obvious suffering and need, I believe it is just right to give alms or even donations. However, I suggest for people to think twice before giving alms to beggars who seem to be in good health. If they are active and alert, then they should strive to look for decent jobs instead of being on the streets begging for money.

What is your opinion on actors who run for political offices?

→ In conclusion, running for a political office is not dependent on who a person is, but rather on a person's achievements, values and plans for the betterment of his country. It does not matter if a person worked as an entertainer. What matters is his ability to assume the responsibilities of his political position.

PART 5
TASK 2 유형별 연습

UNIT 1. Agree/Disagree | UNIT 2. Advantages/Disadvantages
UNIT 3. Problem/Solution (Cause/Effect) | UNIT 4. Discuss both views

UNIT 01 Agree / Disagree

특정 사안에 대한 동의 의사를 묻는 질문

ⓐ
Some people have benefited from modern communication technology, however, other people have not benefited from it at all.
To what extent do you agree or disagree with this point?

ⓑ
Some people think that schools should concentrate on academic classes. They think music and sports classes are not useful and should be omitted from the primary school curriculum.
Do you agree or disagree with this opinion?

문제유형 소개

어떠한 주장과 그에 따른 반대 의견, 또는 이유나 설명이 주어진 후 이에 대한 동의의사를 묻는 문답형의 문제유형입니다. 이 문제유형은 일반적으로 두 가지 형태로 나누어지는데, ⓐ처럼 동의하느냐 동의하지 않느냐의 어느 정도(degree)를 묻는 형태와 ⓑ처럼 강한 어조로 마치 YES/NO의 대답을 바라는 것 같은 직접적인 찬/반을 묻는 형태입니다. IELTS 실제 시험에서 가장 출제 빈도가 높은 문제유형으로 앞으로 다룰 다른 세 가지 문제유형에 앞서 가장 기본이 되는 문제유형이니 만큼 정확하게 문제의 요구 사항을 파악해서 글을 쓰는 연습을 해야 하겠습니다.

해석 ⓐ 어떤 사람들은 현대 통신 기술의 혜택을 받는 데 반해, 다른 사람들은 전혀 이득을 보지 못하고 있다.
이 의견에 어느 정도까지 동의하거나, 동의하지 않는가?
ⓑ 어떤 사람들은 학교가 학과 수업에 집중해야 한다고 주장한다.
음악과 체육 수업은 필요치 않으므로 초등 교육과정에서 없애야 한다고 생각한다. 이 의견에 동의하는가, 동의하지 않는가?

👑 Agree/Disagree 유형 분석방법

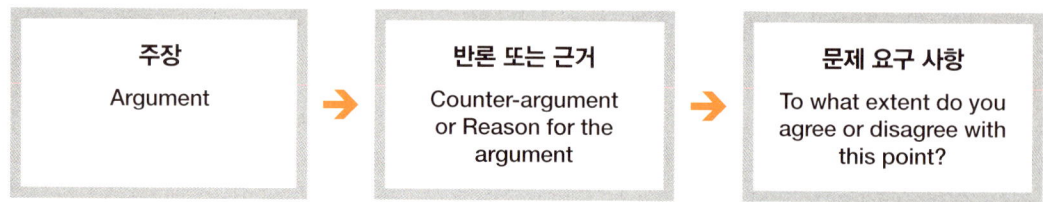

ⓐ 주장 **Argument:** Some people have benefited from modern communication technology,
반론 **Counter-argument:** however, other people have not benefited from it at all.
문제 요구 사항: To what extent do you agree or disagree with this point?

ⓑ 주장 **Argument:** Some people think that schools should concentrate on academic classes.
근거 **Reason for the argument:** They think music and sports classes are not useful and should be omitted from the primary school curriculum.
문제 요구 사항: Do you agree or disagree with this opinion?

● Agree/Disagree 유형의 답안을 쓰기 위한 노하우

1. 항상 글쓴이의 주장(찬성하는 방향)이 반론(반대하거나 덜 찬성하는 방향)보다 우세해야 합니다.

2. 주어진 문제에 대한 견해가 완전히 한쪽으로 치우치면 안 됩니다. 동의 의사를 묻는 질문은 대체로 논란의 여지가 있기에 한 방향으로 지나치게 단순화하는 것은 도움이 되지 않습니다.

3. 서론의 논제(논술할 전제)나 결론에 반론을 인정하는 문구가 들어가면 글쓴이의 주장이 더욱 설득력이 있습니다. 반대 의견도 타당하다는 점을 인정하기 때문입니다.

   > 예 비록 홈 스쿨링이 아이들에게 개별화된 교육을 제공하는 점은 사실이지만, 전통적인 학교는 아이들이 사교적인 기술을 개발하도록 도와주고 사회가 돌아가는 양상을 더욱 잘 알려주기 때문에 일반 학교에 아이들을 보내는 것이 더욱 낫다.

4. ⓐ에서 '어느 정도까지'라는 문구는 한쪽으로 치우치지 않고 균형적인 태도로 토론하도록 요구합니다. 하지만 ⓐ와 달리 ⓑ의 질문은 단순히 동의 여부를 묻고 있고 '어느 정도까지'라는 문구가 나오지 않는다는 점에 주목해야 합니다. 이런 문제에서는 양쪽 다 고려해서 써도 되지만 한쪽 측면에만 중점을 두고 쓰는 것도 가능합니다.

♛ Agree / Disagree 유형 전개방법

CASE 01 **반대 의견을 먼저 제시하여 전개하는 경우**(추천 사항)

반대 의견을 먼저 제시하면 균형적인 태도로 논할 수 있기 때문에 동의 의사를 묻는 질문에 많이 쓰이는 방법입니다. 먼저 반대 의견에 대해 설명한 뒤 다음 단락에서 그 반대 의견을 반박합니다. 반대 의견을 반박한 후, 글쓴이가 생각하는 핵심 사항에 대해 더욱 설득력 있는 주장을 펼칠 수 있습니다.

	Useful Expressions
Introduction 도입	– People have always debated on whether or not ~ – It is true that ~. However, ~ – The idea that ~ has always been a subject of debate.
Body 1 반대 의견에 대해 설명	– Admittedly, ~ – We cannot discount the fact that ~ – It goes without saying that ~ – Critics have a valid point when they say ~
Body 2 자신의 주장을 펼침 반론을 반박하는 근거 제시	– Nevertheless, ~ – However, the fact remains that ~ – The critics may have a point, but we should not overlook the fact that ~ – Considering the fact that ~ the argument gets more and more difficult to define, but when we look closely at ~
Conclusion 주장의 핵심 사항 요약 반대 의견을 간략히 언급 추가적인 해결책 제시 (선택 사항)	– On final analysis, ~ – After looking at both sides of the argument, it is clear that ~ – In the end, however, ~ – Given the points discussed above, we cannot simply say that ~

CASE 02 주장 후 반박하여 전개하는 경우

Case 1과 달리 이 방법은 글쓴이가 주장하는 바가 무엇인지 혼란을 야기할 수 있습니다. 만약 글쓴이가 처음에 자신의 주장을 제시하고 마지막에 반론을 쓴다면, 읽는 사람은 글쓴이가 주어진 문제에 대한 확고한 의견이 없다고 여길 수 있습니다. 그래서 이 방법을 쓸 때는 문단을 잘 짜서 면밀하게 써야 하고, 글쓴이의 주장을 강화하기 위해 세 번째 본문이 필요할 수도 있습니다.

	Useful Expressions
Introduction 도입	– People usually have divided views on ~ – The idea that ~ has stirred countless debates among ~ – Whether or not it is right to ~ has always been a subject of debate
Body 1 본인이 찬성하는 주장을 펼침	– For one thing, ~ – Another point to consider is that ~ – In addition, ~ – We should also take into account ~
Body 2 반대 의견 설명	– Admittedly, ~ – On the contrary, there are people who believe that ~ – We cannot deny that ~ – Others tend to have the opposite view because ~
Body 3 주장이 반론보다 우세한 이유 설명	– It is true that ~, but, in the end, ~ – While we cannot deny ~, the fact remains that ~ – Despite the validity of the counter-arguments presented above, we should nevertheless consider ~
Conclusion 주장의 핵심 사항 요약 본인이 찬성하는 주장이 반대 의견보다 우세한 점 강조 추가적인 해결책 제시 (선택 사항)	– In summary, ~ – Given the points that were mentioned above ~ – All in all, ~ – After looking at both sides of the argument, it is clear that ~

CASE 03 반론을 제거하며 전개하는 경우

이 방법은 주어진 문제에 대해 반대 견해가 많을 때 쓸 수 있습니다. 반대 견해를 제시한 후 하나씩 반박하면서 자신의 의견을 뒷받침하는 강력한 근거를 제시해야 합니다. 잘 쓰면 굉장히 설득력 있고 논리적으로 보이지만 자칫 잘못 쓰면 오히려 타당한 이유 없이 무작정 반대하는 것처럼 보일 수 있으니 이점을 유의해서 써야 합니다.

	Useful Expressions
Introduction 도입	– People tend to view the idea that ~ with skepticism – Not everyone is convinced of the fact that ~ – The idea that ~ has always raised concerns among ~
Body 1 반대 의견 1 설명 반대 의견의 반박 이유 설명 본인의 주장에 대한 설명	– One of the first things that critics would say is that ~ – However, these critics fail to consider the fact that ~ – People are quick to point out that ~ – However, they tend to overlook the fact that ~ – The reality is that ~
Body 2 반대 의견 2 설명 반대 의견2의 반박 이유 설명 본인의 주장에 대한 설명	– Another point critics usually raise is that ~ but then again ~ – Another counter-argument is that ~ – This is actually a valid point, but ~ – People should not discount the fact that ~ – A closer look at the situation actually reveals that ~
Conclusion 반대 의견을 반박하는 핵심 사항 요약 본인이 찬성하는 주장 재 강조 추가적인 해결책 제시 (선택 사항)	– To conclude, the idea that ~ has its own merits – If we just keep an open mind, we will eventually realize the benefits of ~ – By analyzing the situation carefully, it becomes clear that ~ – As shown in the discussion above, there is actually basis for saying that ~ is not as bad/harmful as it seems

EXERCISE

You should spend about 40 minutes on this task.

Write about the following topic:

> *Some people have benefited from modern communication technology, however, other people have not benefited from it at all.*
>
> *To what extent do you agree or disagree with this point?*

Give reasons for your answers and include any relevant examples from your own knowledge or experience.

Write at least 250 words.

● STEP 1 | Question analysis

문제에서 요구하는 사항이 무엇인지 분석합니다.

Argument: Some people have benefited from modern communication technology,
<u>문제의 주요 요점</u>

Counter-argument: however, other people have not benefited from it at all.
<u>아이디어를 전개할 사항</u>

To what extent do you agree or disagree with this point?
<u>답안에 포함되어야 하는 자신의 의견 사항</u>

주장 : 어떤 사람들은 현대 통신 기술의 혜택을 받는 데 반해,
반론 : 다른 사람들은 전혀 이득을 보지 못하고 있다.
이 의견에 어느 정도까지 동의하거나, 동의하지 않는가?

● STEP 2 | Brainstorming

문제의 주요 요점을 중심으로 관련 아이디어를 정리 후 답안에 사용할 아이디어를 선택합니다.

Communication Technology

Benefits of Communication Technology	Drawbacks of Communication Technology
✔ Cell phones and computers will be cheaper in competition.	✔ Some have no idea of computer or mobile phone.
✔ Communication technologies benefit both urban and rural areas.	✔ Current technology only benefits urban people.
☐ Communication technology is beneficial for economy.	☐ Smart phones spread pornography easily.
✔ Communication technology is widely used.	✔ Not everyone can afford high technology devices.
✔ Companies create websites and make internet subscriptions.	☐ Internet is full of false information.
✔ Governments invest more in communication technologies.	✔ Some people are cut off from the "connected" world.
✔ Korea installs wireless connection throughout the country.	☐ Hackers use internet to attack government.
✔ People use cell phones and computers for work, travel and leisure.	☐ Personal information can be at danger.
✔ Remote areas begin to have internet installed.	✔ People have basic needs before they need technologies.
☐ Smart phone applications help people meet new friends.	☐ People get addicted to SNS.

다음 장에는 위에 선택한 아이디어를 바탕으로 아래와 같이 다양한 전개방법을 통해 답안을 제시하도록 하겠습니다.

Case 1) 반론 먼저 제시하여 전개하는 경우
Case 2) 주장 후 반박하여 전개하는 경우
Case 3) 반론을 제거하며 전개하는 경우

MODEL ANSWER 1

● **CASE 1** 반대 의견을 먼저 제시하여 전개하는 경우

Introduction 도입	**It is true that** because of today's cell phones, computers and the Internet, people will never look at communication the same way again. Many people are enjoying the ease and convenience of communicating today, whether virtually or in person. **However,** some critics argue that the benefits offered by these technologies are not accessible to everyone. Despite this possible drawback, I believe that access to communication technologies will reach a wider audience as time goes by.
Body 1 반대 의견 설명	**We cannot discount the fact that** some people are still unaware of the benefits of the computer, the Internet and the mobile phone. Since not everyone can afford these. In some African nations for instance, people barely earn enough money for their basic needs. This example shows that some people are still cut off from the rest of the "connected" world.
Body 2 본인이 찬성하는 주장을 펼침 반대 의견을 반박하는 근거 설명	**The fact remains that** the Internet, the cell phone and the computer are increasingly used in many households today. In fact, even rural areas are starting to get "connected." In Korea, a project to install wireless connections in the countryside is currently in progress. China is also producing cheaper phones and computers. With these developments, it is likely that modern communication technologies will benefit the rest of the world, no matter how poor or far some places are.
Conclusion 주장의 핵심 사항 요약 반대 의견에 대해 간략히 언급 추가적인 해결책 제시 (선택 사항)	**After looking at both sides of the argument, it is clear that** modern communication gadgets and equipment will soon spread even to the farthest regions of the world. We cannot deny that there are still people who are left behind, but as technology gets cheaper, everyone will soon enjoy the benefits of modern-day communication devices.

269 words

CHECK-UP VOCABULARY 동의어

communication conversation, correspondence, transmission, dissemination, circulation
access admission, passage, admittance, ingress, entry
benefit advantage, assistance, gain, favor, betterment

해석 오늘날 휴대폰과 컴퓨터, 인터넷 덕분에 사람들이 통신 수단을 다시는 같은 방식으로 여기지 않는다는 점은 사실이다. 많은 사람들이 가상이든 실제로든 쉽고 편리하게 통신의 혜택을 누리고 있다. 그러나 어떤 비평가들은 이러한 기술이 제공하는 혜택을 모든 사람들이 받는 것은 아니라고 주장한다. 이처럼 문제점이 있을 수 있지만, 나는 시간이 흐를수록 점점 더 많은 사람들이 통신 기술을 접하리라고 생각한다.

아직도 어떤 사람들이 컴퓨터와 인터넷, 휴대폰의 혜택을 모른다는 사실을 무시해서는 안 된다. 모든 사람들이 이러한 것들을 사용할 형편이 되는 것은 아니기 때문이다. 예를 들어 아프리카에서는 기본적인 생필품을 살 돈을 버는 것도 빠듯하다. 따라서 일부 사람들은 여전히 '연결된' 나머지 세계로부터 고립되어 있다.

그러나 오늘날 인터넷과 휴대폰, 컴퓨터를 사용하는 가정이 점점 늘고 있다는 사실에는 변함이 없다. 실제로 시골 지역에서도 통신 세계와 '연결되기' 시작하고 있다. 한국에서는 시골 지역에 무선 연결을 설치하는 사업이 진행 중이다. 중국에서도 저렴한 휴대폰과 컴퓨터가 제작 중이다. 이런 식으로 발전한다면, 아무리 빈곤하거나 먼 지역에 있더라도 그 세계의 사람들 역시 현대 통신 기술의 혜택을 받을 것이다.

논지의 양측 주장을 보고 나니, 현대 통신 장치와 설비가 머지않아 세계에서 가장 멀리 떨어진 지역까지도 퍼지리라는 점이 분명하다. 아직 뒤처진 사람들이 있다는 점을 부정할 수는 없지만, 장비가 저렴해지면서 곧 모든 사람들이 현대 통신 장치의 혜택을 누릴 것이다.

자주 함께 쓰이는 단어

world expanding world | shameful world | deceiving world
project universal project | useless project | overdue project
example best example | fitting example | accurate example

MODEL ANSWER 2

● CASE 2 주장 후 반박하여 전개하는 경우

Introduction 도입	**Whether or not** everyone has the ability to access modern communication technologies **has always been a subject of debate**. Some people say that benefits offered by technologies such as cell phones and computers are not accessible to everyone. However, I believe that communication technologies in use today will reach a wider audience as time goes by.
Body 1 본인이 찬성하는 주장을 펼침	**For one thing,** almost everyone has a cell phone or a computer nowadays. We have reached a period in our history where cell phones and computers have become a necessity. People use them for work, travel and leisure. **Another point to consider is that** governments and corporations worldwide are increasing investments in telecommunications and Internet technologies. More and more companies are building cell sites, selling phones and offering Internet subscriptions.
Body 2 반대 의견 설명	**Admittedly,** some people are still unaware of the benefits of the computer, the Internet and the mobile phone. Since not everyone can afford these. In some African nations for example, people barely earn enough money for their basic needs. This example shows that some people are still cut off from the rest of the "connected" world.
Body 3 본인의 주장이 반대 의견보다 우세한 이유 설명	**Despite the validity of the counter-arguments presented above, we should nevertheless consider** that the Internet, the cell phone and the computer are increasingly used in many households today. In fact, even rural areas are starting to get "connected." In Korea, a project to install wireless connection in the countryside is currently in progress. China is also producing cheaper phones and computers. With these developments, it is likely that modern communication technologies will benefit the rest of the world, no matter how poor or far some places are.

CHECK-UP VOCABULARY 동의어

ability power, potential, facility, proficiency, expertise
debate discussion, argument, dispute, deliberation, altercation
argument reasoning, justification, rationale, questioning, contention

Conclusion

주장의 핵심 사항 요약
주장이 반대 의견보다
우세한 점 강조
추가적인 해결책 제시
(선택 사항)

After looking at both sides of the argument, it is clear that modern communication gadgets and equipment will soon spread even to the farthest regions of the world. We cannot deny that there are still people who are left behind, but as technology gets cheaper and more widespread, everyone will soon enjoy the benefits of today's communication technologies.

327 words

해석

모든 사람들이 현대 통신 기술을 접할 수 있느냐 없느냐의 문제는 언제나 논란의 주제가 되어 왔다. 어떤 사람들은 휴대폰, 컴퓨터와 같은 기술이 제공하는 혜택을 모두가 받는 것은 아니라고 말할 것이다. 그러나 나는 시간이 지날수록 더욱더 많은 사람들이 오늘날 사용되는 통신 기술을 접하리라고 생각한다.

우선 첫째로, 요즘은 거의 모든 사람들이 휴대폰이나 컴퓨터를 갖고 있다. 휴대폰이나 컴퓨터가 필수품이 된 역사의 시기에 이른 것이다. 사람들은 일을 하고 여행을 가고 여가를 보내기 위해 통신기기를 사용한다. 고려해야 할 또 다른 사항은, 세계적으로 정부와 기업에서 전자통신과 인터넷 기술에 더욱더 많이 투자하고 있다는 점이다. 점점 더 많은 기업에서 셀기지국을 만들고, 휴대폰을 판매하고, 인터넷 서비스를 제공한다.

물론 어떤 사람들은 아직도 컴퓨터와 인터넷, 휴대폰의 혜택을 알지 못한다. 모든 사람들이 이러한 것들을 사용할 형편이 되는 것은 아니기 때문이다. 예를 들어 아프리카에서는 기본적인 생필품을 살 돈을 버는 것도 빠듯하다. 따라서 일부 사람들은 여전히 '연결된' 나머지 세계로부터 고립되어 있다.

위 내용에 제시된 반론이 타당하기는 하지만, 우리는 오늘날 인터넷과 휴대폰, 컴퓨터를 사용하는 가정이 많이 늘고 있다는 점을 생각해야 한다. 실제로 시골 지역에서도 통신 세계와 '연결되기' 시작하고 있다. 한국에서는 시골 지역에 무선 연결을 설치하는 사업이 진행 중이다. 중국에서도 저렴한 휴대폰과 컴퓨터가 제작 중이다. 이런 식으로 발전한다면, 아무리 빈곤하거나 먼 지역에 있더라도 그 세계의 사람들 역시 현대 통신 기술의 혜택을 받을 것이다.

논지의 양측 주장을 보고 나니, 현대 통신 장치와 설비가 머지않아 세계에서 가장 멀리 떨어진 지역까지도 퍼지리라는 점이 분명하다. 아직 뒤쳐진 사람들이 있다는 점을 부정할 수는 없지만, 장비가 저렴해지고 더 멀리 퍼지면서 곧 모든 사람들이 현대 통신 장치의 혜택을 누릴 것이다.

자주 함께 쓰이는 단어

period memorable period | historical period | momentous period
money hard-earned money | dirty money | stolen money
household warm household | welcoming household | hostile household

MODEL ANSWER 3

● **CASE 3** 반대 의견을 제거하며 전개하는 경우

Introduction 도입	**Not everyone is convinced of the fact that** everyone can access modern communication technologies. They say that many people cannot afford cell phones and computers. In addition, critics say that only people in urban areas enjoy such innovations. Despite these views, I still believe that communication technologies in use today will reach a wider audience as time goes by.
Body 1 반대 의견 1을 설명하고 반박하는 이유 제시 본인이 찬성하는 주장 설명	**One of the first things that critics would say is that** cell phones and computers are too expensive. For instance, not everyone can afford Internet subscriptions, mobile phones and computers. In some African nations for example, people barely earn enough money for their basic needs. **However, these critics fail to consider the fact that** technology will naturally be costly at first, but will pay dividends later. The development of technology involves money and, as a result, the price of devices may not be low enough for everyone. However, we all know that as technology becomes widespread, devices become cheaper. We should also consider that more companies are producing cell phones, computers and other related devices. The competition makes these companies sell gadgets at lower prices. In the long run, technology that may be expensive today will be affordable to most people tomorrow.
Body 2 반대 의견 2를 설명하고 반박하는 이유 제시 본인이 찬성하는 주장설명	**Another counter-argument is that** today's technology only benefits people in urban areas. People say that people in rural and relatively poor areas are not aware of the cell phone, the computer and the Internet. **A closer look at the situation actually reveals that** even people from rural areas are starting to get "connected." In Korea for example, a project to install wireless connection in the countryside is currently in progress. Companies also regard rural areas as the future market for technological innovations. They will most likely make Internet and cell phone connectivity affordable in rural regions soon. With these developments, it is likely that modern communication technologies will benefit both urban and rural areas.

CHECK-UP VOCABULARY 동의어

convinced confident, positive, sure, certain
equipment apparatus, gear, provisions, paraphernalia, kit
critic judge, authority, analyst, arbiter, expositor

Conclusion

반대 의견을 반박하는 근거요약
주장을 강조
추가적인 해결책 제시 (선택 사항)

By analyzing the situation carefully, it becomes clear that modern communication gadgets and equipment will soon spread even to the farthest regions of the world. We cannot deny that there are still people who are left behind, but as technology gets cheaper and more widespread, everyone will soon enjoy the benefits of today's communication technologies.

370 words

해석

누구나 현대 통신 기술을 접할 수 있다는 사실을 모든 사람들이 납득하는 것은 아니다. 그 점을 납득하지 않는 입장에서는, 휴대폰과 컴퓨터를 쓸 형편이 안 되는 사람들이 많다고 주장한다. 게다가 비평가들은 도심 지역에 있는 사람들만 그 획기적인 기술을 누린다고 말한다. 이러한 견해에도 불구하고, 나는 여전히 시간이 지날수록 점점 더 많은 사람들이 오늘날 사용되는 통신 기술을 접하리라고 생각한다.

비평가들이 첫 번째로 꼽을 수 있는 내용 중 하나는 휴대폰과 컴퓨터가 너무 비싸다는 점일 것이다. 이를테면 모든 사람들이 인터넷 서비스와 휴대폰, 컴퓨터를 사용할 형편이 되는 것은 아니다. 예를 들어 아프리카에서는 생필품을 살 돈을 버는 것도 빠듯하다. 그러나 이러한 비평가들은 이러한 기술이 초기에는 돈이 많이 들지만 나중에는 이익이 될 것이라는 점을 간과하고 있다. 기술 발전에 돈이 들기 때문에, 기계 값이 모두에게 저렴해지는 않을 것이다. 그러나 우리는 기술이 널리 퍼지면 기계 값이 저렴해진다는 점을 모두 알고 있다. 또한 점점 더 많은 기업에서 휴대폰과 컴퓨터, 기타 관련 장비를 만들고 있다는 점을 염두에 두어야 한다. 경쟁이 붙으면 기업들은 장비를 저렴한 가격에 팔게 된다. 궁극적으로, 현재에는 기계 값이 비싸더라도 미래에는 대부분의 사람들에게 적당한 가격이 될 것이다.

또 다른 반론은, 오늘날 기술이 도심 지역에 있는 사람들에게만 혜택을 준다는 것이다. 일반적인 도시민과 달리, 시골 및 상대적으로 빈곤한 지역에 있는 사람들은 휴대폰과 컴퓨터, 인터넷을 잘 모른다고 말한다. 그러나 조금만 더 면밀히 살펴보면 시골 지역에 있는 사람들도 통신 세계와 '연결되기' 시작하고 있다는 점이 드러난다. 한국에서는 시골 지역에 무선 연결을 설치하는 사업이 진행 중이다. 기업도 시골 지역을 기술 혁신을 위한 미래 시장으로 여기고 있다. 시골 지역에서 인터넷과 휴대폰 연결이 가능하도록 만들 것이다. 이런 식으로 발전한다면 도심과 시골 지역 모두 현대 통신 기술의 혜택을 받을 수 있을 것이다.

상황을 자세히 분석해본 결과, 현대 통신 장치와 설비가 머지 않아 세계에서 가장 멀리 떨어진 지역까지 퍼지리라는 점이 분명하다. 아직 뒤쳐진 사람들이 있다는 점을 부정할 수는 없지만, 장비가 저렴해지고 더 멀리 퍼지면서 곧 모든 사람들이 현대 통신 장치의 혜택을 누릴 것이다.

자주 함께 쓰이는 단어

expensive shockingly expensive | extremely expensive | unbelievably expensive
situation sticky situation | uncomfortable situation | confusing situation
subscription updated subscription | renewed subscription | intermittent subscription

UNIT 02 Advantages/Disadvantages

특정 사안에 대한 장단점이나 득실을 묻는 질문

> **A** Some countries have introduced a limiting working hours for employees. How can this law be introduced? Do you think it is a positive or a negative development?
>
> **B** In modern society, more and more people live longer. Do you think the benefits of this situation outweigh the disadvantages?
>
> **C** Nowadays, a lot of charities and organizations are publicizing their activities. These organizations have sponsored a number of special days, like "National Children's Day", for encouraging good care giving of children, and "National Non-Smoking Day", for encouraging healthy lifestyles. Why do these organizations do this and what are the effects?

문제유형 소개

이 문제유형은 사회 이슈, 현상, 정책 등이 주어지고 그 사항에 대한 평가, 즉, 장단점이 무엇인지, 미치는 효과나 영향은 무엇인지 등을 요구하는 비교/대비형 문제유형입니다. 많은 응시자들이 처음 문제를 받을 때는 명확하게 agree/disagree 문제유형과 구별을 하지만, 쓰다 보면 어느덧 주어진 문제에 대한 장점과 단점에 대한 의견이나 평가가 아닌 주어진 문제에 찬성과 반대하는 듯한 글로 쓰곤 합니다. 이것은 본문을 전개해 가면서 비교와 대비를 통해 객관적인 사실이나 의견제시로 풀어가야 할 이 문제유형을 설득과 주장의 글로 풀어나가기 때문입니다. 따라서 이 문제유형의 본문을 써 나갈 때 정확히 문제유형에 맞춰 그 문제의 성향대로 일관성 있게 써 나갈 수 있도록 공부하는 것이 중요합니다.

해석
A 어떤 나라에서는 근로자의 근무 시간을 제한하는 법을 도입했다. 이러한 법은 어떻게 도입할 수 있는가? 이것은 긍정적인 발전인가, 아니면 부정적인 발전인가?
B 현대 사회에서 노년층이 점점 늘고 있는데, 이에 따르는 이득이 단점보다 우세한가?
C 요즘 많은 자선단체와 기관에서는, 자체 활동 및 아이를 잘 돌보도록 장려하는 '어린이날'이나 건강에 좀 더 주의를 기울이도록 권장하는 '금연의 날'과 같은 여러 기념일을 홍보한다. 이 단체에서 이러한 활동을 하는 이유는 무엇이며 그 효과는 어떠한가?

Advantages / Disadvantages 유형 분석방법

사회 이슈, 현상, 정책	문제 요구 사항
Social issue Phenomenon Policy	Do you think it is a positive or a negative development? Do you think the benefits of this situation outweigh the disadvantages? Why do these organizations do this and what are the effects?

A 사회 이슈 **Social Issue :** Some countries have introduced a limiting working hours for employees. How can this law be introduced?
문제 요구 사항 – 긍정/부정 **:** Do you think it is a positive or a negative development?

B 현상 **Phenomenon :** In modern society, more and more people live longer.
문제 요구 사항 – 장점/단점 **:** Do you think the benefits of this situation outweigh the disadvantages?

C 정책 **Policy :** Nowadays, a lot of charities and organizations are publicizing their activities. These organizations have sponsored a number of special days, like "National Children's Day", for encouraging good care giving of children, and "National Non-Smoking Day", for encouraging healthy lifestyles.
문제 요구 사항 – 효과/평가 **:** Why do these organizations do this and what are the effects?

● Advantages / Disadvantages 유형의 답안을 쓰기 위한 노하우

1. 글쓴이가 선호하는 의견의 이유나 근거는 결론에 가까이 제시하는 것이 좋습니다. 이렇게 쓸 때 읽는 사람이 본론 후반부와 결론의 연결성을 통해 보다 확실한 글쓴이의 의견을 알 수 있고 명확하고 확실한 글로 보일 수 있습니다.

2. 항상 정확하게 질문을 읽고 질문에 주어진 것을 빠뜨리지 않고 그것에 대한 글을 본문에 써야 좋은 점수를 받을 수 있습니다. 장단점을 묻는 질문에서는 추가적인 질문이나 특정사항 혹은 지시사항이 나올 때도 있기 때문입니다.

3. 글쓴이의 선호하는 방향에 대한 글의 양과 길이를 조절하는 것도 훌륭한 에세이를 쓰는 데 꼭 필요한 요소입니다. 만약 글쓴이가 부정적인 측면을 선호한다면, 그 내용이 긍정적인 측면보다 길고 더욱 포괄적인 것이 좋습니다.

Advantages / Disadvantages 유형 전개방법

CASE 01 네 개 단락으로 나누어 전개하는 경우

단락을 네 개 설정하여 쓰는 방법은 장단점 글의 구조상 가장 기본적인 방식입니다. 본문의 첫 번째 단락에는 글쓴이가 선호하지 않는 견해를 쓰고, 두 번째 본문에는 글쓴이의 선호 견해를 쓰는 것이 결론과의 연관성에서 좋습니다. 그리고 보통 일반적인 에세이에서는 결론이 짧고 요약이나 주장의 재확인이 들어가지만 이 방식에서는 결론을 조금 더 세부적으로 써서 글쓴이의 선호하는 의견을 확실히 부각시켜 주는 것이 좋습니다. 글쓴이의 의견에 따라 아래와 같은 방법을 쓸 수 있습니다.

A. 주제에 대한 글쓴이의 견해가 부정일 때

	Useful Expressions
Introduction 도입	– Whether ~ is a blessing or a curse has sparked a heated debate. – I believe that ~ has resulted in both positive and negative effects which must be addressed accordingly. – It is undeniable that ~ has both advantages as well as serious drawbacks
Body 1 긍정적인 측면 제시	– ~ is not without its benefits. – One of the reasons behind this trend is ~ – ~ is considered beneficial in its own right because ~ – Another advantage of ~ is that ~
Body 2 부정적인 측면 제시	– However, there are certainly dangers in ~ – However, we cannot overlook the ~ involved – Despite the benefits seen in ~, ~ also had their drawbacks – The fact remains, however, that there are underlying risks and dangers associated with ~
Conclusion 긍정적인 측면 간략히 인정 부정적인 측면 강조 부정적인 측면의 해결책 제시 (선택 사항)	– Despite its good points, one cannot underestimate the negative effects of ~ – As has been discussed above, the negative points associated with ~ outweighs its merits – It appears that, in the long run, ~ could turn out to be more detrimental than beneficial to society

B. 주제에 대한 글쓴이의 견해가 긍정일 때

	Useful Expressions
Introduction 도입	– We can all agree that ~ can affect ~ both positively and negatively. – There has been a lot of discussion on whether ~ could be considered a positive development
Body 1 부정적인 측면 제시	– Admittedly, ~ brings to mind certain negative points. – People who are against the idea that ~ would usually point out that ~ – One major reason many people tend to resist the idea that ~ is ~
Body 2 긍정적인 측면 제시	– In spite of this, the obvious benefits of ~ cannot be denied. – On the other hand, there is still no denying that ~ has its own merits – ~ will benefit ~ to a large extent because ~ – It should be noted that ~ is not as harmful as others would often claim.
Conclusion 반대 의견을 간략히 인정 긍정적인 측면 강조 긍정적인 측면의 해결책 제시(선택 사항)	– Although it is true that ~ – The bottom line is that ~ – The benefits of ~ considerably outweigh the negative points ~ – Instead of focusing on the negative aspects of the situation, people can focus more on ~

CASE 02 | 다섯 개 단락으로 나누어 전개하는 경우

이 전개 방식은 복잡해 보이지만 긍정적인 면과 부정적인 면이 긴밀하게 관련이 있을 때 쓸 수 있는 가장 좋은 방식입니다. 보통 부정적인 측면을 논의하지 않고서 긍정적인 효과를 강조하기 어려울 때가 있고, 그 반대 경우도 있기 때문입니다. 따라서 이러한 방식에서는 세 번째 단락을 덧붙여서 긍정적인 효과가 부정적인 영향보다 어떻게 우세한지, 혹은 그 반대 경우를 설명하는 것이 좋습니다.

A. 주제에 대한 글쓴이의 견해가 부정적일 때

	Useful Expressions
Introduction 도입	– People often wonder whether ~ – The presence of ~ has raised many questions among many people – ~ has been greeted with either suspicion or enthusiasm
Body 1 부정적인 측면 제시	– The problem mainly concerns ~ – One of the reasons behind the skepticism is ~ – It is not difficult to see why people tend to view ~ with skepticism because ~
Body 2 긍정적인 측면 제시	– It can be argued that ~ – Despite the aforementioned issues involved, some still believe that ~ – There are still people who look at things the other way around, arguing that ~
Body 3 긍정적인 측면에 대한 반론 (또는) 부정적인 측면이 우세한 이유 설명	– However, there is growing evidence that ~ – However, it is becoming apparent that ~ – Nevertheless, the negative points become difficult to ignore when one considers the fact that ~ – Just because ~ does not mean that ~
Conclusion 부정적인 측면 요약 부정적인 측면이 긍정적인 면보다 우세한 점 재 강조 추가적인 해결책 제시 (선택 사항)	– To conclude, while there are benefits to ~, the drawbacks remain unresolved – One must consider the risks involved before recognizing the advantages of ~ – It would be unwise to focus only on the positive side of ~, when the negative consequences are glaring

B. 주제에 대한 글쓴이의 견해가 긍정적일 때

	Useful Expressions
Introduction 도입	The effects of ~ are evident in today's society – Many can attest to the claim that ~ has done society some good – Even with its good points, ~ has still remained a target of criticism
Body 1 긍정적인 측면 제시	– One advantage of ~ is that ~ – Critics often overlook the fact that ~ – The benefits of ~ are not difficult to see – One of the reasons justifying the existence of ~ is ~
Body 2 부정적인 측면 제시	– However, there are those who say ~ – Nevertheless, critics are quick to point out that ~ – While the advantages are clear, the drawbacks of ~ are still brought to light by those against ~ – Nevertheless, ~ is not without its disadvantages
Body 3 부정적인 측면의 해결책 제시 (또는) 긍정적인 측면이 부정적인 면보다 우세한 이유 설명	– It goes without saying that every problem has a corresponding solution. – The good thing is that there are solutions to the problems mentioned above – These critics may have brought to light some valid assertions, but the fact remains that ~
Conclusion 긍정적인 측면 요약 긍정적인 측면이 부정적인 면보다 우세한 점 재 강조 추가적인 해결책 제시 (선택 사항)	– On the whole, ~ – For the reasons discussed above, it is imperative that ~ remain – Overall, the benefits of ~ are too great to be ignored ~

CASE 03 교차되지 않는 다섯 개 단락으로 나누어 전개하는 경우

이 방법은 네 단락을 설정하는 방식을 더 확장한 것으로 세 번째 본문을 추가해서 글쓴이의 선호하는 견해를 더욱 강화할 수 있습니다. 보통 네 단락으로 에세이를 쓸 때 본문의 첫 단락과 두 번째 단락만으로 글을 길게 전개해 나가기 어렵거나 자신의 선호하는 견해를 확실하게 한 단락에서 표현하기 어려운 응시자들이 좋은 점수를 위해 선호하는 방식이기도 합니다. 하지만 자칫 잘못 쓰면 오히려 자신의 어떤 것을 선호하는지 애매하게 보일 수 있으니 이점을 유의해서 써야 합니다.

A. 주제에 대한 글쓴이의 견해가 부정적일 때

	Useful Expressions
Introduction 도입	– People tend to have divided views on ~ – People will most likely be divided when it comes to ~ – ~ is more often than not a subject of debate or controversy – The central question for us to consider is whether ~ is appropriate, and if so, why.
Body 1 긍정적인 측면 제시	– ~ could be beneficial in a way, considering ~ – Some people view ~ favorably, mainly because ~ – Like any other trend, ~ has its good side, especially if one considers the fact that ~
Body 2 긍정적인 측면을 반박하는 부정적인 측면 제시	– Though it is probably true that ~ – To a certain extent, this trend could be seen as detrimental to ~ because ~ – We should take into account the possible damage this trend can cause ~ – While it cannot be denied that ~ is advantageous in its own way, we still have to consider ~
Body 3 그 외 부정적인 측면 제시	– Another reason people criticize ~ is that ~ – Furthermore, ~ is also linked to certain harmful effects such as ~ – Other problems associated with ~ also include ~
Conclusion 긍정적인 측면 간략히 인정 부정적인 측면 요약 추가적인 해결책 제시 (선택 사항)	– As discussed above, while ~ has its advantages, its drawbacks are too great to be ignored – If the problems linked to ~ are not addressed first, ~ will be fraught with risks – While it is true that ~ has its merits, we cannot overlook the dangers and risks involved

B. 주제에 대한 글쓴이의 견해가 긍정적일 때

	Useful Expressions
Introduction 도입	– Much has been said about whether or not ~ is a positive development – Doubt has been cast on the idea that ~ – The presence of ~ has been discussed very often nowadays, especially because ~
Body 1 부정적인 측면 제시	– To some extent, critics have a valid point when they say ~ – We cannot deny that people against ~ have reasons for saying that ~ – There is certainly truth to the claim that ~ – To a certain extent, this trend could be seen as disadvantageous by many because ~
Body 2 부정적인 측면을 반박하는 긍정적인 측면 제시	– Even though critics raised valid points against ~ – Despite the criticism involving the idea of ~ – With regard to the drawbacks identified earlier, people say that ~ – If we set aside the negative points and look closely at the issue, ~
Body 3 그 외 긍정적인 측면 제시	– Moreover, we should take into consideration that ~ – There are many other compelling reasons why ~ – On top of that, ~ – Further still, ~
Conclusion 부정적인 측면 간략히 인정 긍정적인 측면 요약 추가적인 해결책 제시 (선택 사항)	– There are many factors which determine if ~ is indeed a negative or a positive development – While the negative points cannot be ignored, one should keep an open mind about ~ – It is true that ~, but this problem is not without solutions – If the solutions are applied with the help of ~, then the advantages can be maximized

EXERCISE

You should spend about 40 minutes on this task.

Write about the following topic:

> *Some countries have introduced a limiting working hours for employees.*
>
> *How can this law be introduced?*
>
> *Do you think it is a positive or a negative development?*

Give reasons for your answers and include any relevant examples from your own knowledge or experience.

Write at least 250 words.

● STEP 1 | Question analysis

문제에서 요구하는 사항이 무엇인지 분석합니다.

Social Issue: Some countries have introduced a limiting working hours for employees.
　　　　　　　　　　　　　　　　　　　　　　　　아이디어를 전개할 사항 & 문제의 주요 요점

How can this law be introduced?
　　　　　아이디어를 전개할 사항 & 문제의 주요 요점

Do you think it is a positive or a negative development?
　　　　　답안에 포함되어야 하는 자신의 의견 사항

사회 이슈 : 어떤 나라에서는 근로자의 근무 시간을 제한하는 법을 도입했다. 이러한 법은 어떻게 도입할 수 있는가? 이것은 긍정적인 발전인가, 아니면 부정적인 발전인가?

STEP 2 | Brainstorming

문제의 주요 요점을 중심으로 관련 아이디어를 정리 후 답안에 사용할 아이디어를 선택합니다.

Working Hours

Positives of Limiting Working Hours	Negatives of Limiting Working Hours
☐ Companies and employees get creative trying to boost the profits.	✓ Companies prefer investing in foreign countries which have no working hour limits.
☐ Companies need to hire more, which solves unemployment.	✓ People cannot enjoy or afford the best in their lives.
✓ Employees could maintain a work-life balance	✓ Companies also operate additional hours in order to boost their profits.
✓ Employees don't overwork themselves.	✓ The income of individuals and companies might get affected.
✓ Employees would have extra time to bond with family and friends.	✓ Clients or customers have to wait to have their problems solved.
✓ Employees would have time to enjoy their personal lives.	✓ Efficiency of the company and the employees might get reduced.
☐ Employees would work in a happy mood.	✓ Clients or customers might not be satisfied with the company because of delay.
✓ People don't get diseases from years of working long hours.	✓ Many people work overtime in order to obtain extra pay.
☐ The service industry would prosper since more people have leisure time.	☐ Workers might get irresponsible.
✓ Workers could invest time on self-improvement.	✓ Employees need to work overtime to solve urgent problems.

다음 장에는 위에 선택한 아이디어를 바탕으로 아래와 같이 다양한 전개방법을 통해 답안을 제시하도록 하겠습니다.

Case 1) 네 개 단락으로 나누어 전개하는 경우
Case 2) 다섯 개 단락으로 나누어 전개하는 경우
Case 3) 교차되지 않는 다섯 개 단락으로 나누어 전개하는 경우

MODEL ANSWER 1

● **CASE 1** 네 개 단락으로 나누어 전개하는 경우 (주제에 대한 글쓴이의 견해가 부정일 때)

Introduction 도입	It is undeniable that placing restrictions on the hours people work has both advantages as well as serious drawbacks. On the one hand, restrictions could help working people achieve better work-life balance. On the other hand, they could reduce the earning potential of both employees and employers. Personally, I believe that despite the good intentions behind these restrictions, limiting working hours will be disadvantageous in the long run.
Body 1 긍정적인 측면 제시	Of course, laws restricting how many hours people should work are not without benefits. These restrictions keep employees from overworking themselves. As we know, some workers suffer from diseases as a result of years of working long hours. At the same time, restricting the working hours of employees also contributes to work-life balance. It allows working people to enjoy their personal lives. As a result, workers can allot more time for self-improvement or bonding activities with their friends and family members.
Body 2 부정적인 측면 제시	However, we cannot overlook the drawbacks involved in limiting a worker's hours. First of all, restrictions have a significant impact on the income of individuals and companies. Many people work overtime in order to obtain extra pay. Companies also operate additional hours in order to boost their profits. By limiting the hours that employees can work, the earnings generated from working additional hours are also lost. In this way, income on the individual, corporate and even national levels will be affected.
Conclusion 긍정적인 측면 간략히 인정 부정적인 측면 강조 부정적인 측면의 해결책 제시(선택 사항)	In conclusion, one cannot underestimate the negative effects of laws that limit the working hours of employees, despite their benefits. There are many ways to achieve work-life balance without setting limits on the hours that people work. Such alternative ways should be explored in order to prevent losses in profits and income.

282 words

CHECK-UP VOCABULARY 동의어

undeniable certain, evident, obvious, undisputable, irrefutable
restriction regulation, constraint, confinement, containment, inhibition
reduce diminish, degrade, moderate, downsize, demote

해석 사람들이 일하는 시간을 제한하는 것은 심각한 단점뿐만 아니라 장점도 있다는 점을 부인할 수 없다. 한편으로는 직장인들이 일과 삶의 균형을 잘 이루도록 도와줄 수 있다. 다른 한 편으로는 고용인과 고용주 모두의 잠재적인 수입을 감소시킬 수도 있다. 그러나 나로서는 그러한 제도에 좋은 취지가 있더라도, 근로자들의 근무 시간을 제한하면 결국 불리할 것이라고 생각한다.

물론 사람들의 근무 시간을 제한하는 법률에 장점이 없는 것은 아니다. 그러한 법은 근로자들이 과로하는 것을 막아준다. 알다시피 수년 동안 장시간 일한 결과 질병으로 고통 받는 근로자들도 있다. 동시에, 근무 시간을 제한하는 것은 일과 삶의 균형을 유지하는 데도 기여한다. 근로자들이 개인적인 삶을 즐길 수 있도록 하기 때문이다. 따라서 근로자들은 자기 계발이나 친구, 가족들과 함께 하는 활동에 더욱 많은 시간을 쓸 수 있다.

그러나 근로자의 근무 시간을 제한하는 데 따르는 단점을 간과해서는 안 된다. 무엇보다 개인 및 기업의 수입에 큰 지장을 준다. 많은 사람들이 특별 수당을 받기 위해 초과 근무를 한다. 기업에서도 이윤을 증대시키기 위해 초과 근무 시간을 운영한다. 근무 시간을 제한하면 초과 근무를 통해 발생하는 수입도 사라진다. 이런 식으로 개인과 기업의 수익, 심지어 국가적인 차원에서도 영향을 받을 것이다.

결론적으로 근로자들의 근무 시간을 제한하는 법률에 장점이 있더라도, 그 법률의 부정적인 영향을 간과할 수는 없다. 근무 시간을 제한하지 않고도 일과 삶의 균형을 유지할 수 있는 방법은 많다. 이윤과 수입 손실을 막기 위해 대체 방안을 살펴보아야 한다.

자주 함께 쓰이는 단어

hour ungodly hour | peak hour | happy hour
impact damaging impact | full impact | major impact
law crazy law | irrational law | rigid law

MODEL ANSWER 2

● **CASE 2** 다섯 개 단락으로 나누어 전개하는 경우 (주제에 대한 글쓴이의 견해가 부정적일 때)

Introduction 도입	Laws that place restrictions on the hours people work have been greeted with either suspicion or enthusiasm. On the one hand, restrictions could help some working people achieve a better work-life balance. On the other hand, they could reduce the earning potential of both employees and employers. Personally, I believe that despite the good intentions behind restrictions, limiting working hours will be disadvantageous in the long run.
Body 1 부정적인 측면 제시	The main problem with restricting working hours concerns the income of individuals and companies. Many people work overtime in order to obtain extra pay. Companies also operate for additional hours in order to boost their profits. By limiting the hours of employees, the earnings generated from working additional hours are also lost. In this way, income on an individual, corporate and even national level will be affected.
Body 2 긍정적인 측면 제시	Meanwhile, it can be argued that laws restricting how many hours people should work keeps employees from overworking themselves. As we know, some workers suffer from diseases as a result of years of working long hours. At the same time, restricting the working hours of employees also contributes to a work-life balance. Restricted working hours allow working people to enjoy their personal lives. They can allot more time for self-improvement or bonding activities with friends and family members as a result.
Body 3 긍정적인 측면에 대한 반론 (또는) 부정적인 측면이 우세한 이유 설명	Nevertheless, the negative points become difficult to ignore when one considers the fact that people work to earn a living. People work long hours because they want the best for their lives. They want to afford the best education for their children or the house of their dreams. With each hour they work comes more earnings that will bring them closer to their goals. Similarly, the progress enjoyed by companies and countries as a whole depend on how hard and how long their people work. Corporations would definitely prefer investing in countries that place no limit on its people's working hours over those countries that place such limitations.

CHECK-UP VOCABULARY 동의어

suspicion intuition, conjecture, hunch, qualm, notion
enthusiasm passion, motivation, zeal, eagerness, keenness
potential aptitude, possibility, ability, capacity, wherewithal

Conclusion

부정적인 측면 요약
부정적인 측면이
긍정적인 면보다
우세한 점 재 강조
추가적인 해결책 제시
(선택 사항)

In conclusion, one must consider the risks involved before recognizing the advantages of limiting the hours that people work. There are many ways to achieve work-life balance without setting limits on the hours that people work. Such alternative ways should be explored in order to prevent losses in profits and investments that countries, companies and individuals suffer.

380 words

해석

근무 시간을 제한하는 법률에 의혹을 갖는 사람들도 있고, 열광적으로 받아들이는 사람들도 있다. 한편으로는 몇몇 직장인들이 일과 삶의 균형을 잘 이루도록 도와줄 것이다. 다른 한 편으로는 고용인과 고용주 모두의 잠재적인 수입을 감소시킬 수도 있다. 그러나 나로서는 그러한 제도에 좋은 취지가 있더라도, 근로자들의 근무 시간을 제한하면 결국 불리할 것이라고 생각한다.

가장 큰 문제는 대개 개인과 기업의 수입과 관련이 있다. 많은 사람들이 특별 수당을 받기 위해 초과 근무를 한다. 기업에서도 이윤을 증대시키기 위해 초과 근무 시간을 운영한다. 근무 시간을 제한하면 초과 근무를 통해 발생되는 수입도 사라진다. 이런 식으로 개인과 기업의 수익, 심지어 국가적인 차원에서도 영향을 받을 것이다.

한편 근무 시간을 제한하는 법률이 근로자들이 과로하는 것을 막아준다는 점을 논의해볼 수 있다. 알다시피 수년 동안 장시간 일한 결과 질병으로 고통 받는 근로자들도 있다. 동시에, 근무 시간을 제한하는 것은 일과 삶의 균형을 유지하는 데도 기여한다. 근로자들이 개인적인 삶을 즐길 수 있도록 하기 때문이다. 따라서 근로자들은 자기 계발이나 친구, 가족들과 함께 하는 활동에 더욱 많은 시간을 쓸 수 있다.

그럼에도 사람들이 생계를 유지하기 위해 일을 한다는 사실을 고려한다면, 부정적인 측면을 무시하기는 힘들다. 사람들은 최고의 삶을 살고 싶어 하기 때문에 장시간 일을 한다. 그들은 자녀를 위해 최고의 교육을 시키거나, 꿈에 그리던 집을 사기를 원한다. 일하는 매 시간마다 수입이 쌓여서 자신의 목표에 한걸음 더 다가가도록 해 줄 것이다. 마찬가지로 기업과 나라가 누리는 성장을 전체적으로 살펴보면, 근로자들이 얼마나 열심히, 얼마나 오래 일하느냐에 달려 있다. 기업들은 틀림없이 근무 시간을 제한하는 나라보다 제한하지 않는 나라에 더욱 투자하고 싶어할 것이다.

결론적으로, 근무 시간을 제한하는 데 따르는 장점을 인지하기 전에 그에 따르는 위험 요소를 고려해야 한다. 근무 시간을 제한하지 않고도 일과 삶의 균형을 유지할 수 있는 방법은 많다. 나라와 기업, 개인이 입을 수 있는 수익과 투자의 손실을 막기 위해 그러한 대체 방안들을 살펴보아야 한다.

자주 함께 쓰이는 단어

income huge income | commensurate income | insufficient income
disease contagious disease | communicable disease | managed disease
limitation set limitations | acceptable limitations | reasonable limitations

MODEL ANSWER 3

● CASE 3 교차되지 않는 다섯 개 단락으로 나누어 전개하는 경우 (주제에 대한 글쓴이의 견해가 부정적일 때)

Introduction 도입	People tend to have divided views on laws that place restrictions on the hours people work. On the one hand, some people believe restrictions could help working people achieve a better work-life balance. On the other hand, others think restrictions could reduce the earning potential of both employees and employers. Personally, I believe that despite the good intentions behind them, limiting working hours will be disadvantageous in the long run.
Body 1 긍정적인 측면 제시	Like any other law or policy, laws restricting how many hours people should work has its benefits, especially if one considers the fact that they keep employees from overworking themselves. As we know, some workers suffer from diseases as a result of years of working long hours. At the same time, restricting the working hours of employees also contributes to a balanced work-life. Restricted working hours allow working people to enjoy their personal lives. They can allot more time for self-improvement or bonding activities with friends and family members as a result.
Body 2 긍정적인 측면을 반박하는 부정적인 측면 제시	While it cannot be denied that the aforementioned law is advantageous in its own way, we still have to consider that people work to earn a living. People work long hours because they want the best for their lives. They want to afford the best education for their children or the house of their dreams. With each hour they work comes more earnings that will bring them closer to their goals. Similarly, the progress enjoyed by companies and countries as a whole depend on how hard and how long their people work. Corporations would definitely prefer investing in countries that place no limits on people's working hours over other countries that enforce such limitations.

CHECK-UP VOCABULARY 동의어

divided shared, distributed, segregated, separated
balance equilibrium, stability, steadiness, evenness, equipoise
intention design, target, scheme, determination, objective

Body 3 그 외 부정적인 측면 제시	**Other problems associated with** legislation that limits people's hours at work **also includes** reduced efficiency on the part of the company and the employees. For example, when there are urgent problems at work, employees usually work overtime to solve those problems immediately. However, if employees are prohibited from working extra hours, the client or customer will have to wait until the next day to have their urgent problems solved. This will cause clients and customers to be dissatisfied with the company. In the long run, both the company and the workers suffer from reduced profits as a result of dissatisfied customers.
Conclusion 긍정적인 측면 간략히 인정 부정적인 측면 요약 추가적인 해결책 제시 (선택 사항)	**As discussed above, while** limiting the hours that people work **has its advantages, its drawbacks are too great to be ignored**. Companies and individuals will end up not providing excellent service, which in turn will affect their profits and income. There are many ways to achieve a work-life balance without setting limits on the hours that people work. Such alternative ways should be explored in order to prevent losses in profits and investments that countries, companies and individuals suffer

456 words

해석 사람들은 근무 시간을 제한하는 법률에 대해 견해가 엇갈리는 경향이 있다. 한편으로는 일과 삶의 균형을 더욱 잘 이루도록 도와줄 것이라고 생각한다. 다른 한편으로는 고용인과 고용주 모두의 잠재적인 수입을 감소시킬 수 있다고 여긴다. 그러나 나로서는 그러한 제도에 좋은 취지가 있더라도, 근로자들의 근무 시간을 제한하면 결국 불리할 것이라고 생각한다.

다른 법률이나 정책과 마찬가지로, 근무 시간을 제한하는 법률은 특히 근로자들이 과로하는 것을 막아준다는 사실을 감안할 때 장점이 있다. 알다시피 수년 동안 장시간 일한 결과 질병으로 고통 받는 근로자들도 있다. 동시에, 근무 시간을 제한하는 것은 일과 삶의 균형을 유지하는 데도 기여한다. 근로자들이 개인적인 삶을 즐길 수 있도록 하기 때문이다. 따라서 근로자들은 자기 계발이나 친구, 가족들과 함께 하는 활동에 더욱 많은 시간을 쓸 수 있다.

한편 앞서 언급한 법률이 그 자체로 이롭다는 사실을 부인할 수 없다고 하더라도, 사람들이 생계를 유지하기 위해 일한다는 점을 여전히 고려해야 한다. 사람들은 최고의 삶을 살고 싶어 하기 때문에 장시간 일을 한다. 그들은 자녀를 위해 최고의 교육을 시키거나, 꿈에 그리던 집을 사기를 원한다. 일하는 매 시간마다 수입이 쌓여서 자신의 목표에 한걸음 더 다가가도록 해 줄 것이다. 마찬가지로 기업과 나라가 누리는 성장을 전체적으로 살펴보면, 근로자들이 얼마나 열심히, 얼마나 오래 일하느냐에 달려 있다. 투자자들은 틀림없이 근무 시간을 제한하는 나라보다 제한하지 않는 나라에 더욱 투자하고 싶어 할 것이다.

근무 시간을 제한하는 법률을 제정하면, 기업과 근로자 입장에서 효율성을 떨어뜨리는 다른 문제도 발생한다. 이를테면, 일하는 중에 급한 문제가 생길 경우 그 문제를 즉시 해결하기 위해 근로자들은 대개 초과 근무를 한다. 그러나 초과 근무가 금지되면 그 기업의 고객들은 급한 문제를 해결하기 위해 다음 날까지 기다려야 할 것이다. 이로 인해 고객들은 기업에 불만을 느끼게 된다. 결국 불만스러워하는 고객들로 인해 수익이 감소되어 기업과 근로자 모두 손해를 본다.

위 내용에서 논의한 대로, 근무 시간을 제한하는 법률에 장점이 있지만 단점을 무시하기에는 너무 심각하다. 기업과 개인은 최고의 서비스를 제공하지 못할 것이고, 이는 결국 이윤과 수익에 지장을 준다. 근무 시간을 제한하지 않고도 일과 삶의 균형을 유지할 수 있는 방법은 많다. 나라와 기업, 개인이 입을 수 있는 수익과 투자의 손실을 막기 위해 그러한 대체 방안들을 살펴보아야 한다.

자주 함께 쓰이는 단어

fact known fact , painful fact , relatable fact
education prime education , standard education , exclusive education
problem huge problem , minor problem , unsolvable problem

267

UNIT 03   Problem / Solution (Cause / Effect)

특정 사안의 문제점 분석과 해결책을 묻는 질문

A

In many parts of the world, children and teenagers are committing more crimes than ever before. What are the causes of this trend?
How should these young criminals be punished?

B

Scientists warn about the need to save energy for the sake of the environment, yet some people don't care enough to change their habits.
Why haven't those people changed their habits?
What kind of activities should we adopt to encourage those people to change?

C

A report indicated that many children aged 7 through 11 spend too much time watching television and/or playing video games.
How does this affect the children, their families and society in general?
What measures can be taken to control this?

D

The movement of people from agricultural areas to cities for work can cause serious problems in both places.
What are these problems and what measures can be taken to solve them?

해석

A 세계 곳곳에서는 아이들과 십대들이 범죄를 저지르는 경우가 늘고 있는데, 그 원인은 무엇인가?
이러한 청소년 범죄자들은 어떻게 처벌 받아야 하는가?

B 과학자들이 환경을 지키기 위해 에너지 절약의 필요성을 경고하지만, 어떤 사람들은 행동방식을 바꿀 정도로 크게 신경을 쓰지 않는다.
사람들이 습관을 바꾸지 않는 이유는 무엇인가? 이러한 사람들의 태도를 바꾸기 위해 우리가 취해야 할 활동은 무엇인가?

C 기사에 따르면 7세에서 11세 사이의 많은 아이들이 텔레비전을 보고 비디오 게임을 하는 데 너무 많은 시간을 보낸다고 한다.
이러한 문제가 아이들과 가족, 사회에 어떻게 영향을 미치는가? 이를 해결하기 위해 취할 수 있는 조치는 무엇인가?

D 일자리를 구하기 위해 농촌 지역에서 도시로 사람들이 이주하는 현상은 양쪽 지역에 심각한 문제를 초래할 수 있다.
심각한 문제에는 어떤 것들이 있으며 이를 해결하기 위한 조치에는 무엇이 있는가?

문제유형 소개

이 문제유형은 어느 한 현상이나 이슈에 대해서 서술하고 그 현상(혹은 이슈)이 나타난 원인이나 영향에 대해 구체적으로 설명해야 합니다. 그리고 문제를 개선해야 할 방법(의견)도 함께 제시해야 합니다. 보통 이런 유형의 문제는 원인이나 영향에 대해 먼저 쓰고 해결 방법을 쭉 나열해 나가는 열거식 글쓰기 방법을 사용하여 글을 써 나가는 것이 좋습니다.

♛ Problem / Solution 유형 분석방법

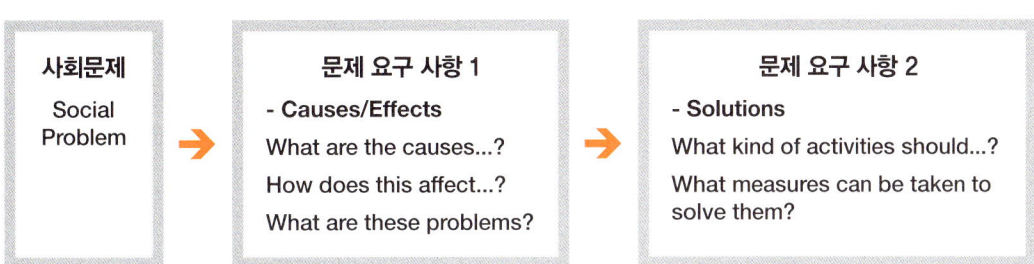

Ⓐ 사회문제 Social Problem : In many parts of the world, children and teenagers are committing more crimes than ever before.
문제 요구 사항 1 – **Causes:** What are the causes of this trend?
문제 요구 사항 2 – **Solutions:** How should these young criminals be punished?

Ⓑ 사회문제 Social Problem: Scientists warn about the need to save energy for the sake of the environment, yet some people don't care enough to change their habits.
문제 요구 사항 1 – **Causes:** Why have not those people changed their habits?
문제 요구 사항 2 – **Solutions:** What kind of activities should we adopt to encourage those people to change?

Ⓒ 사회문제 Social Problem: A report indicated that many children aged 7 through 11 spend too much time watching television and/or playing video games.
문제 요구 사항 1 – **Effects:** How does this affect the children, their families and society in general?
문제 요구 사항 2 – **Solutions:** What measures can be taken to control this?

Ⓓ 사회문제 Social Problem: The movement of people from agricultural areas to cities for work can cause serious problems in both places.
문제 요구 사항 1 – **Effects:** What are these problems and
문제 요구 사항 2 – **Solutions:** what measures can be taken to solve them?

● Problem / Solution 유형의 답안을 쓰기 위한 노하우

1. 특정 문제나 해결책이 이미 문제(question)에 명시된 경우가 많으므로 문제(question)를 면밀히 살펴 이것에 집중해서 글을 써야 합니다.

2. 논의할 문제(problem)와 해결책을 나열한 리스트를 만드는 것이 좋습니다. 문제와 해결책을 각각 다른 단락에 제시하거나 한 단락에 제시하는 방식 중 어떤 구조가 더 어울리는지 가늠하고 일관성 있는 글 전개에 도움이 되기 때문입니다.

3. 본문을 쓸 때 해결책이 필요한 이유를 설명하기 때문에 항상 문제(problem)가 먼저 제시되어야 합니다.

♛ Problem / Solution 유형 전개방법

CASE 01 문제와 해결책을 제시하여 전개하는 경우

본문을 두 단락으로 구성해서 문제와 해결책을 제시하는 방법은 구조가 단순합니다. 첫 번째 본문에서는 문제에 대해 토론하고 두 번째 본문에서는 해결책을 제시하면 되기 때문입니다. 문제와 해결책을 따로 논하기 때문에 에세이를 읽는 사람이 글쓴이의 의도와 세부 내용을 이해하기 쉽습니다. 하지만 자칫 문제 단락에서는 언급된 문제에 대해 해결책 단락에서 제대로 해결방안이 나와 있지 않다거나, 문제는 많이 나열해 놓고 해결책이 정확하지 않거나 문제에 비해 적으면 오히려 감점 요소가 될 수 있으니 주의해야 합니다.

A. 네 단락 에세이

	Useful Expressions
Introduction 도입	– It is now accepted by most people that the world is facing ~ – ~ is a societal problem that is now acknowledged by most people – ~ is a social menace
Body 1 문제의 원인 (또는) 문제, 정책, 현상이 미치는 영향	– ~ can cause a host of problems for ~. Among them are ~ – There are concerns related to ~ that we should consider. – The effects of ~ are often seen in ~

Body 2 해결책 제시	– Fortunately, there are corresponding solutions to the problems mentioned above. – The problems tackled above may still be combated successfully through ~ – Some of the solutions that can be explored to address the problem of ~ include ~
Conclusion 문제와 해결책 요약 추가적인 의견제시 (선택 사항)	– As discussed above, being aware of the problem is not enough; people must also do their part to ~ – To conclude, ~ may seem difficult to eliminate, but with the help of ~, it is indeed possible. – Given the points raised above, ~ is indeed a prevalent problem, but there are solutions that are relatively doable.

B. 다섯 단락 에세이

	Useful Expressions
Introduction 도입	– One of the biggest problems facing ~ today is ~ – ~ is rife in many countries – ~ is a problem that is threatening many societies today
Body 1 문제의 원인 (또는) 문제, 정책, 현상이 미치는 영향	– The principal and most common cause/effect of ~ is ~ – Another cause/effect of ~ is ~ – There are many factors as to why ~ – ~ is a fairly well known cause/effect of ~
Body 2 해결책 제시 1	– However, the menace of ~ – Nevertheless, there are concrete steps that can be taken to ~ – There are many things that can be done about the problem, but the most important is ~
Body 3 해결책 제시 2	– Another approach to the problem is to ~ – A second solution that may be considered is ~ – Other solutions that are also worth considering include ~
Conclusion 문제와 해결책 요약 추가적인 의견제시 (선택 사항)	– ~ is indeed a problem that involves solutions that may not be easy to implement. However, ~ – As discussed above, the factors that affect ~ include. These problems, in turn, can be solved through ~ – Overall, ~ can affect society in many ways, but we can take small steps forward by ~

CASE 02 — 한 단락에 문제와 해결책 제시하여 전개하는 경우 (추천 사항)

한 단락에 문제와 해결책을 함께 제시하는 방법을 사용하면 문제와 해결책을 나누어 쓰는 방법에서 일어날 수 있는 실수를 줄이고 좀 더 읽는 사람으로 하여금 각각의 문제와 해결책에 집중할 수 있게 하는 장점이 있습니다. 그렇기에 보편적으로 응시자들에게 추천하는 본문 전개 방법입니다.

A. 네 단락 에세이

	Useful Expressions
Introduction 도입	– ~ is a problem that requires serious action from – ~ have a direct impact on society, especially ~ – ~ has become a rampant social problem in recent years
Body 1 문제 1 문제 1에 대한 해결책 제시	– One of the problems usually associated with ~ is ~ – To solve this problem, one must ~ – Another useful solution is ~ – A course of action that should be pursued is ~
Body 2 문제 2 문제 2에 대한 해결책 제시	– ~ is also another effect of ~ that – ~ also continues to suffer as a result of ~ – Solutions to this issue involve ~ – Furthermore, the problem can be solved by ~ – What needs to be done is ~
Conclusion 문제와 해결책 요약 추가적인 의견제시 (선택 사항)	– If people can show more concern for ~ – ~ need to make changes to their lifestyle and thinking ~ – Solutions are only as good as the people taking the initiative to ~ – ~ may eventually lead to irreversible consequences in the future if ~

B. 다섯 단락 에세이

	Useful Expressions
Introduction 도입	– ~ has become a major problem throughout the world – is a problem that should be given priority by ~ – ~ the underlying causes of the problem must be probed and the possible solutions explored
Body 1 문제 1 문제 1에 대한 해결책 제시	– ~ is the result/a product of ~ – Many factors contribute to ~. One of them is ~ – ~ can be harmful for many reasons, one of which is ~ – To these problems, an effective solution comes in the form of ~ – These problems can only be remedied by ~
Body 2 문제 2 문제 2에 대한 해결책 제시	– ~ also plays a major role in ~ – ~ is also caused by the presence of ~ – To counter the effects of ~ – Nevertheless, there are solutions available to this problem.
Body 3 문제 3 문제 3에 대한 해결책 제시	– ~ have also become a threat to ~ – Given the cause of the problem, the solution lies in ~ – One way of dealing with the problem is to ~
Conclusion 문제와 해결책 요약 추가적인 의견제시 (선택 사항)	– ~ can take a turn for the worst if ~ – ~ discussed above gives us enough reason to step back and reflect on ~ – With a firm resolve and access to ~ – Solutions are only as good as the people willing to ~

EXERCISE

You should spend about 40 minutes on this task.

Write about the following topic:

> *A report indicated that many children aged 7 through 11 spend too much time watching television and/or playing video games.*
>
> *How does this affect the children, their families and society in general?*
>
> *What measures can be taken to control this?*

Give reasons for your answers and include any relevant examples from your own knowledge or experience.

Write at least 250 words.

● STEP 1 | Question analysis

문제에서 요구하는 사항이 무엇인지 분석합니다.

A report indicated that many children aged 7 through 11 spend <u>too much time watching television and/or playing video games.</u>
    문제의 주요 요점 & 아이디어 전개할 사항

Effects: <u>How does this affect the children, their families and society in general?</u>
    답안에 포함되어야 하는 자신의 의견 사항

Solutions: <u>What measures can be taken to control this?</u>
    답안에 포함되어야 하는 자신의 의견 사항

기사에 따르면 7세에서 11세 사이의 많은 아이들이 텔레비전을 보고 비디오 게임을 하는 데 너무 많은 시간을 보낸다고 한다.
영향 : 이러한 문제가 아이들과 가족, 사회에 어떻게 영향을 미치는가?
해결책 : 이를 해결하기 위해 취할 수 있는 조치는 무엇인가?

● STEP 2 | Brainstorming

문제의 주요 요점을 중심으로 관련 아이디어를 정리 후 답안에 사용할 아이디어를 선택합니다.

Television & Video Games

Negative Effects of Watching Television and/or Playing Video Games	Measures
✓ Children may wake up late for school or neglect their homework. ☐ Children may not tell the differences between real and imagined world. ✓ Children might get health problems. ☐ Children might get isolated from their peers. ✓ Many visual images make children use their imagination less. ✓ TV and game leads to poor academic performance. ✓ TV shows and video games affect a child's creativity. ✓ TV shows and video games affect a child's emotional well-being. ✓ Violent scenes could make children feel less sensitive to suffering and abuse. ✓ Youngsters may lack sleep due to watching TV shows or playing games.	✓ Schools should ban the use of gaming devices on campus. ☐ Communities should give lectures on how to watch TV and play games wisely. ✓ The collaborative effort of the parents and teachers is necessary. ☐ Smart phones users under certain age should not get access to online games. ✓ The use of gaming devices or television should be regulated at home. ☐ 24 hours cartoon TV channels should be banned. ✓ Parents and teachers must introduce children to healthier and creative activities. ☐ People under 18 should not use internet Cafés. ☐ Government should set restrictions on games advertisements. ✓ Parents should set time when children can play games or watch TV.

다음 장에는 위에 선택한 아이디어를 바탕으로 아래와 같이 다양한 전개방법을 통해 답안을 제시하도록 하겠습니다.

Case 1) 각각의 단락에 문제와 해결책을 제시하여 전개하는 경우
Case 2) 한 단락에 문제와 해결책 제시하여 전개하는 경우

MODEL ANSWER 1

● **CASE 1** 각각의 단락에 문제와 해결책을 제시하여 전개하는 경우 (네 단락 에세이)

Introduction 도입	Elementary-aged children's obsession with television and video games **is a social menace**, particularly because of the effects of this phenomenon on the children's health and well-being. Proactive solutions should be considered by the parents and authorities to quell this growing problem among youngsters before they develop an addiction to television and video games.
Body 1 문제의 원인 (또는) 문제, 정책, 현상이 미치는 영향	A child's prolonged exposure to television programs and electronic games **can cause a host of problems for** parents, teachers and the child themselves. **Among these problems are** health-related effects of overexposure to TV or video games. If their habits are left unchecked, youngsters may stay up late in order to watch their favorite show or to play Nintendo games. In turn, they may wake up late for school or neglect their homework. Furthermore, TV shows and video games affect a child's creativity and emotional well-being. Absorbing visual images from television and gaming devices make children use their imagination less and less. On the other hand, exposure to violent scenes could make children less sensitive to suffering and abuse.
Body 2 해결책 제시	**Fortunately, there are corresponding solutions to the problems mentioned above.** Needless to say, parents, teachers and other authority figures need to work together to find solutions. Parents should set restrictions on the time their child spends watching television and playing games. Schools should altogether ban the use of gaming devices on campus. That being said, rules alone cannot work to stop the problem. Parents and teachers must introduce children to healthier and more creative activities such as performance arts, drawing, creative writing and sports. These activities make better use of the children's skills, time and energy.

CHECK-UP VOCABULARY 동의어

social communal, collective, public, group, societal
phenomenon occurrence, incident, circumstance, episode, happening
youngster minor, nipper, toddler, nestling, tyke

Conclusion 문제와 해결책 요약 추가적인 의견제시 (선택 사항)	**Given the points raised above**, addiction to gaming and television viewing **is indeed a prevalent problem among** children ages 7 through 11, but there are solutions that are relatively doable. With the active participation of parents and teachers, youngsters can make better use of their time and improve their well-being in the process.

320 words

해석 초등학생들의 텔레비전이나 비디오 게임에 대한 중독은, 특히 아이들의 건강과 행복에 영향을 미치기 때문에 사회를 위협할 정도로 심각하다. 아이들의 중독 수준이 더 심각해지기 전에 이 문제를 완화하기 위해 부모와 당국은 사전 대책을 강구해야 한다.

아이들이 지속적으로 텔레비전 프로그램과 전자 게임에 노출되면 부모와 교사, 아이 자신에게 수많은 문제가 생길 수 있다. 텔레비전이나 비디오 게임에 과도하게 노출된 결과 일어나는 건강과 관련된 문제가 그 중 하나이다. 아이들의 습관을 방치하면, 아이들은 좋아하는 쇼를 보고 닌텐도 게임을 하기 위해 밤늦게까지 깨어 있을 것이다. 그 결과 늦잠을 자서 학교에 지각하거나 숙제를 하지 않을 지도 모른다. 나아가 텔레비전 쇼와 비디오 게임은 아이들의 창의성과 정서에 영향을 끼친다. 텔레비전과 게임기의 시각적 이미지를 받아들이면 아이들은 자신의 상상력을 점점 덜 쓰게 된다. 다른 한 편, 폭력적인 장면에 노출되면 고통과 폭력에 점점 무뎌질 수 있다.

다행스럽게도 위에 제시된 문제를 해결할 수 있는 방책이 있다. 거듭 말할 것도 없이 부모와 교사, 기타 당국이 함께 일을 도모해야 한다. 부모는 텔레비전과 게임기를 사용하는 시간에 제한을 두어야 한다. 학교에서는 교내 게임기 사용을 모두 금지해야 한다. 그러나 규칙만으로는 문제를 해결할 수 없다. 부모와 교사는 아이들에게 행위 예술, 미술, 창작, 스포츠 등과 같이 건전하고 더욱 창조적인 활동을 알려주어야 한다. 이러한 활동을 통해 아이들은 자신의 기술과 시간, 에너지를 더욱 바르게 활용할 수 있다.

위에서 제기한 주장에 따르면, 7세에서 11세 사이 아이들의 게임과 텔레비전 시청 중독은 분명 널리 퍼진 문제지만 비교적 실행 가능한 해결책이 있다. 부모와 교사가 적극적으로 참여한다면, 그 과정에서 아이들은 시간을 잘 활용하고 행복감을 향상시킬 수 있을 것이다.

자주 함께 쓰이는 단어

exposure brief exposure | damaging exposure | untimely exposure
game deadly game | childish games | foolish games
process essential process | unavoidable process | lengthy process

MODEL ANSWER 2

● **CASE 2** 한 단락에 문제와 해결책 제시하여 전개하는 경우 (네 단락 에세이)

Introduction 도입	Elementary-aged children's obsession with watching television and playing video games **is a problem that requires serious action from** parents, teachers and other authority figures, particularly because of the effects of this phenomenon on the children's health and well-being. Proactive solutions should be considered by parents and the authorities to quell this growing problem among youngsters before they develop an addiction to television and video games.
Body 1 문제 1 문제 1에 대한 해결책 제시	**One of the problems usually associated with** TV and game addiction **is** poor academic performance. Students who play games and watch TV too much might spend less time on their studies. They may start neglecting their homework or worse, cut classes. In addition, absorbing visual images from television and gaming devices make children use their imaginations less and less, making them less creative with their schoolwork. **To solve this problem**, the collaborative effort of the parents and teachers is necessary. The use of gaming devices or television should be regulated at home and restricted in schools.
Body 2 문제 2 문제 2에 대한 해결책 제시	The well-being of children **also continues to suffer as a result of** television and virtual game addiction. Television shows and games sometimes feature violent scenes. If children are exposed to these images frequently, they may become less sensitive to suffering and abuse. Furthermore, youngsters may lack sleep if they allot too much time for games and TV. Again, **solutions to this issue involve** the combined efforts of teachers and parents. Apart from setting restrictions, teachers and parents must suggest creative and healthy activities to children, such as performance arts, drawing, creative writing and sports. These activities make better use of the children's skills, time and energy.

CHECK-UP VOCABULARY 동의어

serious grave, critical, acute, alarming, severe
consider examine, contemplate, deliberate, ponder, regard
addiction dependence, attachment, craving, vulnerability, enslavement

Conclusion

문제와 해결책 요약
추가적인 의견제시
(선택 사항)

To sum up, solutions are only as good as the people taking the initiative to introduce these meaningful activities to children. Parents must recognize the role they have in their child's well-being and accordingly implement preventive measures against excessive TV and video game use.

311 words

해석

초등학생들의 텔레비전이나 비디오 게임에 대한 중독 현상은, 특히 아이들의 건강과 행복에 영향을 주기 때문에 부모와 교사, 당국이 진지하게 조치해야 하는 문제이다. 아이들의 중독 수준이 더 심각해지기 전에 이 문제를 완화하기 위해 부모와 당국은 사전 대책을 강구해야 한다.

텔레비전과 게임 중독에 따르는 문제들 중 한 가지는 대개 부진한 학교 성적이다. 너무 자주 게임을 하고 텔레비전을 보는 학생들은 학업에 시간을 덜 들이게 된다. 숙제를 빼먹는 것부터 시작해서 심하게는 수업에 빠질 수도 있다. 게다가 텔레비전과 게임기에서 시각적 이미지를 받아들이면 아이들은 자신의 상상력을 덜 쓰게 되고, 학업에서도 창의성을 발휘하지 않게 된다. 이 문제를 해결하려면 부모와 교사의 공동 노력이 필요하다. 가정에서는 게임기와 텔레비전 사용을 규제하고 학교에서는 제한해야 한다.

텔레비전과 가상 게임에 중독되면 아이들의 정서도 계속해서 고통 받게 된다. 텔레비전 쇼와 게임에서는 때때로 폭력적인 장면이 나온다. 아이들이 그러한 장면에 자주 노출되면 고통과 폭력에 무뎌질 수 있다. 게다가 게임과 텔레비전에 너무 많은 시간을 쓰면 잠이 부족해진다. 다시 말해서, 이 문제를 해결하려면 교사와 부모 모두의 노력이 필요하다. 제한을 두는 것 외에도 교사와 부모는 아이들에게 행위 예술과 미술, 창작, 스포츠 등과 같이 창조적이고 건전한 활동을 제공해야 한다. 이러한 활동을 통해 아이들은 자신의 기술과 시간, 에너지를 더욱 바르게 활용할 수 있다.

요컨대, 해결책은 아이들에게 의미 있는 활동을 알려주기 위해 솔선수범하는 사람들보다 더 나을 것이 없다. 부모는 아이들의 행복을 위해 자신의 역할을 인지하고, 그에 맞춰 텔레비전 시청과 비디오 게임 중독을 막기 위해 예방책을 실행해야 한다.

자주 함께 쓰이는 단어

performance memorable performance | excellent performance | inadequate performance
result end result | unexpected result | favorable result
imagination creative imagination | playful imagination | restrained imagination

UNIT 04 Discuss both views

특정 사안에 대해 상반되게 주장하는 양쪽 견해를 토론하는 질문

Ⓐ
Some parents like to spend time reading or telling stories to their children, while others think their children should read through a variety of media sources, like books and the Internet, by themselves.
Discuss both views and give your own opinion.

Ⓑ
Some people think that they have made enough contribution to their society through paying taxes, while others think citizens have more responsibilities than paying taxes alone (like charity work or environmental protection).
Discuss both views and give your opinion.

문제유형 소개

이 문제유형에서는 상반되는 의견이 주어지고 이 두 가지 의견에 대해 충분하게 토론한 후 자신의 의견을 제시해야 합니다. 이 유형을 쓸 때 주의해야 할 것은 Ⓐ에서처럼 완전히 다른 관점의 의견에 대해 논의해야 하는 경우와 Ⓑ처럼 관점은 같지만 정도나 성향 혹은 선호도가 다른 경우를 정확히 구별해서 써야 하는 것입니다. 또한 논의한 후 자신의 의견을 쓰다 보면 agree/disagree 글의 형태나 장단점 글로 잘못 써 나갈 수 있으니 문제유형에 맞게 본문의 전개는 '토론 + 의견제시'라는 것을 명심하고 글을 써야 합니다.

해석 Ⓐ 어떤 부모들은 자녀들에게 책을 읽거나 말해주면서 시간을 보내는 반면, 다른 부모들은 아이들 스스로 책과 텔레비전, 인터넷 등 다양한 매체를 통해 내용을 접해야 한다고 생각한다. 양쪽 의견을 토론해 보고 당신의 의견을 제시하라.

Ⓑ 어떤 사람들은 세금을 부과하는 것으로 사회에 충분히 기여한다고 여기는 한편, 다른 사람들은 자선이나 환경보호와 같이 세금을 부과하는 것 외에도 책임이 더욱 많다고 생각한다. 양쪽 의견을 토론해 보고 당신의 의견을 제시하라.

👑 Discuss both views 유형 분석방법

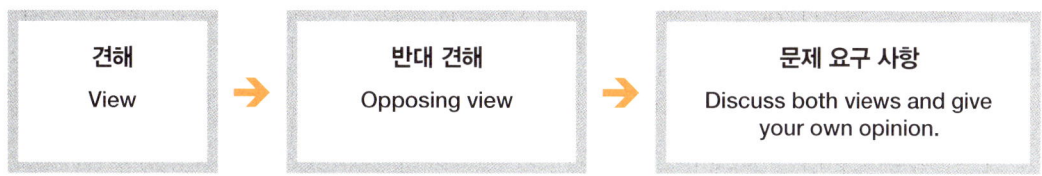

Ⓐ 견해 **View:** Some parents like to spend time reading or telling stories to their children,
반대 견해 **Opposing view:** while others think their children should read through a variety of media sources, like books and the Internet, by themselves.
문제 요구 사항: Discuss both views and give your own opinion.

Ⓑ 견해 **View:** Some people think that they have made enough contribution to their society through paying taxes,
반대 견해 **Opposing view:** while others think citizens have more responsibilities than paying taxes alone (like charity work or environmental protection).
문제 요구 사항: Discuss both views and give your opinion.

● Discuss both views 유형의 답안을 쓰기 위한 노하우

1. 상반된 견해를 논할 때에도 글쓴이의 입장은 명확해야 한다는 점을 항상 명심해야 하며, 명백한 본인의 의견을 제시하고 결론 부분에 이 의견을 강조하여 글쓴이의 의도를 분명하게 나타내야 합니다.

2. 글쓴이의 견해에 반대되는 내용을 충분히 논의해야 하고 글쓴이의 주장을 논할 때 반대되는 내용을 확실히 반박해야 합니다.

3. 자신이 선호하거나 지지하는 이유나 근거에 대해서는 결론 단락에 가까이 써서 본인의 의견을 확실히 보이는 것이 좋습니다.

♛ Discuss both views 유형 전개방법

CASE 01 **3중 구성으로 전개하는 경우**

3중 구성 방법을 쓰면 일반적인 견해와 반대 견해 그리고 글쓴이의 의견을 따로 논할 수 있습니다. 본문에 따로 반대 견해를 논하고, 세 번째 본문이나 결론에서 글쓴이의 주장을 세부적으로 쓰는 것입니다. 이렇게 따로 논하면 읽는 사람으로 하여금 글을 이해하기 더욱 쉽게 만들며, 글쓴이가 중립적인 입장일 경우 가장 쓰기 좋은 방법이기도 합니다.

A. 네 단락 배치

	Useful Expressions
Introduction 도입	– As with any issue, there are two sides that must be considered. One is that ~ – The advocates of this view argue that ~ Others, however, disagree, and believe that ~ – While advocates tend to point out ~, critics, on the other hand, are inclined to say that ~
Body 1 문제에 대한 견해	– There are ~ issues that cannot be ignored. One of them is ~ – In discussing the issue of ~, one cannot turn a blind eye to the fact that ~ – There are, admittedly, arguments for/against ~
Body 2 문제에 대한 반대 견해	– Conversely, other people believe that ~ – On the contrary, ~ – Unfortunately, it is not always the case that ~
Conclusion 논의된 사항 요약 문제에 대한 글쓴이의 견해 추가적인 의견제시 (선택 사항)	– In conclusion, I would say that ~ – To summarize, ~ is a choice between ~ and ~. Between the two, ~ is the better choice because ~ – Given the reasons above ~

B. 다섯 개 단락 배치

	Useful Expressions
Introduction 도입	– Some people think that ~ Others, however, feel that ~ – ~ arguments on both sides are worth exploring. – In this essay, I will discuss both views and explain my personal view of ~
Body 1 문제에 대한 견해	– People who believe that ~ have valid reasons for saying so. – Some people believe that ~. This is especially ~because ~ – On the one hand, those against ~ have valid reasons to be concerned about ~ – Others may argue that ~ – Supporters of ~ argue that ~
Body 2 문제에 대한 반대 견해	– On the other hand, there are those who think that ~ – Those who feel that ~ might argue that ~ – Opponents of ~ claim that ~ They think so because ~ – Those who disagree with/are against ~ may say/assert that ~ – Some people may disagree with this idea, saying that ~
Body 3 문제에 대한 글쓴이의 견해	– Considering the views above, I believe that ~ – Both advocates and critics of ~ have a point in thinking the way they do. However, I believe that ~ – Personally, I think that ~
Conclusion 글쓴이의 견해 강조 논의된 사항 요약 추가적인 의견제시 (선택 사항)	– In conclusion, whether ~ – Thus, it is important that ~ and at the same time ~ – All the points raised above all boils down to one single question: ~

CASE 02 — 2중 구성으로 전개하는 경우

2중 구성 방법을 사용하면 논거를 두 가지로 나눌 수 있습니다. 한 부분에서는 반대 견해를 논하고 다른 부분에서는 글쓴이가 찬성하는 견해를 논하는 것입니다. 이 방식은 제시된 견해 중 하나가 글쓴이의 입장과 동일할 때 쓸 수 있습니다.

A. 네 단락 배치

	Useful Expressions
Introduction 도입	– Some people think that ~ Others, however, feel that ~ – The debate on whether or not ~ has been a subject of heated discussion. – Some think that ~ Other people, including myself, believe that ~
Body 1 문제에 대한 반대 견해	– Admittedly, many people are of the belief that ~ – Some people may still maintain that ~ – Today, many people are convinced that ~ – Advocates of ~ believe that ~
Body 2 문제에 대한 글쓴이의 견해	– Indeed, people who advocate ~ have a point, but for me ~ – On the other hand, there are many people who would argue that ~ and I am one with them in saying that ~ – As for me, I believe that ~ – However, there also those who believe that ~
Conclusion 글쓴이의 견해 강조 논의된 사항 요약 추가적인 의견제시 (선택 사항)	– In other words, ~ can be beneficial. However, it becomes more ~ – Having said this, ~ – All in all, ~ – One cannot help but acknowledge that ~. However, ~ cannot supersede the idea that ~

B. 다섯 개 단락 배치

	Useful Expressions
Introduction 도입	– There are several strong arguments for and against ~ – There are definitely two sides to this issue, and each side has the right to their opinion. – ~ is certainly a difficult topic to tackle, given that both sides to the issue may be justified
Body 1 문제에 대한 반대 견해	– Those people who believe that ~ – On the one hand, those in favor of ~ have valid reasons to approve of ~ – We cannot deny that ~ is very important – Many people find ~
Body 2 문제에 대한 글쓴이의 견해	– However, ~ is still the best ~ – For me, ~ – To a certain extent, the supporters of ~ are right. However, one should take into account that ~ – I believe the decision to ~ should be left to ~
Body 3 글쓴이의 견해를 뒷받침하는 내용	– ~ have raised a number of concerns, but one flaw in their line of thinking is ~ – Another argument worth considering is ~ – Another point that must be taken into account is ~
Conclusion 글쓴이의 견해 강조 논의된 사항 요약 추가적인 의견제시 (선택 사항)	– On balance, having considered the points employed by both sides of the argument, I feel that ~ – Having explored the different sides of the argument, ~ – While I acknowledge the fact that ~, I still believe that ~

EXERCISE

You should spend about 40 minutes on this task.

Write about the following topic:

> *Some parents like to spend time reading or telling stories to their children, while others think their children should read through a variety of media sources, like books and the Internet, by themselves.*
>
> *Discuss both views and give your own opinion.*

Give reasons for your answers and include any relevant examples from your own knowledge or experience.

Write at least 250 words.

● STEP 1 | Question analysis

문제에서 요구하는 사항이 무엇인지 분석합니다.

View: Some parents like to spend time reading or telling stories to their children,
　　　　　문제의 주요 요점 & 아이디어를 전개할 사항

Opposing view: while others think their children should read through a variety of media sources, like books and the Internet, by themselves.
　　　　　문제의 주요 요점 & 아이디어를 전개할 사항

Discuss both views and give your own opinion.
　　　답안에 포함되어야 하는 자신의 의견 사항

견해 : 어떤 부모들은 자녀들에게 책을 읽거나 말해주면서 시간을 보내는 반면,
반대 견해 : 다른 부모들은 아이들 스스로 책과 텔레비전, 인터넷 등 다양한 매체를 통해 내용을 접해야 한다고 생각한다.
양쪽 의견을 토론해 보고 당신의 의견을 제시하라.

● STEP 2 | Brainstorming

문제의 주요 요점을 중심으로 관련 아이디어를 정리 후 답안에 사용할 아이디어를 선택합니다.

Reading Stories

with Parents	through media source
✓ Children are dependent on adults. ✓ Children can ask questions or discuss with others. ✓ Children get motivated when parents are involved. ✓ Children love to hear stories read by their family members. ✓ Children will love reading even reach their adulthood. ✓ Children will think and express their feelings. ✓ It makes storytelling more meaningful. ✓ Listening to parents' storytelling is a precious experience. ✓ Reading is emotionally satisfying when done with a parent. ✓ Storytelling is a good way for children to bond with their elders.	✓ If children start reading early, they will have a competitive edge. ✓ Children have the opportunity to read independently in school. ☐ Youngsters get to know various information. ✓ Children will be creative through independent reading. ☐ Reading books or using Internet provides visual images for comprehension. ☐ Children will have better imagination. ✓ Young people sharpen their minds and develop reading skills. ✓ Good reading skills help children perform better. ☐ Reading alone is good for concentration. ✓ Children will develop a sense of independence.

다음 장에는 위에 선택한 아이디어를 바탕으로 아래와 같이 다양한 전개방법을 통해 답안을 제시하도록 하겠습니다.

Case 1) 3중 구성으로 전개하는 경우
Case 2) 2중 구성으로 전개하는 경우

MODEL ANSWER 1

● CASE 1 3중 구성으로 전개하는 경우(다섯 개 단락 배치)

Introduction 도입	Reading and telling stories are great ways for children to process a lot of information, but there is a question about how the children access these stories. Some people think that parents should read or tell stories to their children. Others, however, feel that children should be able to do this activity on their own, mostly because there are different ways to access stories. Even though I believe that stories can be accessed either way, arguments on both sides are worth exploring.
Body 1 문제에 대한 견해	People who believe that stories are best relayed by parents have valid reasons for saying so. Children love to hear stories told by their parents, grandparents or caregivers. Storytelling is a good way for children to bond with their elders. During reading and storytelling, children have the opportunity to ask questions or discuss the story with others. This kind of interaction makes storytelling even more meaningful.
Body 2 문제에 대한 반대 견해	On the other hand, there are those who think that children should be able to read stories on their own. These people purport that children will learn to become more creative and responsible readers through independent reading. They believe children must develop a sense of independence through processing information and thinking creatively.
Body 3 문제에 대한 글쓴이의 견해	Considering the views above, I believe that children should have both self-initiated reading and interactive storytelling. Being read to by one's parents is a precious experience that is often enjoyed only in one's childhood. Meanwhile, children also have the opportunity to read independently in school. By reading alone, young people sharpen their minds and develop important reading skills.
Conclusion 글쓴이의 견해 강조 논의된 사항 요약 추가적인 의견제시 (선택 사항)	In conclusion, whether independently done or not, reading is a precious learning experience that children should enjoy to the fullest. Thus, it is important that they have the privilege of having storytelling sessions with their parents and at the same time, have the opportunity to read stories on their own.

308 words

CHECK-UP VOCABULARY 동의어

process convert, transform, manage, refine, handle
story tale, narrative, novel, anecdote, version
information fact, data, intelligence, instruction, detail

해석

이야기를 읽거나 말하는 것은 아이들이 많은 정보를 받아들이는 좋은 방법이지만, 중요한 것은 아이들이 이야기를 어떻게 접하느냐는 점이다. 어떤 사람들은 부모가 자녀에게 이야기를 읽어주거나 말해야 한다고 생각한다. 그러나 다른 사람들은 아이들이 이러한 활동을 스스로 할 수 있다고 생각하는데, 이는 이야기를 접하는 방법이 각기 다르기 때문이다. 나는 둘 중 어느 쪽으로든 이야기를 접할 수 있다고 생각하지만 양쪽 측면 모두 살펴볼 만하다.

부모가 이야기를 가장 잘 전달한다고 생각하는 사람들은 그럴 만한 타당한 이유가 있다. 아이들은 부모나 조부모, 양육자가 들려주는 이야기를 아주 좋아한다. 이것은 연장자와 유대를 맺는 데 좋은 방법이다. 동시에 다른 사람과 이야기에 대해 질문을 하거나 토론하는 기회가 되기도 한다. 이러한 상호작용은 이야기를 들려주는 행위를 더욱 의미 있게 해준다.

다른 한 편으로는, 아이들 스스로 이야기를 읽을 수 있어야 한다고 여기는 사람들이 있다. 이러한 견해에 따르면, 아이들은 스스로의 읽기를 통해 더욱 창조적이고 책임감 있는 독자가 되기 위해 배운다. 그들은 아이들이 정보를 받아들이고 창조적으로 사고하는 데 독립심을 발전시켜야 한다고 생각한다.

위와 같은 견해를 고려해볼 때, 나는 아이들이 자기주도적인 독서와 상호적인 이야기 모두 갖춰야 한다고 생각한다. 부모가 들려주는 이야기는 어린 시절에만 누릴 수 있는 소중한 경험이다. 한편 아이들은 학교에서 자주적으로 책을 읽는 기회도 있다. 혼자 책을 읽으면서 사고를 연마하고 중요한 독해력을 개발할 수 있다.

결론적으로, 자주적으로 책을 읽든 그렇지 않든 독서는 아이들이 힘껏 누려야 할 소중한 배움의 경험이다. 따라서 아이들은 부모와 함께 이야기를 듣는 시간을 누릴 특권과 더불어, 스스로 책을 읽는 기회를 갖는 것이 중요하다.

자주 함께 쓰이는 단어

parent responsible parent | supportive parent | adoptive parent
story relatable story | convincing story | familiar story
childhood happy childhood | insecure childhood | pathetic childhood

MODEL ANSWER 2

● **CASE 2** 2중 구성으로 전개하는 경우(네 단락 배치)

Introduction 도입	Reading and telling stories are a great way for children to process a lot of information, but there is a question about how these children access the stories. Some people think that parents should read or tell stories to their children. Others, however, feel that children should be able to do this activity on their own, mostly because there are different ways to access stories. Between the two opinions, I am in favor of the former. A storytelling session with parents is a precious experience that one should have as a child.
Body 1 문제에 대한 반대 견해	Admittedly, many people are of the belief that children should be able to read on their own. Reading alone helps a child develop important reading skills, like reading comprehension. Good reading skills help children perform better at school and later in life at work, too. If children start reading early, they will have a competitive edge later in life.
Body 2 문제에 대한 글쓴이의 견해	Indeed, people who advocate for independent reading have a point; but for me, children are still children. It is good for youth to acquire reading skills, but we cannot deny that they are still emotionally and psychologically dependent on adults. The experience of reading will be memorable and more motivating if children have their parents by their side, participating in the thinking and learning process. Interactive reading also enables children to ask questions about the article and discuss how the article makes them feel or think. In this sense, reading is both emotionally satisfying and mentally stimulating when done with a parent. With this experience in their memories, children will grow up loving reading.
Conclusion 글쓴이의 견해 강조 논의 사항 요약 추가적인 의견제시 (선택 사항)	In other words, the experience of reading can be beneficial if done by the children independently. That being said, it becomes more worthwhile and stimulating for children to have their parents assisting them read. Together, parents and children build a lifetime of memories and develop a lifelong passion for reading when they read together.

319 words

CHECK-UP VOCABULARY 동의어

question query, confusion, uncertainty, doubt, contention
different contrasting, clashing, diverse, inconsistent, unique
precious priced, exquisite, inestimable, invaluable, treasured

해석 이야기를 읽거나 말하는 것은 아이들이 많은 정보를 받아들이는 좋은 방법이지만, 중요한 것은 아이들이 이야기를 어떻게 접하느냐는 점이다. 어떤 사람들은 부모가 자녀에게 이야기를 읽어주거나 말해야 한다고 생각한다. 그러나 다른 사람들은 아이들이 이러한 활동을 스스로 할 수 있다고 생각하는데, 이는 이야기를 접하는 방법이 각기 다르기 때문이다. 그러나 나는 두 가지 견해 중 전자를 지지한다. 부모가 해주는 이야기를 듣는 것은 아이가 누려야 하는 소중한 경험이다.

물론 많은 사람들이 아이들 스스로 읽을 수 있어야 한다고 생각한다. 혼자서 책을 읽으면 독해와 같이 중요한 읽기 능력을 연마하는 데 도움이 된다. 독해력이 좋으면 학교와 직장에서 뛰어난 성과를 얻는 데 유용하다. 아이들이 일찍 독서를 시작한다면 후에 경쟁적 우위를 차지할 수 있을 것이다.

실제로 자주적인 독서를 지지하는 사람들의 주장에도 일리가 있지만, 내 생각에 아이들은 아이들일 뿐이다. 독해력을 얻는 것은 좋지만 어린 나이의 아이들이 여전히 감정적으로, 심리적으로 어른들에게 의존한다는 점을 부인할 수 없다. 아이들이 부모 곁에서 사고하고 배우는 과정에 참여한다면, 그러한 독서 경험은 기억 속에 남아 더욱 큰 동기를 부여해줄 것이다. 상호적인 독서를 통해서도 아이들은 내용에 대해 질문하고, 글을 읽고 어떻게 느끼거나 생각하는지 토론할 수 있다. 이러한 점에서 부모와 함께 하는 독서는 감정적으로 만족스럽고 정신적으로 고무적이다. 기억 속에 이러한 경험이 자리잡는다면 아이들은 독서를 사랑하는 어른으로 자랄 것이다.

다시 말해서, 독서 경험은 아이들이 자주적으로 할 때 유익할 수 있다. 그러나 부모가 자녀들을 도와주면 그 경험은 더욱 가치가 빛나고 고무적이게 된다. 부모와 자녀가 함께 평생의 추억을 만들고, 독서를 향한 일생의 열정을 개발하는 것이다.

자주 함께 쓰이는 단어

start start early | start enthusiastically | start zealously
point good point | valid point | ridiculous point
experience remarkable experience | unforgettable experience | painful experience

PART 6
TASK 2 토픽별 연습

UNIT 1. Animals | UNIT 2. Computers | UNIT 3. Education | UNIT 4. Environment
UNIT 5. Government | UNIT 6. Language & Culture | UNIT 7. Life | UNIT 8. Mass Media
UNIT 9. Nation | UNIT 10. Occupation | UNIT 11. Science & Technology
UNIT 12. Society | UNIT 13. Sports | UNIT 14. Travel & Tourism

UNIT 01 Animals

Question 1

People should be friends with animals or they should be regarded only as a source of people's food and clothes.
To what extent do you agree or disagree?

Question 2

Some people think that people can use animals for the benefit of humans.
Others believe that this practice is wrong.
Discuss both these views and give your own opinion.

Question 3

Some people think that using animals for experimentations is cruel, but others think that it is necessary for the development of science.
Discuss both these views and give your own opinion.

해석   Question 1 사람들은 동물을 인간의 친구로 보아야 하는가, 아니면 인간에게 음식과 옷을 제공하는 자원으로 여겨야 하는가? 어느 정도까지 동의하거나, 동의하지 않는가?

Question 2 몇몇 사람들은 동물이 인간에게 득이 되는 한 동물을 사용할 수 있다고 생각한다. 다른 사람들은 그 생각이 옳지 않다고 생각한다. 양쪽 의견을 토론해 보고 당신의 의견을 제시하라.

Question 3 몇몇 사람들은 동물을 실험 목적으로 이용하는 것이 잔인하다고 생각하지만, 다른 사람들은 과학 발전을 위해 필요하다고 생각한다. 양쪽 의견을 토론해 보고 당신의 의견을 제시하라.

QUESTION 1

You should spend about 40 minutes on this task.

Write about the following topic:

> *People should be friends with animals or they should be regarded only as a source of people's food and clothes.*
>
> *To what extent do you agree or disagree?*

Give reasons for your answer and include any relevant examples from your own knowledge or experience.

Write at least 250 words.

MODEL ANSWER

Many people believe that animals should be respected and loved. However, others think that animals are simply useful items. **In my opinion, animals are more than just items to be used.** In this essay, I will discuss both sides of the issue and give reasons for my opinion.

Admittedly, we have always needed animals to live. We raise chickens, pigs and cows for their meat. This meat is often our main source of protein, keeping us alive and strong. **In other countries, sheep are used to make wool.** People make thick clothes out of wool that can keep us warm. **In other words, animals give us warmth and nourishment. Without these creatures, it will be difficult for humans to survive.**

However, we often fail to see that animals are also living creatures with feelings. Animals can give us emotional help, too. I have seen this when my mother suffered from mental depression in the past and her friend gave her a small dog. That dog was more effective in improving my mother's condition than any other medicine or treatment. **My mother's experience proves that humans can develop an emotional bond with animals.** For instance, we are cheered up by the singing of birds or comforted by pets. This shows that animals can be very important friends for humans.

Moreover, animals can be trained to be of help to humans. This is best exemplified in guide dogs, which are trained to lead visually impaired people around obstacles to enable them to perform their activities of daily living without much collision with things or other people. **It is like giving them their lives back despite their disability that is why guide dogs are phenomenal in what they do.**

In conclusion, animals are one of our main resources to survive. However, they are not just products we buy in stores. Instead, animals are living creatures with feelings that can love and care for us and are worthy of our friendship.

327 words

CHECK-UP VOCABULARY

동의어

friend pal, buddy, comrade, chum
source root, origin, beginnings, derivation
animal fauna, beast, creature, beast
clothes apparel, garment, wear, vesture

자주 함께 쓰이는 단어

use use carefully | use efficiently | use sparingly
alive only half alive | barely alive | feel alive
fail fail miserably | fail dismally | fail spectacularly
experience previous experience | invaluable experience | first-hand experience

A thesis   A topic sentence   A supporting sentences   A supporting details

QUESTION 2

You should spend about 40 minutes on this task.

Write about the following topic:

> *Some people think that people can use animals for the benefit of humans. Others believe that this practice is wrong.*
>
> *Discuss both these views and give your own opinion.*

Give reasons for your answer and include any relevant examples from your own knowledge or experience.

Write at least 250 words.

MODEL ANSWER

Some people think it is natural to use animals for human welfare. I understand their opinion, but I believe that this reasoning is wrong. **We should avoid using animals for selfish purposes because animals have the right to live freely.**

It is widely recognized that people use animals to develop science and technology. Animals like mice and frogs are often used in laboratory tests. In addition, they are used to develop and discover medicine. For example, scientists use rats as test subjects to find potential cures for diseases. **Animals are also used for a variety of other purposes.** We often see them in zoos, animal shows and at science fairs. Using animals in these ways is absolute abuse on animal rights.

Using animals to cater to our needs is detrimental to the universal balance of species. **The population of many species has reached dangerously low levels because of human activities.** For example, the number of species of whale has been greatly reduced in spite of the whaling ban because of human demand for their oil, meat, and other parts. *Animal rights groups argue that animals should be respected.* Like us, they suggest that animals should be free to live and escape extinction.

I completely agree with the idea that animals and humans should be treated equally. **Animals and humans are both temporary residents of this planet, and one is no more important than the other. We should not abuse animals just because we are more intelligent or powerful. Instead, we should use our intelligence to come up with ways to be less dependent on animals.** One way to do this is to conduct medical tests on computer simulation models instead of on rats.

All in all, humans have the ability to treat animals fairly and that is why we should allow them to live freely. Otherwise, we will be abusing them and leading their species to extinction. To avoid this, we should make it our collective goal to be less dependent on them.

333 words

CHECK-UP VOCABULARY

동의어

benefit goodness, advantage, sake, welfare, wellness
practice pattern, activity, custom, way, system
wrong incorrect, inaccurate, false, improper, erroneous
human mankind, people, world, being, homo

자주 함께 쓰이는 단어

purpose double purpose | primary purpose | hidden purpose
cure certain cure | simple cure | immediate cure
demand realistic demand | human demand | government demand
conduct conduct efficiently | conduct personally | conduct successfully

A thesis   A topic sentence   A supporting sentences   A supporting details

QUESTION 3

You should spend about 40 minutes on this task.

Write about the following topic:

> Some people think that using animals for experimentations is cruel, but others think that it is necessary for the development of science.
>
> Discuss both these views and give your own opinion.

Give reasons for your answer and include any relevant examples from your own knowledge or experience.

Write at least 250 words.

MODEL ANSWER

Some people support animal testing for the sake of scientific development. However, others think that animal testing is a form of cruelty to animals. Between these two views, I support the latter. I personally believe that scientific advancement should not be pursued at the cost of animals.

Advocates of animal experimentation believe that animal experimentation leads to scientific, medical and economic progress. For one thing, medicine and specific treatments would not be invented successfully without animal testing. Because human testing is unacceptable, a wide variety of products are tested on animals. Animals have also been used in science classrooms in schools. Almost everyone has seen the internal structure of a frog through classroom dissections. It is because of these activities that advancements are discovered.

On the contrary, we all know that hurting other living creatures is wrong. It is common knowledge that inflicting pain or killing living things is immoral. In fact, we punish people who harm others. In the same way, we should be punished for hurting and killing other living creatures. Science or no science, morality dictates not to harm others.

For me, scientific progress is necessary, but life is too precious to sacrifice. I remember the frog we used in our biology class. I can still remember it had sad eyes when we cut its body open. I felt very sorry for the defenseless frog. It is even harder to imagine that millions of animals have been sacrificed in the name of science that is why I believe that the benefits outweigh the loss of animal experimentation.

To summarize, animal testing is a choice between scientific progress and preservation of a quality of life. Between the two, life is morally the better choice and choosing otherwise, for me, is just plain cruel.

295 words

CHECK-UP VOCABULARY

동의어

experimentation test, research, project, trial, investigation
cruel brutal, vicious, inhumane, ruthless, harsh
necessary requisite, essential, obligatory, indispensable, inevitable
development improvement, progress, advancement, broadening, growth

자주 함께 쓰이는 단어

choice limited choice | sensible choice | appropriate choice
advocate animal rights advocate | passionate advocate | blind advocate
dictate dictate amiably | dictate personally | dictate viciously
cut cut down | cut out | cut off

A thesis   A topic sentence   A supporting sentences   A supporting details

Q1 해석

많은 사람들이 동물을 존중하고 사랑해야 한다고 생각한다. 그러나 다른 사람들은 동물이 사용하는 물품에 지나지 않는다고 생각한다. 내 의견으로, 동물은 단순히 사용되는 물품 이상의 존재이다. 이 에세이에서 문제의 양쪽 의견을 모두 논하고 내 의견에 대한 이유를 제시해보겠다.

인정하건대, 우리는 살아가기 위해 언제나 동물을 필요로 해왔다. 우리는 고기를 얻기 위해 닭과 돼지, 소를 기른다. 그 고기는 우리를 살아있게 해주고 튼튼하게 해주는 단백질의 원천이다. 다른 나라에서는 양털을 얻기 위해 양을 기른다. 우리는 몸을 따뜻하게 하도록 양모로 두꺼운 옷을 만들 수 있다. 다시 말해서, 동물은 인간에게 따뜻함과 영양분을 제공한다. 동물이 없으면 인간은 살아남기 힘들 것이다.

그러나, 우리는 동물 역시 살아있고 감정을 느끼는 존재라는 사실을 깨닫지 못할 때도 있다. 동물은 우리에게 정서적인 도움을 줄 수 있다. 어머니는 예전에 우울증으로 괴로워한 적이 있었을 때, 어머니의 친구 분이 강아지를 어머니에게 주었다. 그 강아지는 다른 어떤 약물이나 치료보다 어머니의 상태에 더욱 효과적이었다. 우리 어머니의 경험은 인간이 동물과 정서적인 유대감을 키울 수 있다는 점을 나타낸다. 예를 들면, 우리는 새의 노랫소리를 들으며 힘을 내거나, 반려동물을 통해 위안을 받는다. 이런 이유로 동물은 인간에게 아주 중요한 친구가 될 수 있다.

게다가, 동물들은 인간에게 도움을 주기 위해 훈련을 받을 수도 있다. 안내견이 가장 좋은 예이다. 안내견은 장애물로 둘러 쌓여진 시각장애인들이 어떤 물건이나 다른 사람과 충돌이 없이 일상생활을 할 수 있도록 돕는 훈련을 받는다. 이것은 마치 그들이 장애를 갖고 있지만 제대로 살 수 있게 해주는 안내견이 하는 아주 놀라운 일이다.

결론적으로, 동물은 생존을 위한 우리의 주요 자원들 중 하나이다. 그러나 그들은 우리가 가게에서 사는 단순한 물품이 아니다. 그대신, 동물은 우리와 정을 나누고 사랑하며 우리를 돌볼 수 있는 감정을 가진 살아 있는 생명체이다.

Q2 해석

몇몇 사람들은 인간의 복지를 위해 동물을 사용하는 것이 당연하다고 생각한다. 나는 그 의견은 이해하지만, 그들이 생각하는 이유에 대해서는 옳지 않다고 생각한다. 동물은 자유롭게 살 권리가 있기 때문에, 이기적인 목적을 위해 동물을 사용하는 것은 피해야만 한다.

과학과 기술을 발전시키기 위해 사람들이 동물을 이용해야 한다는 것은 널리 알려진 사실이다. 쥐와 개구리 같은 동물들은 자주 연구소 실험에 사용된다. 게다가, 그 동물들은 약을 개발하고 발견하는 데에도 이용된다. 예를 들면, 과학자들은 질병에 대한 잠재적인 치료 효과를 연구하기 위해 쥐를 사용한다. 동물은 또한 여러 가지 목적으로 사용된다. 우리는 종종 동물원과 동물쇼, 과학 박람회 등에서 동물을 본다. 이러한 방식으로 동물을 사용하는 것은 동물의 권리를 완전히 침해하는 것이다.

우리의 필요를 충족시키기 위해 동물을 사용하는 것은 종들의 보편적인 균형에 해롭다. 인간의 활동 때문에 많은 종들의 개체수가 위험한 수준에 달했다. 예를 들면, 고래 기름과 고기 그리고 다른 부분에 대한 인간의 요구로 인해 고래잡이 금지령에도 불구하고 고래의 수는 대폭 감소했다. 동물 보호 단체는 동물도 존중 받아야 한다고 주장한다. 우리처럼 동물은 자유롭게 살아가야 하고 멸종에서도 벗어나야 한다.

나는 동물과 인간이 동등하게 대우받아야 한다는 생각에 전적으로 동의한다. 동물과 인간 모두 지구에 일시적으로 머무는 존재들이며 동등한 존재이다. 우리가 지능이 더 높고 강하다는 이유만으로 동물을 학대해서는 안 된다. 대신에, 우리의 지능을 동물에게 덜 의존하는 데 사용해야 한다. 이를 실천하는 한 가지 방법은 쥐 대신에 컴퓨터 가상 모델을 통해 의학 실험을 하는 것이다.

대체로, 인간들은 동물들을 공평하게 다룰 수 있는 능력이 있고 우리는 그들이 자유롭게 살 수 있도록 해주어야 한다. 그렇지 않으면 우리는 그들을 학대할 것이고 그 종들을 멸종으로 이끌 것이다. 이러한 일을 피하기 위해서 우리는 그들에게 덜 의존하면서 우리 모두의 목표를 이루어 가야 한다.

Q3 해석

몇몇 사람들은 과학 발전을 위해 동물 실험을 지지한다. 그러나 다른 사람들은 동물 실험이 동물 학대의 한 형태라고 생각한다. 이 두 의견 가운데 나는 후자를 지지한다. 나는 개인적으로 과학 발전이 동물의 희생으로 행해져서는 안 된다고 생각한다.

동물 실험 지지자들은 동물 실험이 과학, 의학, 경제 분야에 성장을 이끈다고 생각한다. 한 예로, 동물 실험을 하지 않고서는 약과 치료법을 성공적으로 개발하기 힘들 것이다. 인체 실험은 용납되지 않기에, 동물에게 여러 종류의 제품을 실험하고 있다. 동물은 또한 학교의 과학 수업에 사용되어 왔다. 학교에서 학생들 대부분이 살아있는 개구리의 내부 장기를 본 적이 있다. 이러한 활동들로 인해 (여러 분야의) 진보된 것들이 발견되었다.

이와 반대로, 우리는 다른 생명체에게 상처를 입히는 행위는 옳지 않다는 것을 모두 잘 알고 있다. 일반적으로 동물에게 고통을 가하거나 죽음을 야기시키는 것은 부도덕하다고 알고 있다. 실제로, 우리는 다른 사람에게 해를 끼치는 사람을 처벌한다. 같은 방법으로, 우리는 다른 생명체를 상처 입히고 죽이는 데 대해 처벌을 해야 한다. 과학이든 과학이 아니든 간에, 인간의 도덕성은 다른 생명체에게 해를 입히지 않도록 지시한다.

나로서는, 과학적인 진보는 필요하지만 생명은 무척이나 소중하기에 희생시켜서는 안 된다. 나는 생물 시간에 이용한 개구리를 기억한다. 우리가 개구리의 몸을 절개해서 열었을 때 개구리의 슬픈 눈빛도 아직 기억할 수 있다. 나는 그 무방비한 개구리에게 무척이나 미안했다. 동물 실험으로 인한 손해보다 이득이 더 많다고 믿으며, 과학이란 미명하에 수백만 마리의 동물이 희생되어 왔다는 사실은 더욱 생각하기 힘들다.

요약하면, 동물 실험은 과학적 진보와 가치 있는 생명의 보존 가운데 있는 선택이다. 그 사이에서 생명이 도덕적으로 더욱 나은 선택이며 다른 선택을 한다면, 나에게 있어서 명백하게 잔인한 일인 것이다.

UNIT 02 Computers

Question 1

Computers are considered a necessity in today's times.
What disadvantages will people experience if they cannot use computers?
What should our government do to address this growing need?

Question 2

Some people think that the computer and the Internet are important tools for children's studies, but others think that students can learn more effectively in schools with teachers.
Discuss both these views and give your own opinion.

Question 3

Some people say that computers can translate languages so children need not study foreign languages anymore.
To what extent do you agree or disagree?

해석

Question 1 오늘날 컴퓨터는 필수품으로 여겨진다. 사람들이 만약 컴퓨터를 사용할 수 없다면 겪게 될 단점은 무엇인가? 증가하는 수요를 해결하기 위해 우리 정부가 해야 할 일은 무엇인가?

Question 2 몇몇 사람들은 컴퓨터와 인터넷이 아이들의 공부에 중요하다고 생각하지만, 다른 사람들은 학생들이 학교에서 교사와 함께 더욱 효과적으로 배울 수 있다고 생각한다. 양쪽 의견을 토론해 보고 당신의 의견을 제시하라.

Question 3 몇몇 사람들은 컴퓨터가 언어를 번역할 수 있기 때문에, 아이들이 더 이상 외국어를 배울 필요가 없다고 말한다. 어느 정도까지 동의하거나, 동의하지 않는가?

QUESTION 1

You should spend about 40 minutes on this task.

Write about the following topic:

> Computers are considered a necessity in today's times.
>
> What disadvantages will people experience if they cannot use computers?
>
> What should our government do to address this growing need?

Give reasons for your answer and include any relevant examples from your own knowledge or experience.

Write at least 250 words.

MODEL ANSWER

There is no doubt that computers have had a major impact on society. The advent of the Internet has led to even more possibilities available to people. That is the primary reason why computers have become a necessity in everyday life. **Without computers, people will face numerous difficulties in social and professional settings.**

If we cannot use computers at home or at work, we are highly inconvenienced. **Without a computer, everyday tasks will cost us more time and money.** To illustrate, right now I use Internet banking and I read the news online for free. Without my computer, it will take time to physically go to a bank and wait in line. In addition, without Internet news access, I would need to buy a newspaper. Additionally, I cannot send or receive email messages without my computer, so my social life will be affected by its absence.

Computers also play an important role in the workplace, so businesses and organizations suffer when there is a lack of computers. **First, progress on daily tasks is much slower without computers.** It takes more time to type documents, make business presentations by hand and search for information manually. **Second, communicating with clients and partners becomes inefficient and expensive when not performed via the Internet.** Business owners also spend more time and money using mail, telephone calls, and fax services. **A more favorable situation happens when companies use computers.**

Overall, computers make society more efficient in many aspects. Without it, there would be inconvenience in terms of work speed and communication. It also follows that computers positively affect a nation's progress. As such, the government must make computers available to all. They can partner with computer manufacturers to make computers cheaper, and computer rental facilities can be built in more areas.

295 words

CHECK-UP VOCABULARY

동의어

disadvantage drawback, limitation, trouble, burden, weakness
experience undergo, suffer, endure, witness, live
use apply, employ, utilize, waste, exploit
government regime, authority, empire, state, administration

자주 함께 쓰이는 단어

face face accidentally | face diffidently | face bravely
access unrestricted access | exclusive access | difficult access
client potential client | regular client | prospective client
available readily available | easily available | widely available

QUESTION 2

You should spend about 40 minutes on this task.

Write about the following topic:

> Some people think that the computer and the Internet are important tools for children's studies, but others think that students can learn more effectively in schools with teachers.
>
> Discuss both these views and give your own opinion.

Give reasons for your answer and include any relevant examples from your own knowledge or experience.

Write at least 250 words.

MODEL ANSWER

In this technological age, the Internet has played a big role in our lives. As a result, society now has a choice between computer-based education and traditional classroom education. Personally, I think that we need innovations in education, but computers cannot replace teachers and schools.

Computers are sufficient to supply knowledge to students. Because of computers, studying has become easier for students. The Internet makes information searching fast and easy. It also makes learning fun and interactive. There are Internet websites and computer programs for almost everything. On most occasions, I am able to do my homework, my projects and my research papers with the help of these technological aids.

Nevertheless, learning is still more effective and organized in school. Through classroom discussions, we learn from our classmates and teachers. The live exchange of ideas enriches our reasoning ability. Through classroom activities, we also learn social and cultural values that cannot be taught electronically. We learn to appreciate our history and develop social manners. Because of our school curriculum, the learning process also becomes systematic and well-organized.

Even though it is innovative, computer-based education has many limitations. Computers cannot serve as models of good citizens. Unlike teachers, computers cannot discipline and inspire us. In a way, teachers also serve as our second parents, whereas computers cannot. Obviously, computers are unable to understand or react to our feelings and behavior like teachers can. For these reasons, we cannot fully depend on computers for our education.

In summary, computers may be sufficient in supplying knowledge but it has many limitations unlike classroom education. At best, computer-based learning can complement a classroom education. In the near future, computers will gain more importance in schools. Still, I firmly believe that studying with teachers and classmates is the best way to learn.

297 words

CHECK-UP VOCABULARY

동의어
Internet Web, World Wide Web, online, e-, cyberspace
tool implement, device, apparatus, instrument, gadget
studies learning, discovery, investigation, lesson, readings
effectively efficaciously, capably, successfully, competently, impressively

자주 함께 쓰이는 단어
future near future | foreseeable future | promising future
easy comfortably easy | conveniently easy | distinctly easy
exchange whispered exchange | academic exchange | culture exchange
depend depend absolutely | depend entirely | depend largely

QUESTION 3

You should spend about 40 minutes on this task.

Write about the following topic:

> Some people say that computers can translate languages so children need not study foreign languages anymore.
>
> To what extent do you agree or disagree?

Give reasons for your answer and include any relevant examples from your own knowledge or experience.

Write at least 250 words.

MODEL ANSWER

Computers offer a lot of language translator programs we can utilize. This means that computers can translate words and sentences for us rather than us having to rely on traditional translation methods. It is true that online language translators are very helpful, but I believe that studying foreign languages is still necessary. In this essay, I will discuss the reasons behind my opinion.

First of all, computer translations are not enough to express what one is meaning to say to the fullest extent. Language is a dynamic form of self-expression that changes and evolves. Computers often translate words incorrectly because they cannot understand the modern context of the word. As we know, words can carry lots of meaning, and the meaning of a word can change. That is why it is difficult to rely to on a computer to do accurate translating because it cannot decipher what context the word is being used.

Second, a language is culturally unique. With each language containing unique idioms and slang, there are idioms in one language that can have awkward translations in another. The cultural element of language is the biggest barrier facing technology. Consequently, we cannot always translate expressions word for word using technology. We need to understand the culture behind the language. Only humans can understand language in this way because humans have culture, intelligence, emotions and values. These traits are too complex to incorporate in computers. For this reason, computer translations often sound awkward and robotic.

Third, humans cannot always depend on computers to teach them to use a foreign language. In learning, we need to socialize with other people. In the end, we do not need a machine to communicate for us because we are smart, creative and unique. More importantly, we can learn different languages faster when we practice communicating with it by engaging in conversations with other human beings.

To summarize, computer translations can be beneficial, but we should not be too dependent on them because it cannot translate messages to its fullest extent and that languages have unique idioms and slangs. At the end of the day, humans are still the best teachers of any language and the best way to learn is to practice communicating with fellow humans.

373 words

CHECK-UP VOCABULARY

동의어

translate interpret, render, transform, understand, read
children young, youth, toddler, kid, innocent
foreign alien, overseas, exotic, strange, native
language dialect, speech, tongue, expression, vocabulary

자주 함께 쓰이는 단어

express express accurately | express admirably | express blandly
face face completely | face mistakenly | face reasonably
practice practice beforehand | practice carelessly | practice efficiently
full extremely full | absolutely full | completely full

Q1 해석

컴퓨터가 사회에 막대한 영향을 주었다는 점은 의심할 여지가 없다. 인터넷의 출현은 더욱 많은 가능성을 보여주었다. 그것이 바로 컴퓨터가 일상생활에 필수품이 된 이유이다. 컴퓨터가 없다면 사람들은 사회적, 직업적 환경에서 엄청난 어려움을 겪게 될 것이다.

우리가 만약 가정이나 직장에서 컴퓨터를 사용할 수 없다면 매우 불편 할 것이다. 컴퓨터가 없다면 우리는 일상적인 업무를 하는 데 더 많은 시간과 돈이 들 것이다. 예를 들어, 지금은 인터넷뱅킹을 사용하거나 무료로 온라인 뉴스를 읽는 것을 바로 할 수 있다. 그러나 컴퓨터가 없다면 실제로 은행에 가야 되고 줄을 서서 기다리면서 시간이 걸리게 된다. 또한, 인터넷 뉴스가 없다면 신문을 사야 할 것이다. 게다가 이 메일을 보내거나 받을 수 없어 내 사회 생활에 지장을 줄 것이다.

컴퓨터는 또한 작업 현장에서 중요한 역할을 수행하기 때문에, 사업체나 조직은 컴퓨터가 부족할 때 어려움을 겪게 될 것이다. 첫째, 컴퓨터가 없다면 매일 업무가 매우 느려질 것이다. 문서를 입력하고, 직접 손으로 사업 기획안을 만들고, 수동으로 정보를 찾는 데 더욱 많은 시간이 걸리게 된다. 두 번째로, 고객 및 동업자와 소통이 인터넷을 통해서 못하기에 비효율적이고 비용이 많이 들 것이다. 사업주들은 편지를 보내고, 전화를 하고, 팩스를 이용하는 데 더욱 많은 시간과 비용을 쓸 것이다. 회사가 컴퓨터를 사용할 때 좀 더 좋은 상황이 생긴다.

전반적으로, 컴퓨터는 여러 면에서 사회를 더욱 효율적으로 만들어준다. 컴퓨터가 없다면 작업 속도와 소통 면에서 불편할 것이다. 컴퓨터는 또한 국가의 성장에 긍정적인 영향을 미치게 한다. 그렇기에 정부는 국민 모두가 컴퓨터를 이용할 수 있도록 해야 한다. 정부는 컴퓨터 제조업체와 제휴하여 컴퓨터의 가격을 더 싸게 만들고, 여러 지역에 컴퓨터 대여 시설을 세워야 한다.

Q2 해석

이런 과학 기술 시대에서는, 인터넷이 우리 생활에 더욱 큰 역할을 수행해왔다. 그 결과, 사회는 현재 컴퓨터를 기본으로 하는 교육과 전통적인 교실 교육 중에 하나를 선택할 수 있게 되었다. 개인적으로 나는 교육에 혁신이 필요하지만, 컴퓨터가 교사와 학교를 대체할 수는 없다고 생각한다.

컴퓨터는 학생들에게 지식을 공급하는데 충분하다. 컴퓨터 덕분에 학생들은 공부하기 더욱 쉬워졌다. 인터넷은 정보를 빠르고 쉽게 찾도록 해준다. 또한 재미있고 상호작용을 하며 배울 수 있게 해준다. 거의 모든 것에 대해 인터넷 웹사이트와 컴퓨터 프로그램이 존재한다. 대부분의 경우, 나는 이런 기술적 도움으로 내 숙제와 프로젝트, 연구논문 등을 할 수 있다.

그럼에도, 학교에서 배우는 것이 더욱 더 효과적이고 체계적이다. 토론 수업을 통해 우리는 급우와 교사에게서 배운다. 실시간으로 의견을 교환하면서 우리의 논리적 능력이 강해진다. 교실 활동을 통해 우리는 전자상으로 배울 수 없는 사회적, 문화적 가치를 배운다. 우리 역사를 인식하고 사회 예절을 배운다. 학교의 교과과정 덕분에, 배우는 과정 또한 조직적이고 체계화 된다.

비록 혁신일지라도 컴퓨터를 이용한 교육은 제약이 많다. 컴퓨터는 건전한 시민 모델로서의 역할을 할 수 없다. 교사와는 달리 컴퓨터는 우리를 훈육하거나 격려할 수 없다. 어떤 면에서, 교사는 컴퓨터가 할 수 없는 우리에게 제2의 부모로서 역할을 수행한다. 분명히, 컴퓨터는 교사가 할 수 있는 것처럼 우리의 감정과 행동에 반응하거나 이해할 수 없다. 이런 이유로, 우리는 교육을 컴퓨터에 온전히 의존할 수 없다.

요약하면, 컴퓨터는 지식을 공급하는데 충분할지 몰라도 교실 수업과는 달리 많은 한계가 있다. 잘해야, 컴퓨터를 이용한 학습은 교실 수업을 보완할 뿐이다. 머지않아 컴퓨터는 학교에서 더욱 중요 할 것이다. 그래도, 나는 교사와 급우와 함께 하는 학습이 배우는 최선의 방법이라고 굳게 믿는다.

Q3 해석

컴퓨터는 우리가 사용할 수 있는 많은 언어 번역 프로그램을 제공한다. 이것은 전통적인 번역방법에 의존해야 되는 것을 컴퓨터가 단어와 문장으로 번역할 수 있다는 것을 의미한다. 온라인 언어 번역기가 아주 유용하다는 점은 사실이지만, 나는 외국어를 공부하는 것이 아직 필요하다고 생각한다. 이 에세이에서 내 의견을 뒷받침하는 근거를 논의하겠다.

무엇보다도, 컴퓨터 번역은 사람이 뜻하는 바를 최대한 표현하기에 충분하지 않다. 언어는 변하고 진화하는 자기 표현의 역동적인 형태이다. 컴퓨터는 단어들의 현대적인 문맥을 이해하지 못하기에 자주 잘못된 번역을 한다. 우리가 알다시피, 단어는 수많은 의미를 전달할 수 있고, 단어의 뜻은 변할 수 있다. 그것이 정확한 번역을 위해 컴퓨터에 의존하기 어려운 이유이다. 컴퓨터는 단어가 사용되고 있는 상황을 파악할 수 없기 때문이다.

두 번째로, 언어는 문화적으로 유일무이하다. 각 언어에는 특별한 관용구와 속어가 있고 어떤 언어는 다른 언어로 번역하기 어색할 수 있는 관용구가 있다. 언어의 문화적인 요소가 기술에 있어서 가장 큰 장벽인 것이다. 따라서 우리는 기술을 이용해서 항상 문자 그대로의 표현을 번역할 수는 없다. 우리는 언어 이면에 있는 문화를 이해할 필요가 있다. 인간에게는 문화와 지능, 감정, 가치가 있기 때문에 오직 인간만이 이런 식으로 언어를 이해할 수 있다. 이러한 특성들은 컴퓨터에 포함시키기에는 너무나 복잡한 것들이다. 이러한 이유로, 컴퓨터 번역은 종종 어색하고 기계적으로 보인다.

세 번째로, 인간은 외국어 쓰는 것을 가르치기 위해 항상 컴퓨터에 의존할 수는 없다. 배움에 있어서, 우리는 다른 사람들과 어울려야 한다. 우리는 똑똑하고, 창의적이고 독창적이기에 결국, 의사소통을 하기 위해 기계가 필요하지는 않다. 더욱 중요한 것은, 우리가 다른 사람들과의 대화에 참여함으로써 다른 언어로 의사소통 하는 것을 연습할 때 더 빨리 다른 언어들을 배울 수 있다는 점이다.

요약하면, 컴퓨터 번역이 편할 수는 있지만, 컴퓨터에 지나치게 의존해서는 안 되는데, 언어는 독특한 관용구와 속어를 가지고 있고 컴퓨터는 메시지를 완전하게 번역할 수 없기 때문이다. 결국 가장 중요한 것은, 아직은 인간이 모든 언어의 가장 나은 선생님이고 언어를 배우는 가장 좋은 방법은 사람들과 의사소통 하는 것을 연습하는 것이다.

UNIT 03 Education

Question 1

Some people suggest that universities should focus on practical subjects instead of theoretical subjects.
To what extent do you agree or disagree?

Question 2

Some people think that a university education should prepare students for employment. Other people think university has other functions.
Discuss both views about what you think the function of university education is.

Question 3

Some people think educating children of different abilities together will benefit them. Others think intelligent children should be taught separately and given special courses.
Discuss both these views and give your own opinion.

해석　Question 1 몇몇 사람들은 대학에서 이론적인 학문이 아닌 실용적인 학문에 집중해야 한다고 말한다. 어느 정도까지 동의하거나, 동의하지 않는가?

Question 2 몇몇 사람들은 대학 교육이 학생들을 취업하도록 대비시켜야 한다고 생각한다. 다른 사람들은 대학이 다른 기능을 한다고 생각한다. 양쪽 의견을 토론해 보고 대학 교육의 기능에 대한 당신의 의견을 제시하라.

Question 3 몇몇 사람들은 각기 다른 실력의 아이들을 함께 가르치는 것이 아이들에게 도움이 되리라고 생각한다. 다른 사람들은 똑똑한 아이들이 별도로 수업을 듣고 특별과정을 받아야 한다고 생각한다. 양쪽 의견을 토론해 보고 당신의 의견을 제시하라.

QUESTION 1

You should spend about 40 minutes on this task.

Write about the following topic:

> *Some people suggest that universities should focus on practical subjects instead of theoretical subjects.*
>
> *To what extent do you agree or disagree?*

Give reasons for your answer and include any relevant examples from your own knowledge or experience.

Write at least 250 words.

MODEL ANSWER

Nowadays, many students complain about their university courses. Quite often we hear students say that there are too many theories to learn. They prefer to learn subjects that can teach them skills for real-life situations. **Although I understand their concern, I believe that theoretical knowledge is more beneficial in the long run.**

People believe that gaining a practical education will make them more employable. **In this globally competitive society, employers want to hire people with practical skills.** Moreover, companies prefer people with work experience because they have acquired applied knowledge just by performing their daily tasks. In this regard, recent graduates have a hard time finding employment. This explains why students want practical subjects in their curriculum.

On the other hand, we should bear in mind that theories form a strong academic foundation. **If universities solely focus on practical subjects, they will be no different from vocational schools.** In reality, a university education is more valuable than a vocational education because the theories we learn make us become better decision-makers and critical thinkers. There are many essential skills that come from our understanding of theories. All in all, education will not be strong or useful enough without a strong theory base.

Furthermore, theoretical knowledge is more stable than practical knowledge. **To expound, practical training cannot replace theoretical knowledge because theoretical knowledge takes thousands of years to build.** For example, it is not enough that one knows how to build a cell phone; one has to know the scientific concepts and theories behind any invention. With this knowledge, people easily adapt to new inventions and technological changes.

To sum things up, theoretical knowledge is broader and more stable than practical knowledge. Without a strong academic foundation and a stable theoretical knowledge, it will be hard to survive in a fast-changing world and that is why theoretical subjects must remain to be the main focus of university education.

316 words

CHECK-UP VOCABULARY

동의어

suggest advise, recommend, hint, urge, propose
focus center, direct, emphasize, concentrate
practical realistic, applied, concrete, empirical, functional
theoretical abstract, pure, hypothetical, ideal, impractical

자주 함께 쓰는 단어

complain complain incessantly | complain unceasingly | complain endlessly
perform perform wholeheartedly | perform excellently | perform lousily
valuable reasonably valuable | comparatively valuable | extremely valuable
invention odd invention | recycled invention | technologic invention

A thesis   A topic sentence   A supporting sentences   A supporting details

QUESTION 2

You should spend about 40 minutes on this task.

Write about the following topic:

> Some people think that a university education should prepare students for employment. Other people think university has other functions.
>
> Discuss both views about what you think the function of university education is.

Give reasons for your answer and include any relevant examples from your own knowledge or experience.

Write at least 250 words.

MODEL ANSWER

Some think that education is a step in the path to employment. Other people, including myself, believe that this view of education is too narrow. In this essay, I will discuss both and explain my personal view on education.

Employment is the next step after graduation, so people naturally think that universities should prepare students for employment. After all, a college education is not cheap. Of course, getting a job is the only way to offset the high cost of education. In addition, degree programs are based on the current job market. For example, the nursing program suddenly boomed worldwide due to the projected demand for nurses in 5 to 10 years' time.

I agree with the idea that a university education prepares people for future employment. However, future employment is not the only reason why we get a university education. The possibilities in life are unlimited and employment is not the only important goal in our lives. For instance, in my case, I plan to have my own family, start a business, and travel. In short, my education prepares me for different roles. I could be a businessperson, a leader, a parent and a global citizen.

Moreover, people can always get a job outside of their college degree. This is possible because we can transfer our skills and knowledge from one job to another. An engineering major today can become a marketing executive agent tomorrow. We should also consider the fact that jobs are changing and increasing because of rapid developments in technology. This is seen with the increasing number of jobs created in the field of information technology but still accommodates workers from different career fields.

In conclusion, although it is natural to think that the role of education is solely for preparation for employment, it is actually more than just that. Education grooms us for life in general. As a matter of fact, we can always get a job outside our degrees.

325 words

CHECK-UP VOCABULARY

동의어

prepare ready, set, fix, make
employment business, trade, post, calling, profession
university college, institution, school, academe
function purpose, use, role, duty, capacity

자주 함께 쓰이는 단어

path right path | misleading path | followed path
cheap disgustingly cheap | discouragingly cheap | economically cheap
case attested case | convincing case | arguable case
tomorrow bright tomorrow | promising tomorrow | questionable tomorrow

A thesis   A topic sentence   A supporting sentences   A supporting details

QUESTION 3

You should spend about 40 minutes on this task.

Write about the following topic:

> Some people think educating children of different abilities together will benefit them. Others think intelligent children should be taught separately and given special courses.
>
> Discuss both these views and give your own opinion.

Give reasons for your answer and include any relevant examples from your own knowledge or experience.

Write at least 250 words.

MODEL ANSWER

Some schools educate students separately based on their abilities. Others, however, are against this practice. They believe that all students should have the same level of education. ==If asked to take sides, I will be on the side of separating students based on ability.==

Combining high-level and low-level students is advantageous. High-level students, for example, can motivate their classmates. Likewise, high-level students will learn to appreciate their abilities more. I have personally experienced the advantages of student grouping. In a high-level class, my lessons were more challenging and difficult, which suited my abilities. I am also motivated and inspired by my intelligent classmates. In contrast, I feel out of place in an average class. The lessons fail to challenge me, so my performance is of low quality.

Aside from that, putting together same-level students allow them to have equal footing on a fair academic competition. It also allows the teacher to have a basis of comparison when ranking students during performance evaluation. This is very important because the students will be able to have a sense of accomplishment and pride in themselves. If the students were combined, only the high-level students, of course, will be recognized for their academic excellence, leaving a low self-esteem for the rest of the class.

Despite the reasons above, we should consider the benefits of grouping students. First of all, we maximize the ability of high-level students when we do not limit their ability when we place them in classrooms of their peers. We cannot force below-average performers to accomplish above average tasks. By grouping students based on ability, teachers can adjust their lessons accordingly. Students achieve the most suitable content and level of learning when educated separately.

Given the reasons above, student grouping may seem discriminatory but it delivers the right level of challenge to all children and provides the proper motivation to further improve a student's performance. The abilities of all students will neither be limited nor strained when educated in a room with peers.

332words

CHECK-UP VOCABULARY

동의어

ability power, potential, skill, expertise, aptitude
benefit profit, gain, advantage, interest
intelligent smart, clever, bright, sharp, knowledgeable
separately dividedly, partly, independently, personally, singly

자주 함께 쓰이는 단어

practice usual practice | customary practice | daily practice
combine combine efficiently | combine accurately | combine accordingly
adjust adjust accordingly | adjust flexibly | adjust effectively
advantage optimal advantage | comparative advantage | comfortable advantage

---

A thesis   A topic sentence   A supporting sentences   A supporting details

Q1 해석 요즘 많은 학생들이 대학 교과과정에 대해 불만을 토로한다. 우리는 너무 자주 학생들에게서, 배워야 할 이론들이 너무 많다고 듣는다. 학생들은 실생활에 도움이 되는 과목 배우기를 선호한다. 비록 학생들의 우려는 이해하지만, 나는 이론적인 지식이 장기적으로 더욱 유익하다고 생각한다.

사람들은 실용적인 교육을 통해 학생들이 더욱 고용조건을 갖추게 된다고 생각한다. 이렇듯 전세계적으로 경쟁적인 사회에서는, 고용주들이 실용적인 기술이 있는 사람들을 고용하고 싶어한다. 게다가, 회사는 업무 경험이 있는 사람들을 선호하는데 그들은 일상 업무를 처리하면서 실전 지식을 습득해왔기 때문이다. 이러한 점에서, 대학을 갓 졸업한 졸업자들은 일자리를 찾는데 힘든 시간을 보낸다. 그래서 학생들이 교과과정에서 실용적인 과목을 원하는 것이다.

그러나 한편으로는, 우리는 이론이 튼튼한 학문적 토대를 세워준다는 점을 명심해야 한다. 만약 대학이 실용적인 학문에만 집중한다면 직업 학교와 별반 다르지 않을 것이다. 실제로, 대학 교육은 직업 교육보다 더욱 가치가 있는데 우리가 배운 이론이 우리가 더욱 나은 결정을 내리고 비판적으로 사고할 수 있게 해 주기 때문이다. 많은 중요한 기술들은 이론을 이해하는 데서 나온다. 전반적으로, 강한 이론적 바탕이 없다면 교육은 강력하지도, 유용하지도 않을 것이다.

게다가 이론적인 지식은 실용적인 지식보다 더욱 안정적이다. 설명하자면, 이론적인 지식은 수천 년에 걸쳐 세워지기 때문에, 실습이 이론적인 지식을 대체할 수는 없다. 예를 들면, 휴대폰을 만드는 방법을 아는 것만으로는 충분하지 않다. 어떠한 발명품 이면에 있는 과학적 개념과 이론을 알아야 한다. 이러한 지식으로, 새로운 발명품과 기술적인 변화에 쉽게 적응할 수 있는 것이다.

요약하면, 이론적인 지식은 실용적인 지식보다 더욱 광범위하고 안정적이다. 튼튼한 학문적 토대와 안정적인 이론적인 지식이 없다면, 급속도로 변화하는 세계에 살아남기 어려울 것이다. 그렇기 때문에 이론 과목은 대학 교육의 주된 주안점으로 남아 있어야 한다.

Q2 해석 몇몇 사람들은 교육이 취업으로 가는 통로의 첫 단계라고 생각한다. 나 자신을 포함한 다른 사람들은, 교육에 대한 이러한 시각이 너무 편협하다고 생각한다. 이 에세이에서, 나는 양쪽 의견을 모두 토론해 보고 교육에 대한 내 개인적인 의견을 설명하겠다.

취업은 졸업 후의 단계이기에, 사람들은 당연하게 대학이 학생들을 취업에 대비시켜야 한다고 생각한다. 어쨌든, 대학 등록금이 싼 금액은 아니다. 당연히, 일자리를 구하는 것이 비싼 등록금을 상쇄할 수 있는 유일한 방법이다. 게다가, 학위 수여 프로그램은 현존하는 일자리 시장에 기초하고 있다. 예를 들면, 5년에서 10년 후 간호사의 예상 수요로 인해 간호사 양성 프로그램은 전 세계적으로 갑자기 인기를 얻었다.

나는 대학 교육이 장래 취업을 위해 학생들을 대비시켜야 한다는 의견에 동의한다. 그러나, 장래 취업이 우리가 대학 교육을 받는 유일한 이유는 아니다. 인생에서 가능성은 무궁무진하고, 취업이 우리 삶에 전부는 아니다. 예를 들면 내 경우에, 나는 내 가정을 꾸리고, 사업을 시작하고, 여행할 계획이 있다. 한마디로, 내가 받은 교육은 내가 각기 다른 역할을 하도록 준비시킨다. 나는 사업가, 지도자, 부모와 세계 시민이 될 수도 있다.

게다가, 사람들은 언제나 자신의 대학 학위를 벗어나서 일자리를 구하기도 한다. 이것은 우리가 어떤 직업에서 다른 직업으로 기술과 지식을 옮길 수 있기 때문에 가능하다. 오늘의 공학 전공자가 내일은 마케팅 행정 대리인이 될 수도 있다. 우리는 기술이 급속도로 발전하기 때문에 일자리가 변하고 늘어난다는 사실도 고려해야 한다. 말하자면, 정보 통신 분야에서는 많은 일자리가 창출되지만 여전히 다른 직업 분야의 사람들을 수용하고 있다.

결론적으로, 교육은 취업을 위한 대비일 뿐이라고 생각하는 것이 당연하지만 사실은 그 이상이다. 교육은 일반적인 삶을 위해 우리를 대비시킨다. 사실상, 우리는 언제든지 학위를 벗어나서 일자리를 구할 수 있다.

Q3 해석 일부 학교에서는 실력에 따라 별도로 학생들을 가르친다. 그러나 다른 학교에서는 이러한 관행을 반대한다. 그들은 모든 학생들이 같은 수준의 교육을 받아야 한다고 생각한다. 어느 쪽을 지지하냐고 묻는다면, 나는 이전 그룹의 편에 설 것이다.

수준이 높은 학생들과 낮은 학생들을 한데 모으는 것이 유익하다. 예를 들면, 수준이 높은 학생들은 급우들이 공부하도록 동기를 부여할 수 있다. 수준이 높은 학생들 또한 자신의 실력을 제대로 인식할 것이다. 나는 개인적으로 학생들을 분류하는데 따른 장점을 경험한 적이 있다. 상급반에서는 수업 내용이 더욱 도전의식을 북돋우었고 어려워서 내 실력에 잘 맞았다. 또한 똑똑한 급우들에게 자극을 받고 고무되기도 했다. 대조적으로, 평균 수준의 반에서는 내가 어울리지 않는 느낌이었다. 수업을 들어도 도전 의식이 생기지 않아서 학업 성과는 좋지 않았다.

그 외에도 같은 수준의 학생들을 한데 모으는 것은 공정한 학업 경쟁에서 동등한 기준을 갖게 해준다. 또한, 성적 평가 기간 동안 선생님들이 학생들의 등급을 매길 때 비교의 기준을 갖게 한다. 학생들은 스스로에 대한 자부심과 성취감을 가질 수 있기 때문에 이것은 매우 중요하다. 학생들이 합쳐진다면, 당연히 수준이 높은 학생들만 학업적 우수함을 인정받게 되고, 나머지 학생들은 자존감이 낮아질 것이다.

위와 같은 이유에도 불구하고, 우리는 학생들을 나누는데 따르는 이득을 고려해야 한다. 무엇보다 수준이 높은 학생들의 실력을 극대화해야 하는데 그들을 다른 학생들과 둠으로써 그들의 실력을 제한해서는 안 된다. 마찬가지로 평균 이하의 학생들에게 평균 이상의 과제를 하도록 강요할 수도 없다. 학생들을 실력에 따라 분류함으로써, 교사들은 수업을 조정할 수 있다. 학생들을 분류해서 공부할 때 가장 알맞은 학습 내용과 수준을 달성한다.

위와 같은 이유로, 학생들을 분류하는 것은 차별적으로 보일지도 모르지만 모든 아이들에게 알맞은 도전 수준을 가져다주고 학생들의 성적을 더욱 향상시키기 위한 적절한 동기부여를 제공한다. 같은 수준의 친구들과 한 교실에서 수업을 받을 때 학생들의 실력이 제한되지도, 압박 당하지도 않을 것이다.

UNIT 04 Environment

Question 1
Damage to the environment is an inevitable consequence of improvements being made to the standard of living.
To what extent do you agree or disagree?

Question 2
Many people have realized the importance of environmental protection. That being said, they hardly ever take action themselves.
What are the reasons?
What should be done to encourage individuals to take actions on this issue?

Question 3
Some people argue that private companies and individuals should pay for cleaning up the pollution they produce, while others believe that this is the government's responsibility.
To what extent do you agree or disagree?

해석 Question 1 환경 파괴는 생활 수준을 개선하는 데 따르는 불가피한 결과다. 어느 정도까지 동의하거나, 동의하지 않는가?

Question 2 많은 사람들이 환경보호의 중요성을 깨닫고 있다. 하지만 환경보호에 앞장서는 사람은 거의 없다.
그 이유는 무엇인가? 사람들이 이 문제에 대해 조치를 취하도록 권장하기 위해 해야 하는 것은 무엇인가?

Question 3 몇몇 사람들은 민간 업체와 개인들에게서 비롯되는 공해를 정화하는 데 드는 비용은 민간 업체와 개인들이 지불해야 한다고 주장하는 한편, 다른 사람들은 그것이 정부의 책임이라고 생각한다. 어느 정도까지 동의하거나, 동의하지 않는가?

QUESTION 1

You should spend about 40 minutes on this task.

Write about the following topic:

> Damage to the environment is an inevitable consequence of improvements being made to the standard of living.
>
> To what extent do you agree or disagree?

Give reasons for your answer and include any relevant examples from your own knowledge or experience.

Write at least 250 words.

MODEL ANSWER

It is common knowledge that progress has caused a lot of damage to the environment. In improving human comforts and conveniences, we have caused the environment to suffer. **However, I strongly believe that we can still live in comfort without damaging the environment.**

It is a sad fact that some companies have prioritized making money over their concern to the environment. In order to generate more revenues, some manufacturers and factories become greedy in doing so, caring less about the protection of environment and the recycling of wastes. For example, most bosses do not think about the effects of owning multiple cars and exhaustive machines in carrying out their businesses. The exhaust gas and irritating noise impair people's health greatly. The prosperity of the economy is obtained at the cost of people's health and environment.

It is important to point out that damaging our environment will affect our survival. Preserving nature is our duty because we cannot live with polluted air and water or without trees and plants. **In other words, we cannot live in comfort if our environment is at risk.** Having high-speed cars and electronic devices are useless if our planet is poisoned. **Therefore, helping nature and improving our quality of life go hand in hand.** For example, if we conduct tree-planting activities, we will improve our health because trees are our oxygen supply, which our body needs to function efficiently.

Lastly, it is our duty to care for our environment especially since nature is our best resource. At the same time, as humans, we see to it that we live in comfort and in a way that our needs are provided. With these in mind, we can strike a balance between utilizing resources and caring for the environment. This is where going green comes in. A lot of companies now produce useful products made up of recyclable materials to avoid excessive garbage like plastics that do not degrade. This way, we meet our needs without sacrificing the environment.

In other words, our lives are tied with the natural world. It is a give and take relationship. Improvement of the quality of our lives does not always have to be at nature's expense. We could spare our environment by taking responsibility for it because damaging it will affect our survival and the quality of life of the future generation as well.

393 words

CHECK-UP VOCABULARY

동의어
damage harm, hurt, loss, impairment
inevitable unavoidable, inescapable, decreed, certain, fated
consequence effect, result, outcome, aftermath, upshot
improvement betterment, advance, melioration

자주 함께 쓰이는 단어
damage maximum damage | minimal damage | inevitable damage
environment eco-friendly environment | degrading environment | symbiotic environment
cycle continuous cycle | vicious cycle | natural cycle
nature vengeful nature | second nature | nurturing nature

A thesis   A topic sentence   A supporting sentences   A supporting details

QUESTION 2

You should spend about 40 minutes on this task.

Write about the following topic:

> Many people have realized the importance of environmental protection. That being said, they hardly ever take action themselves.
>
> What are the reasons?
>
> What should be done to encourage individuals to take actions on this issue?

Give reasons for your answer and include any relevant examples from your own knowledge or experience.

Write at least 250 words.

MODEL ANSWER

More than ever, people are recognizing that the environment is in serious danger. Animals and forests are slowly dying out. Despite this knowledge, only a few people have taken action. In this essay, I will explain the reason for this attitude and provide some solutions.

The first reason why people fail to act is that they often feel they are too small to affect changes. For them, only big companies and the government can make environmental progress. This belief is only natural, since environmental projects require many things including money, materials and time. For example, tree-planting projects require land, young trees, equipment, water and manpower. This is not easy for one person to access by himself.

Another reason why people fail to act is that people do not have time for environmental programs. We work and rest afterwards. We repeat this routine every day, every month and every year. Even children are very busy nowadays because they have to study and attend after-school classes. As a result, many people do not participate in environmental campaigns.

To solve these problems, the government needs to encourage people to make the time. School days can be used for learning about environmental projects like recycling and tree planting. These lessons are good learning experience for children because they learn the importance of taking care of the natural world. The government can also give tax rewards to companies that have environmentally responsible projects. By doing these things, the government can make environmental programs a part of everyday life.

To conclude, people need to change their lifestyle and way of thinking by not belittling the effects of their small efforts and finding time so that the environment can be saved. This is only possible if the government pushes its people in the right direction. Sometimes, for people to stop second-guessing the effects of their efforts in taking action to care for the environment, a little encouragement is all it takes.

324 words

CHECK-UP VOCABULARY

동의어

realize recognize, comprehend, understand, actualize, substantiate
protection security, shelter, auspices, aegis, covering
hardly barely, scarcely, infrequently, faintly
action deed, move, performance, step, conduct

자주 함께 쓰이는 단어

recognize recognize early | recognize accurately | recognize willingly
access quickly access | confidently access | secretly access
participate participate wholeheartedly | participate enthusiastically | participate poorly
reward well-deserved reward | major reward | unearned reward

QUESTION 3

You should spend about 40 minutes on this task.

Write about the following topic:

> Some people argue that private companies and individuals should pay for cleaning up the pollution they produce, while others believe that this is the government's responsibility.
>
> To what extent do you agree or disagree?

Give reasons for your answer and include any relevant examples from your own knowledge or experience.

Write at least 250 words.

MODEL ANSWER

Pollution is an urgent problem everywhere, especially in industrialized countries. Some people think that individuals should pay for the pollution they cause. Others think that the government should pay for it. I disagree with the latter because polluters should take responsibility for their actions.

We should first consider that the government has enough financial responsibility already. If it pays for the cost of pollution, there will be less money to spend on education, healthcare and other important things. Every day in the news, we learn about the government's fiscal problems. We must realize that the government cannot solve all of the problems in the environment alone. Our government is focused on more urgent problems like hunger and poverty.

In addition, people might develop the wrong attitude if they are not held accountable for environmental destruction. For example, some people carelessly throw trash everywhere because they know street cleaners will take care of the trash. Similarly, some people pollute the air as much as they want. This will continue to happen if they know that the government will pay for it. People might also take advantage of the situation and cause other, more serious environmental devastation without worrying about possible consequences. This may become a reality if all polluters expect the government to pay for the cleanup.

It is true that the government has a duty to protect people. Since pollution is a health hazard, the government must do something about it. That being noted, there should also be a balance between government and citizen duties. To accomplish this balance, polluters should be fined. The money collected from polluters can be used for government environmental initiatives.

In the end, fining polluters is only fair and practical. It makes citizens and enterprises more responsible and careful about how they treat the planet. Otherwise, the burden will fall on the government and the people will develop the wrong attitude towards the environment.

319 words

CHECK-UP VOCABULARY

동의어
argue debate, dispute, question, challenge, reason
private independent, commercial, exclusive, individual, secret
pollution contamination, dirtiness, befoulment, defilement, uncleanness
produce create, make, build, yield, originate

자주 함께 쓰이는 단어
pollution heavy pollution | inevitable pollution | increasing pollution
consider consider openly | consider leniently | widely consider
reality awakening reality | painful reality | harsh reality
balance ecologic balance | economic balance | natural balance

A thesis   A topic sentence   A supporting sentences   A supporting details

Q1 해석

사회가 진보하는데 환경 파괴를 야기했다는 점은 누구나 알고 있는 사실이다. 단지 우리의 안락과 편의를 위해 자연이 고통 받게 한 것이다. 그러나, 나는 환경을 파괴하지 않고도 여전히 우리가 안락하게 살 수 있다고 굳게 믿는다.

몇몇 회사들이 환경에 대한 관심보다는 돈 버는 것을 우선시한다는 것은 슬픈 사실이다. 제조업체들과 공장들은 더 많은 수익을 내기 위해 욕심을 내고, 환경보호와 쓰레기 재활용에는 무관심하다. 예를 들면, 대부분의 경영인들은 사업을 할 때 여러 대의 차와 소모적인 기계를 소유하는 것의 결과에 대해 생각하지 않는다. 배기 가스와 자극적인 소음은 사람들의 건강에 엄청난 해를 끼친다. 경제의 번영은 사람들의 건강과 환경의 희생으로 얻어진다.

환경 파괴가 우리의 생존에 영향을 줄 것이라는 것은 중요한 점이다. 오염된 공기와 물로 우리는 살아갈 수 없고, 나무와 식물이 없으면 우리는 살 수 없기에, 자연을 보존하는 것이 우리의 의무이다. 다시 말해서, 환경이 파괴될 위험에 처한다면 우리는 편하게 살 수 없다. 지구가 오염된다면 고속 자동차와 전자기기가 있어도 아무 소용이 없다. 그러므로 자연이 훼손되지 않도록 돕는 일과 우리 삶의 질을 개선하는 일은 밀접하게 관련되어 있다. 예를 들어, 우리가 나무를 심는다면, 나무는 우리의 몸이 효율적으로 기능을 하기 위해 필요한 산소를 공급하기 때문에 우리의 건강을 증진시킬 수 있다.

마지막으로, 자연은 우리가 가진 최고의 자원이기 때문에 특별히 환경을 돌보는 것이 우리의 의무이다. 그와 동시에, 인간으로서, 우리는 편안하고 우리의 필요가 공급되어 살아 갈 수 있도록 해야 한다. 이러한 것을 명심하면, 환경을 돌보는 것과 자원을 이용하는 것 사이에서 균형을 유지할 수 있다. 이것이 환경보호 운동에 참여하는 것이다. 현재 많은 회사들은 플라스틱과 같이 분해되지 않는 지나친 쓰레기를 피하기 위해 재활용품으로 만들어진 유용한 상품들을 생산하고 있다. 이렇게 함으로써, 환경을 희생시키지 않고서 우리의 필요를 충족시킨다.

다시 말해서, 우리의 삶은 자연과 긴밀하게 연결되어 있고 공생 관계이다. 우리 삶의 질을 개선하는 것은 항상 자연을 훼손시킬 필요는 없다. 환경 파괴는 우리의 생존과 다음 세대의 삶의 질에도 영향을 미치기 때문에 환경에 대한 책임을 지는 것으로 환경을 보호할 수 있다.

Q2 해석

점점 더 많은 사람들이 환경이 심각하게 훼손될 위험에 처해 있다는 사실을 인지하고 있다. 동물들과 숲이 조금씩 사라지고 있다. 이러한 점을 인지하고 있음에도 불구하고, 단지 소수만이 조치를 취할 뿐이다. 이 에세이에서 나는 이러한 태도에 대한 이유를 설명하고 몇 가지 해결책을 제시하겠다.

첫 번째 이유는 사람들 스스로 변화에 영향을 끼치기에는 너무 작은 존재라고 느낀다는 점이다. 사람들은 대기업과 정부만이 환경적인 진척을 이룰 수가 있다고 생각한다. 환경 프로젝트는 돈과 재료, 시간 같은 많은 요소가 필요하기에 이런 믿음은 아주 자연스러운 것이다. 예를 들면, 나무 심기 프로젝트에는 땅과 묘목, 장비, 물과 인력이 필요하다. 한 사람이 혼자서 하기는 쉽지 않다.

사람들이 실천하는데 실패하는 또 다른 이유는 환경 프로그램에 신경 쓸 시간적 여유가 없다는 점이다. 우리는 일을 하고, 일을 하고 나면 휴식을 취한다. 우리는 이 일과를 매일, 매달, 매년 되풀이한다. 요즘에는 아이들조차 공부해야 하고 방과후 수업에도 참여해야 하기 때문에 매우 바쁘다. 그 결과, 많은 사람들이 환경 캠페인에 참여하지 않고 있다.

이러한 문제점을 해결하려면, 정부가 사람들에게 이런 시간을 낼 수 있도록 장려해야 한다. 수업시간에는 재활용과 나무심기 같은 환경 프로젝트에 대해 배울 수 있다. 자연을 돌보는 것의 중요성을 배울 수 있기 때문에 이런 수업은 아이들에게 좋은 배움의 경험이 된다. 또한 정부는 환경적 책임을 지는 프로젝트가 있는 회사에 세금 보상을 해줄 수도 있다. 이러한 일들을 함으로써, 정부는 환경 프로그램을 일상생활의 일부분으로 만들 수 있다.

결론적으로, 사람들은 환경보호를 위해 작은 노력의 효과를 과소평가 하지 말고 생활방식과 사고방식을 바꿀 필요가 있으며 (환경보호를 위한) 시간을 냄으로써 환경을 보호할 수 있다. 이것은 정부가 국민들을 올바른 방향으로 이끌어준다면 가능한 일이다. 때로는, 환경보호를 위해 취하는 행동에 대한 노력의 영향에 대해 비판하지 않도록, 조금씩 장려하는 것이 좋다.

Q3 해석

공해는 어디에서나 긴급한 문제이며, 특히 산업화된 국가는 더 긴급한 문제이다. 어떤 사람들은 개인들이 야기하는 공해에 대해 그들이 비용을 지불해야 한다고 생각한다. 다른 사람들은 정부가 그것을 책임져야 한다고 생각한다. 나는 공해를 일으키는 사람들이 책임을 져야 하기 때문에 후자의 의견에 반대한다.

먼저 우리는 정부가 이미 충분한 재정적 책임을 지고 있는 점을 고려해야 한다. 정부가 공해를 정화하는 데 드는 비용을 지불한다면, 교육과 보건, 그 외 다른 중요한 사항에 쓸 자금이 부족할 것이다. 우리는 매일 뉴스를 통해, 정부의 재정적 문제에 대해 안다. 우리는 정부가 모든 문제를 정부 혼자서 해결할 수 없다는 점을 깨달아야 한다. 우리의 정부는 기아와 빈곤과 같은 더 시급한 문제에 집중을 하고 있다.

게다가, 사람들이 환경 파괴에 대한 책임을 지지 않는다면 그릇된 태도를 키울 여지가 있다. 예를 들면, 몇몇 사람들이 거리 청소부가 그 쓰레기를 치우리라는 점을 알고 있기에 쓰레기를 부주의하게 아무데나 버린다. 마찬가지로, 어떤 사람들은 자기 마음대로 공기를 오염시킬 수도 있다. 이러한 일은 정부가 공해에 대한 대가를 치른다는 점을 사람들이 안다면 생길 수 있는 일이다. 사람들은 이런 상황을 이용하고 초래될 수 있는 결과에 대해 걱정하지 않고 더 심각한 환경유린 같은 다른 것을 일으킬 것이다. 만약 모든 환경오염자들이 정부가 환경을 정화하는 비용을 지불한다고 기대한다면 이것이 현실이 될지 모른다.

정부가 국민들을 보호할 의무가 있다는 점은 사실이다. 공해가 건강을 위협하므로, 정부는 그에 대한 조치를 취해야 한다. 하지만 앞서 언급했듯이, 정부의 의무와 국민들의 의무 사이에 균형을 이루어야 한다. 이를 위해서 공해를 일으키는 사람들이 벌금을 내야 한다. 그들이 낸 벌금은 정부 환경 정책에 쓸 수 있을 것이다.

결국, 공해를 일으키는 사람들에게 벌금을 부과하는 것은 오직 정당하고 실제적이다. 이를 통해 시민들과 기업들이 지구를 대하는데 더욱 책임감 있고 주의 깊게 만들 수 있다. 그렇지 않으면, 정부가 부담을 떠안게 될 것이고 사람들은 환경에 대한 그릇된 태도를 갖게 될 것이다.

UNIT 05 Government

Question 1

Some people think it is more important for the government to spend public money promoting healthy lifestyles in order to prevent illnesses than to spend it on treating people who are already ill.
To what extent do you agree or disagree?

Question 2

The number of cars keeps increasing while money being spent on improving road systems is also higher. Some people think the government should pay for it, while others think the car owners should pay for these expenses.
Discuss both these views and give your own opinion.

Question 3

In the fight against crime, police forces and governments are increasing the use of security cameras in public places. Some people are opposed to this, saying that it invades privacy.
What do you think? Give your own opinion.

해석

Question 1 어떤 사람들은 이미 아픈 사람들을 치료하는 데 공금을 사용하는 것보다, 질병을 예방할 수 있도록 건강한 생활방식을 고취하는데 공금을 사용하는 것이 더욱 중요하다고 생각한다. 어느 정도까지 동의하거나, 동의하지 않는가?

Question 2 차량 수가 꾸준히 증가하면서 도로 시스템에 드는 비용도 늘어나고 있다. 어떤 사람들은 정부가 그 비용을 지불해야 한다고 생각하고 다른 사람들은 차 소유주들이 그 비용을 지불해야 한다고 생각한다. 양쪽 의견을 토론해 보고 당신의 의견을 제시하라.

Question 3 범죄에 대응하기 위해, 경찰과 정부가 공공 장소에 보안 카메라를 사용하는 일이 늘어나고 있다. 어떤 사람들은 이것이 우리의 사생활을 침해한다고 주장하며 이를 반대한다. 당신의 생각은 어떠한가? 당신의 의견을 제시하라.

QUESTION 1

You should spend about 40 minutes on this task.

Write about the following topic:

> Some people think it is more important for the government to spend public money promoting healthy lifestyles in order to prevent illnesses than to spend it on treating people who are already ill.
>
> To what extent do you agree or disagree?

Give reasons for your answer and include any relevant examples from your own knowledge or experience.

Write at least 250 words.

MODEL ANSWER

People generally believe that preventing diseases is more effective than curing them. For this reason, many want the government to invest more money in disease prevention programs. They also want the government to decrease the money spent on curing sick people. However, we know that some people need medical treatment. In my opinion, we need to treat the sick first.

First of all, people need to be responsible for their own health. They should not need the government to remind them to live healthy lives. Public prevention campaigns are a waste of time and money because no campaign can convince people to be healthy if they do not want to. For example, people already know that smoking is unhealthy, but many people still smoke. We also see people drinking despite the health risks. This only shows that government campaigns cannot change stubborn people.

Another strike against prevention campaigns is that if the government decreases its support for medical treatment to invest in prevention, ordinary citizens will suffer. Hospitalization is both stressful and expensive. Unfortunately, not everyone who gets sick can pay for their hospital bills. Some people have no choice but to seek help from the government, and the government has the responsibility to help them.

As it stands, the healthcare system itself is not even enough to help the ill. We need to build more hospitals and hire more doctors and nurses. This proves that the government cannot waste its money on campaigns that may or may not be effective. Building new hospitals is a more urgent necessity. In the end, investing in the health care system is the surest way to save lives.

Given the discussion above, we can safely say that the government needs to pay attention to public healthcare by prioritizing curing of diseases rather than illness prevention. It is the more urgent and surer way to save lives because the latter is the responsibility of each individual, doing so is costly and its success is unguaranteed.

331 words

CHECK-UP VOCABULARY

동의어

promote encourage, further, boost, advance, upgrade
healthy sound, blooming, vigorous, flourishing, robust
treat heal, handle, intervene, manage, regard
ill ominous, inauspicious, ailing, indisposed, foul

자주 함께 쓰이는 단어

disease communicable disease | debilitating disease | contagious disease
campaign political campaign | dirty campaign | purposeful campaign
hospitalization lengthy hospitalization | uncertain hospitalization | delimiting hospitalization
healthcare comprehensive healthcare | systematized healthcare | predetermined healthcare

QUESTION 2

You should spend about 40 minutes on this task.

Write about the following topic:

> The number of cars keeps increasing while money being spent on improving road systems is also higher. Some people think the government should pay for it, while others think the car owners should pay for these expenses.
>
> Discuss both these views and give your own opinion.

Give reasons for your answer and include any relevant examples from your own knowledge or experience.

Write at least 250 words.

MODEL ANSWER

As countries develop, transportation becomes increasingly complex. With more vehicles on the road than ever before, it is obvious that there should be more roads and transportation facilities built. Normally, the government is responsible for such developments. Some people think that vehicle owners themselves should pay for these projects. **I understand their point, but I believe that roads are the government's obligation.** I will discuss my reasons below.

The number of cars on public roadways is increasing, and the reasons for this are important to the argument. First, people need cars to travel. Second, cars are symbols of luxury and social status. Third, the number of cars increases because of increases in the overall population. With all these factors to consider, the number of cars will always increase proportionately with the population. Charging car owners for road projects will not stop this trend.

Another point to consider is that roads do not only benefit car owners. City roads benefit everyone in the municipality. For example, students like me walk along these paths to get to school. Bicycle owners also ride their bicycles on the roads. Business owners need roads so that they can deliver their products and services. In addition, ordinary people walk and run on the streets that are built. It is only right that the government pay for road construction because the roads benefit everyone.

Finally, since land transportation is the main way people get from place to place, more roads are necessary for public service in today's growing population as people cannot go through their daily life activities without traveling. Improving road systems symbolizes a country's wealth and progress. This proves that progress and the advancement of road systems in a country go hand-in-hand and is best accomplished when shouldered by the government.

296 words

CHECK-UP VOCABULARY

동의어

money capital, wealth, cash, fund, currency
high advanced, elevated, improved, progressed, intensified
system structure, scheme, coordination, setup, routine
expense disbursement, overheads, outlay, charge, outgoings

자주 함께 쓰이는 단어

transportation systematic transportation | efficient transportation | comfortable transportation
path straightforward path | windy path | lost path
luxury ill-gotten luxury | unfathomable luxury | deserved luxury
impress remarkably impress | unforgettably impress | shockingly impress

A thesis   A topic sentence   A supporting sentences   A supporting details

QUESTION 3

You should spend about 40 minutes on this task.

Write about the following topic:

> *In the fight against crime, police forces and governments are increasing the use of security cameras in public places. Some people are opposed to this, saying that it invades privacy.*
>
> *What do you think? Give your own opinion.*

Give reasons for your answer and include any relevant examples from your own knowledge or experience.

Write at least 250 words.

MODEL ANSWER

More closed circuit television cameras are being installed in public places every year. Today, they are all over the streets, in establishments and in other public facilities. Naturally, their presence makes many people feel like they are safer. Others, however, are not very pleased. They believe that security cameras violate their privacy. ==Like them, I believe that security cameras are a threat to privacy and are not that helpful in the long run.==

First of all, not everyone likes being watched. **Even in public places, many do not feel comfortable when a stranger watches them.** For example, I do not like strangers taking a picture or video of me. Similarly, many citizens do not like security cameras pointing at them nonstop. It is true that we may need cameras for our own security. **That being said, privacy is a basic right.** In my opinion, we cannot sacrifice privacy for security's sake.

In addition, security cameras create a false sense of security. **In fact, the effectiveness of security cameras is still questionable.** This is especially true because crimes are still being committed in spite of the multiple cameras installed all around. The crimes can happen anywhere. **Furthermore, security cameras do not guarantee that crimes will stop.** Investigators often watch footage from crimes as they happen but find it hard to get to the scene fast enough. This proves the cameras to be ineffective. Police officers should be actively patrolling crime-prone areas rather than watching videos from afar.

In other words, public security should not invade our basic right to privacy and security cameras should not be used to fight crime because it is inadequate. The police force should take a more active approach in preventing crimes instead of depending on security cameras, causing unease to the public who do not feel comfortable being watched over and creating a false sense of security among them.

313 words

CHECK-UP VOCABULARY

동의어

crime offence, misdemeanor, violation, felony, delinquency
force authority, military, personnel, government
security unassailability, assurance, conviction, refuge, preservation
invade assault, intrude, overwhelm, ravage, permeate

자주 함께 쓰이는 단어

privacy threatened privacy | secured privacy | ensured privacy
threat dangerous threat | negligible threat | unexpected threat
crime heinous crime | monstrous crime | minor crime
invade forcibly invade | gently invade | surprisingly invade

A thesis　　A topic sentence　　**A supporting sentences**　　A supporting details

Q1 해석 사람들은 일반적으로 질병을 치료하는 것보다 예방하는 것이 더 낫다고 여겨왔다. 이러한 이유로, 사람들은 정부가 질병 예방 프로그램에 더욱 많은 금액을 투자하기를 바란다. 그들은 또한 정부가 이미 아픈 사람들을 치료하는 데 드는 비용을 줄이기를 원한다. 그러나 우리는 어떤 사람들에게 의학적 치료가 필요한지를 인지하고 있다. 아픈 사람들과 건강한 사람들 중에, 우리는 전자에 우선권을 주어야 한다.

우선, 사람들은 자신의 건강을 스스로 책임져야 한다. 정부가 사람들에게 건강한 삶을 살도록 상기시킬 필요가 없다. 사람들이 스스로 원하지 않는다면, 어떠한 홍보나 캠페인도 사람들이 건강한 삶을 살도록 납득시킬 수 없기에 이것은 시간과 돈의 낭비다. 예를 들면, 사람들은 흡연이 건강에 해롭다는 사실을 이미 알고 있지만, 많은 사람들이 아직도 담배를 피운다. 또한 건강에 유해함에도 불구하고 사람들이 술을 마시는 것을 본다. 이것은 단지 정부의 캠페인이 고집스러운 사람들의 사고방식을 바꿀 수 없다는 점을 보여준다.

예방 캠페인에 대한 또 다른 반대사항으로 만일 정부가 의학 치료를 위한 지원을 줄인다면, 일반 시민들이 고통을 겪을 것이다. 병원에 입원하는 것은 골치 아픈 일이고 비용도 많이 든다. 불행하게도 병에 걸린 모든 사람들이 자신의 병원 비용을 지불할 수 있는 것은 아니다. 따라서 어떤 사람들은 정부에게서 도움을 청할 수밖에 달리 도리가 없고, 정부는 그들을 도울 책임이 있다.

현 상태에서, 의료시스템은 아픈 사람들을 돕기에 충분하지 않다. 병원을 더 지어야 하고 의사와 간호사를 더 많이 고용해야 한다. 이러한 것이 정부는 효과적인지 아닌지도 모르는 캠페인에 공금을 낭비할 수 없다는 것을 보여 준다. 병원을 짓는 일이 더 시급하다. 결국 의료시스템에 투자를 하는 것이 생명을 구하는 확실한 방법이다.

위와 같이 토론한 내용으로 볼 때, 우리는 정부가 질병을 예방하는 것보다 치료하는 것에 우선순위를 두어 공공 의료에 관심을 기울여야 한다고 확실히 말할 수 있다. 질병 예방은 각 개인의 책임이자 비용이 많이 들며 질병 예방의 성공 또한 확실하지 않기에 이것이(치료에 우선 두는 것) 더 시급한 것이고 생명을 구하는 더욱 확실한 방법이다.

Q2 해석 나라가 발전하면서, 교통체계가 나날이 복잡해지고 있다. 운송 수단이 더욱 많아지면서, 도로와 교통 시설이 더 건설되어야 하는 것이 명백해 보인다. 일반적으로, 정부가 그러한 발전을 책임지고 있다. 그러나 어떤 사람들은 차량 소유주들이 그러한 사업에 비용을 지불해야 한다고 생각한다. 그들의 요지는 이해하지만, 나는 이것이 정부의 책임이라고 생각한다. 그 이유를 아래 내용에서 논의하겠다.

자동차의 수가 증가하고 있고, 그 이유가 이 논쟁에서 중요하다. 첫째, 사람들은 여행하기 위해 차가 필요하다. 두 번째로, 차는 호화로움과 사회적 지위의 상징이다. 세 번째로, 인구가 늘어나기 때문에 차도 늘어난다. 이러한 모든 요인들을 고려해볼 때, 차는 앞으로도 인구 증가와 함께 계속 늘어날 것이다. 차 소유주들에게 비용을 부과하는 것으로 이러한 추세를 멈출 수는 없다.

염두에 두어야 할 또 하나는, 도로가 차량 소유주들에게만 혜택을 주는 것이 아니라는 점이다. 도로는 전국에서 모든 사람들에게 혜택을 준다. 예를 들면, 나와 같은 학생들은 학교에 가기 위해 도로를 걷는다. 자전거 소유주들도 도로 위에서 자전거를 탄다. 사업주들도 그들의 제품과 서비스를 전달하기 위해 도로가 필요하다. 게다가, 일반 시민들은 만들어 놓은 거리를 걷고 달린다. 도로가 모든 사람들에게 혜택을 주기에 정부가 도로 건설에 비용을 지불하는 것이 옳다.

마지막으로, 육상 교통은 사람들이 이곳 저곳을 다니기 위한 주요 수단이다. 사람들이 여행을 하지 않고 일상 활동들을 해 나갈 수 없게 되면서, 인구의 증가와 함께 공공서비스를 위해 더욱 많은 도로가 필요하다. 도로 체계를 개선시키는 것은 한 나라의 부와 성장을 나타낸다. 그러므로 우리나라의 성장과 도로 체계의 발전은 함께 가야 하고, 정부가 책임을 질 때 가장 성공적으로 수행된다.

Q3 해석 매년 공공장소에 CCTV 카메라가 더욱 많이 설치되고 있다. 요즘 이 CCTV 카메라는 모든 도로와 시설, 기타 공공 시설물에 설치되어 있다. 자연스럽게, 사람들은 더욱 안전하다고 느낀다. 그러나, 다른 이들은 그다지 달가워하지 않는다. 그들은 보안 카메라가 그들의 사생활을 침해한다고 생각한다. 그들과 마찬가지로, 나도 보안 카메라가 사생활을 위협한다고 생각하고 이것이 궁극적으로는 도움이 되지 않는다고 생각한다.

우선, 모든 사람들이 감시되는 것을 좋아하는 것은 아니다. 공공장소에서조차, 많은 사람들은 낯선 사람이 그들을 지켜볼 때 불편함을 느낀다. 예를 들어, 낯선 사람들이 내 사진을 찍거나 비디오로 촬영하는 것을 나는 좋아하지 않는다. 마찬가지로, 끊임없이 시민들을 주시하고 있는 보안 카메라를 시민들은 달가워하지 않는다. 안전을 위해 카메라가 필요하다는 점은 사실이다. 그러나 사생활 보호는 우리의 기본적인 권리다. 내 의견으로, 우리는 안전을 위해 사생활을 희생해서는 안 된다.

게다가, 보안 카메라는 그릇된 안도감을 만든다. 사실상, 보안 카메라의 효율성은 여전히 의심스럽다. 이것은 도처에 여러 대의 카메라가 설치되었음에도 불구하고 범죄가 여전히 일어나고 있기 때문에 분명한 사실이다. 범죄는 어느 곳에서나 일어날 수 있다. 게다가, 보안 카메라가 범죄를 막을 수 있는 것은 보장할 수 없다. 수사관들은 종종 범죄가 발생했을 때 그 장면을 볼 수 있지만 그 장면의 장소로 빨리 갈 수 있기는 힘들다. 이것이 카메라가 효과적이지 못하다는 것을 나타낸다. 경찰관들은 멀리서 비디오로 지켜보는 게 아니라 우범지역을 적극적으로 순찰해야 한다.

다시 말해서, 공공 안전은 사생활 보호라는 우리의 기본권을 희생시켜서는 안 되고 보안 카메라만으로는 범죄와 싸우기에 불충분하기 때문에 (이런 용도로) 사용되어서는 안 된다. 보안 카메라는 감시 받는 것에 대해 불편해하는 사람들에게 불안감을 야기시키거나 그들 사이에 잘못된 안도감을 만들기에, 경찰은 보안 카메라에 의지하는 대신 범죄 예방을 위해 더욱 적극적인 조치를 취해야 한다.

UNIT 06 Language & Culture

Question 1

Some say that the advantages brought by the spread of English as a "global language" will outweigh the disadvantages.
To what extent do you agree or disagree?

Question 2

Sociologists claim that language and culture are slowly disappearing among nations today.
What do you think are the reasons for the loss of languages and cultures?

Question 3

Nowadays we can enjoy foreign films, fashions, brands, advertisements and TV channels. The evident difference between countries is disappearing.
To what extent do you think the disadvantages outweigh the advantages of this?

해석　Question 1 '지구촌 언어'로서 영어가 널리 퍼진 결과 생긴 장점이 단점보다 더 클 것이다.
어느 정도까지 동의하거나, 동의하지 않는가?

Question 2 사회학자들은 오늘날 국가들 사이에서 언어와 문화가 점점 사라지고 있다고 주장한다.
언어와 문화의 다양성이 상실되는 이유는 무엇이라고 생각하는가?

Question 3 오늘날 우리는 같은 영화와 패션, 브랜드, 광고와 텔레비전 채널을 즐길 수 있다.
나라 간에 두드러지는 차이점이 사라지고 있는 것이다. 이에 대해 어느 정도 단점이 장점보다 많다고 생각하는가?

QUESTION 1

You should spend about 40 minutes on this task.

Write about the following topic:

> *Some say that the advantages brought by the spread of English as a "global language" will outweigh the disadvantages.*
>
> *To what extent do you agree or disagree?*

Give reasons for your answer and include any relevant examples from your own knowledge or experience.

Write at least 250 words.

MODEL ANSWER

The universality of the English language cannot be denied. The drive to learn English is strong in many parts of the world. This trend is not without its disadvantages. However, the benefits offset the drawbacks.

For one thing, English brought diverse people in the world closer. If the English language was not used around the world, it might be harder to make overseas friends. It would also be more difficult to do business internationally. I have made a lot of foreign friends on the Internet because we can communicate in English. We can talk about our home countries with one another because we both speak and understand English.

In South Korea, the spread of the English language has led to a lot of favorable changes. In my experience, people learn English in the hopes of getting high scores in TOEFL or IELTS exams. This is because English qualifications can lead to job opportunities in Korea and abroad that require employees to speak English fluently. For example, to migrate to Australia, you need to have an acceptable level of English language skills, specifically a minimum IELTS band score of 6 to qualify. With this, mastering English allows you to seize great opportunities.

Aside from that, English being the global language will eventually phase out minor tongues in small nations. Consequently, some great heritage of certain countries will be replaced with English. Nevertheless, it will now transform the citizens into global people, which will expand their opportunities and potential of becoming someone big in this world someday. It may have come in a bitter price of letting go of a part of their roots but if it is all for a better outcome, then it should not be thought twice about nor regretted.

In other words, English is our link to the world. We are now enjoying economic and social opportunities more than we are suffering its drawbacks, thanks to the spread of this language.

323 words

CHECK-UP VOCABULARY

동의어

advantage dominance, primacy, edge, superiority, precedence
spread scatter, distribution, propagation, unfolding, diffusion
global worldwide, planetary, universal, comprehensive, international
outweigh counterbalance, nullify, preponderate, override, offset

자주 함께 쓰이는 단어

drive motivational drive | outstanding drive | passionate drive
communicate communicate effectively | communicate frequently | communicate nonverbally
possibility endless possibilities | infinite possibilities | remarkable possibilities
opportunity seized opportunities | presented opportunities | promising opportunities

A thesis   A topic sentence   A supporting sentences   A supporting details

QUESTION 2

You should spend about 40 minutes on this task.

Write about the following topic:

> *Sociologists claim that language and culture are slowly disappearing among nations today.*
>
> *What do you think are the reasons for the loss of languages and cultures?*

Give reasons for your answer and include any relevant examples from your own knowledge or experience.

Write at least 250 words.

MODEL ANSWER

Experts say that some languages and cultures are disappearing. That is why some researchers are now trying to study ethnic tribes to keep their language and culture alive. Many factors contribute to the disappearance of certain language and culture, like globalization, wars and modernization.

As mentioned above, globalization plays a major role in cultural loss. When people all over the world interact, the more powerful language or culture usually wins. For example, English is popular in Korea nowadays. For this reason, many children are sent abroad to study English. As a result, children are becoming less exposed to Korean culture. Consequently, some Korean-Americans, do not speak Korean anymore. In addition, Western influences also affect Korea's culture. This is particularly true with the Korean pop music culture, also known as K-pop.

Historically speaking, wars have also been a threat to language and culture. Even now, there are tribal wars in Africa and other countries. We witness powerful tribes conquering smaller tribes all the time and when this displacement occurs, the language and culture of the weaker tribe is replaced by the more powerful one. To illustrate, in the olden times, larger tribes overpower small ones, take over their land and livelihood, but still use their language, lifestyle, and laws to rule over it.

Modernization also contributes to cultural loss. We have watched many movies and shows where heritage has become modernized. To exemplify, a country's traditional clothes are often replaced by modern ones and many are taught English. As a result, people begin to easily lose some of their customs and traditions due to media influence because language is so closely tied with culture.

To conclude, cultural loss is caused by many factors, including globalization, war, and modernization. International cooperation is needed to preserve the diversity of languages and cultures in the world.

307words

CHECK-UP VOCABULARY

동의어

loss misplacing, deficit, damage, depletion, detriment
language communication, speech, nomenclature, vernacular, tongue
culture custom, mores, habit, breeding, refinement
reason grounds, motive, intention, justification, rationale

자주 함께 쓰이는 단어

factor considered factors | contributing factors | uncontrollable factors
culture diverse culture | unique culture | common culture
threat unexpected threat | tremendous threat | undetermined threat
heritage royal heritage | grand heritage | sacred heritage

A thesis   A topic sentence   A supporting sentences   A supporting details

QUESTION 3

You should spend about 40 minutes on this task.

Write about the following topic:

> *Nowadays we can enjoy foreign films, fashions, brands, advertisements and TV channels. The evident difference between countries is disappearing.*
>
> *To what extent do you think the disadvantages outweigh the advantages of this?*

Give reasons for your answer and include any relevant examples from your own knowledge or experience.

Write at least 250 words.

MODEL ANSWER

Undeniably, globalization has caused different cultures to merge. On TV and in stores, we all enjoy the same products and mass media, respectively. This trend shows that every country in the world lives as one big community, which benefits international relations tremendously. However, it comes with many risks, particularly to the world's diverse cultures. Unfortunately, many cultures are gradually disappearing as a result of globalization. ==In my opinion, globalization entails more drawbacks than benefits.==

First of all, we cannot ignore the cultural disadvantages of having global culture. Just imagine a world where people wear the same clothes and watch the same TV shows. Life would be boring. **It is evident that diversity adds color to our lives.** For example, when we celebrate United Nations Day, we see people wearing different cultural costumes, which is a wonderful sight. This proves that diversity is important to our lives.

Second, celebrating one's culture is priceless. Unfortunately, a lot of traditions in Korea are no longer practiced. For example, traditional Korean weddings have been replaced by Western-style weddings. Fortunately, some Korean couples still marry in the traditional way. **In my opinion, we should try to keep our traditions because they are part of our identity.** Once they are gone, they cannot be replaced.

In summary, We need to keep the balance between unity and diversity because the disappearing difference in the culture of different countries give more disadvantages than advantage, such as similarity to the point of boredom and inability to celebrate one's identity because it has already gone and been replaced.

258 words

CHECK-UP VOCABULARY

동의어

fashion convention, craze, vogue, fad, rage
advertisement bill, notice, promotion, publicity, plug
difference contrast, variation, distinction, discrepancy, disparity
disappear depart, vanish, evaporate, leave, cease

자주 함께 쓰이는 단어

community multicultural community | structured community | destructive community
sight pleasing sight | encouraging sight | lousy sight
practice religiously practice | strictly practice | enthusiastically practice
advantage comparative advantage | secondary advantage | hidden advantage

A thesis   A topic sentence   A supporting sentences   A supporting details

Q1 해석   영어의 보편성은 부정할 수 없다. 영어를 배우려는 욕구가 세계 곳곳에서 강하게 일고 있다. 이러한 추세에 단점이 없는 것은 아니다. 그러나 장점이 이러한 단점을 상쇄시켜 주고 있다.

한 예를 든다면, 영어는 전 세계의 다양한 사람들을 더 가깝게 해주었다. 만약 영어가 전세계적으로 쓰이지 않는다면, 다른 나라 친구를 사귀기 어려울 것이다. 또한 국제적으로 사업을 하기도 힘들어진다. 나는 영어 덕분에 인터넷으로 외국인 친구들을 많이 사귀었다. 우리는 둘 다 영어를 말하고 이해하기 때문에 각자 나라에 대해 소통하고 얘기를 나눌 수 있다.

우리나라에서 영어는 많은 긍정적인 변화를 가져왔다. 내 경험상, 사람들은 토플이나 IELTS에서 높은 점수를 받기 위해 영어를 배운다. 이는 영어능력이 영어를 유창하게 하는 직원들을 필요로 하는 국내외에서 취업 기회를 열어줄 수 있기 때문이다. 예를 들면, 호주로 이민을 가려면, 영어능력이 일정 수준 이상이 되어야 하고 특히 최소 IELTS 6점의 자격을 가지고 있어야 한다. 이와 함께, 영어를 숙달하는 것은 좋은 기회를 붙잡게 해준다.

하지만 반대로, 결국 지구촌 언어인 영어는 작은 국가들의 소수 언어를 없앨 것이다. 그 결과, 몇몇 국가들의 위대한 유산은 영어로 대체될 것이다. 그럼에도 불구하고, 영어는 국민들을 국제적인 사람들로 변화시킬 것이며 언젠가는 이 세상에서 중요한 사람이 될 수 있는 잠재력과 기회를 확장시킬 것이다. 이것은 작은 국가의 (소수 언어) 근원 중 하나를 잃어 버리는 것은 값비싼 대가를 치러야 할 지도 모르지만 더 나은 결과를 가져온다면 후회하거나 다시 생각해서는 안 된다.

다시 말해서, 영어는 세계로 향하는 연결고리이다. 영어 덕분에 우리는 영어가 가지고 있는 결점으로 인해 손해를 보는 것 이상으로 경제적, 사회적 기회를 누리고 있다.

Q2 해석   전문가들은 몇몇 나라의 언어와 문화가 사라지고 있다고 말한다. 그것이 어떤 연구원들이 민족들의 언어와 문화를 지키기 위해 그들을 연구하며 애쓰는 이유이다. 그러나 어떤 언어와 문화가 사라지는 데는 세계화와 전쟁, 현대화 같은 많은 요소들이 원인이 된다.

위에서 언급한 대로, 세계화는 문화가 사라지는 데 중요한 역할을 한다. 전세계 사람들이 서로 교류할 때, 보통 더 강력한 언어나 문화가 살아남기 마련이다. 예를 들면, 영어는 오늘날 한국에서 아주 대중적으로 쓰인다. 그 까닭에, 많은 아이들이 영어를 공부하기 위해 해외로 떠난다. 그 결과, 아이들은 한국 문화를 점점 덜 배우게 된다. 따라서, 몇몇 한국계 미국인들은, 한국어를 더 이상 쓰지 않기도 한다. 또한, 서방 문화의 영향력이 한국 문화에도 영향을 미친다. 이것은 특히 K-pop으로도 알려져 있는 한국 대중 음악 문화에 나타나는 사실이다.

역사적으로 말하면, 전쟁 또한 문화와 언어를 위협해왔다. 현재까지, 아프리카 및 다른 나라에서 민족 전쟁이 일어나고 있다. 우리는 강력한 민족이 소수 민족을 정복하는 것을 줄곧 보아왔고 이러한 이동이 발생할 때 더 약한 민족의 문화와 언어가 더 강한 민족의 문화와 언어로 대체된다. 예를 들면, 먼 옛날에 더 큰 민족은 작은 민족을 제압하고 작은 민족의 토지와 생계를 점령하지만 통치를 위해 여전히 큰 민족의 언어와 생활 방식, 지키던 법을 사용한다.

현대화도 문화가 사라지는 원인이다. 우리는 영화나 쇼에서 문화유산이 현대화되는 장면을 본다. 예를 들면, 한 국가의 전통 의상은 현대적인 의상으로 대체되며 국민들은 영어를 배운다. 그 결과, 언어는 문화와 긴밀하게 연결되어 있기에, 언론의 영향으로 사람들은 쉽게 그들의 관습과 전통을 잃어가기 시작한다.

결론적으로, 문화적 손실은 세계화와 전쟁, 현대화를 포함한 많은 요인들 때문에 일어난다. 세계의 문화와 언어의 다양성을 보존하기 위해 국제적인 협력이 필요하다.

Q3 해석   분명히, 세계화는 서로 다른 문화를 융합하는 결과를 초래했다. 우리는 TV와 매장에서 모두 동일한 제품과 대중 매체를 즐기게 되었다. 이러한 추세 때문에 세계의 모든 나라가 하나의 커다란 공동체로 살 수 있게 되었고 이것은 국제적인 관계에 엄청난 이득이 되었다. 그러나, 이러한 추세는 특히 세계의 다양한 문화에 많은 위험성을 초래한다. 불행히도, 오늘날 많은 문화들이 세계화의 결과로 점점 사라지고 있다. 나는 세계화가 이득보다는 더 많은 문제점들을 수반한다고 생각한다.

먼저, 세계화된 문화의 문화적 단점을 지나칠 수 없다. 사람들이 똑같은 옷을 입고 똑같은 텔레비전 쇼를 보는 세계를 상상해 보자. 삶이 지루해질 것이다. 다양한 문화는 우리의 삶에 색깔을 더해주는 것이 명백하다. 예를 들면, 국제 연합일을 기념할 때 우리는 각기 다른 민족 의상을 입은 사람들을 보는데 그것은 언제나 멋진 광경이다. 이러한 것을 통해 다양성이 우리 삶에 중요하다는 사실이 증명된다.

두 번째로 한 문화를 기리는 것은 값을 매길 수 없는 큰 가치가 있다. 불행히도, 많은 한국 전통들이 더 이상 시행되지 않고 있다. 예를 들어, 한국의 전통 혼례가 서구 방식의 결혼식으로 대체 되었다. 다행히, 몇몇 연인들은 아직도 전통적인 방식으로 혼례를 올린다. 내 생각으로, 우리는 전통문화가 우리 정체성의 일부이기 때문에 전통을 유지하도록 노력해야 한다. 일단 전통이 사라지고 나면, 다른 것으로 대신할 수 없다.

요약하면, 통일성과 다양성 사이에 균형을 유지할 필요가 있다. 서로 다른 국가들의 문화에서 차이가 사라지는 것은 장점보다는, 문화 간의 차이는 이미 사라졌고 대체되었기에, 지루할 정도로 유사하다는 것과 정체성을 기릴 수 없는 등의 더 많은 단점을 가져오기 때문이다.

UNIT 07 Life

Question 1
Some people think that parents and extended families have great influence on the development of children, while others say that external influences play a more important role in a child's life.
Discuss both these views and give your own opinion.

Question 2
It is said that people's lives are now becoming more and more stressful.
What are the causes of this and ways to solve it?

Question 3
A hundred years ago, people thought that the human race was steadily improving in every area of life. Now it seems that this is not the situation.
In which areas do you think we have made important progress?
Where do you think we still need to make progress?

해석

Question 1 몇몇 사람들은 부모와 가족들이 아이들의 성장에 큰 영향을 미친다고 여기는 반면, 다른 사람들은 외부 영향이 아이들의 삶에 더욱 중요한 역할을 한다고 생각한다. 양쪽 의견을 토론해 보고 당신의 의견을 제시하라.

Question 2 요즘 사람들의 삶이 점점 더 스트레스가 심해진다고 한다. 그 이유는 무엇이고 해결 방법은 무엇인가?

Question 3 백 년 전, 사람들은 인류가 삶의 모든 영역에서 꾸준히 발전하리라고 생각했다. 지금 보기에 아직 그런 상황이 아닌 듯하다. 오늘날 어떤 영역에서 중요한 발전을 이루었다고 생각하는가? 어느 영역에서 아직 더 성장할 필요가 있다고 생각하는가?

QUESTION 1

You should spend about 40 minutes on this task.

Write about the following topic:

> Some people think that parents and extended families have great influence on the development of children, while others say that external influences play a more important role in a child's life.
>
> Discuss both these views and give your own opinion.

Give reasons for your answer and include any relevant examples from your own knowledge or experience.

Write at least 250 words.

MODEL ANSWER

Childhood development has been a subject of curiosity for many years. In fact, there have been many studies about the way children learn and grow. The varying ideas about what is most influential in a child's growth are diverse. Personally speaking, I believe that a child's cognitive and behavioural formation takes place in the home. Though external influences may help shape childhood development, nothing compares to the role of family in a child's life.

Some people believe that a child's development takes place in the school, the religious communities and at other institutions. It is true that each institution serves a different purpose for a child. For example, children study in school to gain knowledge and develop cognitive skills. Here they develop problem solving, logical thinking and reading skills. Since cognition and social skills are essential developmental element, some people conclude that a child's greatest influence is outside the home.

Rather than in institutions, other people believe that development happens in the home. It is clear that a child's family is responsible for his or her basic needs. For example, my parents gave me food, shelter and an education, so I now give them the highest level of trust and respect. As a matter of fact, they served as my first role models, my first friends and my first counselors. This proves that my social and mental development started in the home.

Aside from that, since the home is a safe place for children, it is where they are most comfortable in and most open to learning. A child learns best when he is relaxed and at peace with his surroundings and the people present. As a matter of fact, studies show that learning is at its peak when children are in a state of calm and trust. A loving and supporting environment would best provide this and what better place than the home.

As I have mentioned, the home is where all types of development and relationships begin. It is where we begin and end our day, and where we feel safest and most comfortable. For these reasons, our home is our most important educational place. To conclude, the home is the center of everything we do. This stable environment is where we grow and mature and it has the biggest influence on our development.

386 words

CHECK-UP VOCABULARY

동의어

extended lengthy, stretched, protracted, elongated, prolonged
influence power, force, authority, prestige, hold
development evolution, ontogenesis, maturation, establishment, unfolding
external superficial, surface, apparent, visible, outward

자주 함께 쓰이는 단어

curiosity lingering curiosity | misleading curiosity | inspiring curiosity
conclude hastily conclude | unknowingly conclude | finally conclude
fact obvious fact | ridiculous fact | denied fact
relationship nurturing relationship | shaky relationship | unconventional relationship

A thesis   A topic sentence   A supporting sentences   A supporting details

QUESTION 2

You should spend about 40 minutes on this task.

Write about the following topic:

> It is said that people's lives are now becoming more and more stressful.
>
> What are the causes of this and ways to solve it?

Give reasons for your answer and include any relevant examples from your own knowledge or experience.

Write at least 250 words.

MODEL ANSWER

Through the years, the world has undergone radical changes. These changes have also made our lives more stressful and difficult. In this essay, I will discuss why life has become so demanding and explore the solutions to this problem.

First of all, we must understand that the world's population is growing larger each day. A higher population ultimately means greater competition. In this sense, we are competing every day to get limited resources and job positions. In fact, competition has become part of our lives such that students compete for the best universities, while university graduates compete for the best jobs. Aside from that, globalization is also a factor contributing to our stress load. Before, we only had to worry about our own problems, but now we worry about the world as a whole. We worry about environmental problems, poverty, and tension between South and North Korea. These issues make our lives more stressful than before.

Fortunately, there are solutions to this problem. Instead of competing, we can aim to help each other, becoming allies rather than competitors. This reversal in attitude may just revolutionize employment altogether. If we cannot find jobs easily, we can volunteer. There we can meet more people and find other opportunities. Another way to relieve stress is to spend less money, eliminating our economic worries. My parents and I recently decided to change our spending habits and stopped buying unnecessary things online. As a result, our lives have become simpler. We even saved enough money for a vacation.

In summary, we are living in a stressful era due to competition and globalization, but we can overcome our hardships by taking small steps forward. By worrying less about money and employment, we can reduce our anxiety and focus on becoming optimists.

295 words

CHECK-UP VOCABULARY

동의어

life biography, viability, existence, being, breath
stressful nerve-racking, demanding, exhausting, traumatic, agitating
cause origin, principle, genesis, motivation, basis
solve interpret, unfold, expound, unravel, decipher

자주 함께 쓰이는 단어

explore willingly explore | hesitantly explore | bravely explore
stress secondary stress | unnecessary stress | prolonged stress
attitude snobbish attitude | inspiring attitude | positive attitude
overcome bravely overcome | fearlessly overcome | ambitiously overcome

A thesis   A topic sentence   A supporting sentences   A supporting details

QUESTION 3

You should spend about 40 minutes on this task.

Write about the following topic:

> A hundred years ago, people thought that the human race was steadily improving in every area of life. Now it seems that this is not the situation.
>
> In which areas do you think we have made important progress?
>
> Where do you think we still need to make progress?

Give reasons for your answer and include any relevant examples from your own knowledge or experience.

Write at least 250 words.

MODEL ANSWER

It is true that humankind has made tremendous leaps in many fields. However, there are still many things we need to improve upon. At this point in our civilization, we have sufficient knowledge and technology to make life easier, but environmental destruction, poverty and ignorance persist everywhere. This status quo will be further discussed in this essay.

Until now, many countries have not been moving forward. Many people around the world are still ignorant and poor. We live in an age of knowledge explosion, but some people still cannot even read or write. In some countries, people cannot meet their basic needs thanks to inadequate food, shelter, water and healthcare while progress is enjoyed only by people in a few countries, which is not a picture of real progress.

It is also apparent that our environment continues to suffer. Many plants and animals continue to face extinction. In the end, we will also suffer from this lack of diversity. Aside from that, natural disasters destroy lives and homes every year. Similarly, air and water pollution cause many diseases in the plant, animal and human populations. We know many things about outer space and other planets, but we cannot even manage our own planet.

It is fortunate that solutions are slowly emerging. For example, people support organizations like World Vision, wherein the donations here help children in Africa gain access to school. There are also many organizations with volunteers that teach poor children for free. Environmental awareness has also increased in recent years. In my school for example, there are many programs that promote environmental responsibility. In addition, more companies are making environment-friendly products.

In summary, improvement especially on environmental preservation and poverty are still needed to break away from the unideal status quo that the world is caught in. These are essential because progress involves the basic things in life. If humankind shows more concern for its planet and its people, then progress will be truly achieved.

327 words

CHECK-UP VOCABULARY

동의어
think consider, reflect, contemplate, meditate, ponder
race ethnicity, blood, lineage, tribe, breed
improve ameliorate, amend, enhance, upgrade, augment
area arena, domain, sphere, aspect, scope

자주 함께 쓰이는 단어
destruction intrinsic destruction | spontaneous destruction | massive destruction
knowledge powerful knowledge | enriching knowledge | vast knowledge
environment artificial environment | fitting environment | detrimental environment
solution healthy solutions | creative solutions | adaptive solutions

Q1 해석 수년 간 아이들의 성장은 흥미로운 주제였다. 사실, 아이들의 배우고 자라는 방식에 관련된 연구가 많이 있다. 어떤 것이 아이의 성장에 가장 큰 영향을 미치는 지에 대해 각기 다른 의견을 갖고 있다. 비록 외부 영향이 어린 시절 발달에 도움이 될지 모르지만, 아이들의 인생에 있어 가족의 역할에 비교할 만한 것은 없다.

몇몇 사람들은 아이가 학교와 종교 단체, 다른 기관에서 성장한다고 생각한다. 각 기관에서는 아이에게 각기 다른 목적을 수행한다. 예를 들면, 학교에서는 아이들이 지식을 얻고 사고하는 기술을 개발하기 위해 공부한다. 여기서 아이들은 문제를 해결하고, 이성적으로 사고하고, 읽는 기술을 개발한다. 인지 능력과 사회적 기술은 중요한 성장 요소이기 때문에 몇몇 사람들은 아이들에게 가장 큰 영향을 미치는 것은 가정 밖에서 일어난다고 결론을 내린다.

다른 사람들은 오히려 기관들보다는 아이가 가정에서 성장한다고 생각한다. 가정에서 아이의 기본적인 욕구를 책임져야 한다는 점은 분명하다. 예를 들어, 우리 부모님께서는 내게 음식과 안락한 집, 교육받을 기회를 주시고, 나는 부모님을 최대한 신뢰하고 존경한다. 사실, 부모님은 내 첫 번째 롤 모델이자 친구, 조언자로서의 역할을 한다. 이런 것으로 내 사회적, 정신적 성장이 가정에서 시작 되었다는 것이 증명된다.

이것뿐 아니라, 가정은 아이들에게 안전한 공간이기 때문에 학습을 하기에 가장 편안하고 열린 공간이다. 아이들은 편안하고 주변이 평화로우며 사람들이 있는 환경에서 가장 잘 배운다. 사실상, 아이들은 차분하고 신뢰할 수 있는 상태가 되었을 때 학습이 최고조에 달한다는 연구가 있다. 애정이 있고 이런 환경을 가장 잘 지원할 수 있는 최고의 장소는 가정이다.

이미 말한 바와 같이, 가정은 모든 형태의 성장과 관계가 시작되는 곳이다. 이곳은 우리가 하루를 시작하고 끝맺는 곳이며, 우리가 가장 안전하고 편하게 느끼는 곳이다. 이런 이유로, 가정은 가장 중요한 교육적 장소이다. 결론적으로, 가정은 우리가 하는 모든 일의 중심이다. 가정은 우리가 성장하고 성숙하는 가장 안정된 환경이고 우리의 성장에 가장 큰 영향을 미친다.

Q2 해석 수년 간, 세계는 급진적인 변화를 겪었다. 이러한 변화는 또한 우리의 삶을 더욱 스트레스가 심하고 어렵게 만들었다. 나는 이 에세이에서, 삶이 왜 이렇게 빠듯하게 되었는지 논해보고 그 해결책을 살펴볼 것이다.

먼저, 우리는 매일 세계 인구가 크게 증가하고 있는 것을 이해해야 한다. 인구가 많다는 것은 궁극적으로 경쟁이 치열하다는 뜻이다. 이런 점에서, 우리는 매일같이 제한된 자원과 일자리를 얻기 위해 경쟁하고 있다. 사실상, 경쟁은 우리 삶의 일부분이 되었으며 학생들은 가장 좋은 대학에 진학하기 위해 경쟁하고, 대학 졸업자들은 가장 좋은 일자리를 얻기 위해 경쟁한다. 이 외에, 세계화도 우리에게 스트레스를 부과하는 한 요인이다. 이전에는 우리 자신의 문제만 걱정했지만, 이제는 세계 전체를 염려해야 한다. 우리는 환경 문제와 빈곤, 우리나라와 북한과의 긴장 상태도 걱정하고 있다. 이러한 문제로 우리의 삶은 예전보다 더욱 스트레스가 심해진다.

다행히, 이러한 문제에 해결책이 있다. 경쟁하는 대신, 우리는 서로 도울 수 있는데 경쟁자가 아닌 동료가 되어야 한다. 이런 태도의 반전이 고용에서도 혁신을 일으킬 수 있다. 만약 일자리를 쉽게 찾지 못하면, 자원봉사를 할 수 있다. 거기서 사람들을 더 많이 만나고 다른 기회를 찾을 수도 있다. 스트레스를 완화하는 또 다른 방법도 있는데 소비를 줄인다면 경제적 스트레스를 떨쳐버릴 수 있다. 최근 우리 부모님과 나는 소비 습관을 바꾸기로 결심했고 온라인으로 불필요한 물건들을 사지 않기로 했다. 그 결과, 우리의 생활이 더욱 단순해졌다. 우리는 심지어 휴가를 위한 돈도 충분히 모을 수 있었다.

요약하면, 우리는 경쟁과 세계화로 인해 스트레스가 심한 시대에 살고 있지만 앞으로 작은 시작을 한다면 우리의 어려움을 극복할 수 있을 것이다. 돈과 취업에 대해 걱정을 덜 함으로써, 우리는 우리의 불안을 줄일 수 있고 긍정적인 사람이 되는데 집중할 수 있게 될 것이다.

Q3 해석 인류가 여러 분야에서 비약적으로 발전한 것은 사실이다. 그러나, 우리가 개선해야 할 것들이 아직도 많이 있다. 문명사회의 현 시점에서, 우리에게는 삶을 더 편하게 만들어 줄 지식과 기술이 충분히 있지만, 환경 파괴와 가난과 무지가 어디에나 존재한다. 이 에세이에서 이러한 현실에 대해 더 논할 것이다.

아직까지도, 많은 나라들이 진보하지 못하고 있다. 세계 도처의 많은 사람들이 아직도 무지하고 가난하다. 우리는 지식이 폭증하는 시대에 살고 있지만, 어떤 사람들은 여전히 읽거나 쓸 줄 모른다. 일부 국가에서는, 국민들이 음식과 집, 물, 의료서비스 부족 때문에 기본적인 욕구조차 충족하기 힘든 반면 단지 일부 국가의 사람들만 이 발전을 누리므로, 이것은 참된 발전의 그림이 아니다.

우리의 환경이 계속해서 고통 받고 있는 것 또한 명백한 일이다. 매년 많은 동식물이 계속 멸종에 직면하고 있다. 결국, 우리들도 또한 (종들의) 다양성의 부족으로 고통 받을 것이다. 이외에도, 매년 자연 재해가 생명과 집을 앗아간다. 마찬가지로, 공기와 수질 오염이 식물과 동물 그리고 인간에게 많은 질병을 야기한다. 우리는 우주와 다른 행성에 대해 많은 것들을 알고 있지만, 우리 자신의 별조차 관리하지 못 하고 있다.

해결책이 조금씩이나마 나타나고 있어 다행이다. 예를 들면, 사람들은 월드비전 같은 단체에 지원을 해서 이 기부를 통해 아프리카에 있는 아이들이 학교에서 공부하게 도움을 준다. 또한 가난한 학생들을 무료로 가르쳐주는 자원봉사자들이 속한 많은 기관들이 있다. 최근, 환경에 대한 인식도 높아졌다. 우리 학교를 예로 들면, 환경적인 책임을 장려하는 프로그램들이 많이 있다. 게다가, 더 많은 회사들은 친환경 제품들을 만들어 내고 있다.

요약하면, 특히 환경 보존과 가난에 대한 개선은, 세계가 겪고 있는 불완전한 현실로부터 벗어나기 위해 여전히 요구 되고 있다. 발전은 삶의 기본적인 것들과 관련이 있기 때문에 매우 중요한 것이다. 만약 인류가 지구와 세계사람들을 위해 더욱 관심을 보인다면, 발전은 실제로 이루어질 것이다.

UNIT 08 Mass Media

Question 1

The media has a growing influence on people's everyday life. Some people think this has a negative influence.
To what extent do you agree or disagree?

Question 2

If a product is good and meets people's needs, then people will buy it. For this reason, some believe that advertisements are unnecessary and are no more than a form of entertainment.
To what extent do you agree or disagree?

Question 3

Giving detailed descriptions about crimes in newspapers and on TV is controversial. Some people say that it has a bad affect on society.
To what extent do you agree or disagree?

해석

Question 1 뉴스 매체는 사람들의 일상생활에 큰 영향을 주고 있다. 몇몇 사람들은 그러한 발전을 부정적으로 생각한다. 어느 정도까지 동의하거나, 동의하지 않는가?

Question 2 어떤 상품이 좋고 사람들의 요구를 충족시켜준다면, 사람들은 그 상품을 살 것이다. 이런 이유로, 어떤 사람들은 광고는 불필요한 오락의 한 형태에 지나지 않는다고 말한다. 어느 정도까지 동의하거나, 동의하지 않는가?

Question 3 신문과 텔레비전에서 범죄를 묘사하는 것이 논쟁을 불러 일으키고 있다. 몇몇 사람들은 그것이 사회에 악영향을 미쳤다고 생각한다. 어느 정도까지 동의하거나, 동의하지 않는가?

QUESTION 1

You should spend about 40 minutes on this task.

Write about the following topic:

> The media has a growing influence on people's everyday life. Some people think this has a negative influence.
>
> To what extent do you agree or disagree?

Give reasons for your answer and include any relevant examples from your own knowledge or experience.

Write at least 250 words.

MODEL ANSWER

Looking around, we are surrounded by different types of media: TV, radio, internet, newspaper, magazines and the like. Some people think that when we absorb information we get negatively influenced by the media. However, I recognize that the media content is more often good than bad, and I believe that it is more positively influential to our lives.

Undoubtedly, we learn many things through media. For instance, we gain insight on social issues via Internet and it tells us about the events and problems we face in our world. This knowledge serves as our connection to other people's lives. To elaborate, it helps us form opinions about governments, wars and politics. We are also cautioned ahead of time if a natural disaster is due to strike in our areas. From these examples, we can see the educational and life-saving roles the media plays in our lives.

Surely, the media brings us useless information too. Children might get access to pornography and violence easily by using a smart phone or simply reading magazines. Sometimes, customers easily fall for fancy advertisements shown on TV or subway posters. In this way, media does spread some unnecessary information and deceive us.

Besides the disadvantages of media, we should realize that it helps us understand our role as citizens of our region and the world. It allows us to learn about and sympathize with victims of disasters and wars. We can also learn how to help others in an emergency through reports and programs. On the other hand, customers can get guidance from catalogues when they shop in stores. The advantages of media are more obvious and useful which overweighs its faults.

In summary, the media is an important part of our lives. It is indispensable in our daily lives and serves as our link to society and the rest of the world. They are also a valuable tool for survival and education. Therefore, whatever negative influences it may bring about, its benefits are far more helpful and meaningful to the world.

337 words

CHECK-UP VOCABULARY

동의어

growing arising, uprising, developing, maturing, acquiring
media TV, radio, Internet, airwaves, satellite
negative disconfirming, invalidating, pessimistic, contradictory, opposing
influence command, domination, ascendancy, supremacy, authority

자주 함께 쓰이는 단어

information useless information | important information | additional information
connection faulty connection | clear connection | intermittent connection
access easy access | secret access | exclusive access
report live report | accurate report | delayed report

A thesis   A topic sentence   A supporting sentences   A supporting details

QUESTION 2

You should spend about 40 minutes on this task.

Write about the following topic:

> *If a product is good and meets people's needs, then people will buy it. For this reason, some believe that advertisements are unnecessary and are no more than a form of entertainment.*
>
> *To what extent do you agree or disagree?*

Give reasons for your answer and include any relevant examples from your own knowledge or experience.

Write at least 250 words.

MODEL ANSWER

Advertisements are everywhere. We grow up seeing TV commercials, flyers, brochures, and billboards. In fact, the products we buy are advertisements themselves. However, I believe that advertisements have lost their true meaning and value, which render them unnecessary. In this essay, I will discuss the reasons for this change of perception.

The first reason advertisements have lost their appeal is that consumers have found other sources of information about products. They can read product reviews on the Internet, ask their friends or base from their own experience. In this age, information is easy to find. Advertisements can no longer fool consumers with false claims or lies about a product's benefits. People today can do their own research on the product and learn the real truth, with or without media advertisements, thanks to the Internet.

Another reason advertisements have lost their power is that people are aware that advertisements are not purely for sharing of information. They know the hidden agenda behind the colorful packaging, the famous endorsers and the sweet promises being made. Consumers also know that advertisements are more about making profit than informing people. With this level of awareness, advertisements do not influence people as much as they used to.

Nevertheless, advertisements are effective in calling the public's attention to the product. The product may be old, but advertisements can breathe new life into them. Advertisements do not have a long-term effect however. A product may be famous at first, but if it does not meet expectations, the advertisements can do nothing to regain a consumers' trust.

We can conclude from the discussion that advertisements have lost their original impact on the public. Consumers today are wiser and more well-informed thanks to the other available information sources, the awareness of the public about the nature of advertisements, and the lack of long-term effect of advertisements to public opinion. Advertisers need to consider these in order to make advertisements more effective and influential.

324 words

CHECK-UP VOCABULARY

동의어

product merchandise, ware, creation, commodity, outcome
meet encounter, converge, adjoin, congregate, muster
need requirement, demand, necessity, desire, hunger
buy purchase, obtain, acquire, procure, secure

자주 함께 쓰이는 단어

meaning hidden meaning | true meaning | essential meaning
friend reliable friend | dependable friend | untrusted friend
public general public | voting public | charitable public
consumer conscious consumers | cautious consumers | selective consumers

QUESTION 3

You should spend about 40 minutes on this task.

Write about the following topic:

> Giving detailed descriptions about crimes in newspapers and on TV is controversial. Some people say that it has a bad affect on society.
>
> To what extent do you agree or disagree?

Give reasons for your answer and include any relevant examples from your own knowledge or experience.

Write at least 250 words.

MODEL ANSWER

Some members of the press publish too many details about crimes. Most media sources believe it is the right of the public to have all the information. Of course, too much of anything can be harmful. This is also true with crime reports, as revealing specific details can be harmful.

When reporting on violent crimes, we have to consider the feelings of the victims and the suspects, as well as their respective families. Victims want to live a normal life, but this is impossible if their story gets too much publicity. Understandably, many victims and their families often want to forget the incident and move on. However, this is a difficult feat to achieve if the public knows about the crime committed in detail. Suspects are also at risk. We have to remember that some suspects are innocent. However, when we see them on TV or read their names, we begin to judge them as if they were guilty.

The second point to consider is that crimes always have a negative effect on people. Nobody wants to read about rape or murder cases because it makes people uncomfortable and depressed. In addition, TV and news reports also reach younger audiences. At an impressionable age, it is very easy for kids to read Internet articles and watch videos about violence and pick up on them. Detailed crime reports can be harmful for them at their tender age, as children are not mature enough to handle such content.

To conclude, specific details of violent crimes are best known only to law enforcement agencies to protect the victims, their families, and the general public. Instead of wasting airtime on negative content, the media should focus on positive news. In the end, criminal activity is depressing to watch and therefore positive stories are more beneficial to the public.

303 words

CHECK-UP VOCABULARY

동의어

detailed particular, complete, comprehensive, specific, exhaustive
description portrayal, depiction, characterization, specification
crime offence, outrage, corruption, malefaction, illegality
controversial contentious, contended, debatable, polemic, disputed

자주 함께 쓰는 단어

detail gory details | morbid details | step-by-step details
judge hurriedly judge | mistakenly judge | irrationally judge
effect lasting effect | long-term effect | destructive effect
story enticing story | boring story | compelling story

Q1 해석 주위를 둘러보면, 우리는 텔레비전, 라디오, 인터넷, 신문, 잡지 등과 같은 다양한 종류의 매체에 둘러싸여 있다. 몇몇 사람들은 우리가 정보를 받아들일 때 매체에 의해 부정적인 영향을 받는다고 생각한다. 그러나, 나는 매체 내용이 나쁜 것보다 좋은 것이 더 많다는 것을 알고 있고, 우리 생활에 더욱 긍정적인 영향을 끼친다고 생각한다.

명백히, 우리는 미디어를 통해 많은 것들을 알게 된다. 예를 들면, 인터넷을 통해 사회 문제에 통찰력을 얻고 우리가 마주하는 세계에서 일어나는 사건과 문제도 알게 된다. 이러한 지식은 다른 사람들의 삶과 연결해 주는 역할을 한다. 좀 더 말하면, 이것은 우리가 정부와 전쟁, 정치에 대한 견해를 형성하도록 돕는다. 또한 우리가 사는 지역을 강타할 재해가 있다면 미리 조심할 수 있다. 이러한 예를 통해, 우리는 미디어가 우리 삶에서 교육적이고 생명을 구하는 역할을 하는 것을 알 수 있다.

물론, 뉴스는 쓸모 없는 정보를 제공하기도 한다. 아이들은 스마트폰이나 잡지를 통해 포르노와 폭력에 쉽게 접근할 수도 있을 것이다. 때로는, 텔레비전과 지하철 포스터의 현실성 없는 광고에 고객들은 쉽게 속기도 한다. 이러한 방식으로, 미디어는 불필요한 정보를 퍼뜨리고 우리를 현혹시킨다.

미디어의 단점에도 불구하고, 미디어는 우리나라 시민으로서, 세계 시민으로서의 역할을 이해하도록 도와준다는 것을 알아야 한다. 미디어 덕분에 재해와 전쟁으로 희생당한 사람들에 대해 알고 동정심을 표할 수 있다. 우리는 또한 보도나 프로그램을 통해 위급 시 다른 사람을 어떻게 도와야 하는지 배울 수 있다. 한편으로, 고객들은 물건을 사러 갔을 때 상품 목록을 통해 안내를 받을 수 있다. 미디어의 장점은 더욱 명백하고 유용하며 단점들을 능가한다.

요약하면, 미디어는 우리 삶에 아주 중요한 부분을 차지한다. 이것은 일상생활의 필수품이자 사회와 세계로 향하는 연결고리 역할을 수행한다. 이것은 또한 생존과 교육을 위한 귀중한 도구이기도 하다. 따라서, 미디어가 아무리 부정적인 영향을 미친다 하더라도, 미디어의 이로운 점이 세상에서 훨씬 더 유익하고 의미가 있다.

Q2 해석 광고는 어디에나 있다. 우리는 텔레비전 선전, 전단, 책자, 광고 게시판 등을 보며 자랐다. 사실상, 우리가 사는 물건들은 그 자체로 광고 효과를 낸다. 그러나, 나는 오늘날 광고는 그 진실된 의미와 가치를 잃어 불필요한 것이 되었다고 생각한다. 이 에세이에서 나는 이러한 개념의 변화에 대한 이유를 논의할 것이다.

광고가 그 역할을 잃어버렸다는 첫 번째 이유는 소비자들이 상품의 정보를 여러 다른 경로로 알게 되었다는 것이다. 소비자들은 인터넷으로 상품 평을 읽을 수도 있고, 친구들에게 물어보거나 자신의 경험에 기초할 수도 있다. 이 시대에서, 정보를 얻는 것은 쉽다. 광고는 더 이상 그들 제품의 장점에 대해 잘못된 주장이나 거짓된 정보로 소비자들을 현혹시킬 수 없다. 오늘날의 사람들은 인터넷 덕분에, 매체 광고가 있든 없든, 제품에 대해 스스로 조사하고 실제 사실에 대해 알 수 있다.

광고가 영향력을 잃어버린 또 다른 이유는 광고가 순수하게 정보를 공유하는 것이 아니라는 것을 사람들이 알아 챈 것이다. 사람들은 화려한 포장과 유명인이 나와 홍보하고, 듣기 좋은 약속을 하는 이면에 숨겨진 의도가 있다는 사실을 알고 있다. 소비자들은 광고가 사람들에게 정보를 주기보다는 이윤을 창출하려고 한다는 점도 역시 알고 있다. 이 정도로 사람들이 인식하기 때문에, 광고는 예전처럼 사람들에게 영향을 주지 못한다.

그럼에도, 광고는 상품에 대한 사람들의 관심을 이끌어낸다. 상품이 오래 되었다 해도 광고는 그 상품에 생명력을 불어 넣을 수 있다. 그러나 장기적인 효과는 없다. 상품이 처음에는 세간의 관심을 끌더라도, 이것이 사람들의 기대에 못 미친다면, 광고가 소비자들의 신뢰를 다시 얻기 위해 할 수 있는 것은 없다.

이러한 토론을 통해, 광고가 사람들에게 그들이 가진 원래의 영향력을 잃어 버렸다고 결론지을 수 있다. 오늘날의 소비자들은 다른 유용한 정보원과 광고의 본질에 대한 대중의 인식, 여론에 대한 광고의 장기적인 효과의 부족 덕분에 예전보다 더 현명하고 박식하다. 광고가 더욱 효과적이고 큰 영향력을 미치게 만들려면 광고주들은 이러한 점을 고려할 필요가 있다.

Q3 해석 언론인 중 몇몇 사람들은 범죄에 대해 세부적인 정보를 너무 많이 발표한다. 대부분의 미디어들은 대중이 이런 모든 정보를 알 권리가 있다고 생각한다. 그러나 무언가가 너무 지나치면 도리어 해롭다. 이것은 범죄 보도에도 해당되는데, 구체적인 정보를 드러내는 것은 유해 할 수 있다.

심한 범죄에 대해 보도를 할 때, 우리는 피해자와 용의자의 감정뿐 아니라 그 사람들 각자의 가족도 고려해야 한다. 피해자들은 평범한 삶을 살고 싶어 하지만, 그들의 이야기가 너무 알려지게 되면 이것은 불가능하다. 당연하게도, 많은 피해자들과 그들의 가족들은 대개 그 사건을 잊고 앞으로 나아가기를 원한다. 하지만, 이것은 만약 사람들이 범죄가 저질러진 것에 대해 자세히 알게 된다면 그러기가 힘들어 진다. 용의자 또한 위기에 처한다. 우리는 일부 용의자들이 결백하다는 점을 염두에 두어야 한다. 그러나, 텔레비전에서 그들을 보거나 그 이름을 읽을 때, 우리는 그들을 유죄인 것처럼 판단하기 시작한다.

고려해야 할 또 다른 사항은 범죄가 언제나 사람들에게 악영향을 끼친다는 점이다. 어떤 사람도 강간이나 살해 사건에 대해 읽기를 원하지 않는데, 이것은 사람들을 불편하고 우울하게 만들기 때문이다. 게다가, 어린 시청자들도 텔레비전과 뉴스 보도를 접할 수 있다. 감수성이 예민한 나이에, 범죄와 관련된 인터넷 기사를 읽고 범죄에 대한 동영상을 보고 그것들을 알아차리는 것은 아주 쉬운 일이다. 아직 어린 나이의 아이들에게 세부적인 범죄 보도는 아이들이 그러한 내용을 다룰 만큼 아직 성숙하지 않기에 유해할 수 있다.

결론적으로, 희생자와 그 가족들, 일반 대중들을 보호하기 위해 중 범죄에 대한 세부 내용은 법 집행기관만 잘 알고 있어야 한다. 부정적인 내용에 방송 시간을 낭비하는 대신, 대중매체는 긍정적인 뉴스에 초점을 두어야 한다. 결국, 범죄행위는 보면 우울해지므로 긍정적인 이야기가 좀 더 대중에게 이로울 것이다.

UNIT 09 Nation

Question 1
Developing countries require international aid. Some people prefer to give them financial handouts while others think practical aid and advice are better. Discuss both these views and give your own opinion.

Question 2
Some people think that the main benefit of international cooperation is fixing environmental problems. Others think that businesses benefit most from international cooperation.
Discuss both these views and give your own opinion.

Question 3
Rich countries often give financial aid to poor countries, but it does not always solve the poverty problem. For this reason, rich countries should give other types of help to poor countries rather than financial aid.
To what extent do you agree or disagree?

해석

Question 1 개발도상국은 국제적인 원조를 필요로 한다. 어떤 사람들은 재정적 지원을 주는 편을 선호하나 다른 이들은 실질적인 원조와 조언이 더 낫다고 여긴다. 양쪽 의견을 토론해 보고 당신의 의견을 제시하라.

Question 2 어떤 사람들은 국제적인 협력의 가장 큰 혜택은 환경 문제를 해결하는 것이라고 생각한다. 다른 사람들은 국제적인 협력으로 기업에 가장 큰 혜택이 있다고 생각한다. 양쪽 의견을 토론해 보고 당신의 의견을 제시하라.

Question 3 부유한 나라들은 종종 가난한 나라에 재정적인 지원을 하지만, 빈곤 문제는 해결하지 못한다. 이런 이유로, 부유한 나라들은 재정적인 지원보다 다른 형태의 원조를 해야 한다. 어느 정도까지 동의하거나, 동의하지 않는가?

QUESTION 1

You should spend about 40 minutes on this task.

Write about the following topic:

> *Developing countries require international aid. Some people prefer to give them financial handouts while others think practical aid and advice are better.*
>
> *Discuss both these views and give your own opinion.*

Give reasons for your answer and include any relevant examples from your own knowledge or experience.

Write at least 250 words.

MODEL ANSWER

Developing countries need help from the international community to improve their standard of living. International organizations such as the United Nations are very useful for this purpose. However, the form of aid given is a subject of debate. In my opinion, financial assistance is the most useful of all.

We cannot deny that most forms of aid given to the developing world are important. There are desperate times when countries need immediate resources from wealthy nations in the form of food, medicines and books. For example, victims of earthquakes need food, water and medicine. Oftentimes, physical money means nothing if the people are hungry and there are no food available for purchase.

In most cases however, monetary assistance is still the best form of aid. Compared to other forms, money is the most flexible and longest lasting resource. Food can rot, medicine can expire and books can become outdated. Money on the other hand grows as time passes. Furthermore, money is a flexible resource to give because it can buy almost anything.

Others may argue that financial aid can fall into the hands of corrupt and greedy leaders. With proper management though, financial aid can be fully utilized. International organizations should help countries plan and spend the money they are bestowed with wisely.

All in all, financial resources are the most powerful and long-lasting form of aid a country can provide, except in situations when there is nothing available to buy to help a nation. We should also keep in mind that international groups should see to it that the money given is spent wisely and effectively, otherwise financial aid can fall into the wrong hands and go to waste.

280 words

CHECK-UP VOCABULARY

동의어

require necessitate, compel, postulate, command, oblige
aid relief, support, contribution, endowment, sustenance
financial economic, budgeting, commercial, fiscal, pecuniary
advice guidance, opinion, counseling, injunction, admonition

자주 함께 쓰이는 단어

debate fiery debate | fierce debate | boring debate
need desperately need | hungrily need | urgently need
resource reliable resource | natural resource | abundant resource
management efficient management | systematic management | improper management

A thesis   A topic sentence   A supporting sentences   A supporting details

QUESTION 2

You should spend about 40 minutes on this task.

Write about the following topic:

> Some people think that the main benefit of international cooperation is fixing environmental problems. Others think that businesses benefit most from international cooperation.
>
> Discuss both these views and give your own opinion.

Give reasons for your answer and include any relevant examples from your own knowledge or experience.

Write at least 250 words.

MODEL ANSWER

Economic and environmental concerns are increasing day by day. This is why countries often help each other through international cooperation. Some think that international partnership benefits the economy more than the environment. On the other hand, others think it is the opposite. To be realistic, I think that the economy benefits more than the environment.

Lately, there has been a growing movement among developed countries to rally to save the environment. Organizations such as Greenpeace and the World Wildlife Fund have formed with this intention. Their efforts worldwide have benefited both nature and mankind. These international organizations have saved forests, protected endangered animals and cleaned up polluted ecosystems. Global awareness and cooperation are key factors to this improvement.

In the grand scheme of things, economic development is still the international community's main concern. Money is the simple and obvious explanation for international cooperation. It is obvious that every country wants to get richer. After all, economic success is necessary to gain power in this competitive world. Rich countries provide help to poor countries, but there is always something offered in exchange.

Only after full financial development, countries can get together to solve environmental problems. We can look into some countries' history of economic development. It is only when they have reached a financially powerful status that they realize the importance of protecting the environment. Automatically, their first agenda in global cooperation is to gain profits and then reduce the damage it entails.

To sum up, international movements have a strong impact on the economy and the environment with the former prevailing over the latter. With all these in consideration, countries need to be more sincere in their support of the environment because it is apparent that economic gain is the priority goal of international cooperation. In the end, goodwill should overpower greed.

302 words

CHECK-UP VOCABULARY

동의어
main primary, foremost, predominant, absolute, downright
cooperation collaboration, coordination, assistance, concurrence, teamwork
fix mend, repair, patch, restore, amend
business enterprise, commerce, occupation, line, job

자주 함께 쓰이는 단어
movement unifying movement | costly movement | sudden movement
rich filthy rich | invisibly rich | instantly rich
pollute unconsciously pollute | mindlessly pollute | unknowingly pollute
impact drastic impact | unnoticeable impact | dreaded impact

A thesis   A topic sentence   A supporting sentences   A supporting details

QUESTION 3

You should spend about 40 minutes on this task.

Write about the following topic:

> Rich countries often give financial aid to poor countries, but it does not always solve the poverty problem. For this reason, rich countries should give other types of help to poor countries rather than financial aid.
>
> To what extent do you agree or disagree?

Give reasons for your answer and include any relevant examples from your own knowledge or experience.

Write at least 250 words.

MODEL ANSWER

Financial assistance is no doubt very helpful to poor countries. Poor countries are similar to businesses in that they need money to grow and develop. Despite receiving financial aid, some poor countries fail to improve. **It seems that poor countries need more than just money.**

For many years, rich countries have been giving billions of dollars in aid to the developing world but this money has, for the most part, been poorly managed. The people living in impoverished countries remain as poor as ever. To illustrate, the aid that poor countries have received has not significantly improved their quality of life, which is often blamed on corrupt or weak leaders in these nations. **To prevent this scenario, an anti-corruption team is needed.** This team would be beneficial for managing finances.

Sometimes, disasters and wars can also be blamed on problems within a poor country. For example, natural disasters and wars can cost a lot of money. Even if leaders are honest and wise, they will always need money for military and disaster recovery efforts. In South Korea for instance, billions are spent on military forces because of the situation with North Korea. **In this case, money alone cannot solve the debt problem.** Developing positive foreign relations is also needed.

Rich countries should provide advice and guidance to poor countries needing their help the most. Wealthy countries have successfully developed themselves already, so they know how it is done and are able to help others to achieve it. For instance, they can serve as good models of fiscal development. Wealthy nations can help poor countries make effective development plans and provide experts that may help in planning strategies for development.

As discussed above, money is not the only answer to everything. Political effort and guidance are also necessary. This means that financial gifts, money monitoring and political guidance should be combined to give optimum assistance.

313 words

CHECK-UP VOCABULARY

동의어

often frequent, general, common, repeated, habitual
solve unfold, clarify, unravel, decipher, disentangle
poverty scarcity, lack, distress, insolvency, destitution
help remedy, cure, relief, assistance, promotion

자주 함께 쓰이는 단어

poor desperately poor | incredibly poor | extremely poor
quality excellent quality | compromised quality | gambled quality
help well-deserved help | unsolicited help | refused help
answer final answer | accurate answer | honest answer

Q1 해석 개발도상국은 생활 수준을 개선하기 위해 국제 사회의 도움을 필요로 한다. UN과 같은 국제 기관은 이러한 목적에 아주 유용하다. 그러나, 제공하는 원조의 형태가 논쟁거리다. 내 생각에는, 모든 지원 중에 재정적인 지원이 가장 유용하다고 본다.

우리는 모든 형태의 원조가 개발도상국에게 중요하다는 것을 부정할 수 없다. 어떤 국가들은 음식, 의약품 그리고 책 같은 형태의 즉각적인 자원을 부유한 나라로부터 받아야 할 절박한 때가 있다. 예를 들면, 지진 피해자들은 음식과 물, 의약품이 필요하다. 만약 사람들이 굶주리고 구입할 수 있는 음식이 없다면 대개 실질적인 돈은 아무 쓸모가 없다.

그러나 대부분의 경우에, 아직은 재정적인 지원이 최선책이다. 다른 형태와 비교해볼 때, 돈은 가장 융통성 있고 오래 지속되는 자원이다. 음식은 부패할 수 있고, 약품은 기한이 만료될 수 있으며 책은 시대에 뒤쳐질 수 있다. 돈은 이에 반해서 시간이 흐를수록 더욱 불어난다. 더구나, 돈은 거의 모든 것을 살 수 있기 때문에 원조하기에 융통성 있는 자원이다.

다른 이들은 돈이 부패하고 탐욕스러운 지도자들의 손에 들어갈 수 있다고 주장할지도 모른다. 그러나 적절하게 관리하면, 재정적인 지원을 전적으로 활용할 수 있다. 국제 기관들은 개발도상국이 현명하게 돈을 계획해서 사용하도록 도와주어야 한다. 대체로, 재정 자원은 살 수 있는 것이 하나도 없는 경우를 제외하고는, 어떤 나라를 돕기 위해 제공할 수 있는 가장 강력하고 오래 지속되는 형태의 원조이다. 또한 빈곤 국가에서 돈을 현명하고 효과적으로 사용하도록 국제 기관이 확실히 지켜봐야 한다는 것을 명심해야 한다. 그렇지 않으면 재정 지원은 오용되고 허비될 것이다.

Q2 해석 경제적, 환경적인 우려가 날로 늘어나고 있다. 이것이 국가들이 국제 협력을 통해 서로 돕는 이유이다. 일부 사람들은 국제적인 협력이 환경보다 경제에 더욱 큰 이득을 준다고 생각한다. 그 반면, 다른 사람들은 그 반대로 생각한다. 현실적으로 보면, 나는 환경보다 경제 분야에서 더욱 큰 이득을 본다고 생각한다.

최근, 선진국들 사이에서 환경을 보호하려는 움직임이 점점 커지고 있다. 그린피스와 세계 야생 생물 기금과 같은 단체는 이러한 목적으로 설립되었다. 이러한 기관의 세계적인 노력으로 자연과 인류는 혜택을 누렸다. 이런 국제적인 기관들은 숲을 살리고 멸종 위기에 처한 동물과 오염된 생태계를 보호했다. 세계적인 의식과 협력이 이러한 개선에 주요 요인이다.

전반적인 상황에선, 아직은 경제적인 발전이 국제 사회의 주요 관심사이다. 돈은 국제적인 협력을 위한 간단하고도 명백한 설명이다. 모든 국가가 부유해지기를 원하는 것은 분명하다. 결국, 이 경쟁 세계에서 권력을 얻으려면 경제적으로 성공해야 한다. 부유한 나라는 가난한 나라에 도움을 주지만, 그 대가로 무언가를 제공받는다.

충분한 재정적 발전이 이루어지고 난 후에야, 국가들은 환경 문제를 해결하기 위해 모일 수 있다. 우리는 몇몇 국가의 경제 발전의 역사를 들여다볼 수 있다. 그들은 경제적으로 강력한 위치에 도달했을 때 비로소 환경보호의 중요성을 깨닫는다. 자동적으로, 국제 협력의 첫 번째 과제는 이익을 달성하는 것이고 그리고 나서 경제적 이득이 수반하는 (환경적인) 피해를 줄이는 것이다.

요약하면, 국제적인 운동은 경제와 환경에 큰 영향을 미치며 후자보다는 전자가 지배적이다. 이 모든 것을 고려해보면, (각) 국가들은 경제적 이익이 국제 협력의 우선 목표라는 것이 명백하기 때문에 환경 분야를 지원하는데 더욱 주의를 기울일 필요가 있다. 결국, 선의가 탐욕을 넘어서는 힘을 가져야만 한다.

Q3 해석 재정적인 지원은 두말할 것 없이 가난한 나라에 아주 유용하다. 빈곤 국가는 사업과 유사한데 성장하고 발전하려면 돈이 필요하다. 재정적 원조를 받음에도 불구하고, 어떤 가난한 국가들은 개선되는데 실패했다. 빈곤 국가는 단순히 돈 이상의 것이 필요한 것으로 보인다.

수년 간, 부유한 나라에서 수십 억 달러를 개발도상국에 원조해 주었지만 이 돈이 대부분 형편없이 관리되었다. 가난한 나라 국민들은 여전히 예전처럼 가난하게 살고 있다. 설명하자면, 가난한 나라가 받은 원조는 그들의 삶의 질을 크게 개선시키지 못했고, 이에 대해 이런 나라들의 부패하거나 힘없는 지도자들이 비난을 받았다. 이러한 경우를 막으려면, 반 부패 팀이 필요하다. 반 부패 팀은 돈을 관리하는데 도움이 될 것이다.

가끔은, 재해와 전쟁 문제도 가난한 나라의 국가적인 문제로 돌릴 수 있다. 예를 들면, 자연 재해가 발생하거나 전쟁이 일어나면 엄청난 돈이 든다. 비록 지도자들이 정직하고 현명하다고 해도, 국가를 방위하고 재해 복구 노력에 돈이 필요하다. 우리나라를 예로 들면, 북한과 대치된 상태 때문에 수조 원의 돈이 군사력에 쓰인다. 이 경우에, 돈 자체로는 문제를 해결할 수 없다. 긍정적으로 외교 관계를 발전시키는 것이 필요하다.

부유한 나라는 그들의 도움을 가장 필요로 하는 빈곤 국가에 유용한 조언과 안내를 제공해야 한다. 부유한 나라는 이미 성공적으로 자기 나라를 발전시켰기에, 그들은 어떻게 이것을 이룰 수 있는지 알고 다른 국가도 달성하도록 도움을 줄 수 있다. 예를 들면, 그들은 재정적 발전의 좋은 모델로서 역할을 수행할 수 있다. 부유한 나라는 효과적인 발전 계획을 만들고, 발전을 위한 전략을 수립하는 것을 도울 수 있는 전문가들을 파견함으로써 빈곤 국가를 도울 수도 있다.

위에서 논의한 대로, 돈은 모든 문제의 유일한 해결책이 아니다. 정치적인 노력과 지도도 또한 필요하다. 이것은 재정적인 지원과 재정 모니터링 그리고 정치적인 지도가 합쳐져야 최고의 도움을 줄 수 있다는 것을 의미한다.

UNIT 10 Occupation

Question 1
Some people think that politicians have the greatest influence on the world. Other people, however, believe that scientists have the greatest influence.
Discuss both these views and give your own opinion.

Question 2
Some people work from home using modern technology these days. Some say this is a big benefit to workers, but not so much for employers.
To what extent do you agree or disagree?

Question 3
As most people spend a major part of their adult life at work, job satisfaction is an important element of individual well-being.
What are the factors that contribute to job satisfaction?
How realistic is the expectation of job satisfaction for all workers?

해석

Question 1 어떤 사람들은 정치인들이 세계에 큰 영향을 미친다고 생각한다. 그러나 다른 사람들은, 과학자들이 가장 큰 영향력을 행사한다고 생각한다. 양쪽 의견을 토론해 보고 당신의 의견을 제시하라.

Question 2 최근 어떤 사람들은 현대 기술을 이용하여 집에서 일을 한다. 몇몇 사람들은 이것이 직원에게만 이득이 될 뿐, 고용주에게는 이득이 없다고 말한다. 어느 정도까지 동의하거나, 동의하지 않는가?

Question 3 대부분의 사람들이 성인기의 삶 중 많은 부분을 일에 쏟기 때문에, 일 만족도가 개인의 행복에서 중요한 요소가 되었다. 일 만족도에 기여하는 요인들은 무엇인가? 모든 근로자의 일 만족도에 대한 기대치는 얼마나 현실적인가?

QUESTION 1

You should spend about 40 minutes on this task.

Write about the following topic:

> *Some people think that politicians have the greatest influence on the world. Other people, however, believe that scientists have the greatest influence.*
>
> *Discuss both these views and give your own opinion.*

Give reasons for your answer and include any relevant examples from your own knowledge or experience.

Write at least 250 words.

MODEL ANSWER

Many people dream of becoming politicians and scientists when they grow up. This is many people's aspiration because these people have influenced the world in many ways. We read the names of famous politicians and scientists in our textbooks all the time. In our time though, scientists seem to have the upper hand.

Politicians play a huge role in our lives. Every day, the news is filled with faces of political leaders. Their decisions can start or end wars. Historically speaking, countries rise and fall because of the actions of politicians; one powerful leader can change the course of history. For example, wise and strong leaders make a country more powerful, like the Prime Minister of India, Indira Gandhi did.

Despite the influence of politics, our generation and future generations are increasingly dependent on science and technology. The Internet, mobile inventions and scientific discoveries are rapidly changing the way we live and are powerful enough to influence politics. For example, science has the ability to create nuclear weapons. This example shows that the decisions of scientists are momentous because their skills can either promote peace or cause massive destruction.

Technology has also weakened the influence of today's leaders. Now more than ever, we can openly criticize and discuss the decisions of our political leaders. In the past, there was no Internet to provide the public with endless knowledge. This meant that the public was less powerful before the online world emerged. Leaders used to be able to influence the public easily. Today, the public is not ignorant and so easily influenced anymore. We can use our online access to information to our advantage.

Due to technology's power, scientists can easily change the world. Their inventions and discoveries can easily destroy or uplift lives more than politicians can influence by their actions and decisions. For this reason, the former are the most influential figures of our time.

316 words

CHECK-UP VOCABULARY

동의어

politician statesperson, representative, lawmaker, nominee, legislator
influence domination, supremacy, prestige, connection, magnetism
scientist researcher, inventor, technologist, technophile
great outstanding, celebrated, significant, momentous, tremendous

자주 함께 쓰이는 단어

role completed role | major role | accomplished role
generation unborn generation | hopeful generation | dependent generation
leader diligent leader | excellent leader | charismatic leader
figure remarkable figure | notorious figure | influential figure

A thesis   A topic sentence   A supporting sentences   A supporting details

QUESTION 2

You should spend about 40 minutes on this task.

Write about the following topic:

> *Some people work from home using modern technology these days. Some say this is a big benefit to workers, but not so much for employers.*
>
> *To what extent do you agree or disagree?*

Give reasons for your answer and include any relevant examples from your own knowledge or experience.

Write at least 250 words.

MODEL ANSWER

Technology continues to revolutionize the way we work. One of the breakthroughs is home-based work. With the proper equipment and a stable network connection, people can work comfortably at home. Some think that this change does not favor employers. **However, a closer analysis shows that home-based work benefits employers as well as employees.**

First and foremost, companies save a lot of space and money when their employees work from home. There is no need to maintain an office for workers, or to pay for water or electricity. Due to the option of working at home, companies can operate without janitors and security guards too. **These changes can make companies more cost-effective and are also good for the environment** because they save energy and lessen air pollution.

Companies can also recruit employees easily by offering the option of working from home. Before, companies could not hire people that lived far away from their main office. This limitation was disadvantageous, especially when the applicant was highly qualified in terms of skill but not on location. The work-at-home option removes these limitations. **Moreover, companies can now expand their operations nationwide at no additional cost.** They can even hire more competent foreign employees through this system.

Furthermore, this new trend of having online employees now enables businesspeople to set up international companies with the security that they have the best team of workers on board. Some foreign bosses still hire people from their home country that they know are efficient and excellent in their fields and have them work online in overseas branches. **At the same time, companies are even more secured to avail of online works** knowing that they will be taken care of by the most competent people in the world.

In summary, work-at-home employees are more motivated. Enjoying the benefits of working from home, these employees will often be more loyal to the company, more inspired, and happy to work hard. In return, employees contribute to the company's well being and it is therefore a win-win situation. It is true that the option of working at home is an innovative way to set up a company. More companies should consider this option for the betterment of their employees and their businesses.

369 words

CHECK-UP VOCABULARY

동의어

home dwelling, abode, residence, domicile, habitat
modern contemporary, novel, current, fresh, newfangled
benefit favor, merit, reward, aid, betterment
employer chief, executive, governor, proprietor, kingpin

자주 함께 쓰이는 단어

change timely change | intrinsic change | abrupt change
skill acquired skill | honed skill | undeveloped skill
situation compromising situation | ideal situation | enriching situation
option final option | best option | winning option

QUESTION 3

You should spend about 40 minutes on this task.

Write about the following topic:

> *As most people spend a major part of their adult life at work, job satisfaction is an important element of individual well-being.*
>
> *What are the factors that contribute to job satisfaction?*
>
> *How realistic is the expectation of job satisfaction for all workers?*

Give reasons for your answer and include any relevant examples from your own knowledge or experience.

Write at least 250 words.

MODEL ANSWER

Working is an essential part of any person's life. In fact, we spend a lifetime preparing for it in school. This is why people place a lot of importance on job satisfaction. Some people set high expectations, while others set reasonable ones. For me, it is reasonable to expect a good salary, a positive working environment and efficient management.

First of all, a good salary is always a worker's primary concern. Parents tend to spend much on their children's education to ensure that they get high-paying jobs. As a result, people expect high salaries to compensate for their academic achievements. More importantly, money is what we need to survive in the world because with it, we can acquire basic needs and luxuries. Finances are also the deciding factor for our social status. We move to different companies in search of higher pay for this reason.

The work environment is also a very important part of job satisfaction. Our co-workers, supervisors and workspace are quite important to our job happiness. Since we often work five to six days a week, we have to enjoy our workplace. It is hard to stay in a job that is too stressful. Moreover, it is also hard to work with demanding co-workers and managers who ineffectively run companies with the inappropriate leadership technique.

To add to that, some people expect too much. It is only natural that we want the best for our lives. That being said, I believe that people become more realistic with their expectations as they gain more experience. Accordingly, different factors determine our satisfaction with our career. This satisfaction differs from person to person of course and setting a high one is like setting yourself up for a big disappointment.

In summary, I believe that getting a good salary, having a positive work environment, and setting a realistic career expectation are on the top of our list of ensuring job satisfaction. When we have all three, it fulfills a human's realization of an outstanding well-being, both personally and career-wise. That is also why we spend most of our lives trying to prepare for and achieve it.

354 words

CHECK-UP VOCABULARY

동의어

major vital, critical, pre-eminent, supreme, radical
adult grown-up, mature, ripe, developed, fledged
satisfaction gratification, atonement, expiation, pleasure, triumph
job occupation, post, career, appointment, placement

자주 함께 쓰이는 단어

life fulfilled life | accomplished life | regretful life
concern disturbing concern | negligible concern | minor concern
salary commensurate salary | excessive salary | undeserved salary
environment conducive environment | homey environment | accepting environment

Q1 해석 많은 사람들이 장래에 정치인과 과학자가 되기를 꿈꾼다. 정치인과 과학자들이 여러 방면에서 세계에 영향력을 행사하므로 이렇게 되는 것이 많은 사람들의 소망이다. 우리는 교과서에서 줄곧 그들의 이름을 볼 수 있다. 그러나 우리 시대에서는, 과학자들이 주도권을 쥘 것으로 보인다.

정치인들은 우리 삶에서 큰 역할을 하고 있다. 매일같이, 뉴스에서는 정치 지도자들의 얼굴로 가득하다. 그들의 결정이 전쟁을 일으킬 수도, 끝낼 수도 있다. 역사적으로 보면, 나라는 정치인들 때문에 부흥하기도 했고 무너지기도 했다; 강력한 지도자 한 명이 역사의 흐름을 바꿀 수도 있다. 예를 들면, 인도 수상이었던 인디라 간디가 한 것처럼, 현명하고 강한 지도자들은 나라를 부강하게 만든다.

정치적인 영향력에도 불구하고, 우리 세대와 앞으로의 세대들은 점점 더 과학과 기술에 의존하고 있다. 인터넷과 모바일 발명품, 과학적인 발견이 우리의 삶을 급속도로 바꾸고 있고 정치에도 영향을 미칠 만큼 영향력이 있다. 예를 들어, 과학은 핵무기를 만들 수 있는 능력이 있다. 이러한 예로 그들이 가진 기술로 평화를 증진할 수도 있고 대재앙을 일으킬 수도 있기 때문에 과학자의 결정이 중요하다는 것을 보여준다.

또한 기술은 오늘날 지도자들의 영향력을 약화시켰다. 그 어느 때보다도 지금, 우리는 정치 지도자들의 의견에 대해 드러내놓고 비판하고 토론할 수 있다. 과거에는, 대중에게 무한한 지식을 제공하는 인터넷이 없었다. 이것은 온라인 세계가 등장하기 전에 대중은 지금보다 영향력이 약했다는 것을 의미한다. 당시 지도자들은 쉽게 대중에게 힘을 행사할 수 있었다. 오늘날, 대중은 무지하거나 더 이상 쉽게 영향을 받지 않는다. 우리는 우리에게 유용하도록 온라인 정보를 사용할 수 있다.

기술력 덕분에, 과학자들은 쉽게 세계를 변화시킬 수 있다. 그들의 발명품과 발견이 정치인들의 행동과 결정으로 영향을 미치는 것 이상으로 쉽게 삶을 파괴할 수도, 삶의 질을 향상시킬 수도 있다. 이런 이유로, 과학자들은 우리 시대에 가장 영향력 있는 사람들이다.

Q2 해석 기술이 우리가 일하는 방식에 계속해서 혁신을 일으키고 있다. 획기적인 발전 중 하나가 재택근무이다. 적절한 장비와 안정적인 네트워크 연결로, 사람들은 편안히 집에서 일을 할 수 있게 되었다. 어떤 사람들은 이러한 변화가 고용주들에게는 별로 이득이 없다고 생각한다. 그러나 자세하게 분석하면, 재택근무가 직원들뿐만 아니라 고용주에게도 이득을 주는 것으로 보인다.

무엇보다 먼저, 회사는 직원들이 집에서 일을 할 때 공간과 임금이 많이 절약된다. 직원들을 위해 사무실을 유지할 필요가 없고 수도세와 전기료를 낼 필요도 없다. 재택근무를 선택할 수 있기 때문에, 회사에서는 관리인과 보안요원 없이도 회사를 운영할 수 있다. 이러한 변화로 회사에서는 비용 절감 효과를 더 누릴 수 있고 에너지를 절약하고 공기 오염을 줄이기 때문에 환경에도 역시 좋다.

또한 회사는 집에서 일하는 선택을 제안할 수 있기에 직원들을 쉽게 채용할 수 있다. 이전에는 본사에서 멀리 떨어진 곳에 사는 사람들을 채용할 수가 없었다. 특히 지원자들이 기술적인 면에서는 능력이 출중하지만 거리가 먼 경우 이러한 제약은 회사의 단점으로 작용했다. 선택적으로 재택근무를 하면 이러한 제약이 사라진다. 게다가, 회사는 추가 비용 없이 사업을 전국적으로 확대할 수 있다. 회사는 이러한 체계를 통해 더욱 유능한 외국인을 직원으로 채용할 수도 있다.

그뿐 아니라, 재택근무라는 이러한 새로운 추세는 사업가들로 하여금 최고의 팀과 함께 일할 수 있게 보장이 된 국제적인 회사의 설립을 가능하게 한다. 몇몇 외국인 경영자들은 여전히 그들의 나라에 있는 해당 분야에서 유능하고 뛰어난 사람들을 고용하고 해외 지사에서 온라인 상으로 일을 하도록 한다. 동시에, 회사는 세계에서 가장 유능한 사람들이 책임지고 맡아줄 것을 알고 있기에 온라인 업무를 이용함에 있어서 훨씬 더 안정된다.

요약하면, 재택 근무자들은 더 의욕이 충만하다. 집에서 일하는 혜택을 누리기 때문에, 회사에 더욱 충성할 것이고 더욱 열정을 갖고 기쁘게 일할 것이다. (재택근무의) 보답으로, 직원들은 회사의 번영에 기여하고 그 결과 이것이 윈–윈 상황이 되는 것이다. 재택근무가 회사를 설립하는 데 혁신적인 방법이라는 점은 사실이다. 더욱 많은 회사가 직원들과 사업을 개선하기 위한 선택 사항으로 재택근무를 고려해야 할 것이다.

Q3 해석 일은 어느 누구의 삶에서나 중요한 부분을 차지한다. 사실상, 우리는 학교에서 일을 준비하는데 일생을 보낸다. 이것이 왜 사람들이 일 만족도를 아주 중요하게 생각하는지에 대한 이유이다. 어떤 사람들은 높은 기대치를 두는 반면, 다른 사람들은 타당한 기대치를 둔다. 내 생각에는, 좋은 급여와 긍정적인 업무 환경, 효율적인 관리를 기대하는 것이 타당하다고 본다.

무엇보다, 좋은 급여는 언제나 근로자의 주요 관심사이다. 부모들은 자신의 자녀가 높은 급여를 받는 일자리를 갖도록 교육에 많이 투자한다. 그 결과, 사람들은 자신의 학업 성취도를 보상받기 위해 높은 급여를 기대한다. 더욱 중요한 것은, 돈은 우리가 필수품은 물론 사치품도 획득할 수 있기에 이 세계에서 살아남기 위해 꼭 필요한 것이다. 또한 돈은 사회에서 우리 자신의 위치를 정하는 결정적인 요소이다. 이런 이유로 우리는 더 높은 임금을 찾아 각기 다른 회사로 옮겨 다닌다.

업무 환경 또한 일 만족도에서 아주 중요한 부분이다. 우리의 동료 직원과 관리자, 업무 환경이 일 관련 행복을 위해 모두 중요하다. 이는 우리가 일주일 중 평일 대부분을 직장에서 일하기 때문에 일터에서 즐거워야 한다. 스트레스가 너무 심한 일터에서는 버티는 힘들다. 또한, 까다로운 동료 직원과 부적절한 지도력으로 비효율적이게 회사를 운영하는 관리자와 함께 일하는 것도 쉽지 않다.

더군다나, 몇몇 사람들은 너무 기대가 크다. 이것은 우리가 우리 삶에서 최선을 원하기에 극히 자연스러운 현상이다. 그러나, 나는 사람들이 더욱 많이 경험할수록 기대치가 더욱 현실적이 되리라고 생각한다. 따라서, 각기 다른 요인들이 우리 일의 만족도를 결정짓는다. 그것은 물론 사람마다 다르고 높은 기대치를 설정하는 것은 큰 실망을 자신에게 설정해 놓는 것 같다.

요약하면, 나는 좋은 급여와 긍정적인 업무 환경, 직업에 대한 현실적인 기대치가 일 만족도를 보장하는 목록 중 최우선이라고 생각한다. 이 세 가지를 모두 가지고 있을 때, 개인과 일 모두에게 최상의 행복 실현이 달성된다. 또한 이것이 우리는 삶의 대부분을 직업을 준비하고 얻도록 노력하는데 쓰는 이유이다.

UNIT 11 Science & Technology

Question 1

There have been many technological developments in the 20th century, for example in transport, telecommunications and health.
What technological development do you think has been the most important? How has it changed people's lives? Have all the changes been positive?

Question 2

Some people support developments in agriculture like factory farming and scientific creations like new types of fruits and vegetables. Others oppose such developments.
Discuss both these views and give your own opinion.

Question 3

The development of technology has changed the way people connect with each other.
In which way does the development of technology change the types of relationships people have?
Does it have positive or negative effects on these relationships?

해석 Question 1 20세기에 운송과 통신, 보건 분야 등에서 기술적인 발전이 많이 이루어졌다. 어떤 기술적 발전이 가장 중요하다고 생각하는가? 그것이 사람들의 삶을 어떻게 바꾸었는가? 이러한 변화가 모두 긍정적인 측면만 있는가?

Question 2 몇몇 사람들은 공장형 농장과 더불어, 새로운 형태의 과일 및 채소와 같은 과학 생산품 등의 농업 분야의 발전을 지지한다. 다른 사람들은 이러한 발전에 반대한다. 양쪽 의견을 토론해 보고 당신의 의견을 제시하라.

Question 3 기술 발전으로 사람들이 서로 소통하는 방식이 바뀌고 있다. 기술 발전이 사람들 간의 관계 양상을 어떻게 바꾸고 있는가? 기술 발전이 (사람들) 관계상에서 긍정적이거나 부정적인 영향이 있는가?

QUESTION 1

You should spend about 40 minutes on this task.

Write about the following topic:

> *There have been many technological developments in the 20th century, for example in transport, telecommunications and health.*
>
> *What technological development do you think has been the most important?*
>
> *How has it changed people's lives? Have all the changes been positive?*

Give reasons for your answer and include any relevant examples from your own knowledge or experience.

Write at least 250 words.

MODEL ANSWER

Technology is advancing in many parts of the world. We enjoy the benefits of high-speed trains, computer networks and mobile devices to name a few. Undeniably, the most important breakthrough of all time for me is transplant technology.

Nothing can be greater or more important than saving a life through health technology. We can live without cars or cell phones, but we cannot live without healthy organs. Without organ transplant technology, people wait painfully for their death. These people have had no hope of surviving with a weak heart or weak lungs but all that changed thanks to organ transplant technology. People today live longer and more fruitful.

Organ transplant not only changes a patient's life but his family benefits as well. Even when a family has lost a loved one, they know that someone else is alive because of their beloved's organ donation. For example, a son can give his dying father a part of his liver. This chance to save another person's life is priceless.

Unfortunately, organ transplant is misused in some countries. People from poor countries, for example, sell their kidneys. This organ sale provides them with money, at the cost of their own health. Organ transplant should not be used to earn a living. For this reason, the international community is trying to stop this illegal trading of organs.

To conclude, organ transplants are a life-changing technology for many people. These surgeries have given some people a second life. All praise aside, illegal transplants should be strictly prevented by governments around the world since it is often abused because of its value and the desperate need for it. For that reasons, transplant technology is the most important breakthrough in science and technology.

286 words

CHECK-UP VOCABULARY

동의어
development advance, progress, expansion, evolution, maturation
important significant, substantial, meaningful, momentous, weighty
transport vehicle, conveyance, shipping, distribution, transfer
health constitution, shape, fitness, vigor, robustness

자주 함께 쓰이는 단어
device technologic device | assistive device | limiting device
death unexpected death | sudden death | worthy death
change timely change | willingly change | intensively change
sale completed sale | fair sale | extravagant sale

A thesis   A topic sentence   A supporting sentences   A supporting details

QUESTION 2

You should spend about 40 minutes on this task.

Write about the following topic:

> Some people support developments in agriculture like factory farming and scientific creations like new types of fruits and vegetables. Others oppose such developments.
>
> Discuss both these views and give your own opinion.

Give reasons for your answer and include any relevant examples from your own knowledge or experience.

Write at least 250 words.

MODEL ANSWER

The world's population is increasing day by day. As a result, the demand for food is greater than ever. The higher demand for food has led to the invention of factory farming and genetically modified organisms. However, like many other people, I disagree with these types of development. They have significantly improved food production, but they have also created many problems.

Factory farming, as the term suggests, is raising many chickens, pigs or cows in one place. This saves the farmers a lot of money. The animals however barely have space to move around. Animal protection groups consider this to be animal cruelty. Factory farming is also dangerous to the health of these animals because if they are jammed tightly in one place, diseases can spread easily. To prevent bacterial growth, farmers often feed their animals strong medicine. In the long run, however, this can make bacteria grow stronger and more resistant.

In addition, genetic tampering causes serious health problems, even though it can contribute to increased food production. Scientists have changed the genetic structure of some plants to make them bigger and stronger. For example, scientists can create wheat that can resist pests. On the negative side however, this technique could be dangerous according to some botanists. They feel it is difficult to predict the negative effects of unnatural plants. As these plants have not been created through natural evolution, their creation can have a huge impact on other plants and animals.

In conclusion, technological advancements can benefit society, but they should be carefully studied because its ill effects to animals and plants are serious enough to cause global problems. We cannot afford to be careless and blindsided because if we do, it can lead to irreversible consequences in the future.

292 words

CHECK-UP VOCABULARY

동의어

support defend, promote, strengthen, advocate, uphold
creation invention, concept, achievement, concoction, genesis
factory plant, mill, sweatshop, workshop, steelworks
type sort, variety, species, category, genre

자주 함께 쓰이는 단어

demand growing demand | dangerous demand | threatening demand
medicine intensified medicine | combined medicine | alternative medicine
production massive production | limited production | excessive production
consequence unexpected consequence | foreseen consequence | painful consequence

A thesis   A topic sentence   A supporting sentences   A supporting details

QUESTION 3

You should spend about 40 minutes on this task.

Write about the following topic:

> The development of technology has changed the way people connect with each other.
>
> In which way does the development of technology change the types of relationships people have?
>
> Does it have positive or negative effects on these relationships?

Give reasons for your answer and include any relevant examples from your own knowledge or experience.

Write at least 250 words.

MODEL ANSWER

Technology has revolutionized communication as a whole. The cell phone, the Internet and communication devices continue to change our interactions with family, friends and strangers. **Although change is good, we should also be aware of the harm caused by technology.**

Due to the convenience of the cell phone and the Internet, place and time hardly matter in this age. To elaborate, we can reach anyone at anytime. This of course means that communication has become easy and convenient. This convenience is not totally positive though. We have now become lazy because we can always call or chat with our friends and family. For instance, visits to faraway friends or relatives have become less and less necessary because it is possible to see and talk to them without having to meet in person.

The speed of technology has also changed the attitudes of modern-day people. **We have become more and more impatient and demanding.** We want things to happen faster. Sadly, this also reflects how we sometimes treat our friends and family. Everybody seems to be in a hurry, but the deepest level of interaction cannot occur this way. If we are in a hurry, our attention span will be limited. Our relationships will be shallow and empty as a consequence.

In addition, although technology has given us many forms of entertainment, **it is also very distracting especially for children.** These distractions have replaced meaningful interactions between people everywhere. Children today watch TV or play games on the Internet instead of talking with their parents. Storytelling used to be a common activity, but nowadays, this is rarely done.

In conclusion, we all need to take a step back and reflect on the role of technology in our lives. Technology is causing more harm than good in our relationships when place and time hardly matter to us, we become impatient and demanding, and we easily get distracted. When we find this to be true in our lives, then maybe we have to use less of technology.

334 words

CHECK-UP VOCABULARY

동의어

change alter, modify, convert, diversify, substitute
connect attach, fasten, affix, associate, correlate
relationship association, bond, connection, affinity, kinship
positive progressive, worthwhile, pragmatic, efficacious, beneficial

자주 함께 쓰이는 단어

communication impaired communication | assisted communication | obstructed communication
lazy comfortably lazy | undeniably lazy | irritatingly lazy
interaction awkward interaction | simultaneous interaction | provocative interaction
parent sympathetic parent | comprehending parent | supportive parent

A thesis   A topic sentence   A supporting sentences   A supporting details

Q1 해석

기술은 세계 여러 분야에서 지속적으로 발전하고 있다. 몇 가지 예를 들자면, 우리는 고속 열차와 컴퓨터 네트워크, 휴대 장치의 혜택을 누린다. 나에게 있어 절대적으로 역대 가장 중요한 획기적인 기술은 장기 이식술이다.

의료 기술을 통해 생명을 구하는 일보다 더 위대하거나 중요한 일은 없을 것이다. 우리는 차나 휴대폰이 없어도 살 수 있지만, 건강한 장기가 없이 살 수는 없다. 장기 이식 기술이 없다면, 사람들은 고통스럽게 죽음을 기다릴 수밖에 없다. 심장이나 폐가 약한 사람들은 살아남을 희망이 없었지만 장기 이식으로 모든 것이 바뀌었다. 오늘날 사람들은 오래 살고 더 생산적인 삶을 살게 되었다.

장기 이식은 환자의 인생만 바꾼 것이 아니라 그 가족들도 혜택을 받는다. 비록 사랑하는 가족을 잃었지만, 그들은 자신이 사랑한 가족의 장기 기증 덕분에 다른 사람이 생명을 얻었다는 사실을 깨닫는다. 예로, 한 아들이 죽어가는 아버지에게 자기 간의 일부를 줄 수도 있다. 다른 누군가의 생명을 구할 수 있는 이러한 기회는 값을 매길 수 없는 엄청난 가치가 있다.

안타깝게도, 일부 나라에서 장기 이식이 오용되고 있다. 예를 들면 빈곤 국가의 사람들은 자신의 신장을 판다. 그들은 자신의 건강을 희생해서, 장기를 팔아 돈을 번다. 장기 이식을 생계 유지를 위해 이용해서는 안 된다. 이러한 이유로, 국제 사회는 불법적인 장기 거래를 막기 위해 노력하고 있다.

결론적으로, 장기 이식은 많은 사람들의 삶을 변화시켜 주는 기술이다. 장기 이식은 일부 사람들에게 제2의 인생을 가져다 주었다. 모든 좋은 점 외에, 장기의 가치와 장기에 대한 절실한 필요로 인해 (장기 거래가) 자주 악용되기에 불법적인 장기 거래는 세계의 각 정부가 엄격하게 막아야 할 것이다. 그런 이유로, 이식 기술은 과학과 기술 분야의 가장 중요한 발전이다.

Q2 해석

세계 인구가 나날이 늘어나고 있다. 그 결과, 음식 수요가 그 어느 때보다 높은 편이다. 음식 수요가 늘어나자 공장형 농장과 유전자 변형 식품을 개발하게 되었다. 그러나 다른 많은 사람들의 의견과 같이, 나는 그러한 방식으로 발전하는 것은 동의하지 않는다. 그러한 발전으로 식량 생산이 많이 늘어났지만, 다른 문제점도 많이 생기고 있다.

공장형 농장은 말 그대로, 한 장소에서 닭이나 돼지, 소를 많이 사육하는 것이다. 이로써 농장주들은 돈을 많이 절약할 수 있다. 그러나 동물들은 움직일 공간조차 거의 없다. 동물 보호 단체는 이것이 동물 학대라고 생각한다. 공장형 농장은 동물들이 한 공간에 빽빽하게 차있기에 질병이 쉽게 퍼질 수 있어서 동물들의 건강에도 위험하다. 세균의 번식을 막기 위해, 농장주들은 자주 동물들에게 독한 약을 먹인다. 그러나 장기적으로, 독한 약은 박테리아를 더 강하고 저항성 있게 만들 수 있다.

게다가, 유전자 조작은 비록 식량 생산 증가에 기여하지만 심각한 건강 문제도 야기한다. 과학자들은 식물을 더 크고 튼튼하게 만들기 위해 일부 식물의 유전자 구조를 바꾸었다. 예를 들면, 과학자들은 해충에 저항할 수 있는 밀을 만들어낼 수 있다. 그러나 부정적인 측면으로, 몇몇 식물학자들에 따르면 이러한 기술이 위험할 수 있다고 한다. 인위적인 식물이 주는 나쁜 영향을 예측하기 어렵다는 말이다. 이러한 식물은 자연적으로 진화하지 않았기 때문에, 다른 동식물에 큰 영향을 줄 수 있다.

결론적으로, 기술적인 발전은 사회에 많은 혜택을 줄 수 있으나, 기술 발전의 부작용이 동물과 식물에 미치는 영향은 세계적인 문제를 야기시킬 만큼 심각하기에 조심스럽게 연구할 필요가 있다. 우리가 부주의하게 행동한다면 미래에 돌이킬 수 없는 결과를 가져올 수 있기에, 우리는 부주의하고 무방비상태로 행동할 수 없다.

Q3 해석

기술은 전체적으로 사람들간 소통하는 방식에 혁신을 일으켰다. 휴대폰과 인터넷, 통신 장치들이 지속적으로 가족과 친구, 타인과의 상호 관계를 바꾸고 있다. 변화가 일어나는 것은 잘된 일이지만, 기술로 인해 생기는 단점도 의식해야 한다.

휴대폰과 인터넷의 편리함 덕분에, 이 시대에서 장소와 시간이 크게 문제가 되지 않는다. 좀 더 말하면, 우리는 언제 누구와도 연락할 수 있다. 이것은 물론 의사소통이 쉽고 편리해졌다는 것을 의미한다. 그러나 이 편리함이 전적으로 긍정적인 것은 아니다. 우리는 친구나 가족들과 언제든지 통화하거나 이야기를 나눌 수 있기 때문에 게을러지고 있다. 예를 들면, 직접 만나지 않고도 보고 이야기 하는 것이 가능해졌기 때문에 멀리 있는 친구나 친척을 방문하는 일이 점점 더 줄어 들고 있다.

기술의 속도 또한 요즘 사람들의 태도에 변화를 주었다. 우리는 점점 더 성급하고 까다로워졌다. 우리는 일이 더 빨리 처리되기를 바란다. 안타깝게도, 이런 것이 때때로 우리가 친구들과 가족들을 어떻게 대하는지를 나타낸다. 모든 이들이 서두르는 것처럼 보인다. 그러나 이런 방식으로는 상호간에 깊은 관계를 맺을 수 없다. 만약 우리가 급하게 서두른다면, 주의를 기울이는 시간이 제한될 것이다. 결과적으로 사람들과의 관계도 얄팍하고 공허해질 것이다.

게다가, 기술은 우리에게 다양한 형태의 오락거리를 주었지만, 이것은 특히 아이들을 산만하게 한다. 주의를 산만하게 하는 것들이 어디서나 사람들 간의 뜻 깊은 상호 작용을 대신하게 되었다. 아이들은 부모와 대화를 나누는 대신 텔레비전을 보거나 인터넷 게임을 한다. 이야기를 들려주는 것은 흔한 일이었지만, 요즘에는 좀처럼 하지 않는다.

결론적으로, 우리는 모두 한 걸음 물러서서 우리 삶에서의 기술의 역할에 대해 곰곰이 생각해볼 필요가 있다. 기술로 장소와 시간이 거의 문제가 되지 않게 되었을 때 기술은 우리의 상호 관계에 장점보다 단점을 더 많이 일으켰는데 우리는 성급하고 까다로워졌으며 쉽게 산만해졌다. 우리의 삶에 이것이 사실로 드러난다면, 우리는 기술 사용을 줄여야 할 것이다.

UNIT 12 Society

Question 1

In some countries, the rate of criminal acts being committed by teenagers is increasing.
What do you think are the reasons why this is happening?
What are some measures to reduce it?

Question 2

The gap between those living in cities and those in the countryside is growing larger and larger.
What are the reasons people move from rural to urban settings in your country and how to does one reduce the gap?

Question 3

Every society is based on rules and laws. It could not function if individuals were free to do whatever they wanted.
To what extent do you agree or disagree?

해석

Question 1 몇몇 나라에서, 10대에 의한 범죄율이 높아지고 있다. 이런 일이 일어나는 이유가 무엇이라고 생각하는가?
범죄 행위를 줄이기 위한 대처 방안은 무엇이 있는가?

Question 2 도시에서 사는 삶과 시골에서 사는 삶의 격차가 점점 벌어지고 있다.
우리나라에서 사람들이 시골에서 도시로 이동하는 이유는 무엇이며 어떻게 이 격차를 줄여야 하는가?

Question 3 모든 사회는 규칙과 법을 토대로 한다. 개개인이 뭐든지 하고 싶은 대로 한다면 규칙과 법은 제 기능을 할 수 없다.
어느 정도까지 동의하거나, 동의하지 않는가?

QUESTION 1

You should spend about 40 minutes on this task.

Write about the following topic:

> *In some countries, the rate of criminal acts being committed by teenagers is increasing.*
>
> *What do you think are the reasons why this is happening?*
>
> *What are some measures to reduce it?*

Give reasons for your answer and include any relevant examples from your own knowledge or experience.

Write at least 250 words.

MODEL ANSWER

Juvenile crime is increasing in some parts of the world. This is an alarming trend considering that it involves young people. Overall, their behavior can be explained through the examination of several factors. In this essay, I will explore the reasons and solutions involving this trend.

First of all, young people today are exposed to a lot of violence. Despite rules on censorship, children can easily watch movies and TV programmes that show violence. The Internet has also given children more access to media violence. Young people see it in online games, in films and in videos. Such exposure could severely affect their attitudes toward violence.

It is relevant to note that in some countries, poverty pushes children to commit crimes. Some impoverished children have to beg or work on the streets, or are forced to steal out of hunger. As a result, young people are introduced to a life of crime and violence early in life. Some criminal gangs tend to take advantage of children. This likely occurs because gangs know that the police will not be suspicious of children.

As a solution, education, social welfare programs and parental guidance are the most important ways to protect children from exposure to violence. First, people need to be aware that juvenile crimes are increasing because public awareness leads to public cooperation. Second, social welfare programs should be strengthened with the government's help to avoid poverty leading to a life of crime. For example, money must be allocated for helping poor and hungry families. Third, parental guidance is very important for raising children virtuously. The first step to doing this is ensuring parents control their child's access to Internet and television programs.

Juvenile crime is becoming an increasing social problem due to early exposure to acts of crimes, which should be addressed by providing education, social welfare programs, and parental guidance. As we all know, children are the world's future citizens. For this reason, protecting the innocence of our young from violence and poverty leading to criminality should be our foremost concern.

341 words

CHECK-UP VOCABULARY

동의어

act deed, operation, undertaking, execution, performance
commit execute, perpetrate, enact, perform, practice
teenager minor, adolescent, juvenile, youth, stripling
increase enhance, intensify, heighten, amplify, aggrandize

자주 함께 쓰이는 단어

reason valid reason | unacceptable reason | ultimate reason
violence horrid violence | disturbing violence | fatal violence
life pathetic life | entire life | complicated life
exposure indecent exposure | unwilling exposure | brave exposure

A thesis   A topic sentence   A supporting sentences   A supporting details

QUESTION 2

You should spend about 40 minutes on this task.

Write about the following topic:

> *The gap between those living in cities and those in the countryside is growing larger and larger.*
>
> *What are the reasons people move from rural to urban settings in your country and how to does one reduce the gap?*

Give reasons for your answer and include any relevant examples from your own knowledge or experience.

Write at least 250 words.

MODEL ANSWER

Urban areas are rapidly progressing and changing. In comparison, rural areas are stagnant. In the long run, this imbalance will cause societal problems. In this essay, I will probe into the underlying causes of the problem and propose some solutions.

First of all, I think that urban-rural inequality beliefs are a product of people's mindsets and attitude. To illustrate, people often think that life is too hard in the countryside. People from rural areas therefore tend to transfer to cities. They may not realize that this can lead to the uneven development of cities and towns. If this imbalance continues, both city and countryside will suffer. For example, if too many people migrate to cities, there will not be enough workers in the countryside to sustain its economy.

Aside from that, urban-rural inequality is also caused by the presence of important companies and institutions in the city. In Korea for example, large corporations like Samsung and LG and the best schools are often located in urban areas. Naturally, people want to live in the city to work at large company offices and study in the best schools.

Based on the reasons above, two important solutions should be considered. If people changed their attitudes about country living, the population gap would shrink. Next, companies and institutions should build in rural regions. If a good university or a large company is built in a rural area, more people will move to that area to work or study. This can also solve overpopulation issues in urban areas.

To conclude, both rural and urban areas should enjoy progress and development to avoid uneven migration among residents that leads to urban-rural inequality. This can only be possible if people and institutions work together in shifting the mindset and attitude of people and building key institutions even in rural areas.

304 words

CHECK-UP VOCABULARY

동의어

gap opening, crack, recess, interruption, interval
city town, metropolis, municipality, conurbation, megalopolis
move shift, transport, progress, proceed, relocate
reduce contract, degrade, diminish, curtail, downsize

자주 함께 쓰이는 단어

comparison baseless comparison | fair comparison | matched comparison
belief unsupported belief | nonsensical belief | idiotic belief
large ridiculously large | massively large | barely large
population growing population | excessive population | deficient population

A thesis   A topic sentence   A supporting sentences   A supporting details

QUESTION 3

You should spend about 40 minutes on this task.

Write about the following topic:

> *Every society is based on rules and laws. It could not function if individuals were free to do whatever they wanted.*
>
> *To what extent do you agree or disagree?*

Give reasons for your answer and include any relevant examples from your own knowledge or experience.

Write at least 250 words.

MODEL ANSWER

I believe that humans should use their free will to do as they wish. Moreover, freedom is a right that others should not be allowed to take away from us. However, I also believe that laws create order in societies. In my opinion, our individual freedom cannot be upheld without a sense of order.

With billions of people living around the world, something bad can always happen. Just imagine children on the playground start fights with one another and must be reprimanded. This is not really that different from adults in the real world. Adults are also capable of committing bad acts, but these can be prevented if there are societal rules against them. Wars and other large-scale crimes can be prevented with the help of laws.

We should also consider that people are always competing for resources. In this modern age, the world's population is without doubt at its highest. We all need food, clothing and shelter. If people are free to do anything they desire, some people might choose to overuse the world's resources. This could result in hunger and poverty in some parts of the world. Today, there are international laws that prevent whaling and pollution. If there were no such laws, our environment would suffer. This example shows just how important rules and laws are.

In conclusion, freedom and laws must exist together. We cannot deny that freedom is part of who we are and is important to everything we do. All benefits aside, too much freedom can be bad, too. For this reason, we need laws to balance the freedoms and rights of all people.

270 words

CHECK-UP VOCABULARY

동의어

society fellowship, class, stratum, guild, club
law constitution, legislation, charter, jurisprudence, statute
function run, operate, perform, behave, officiate
free independent, unrestrained, uncommitted, unengaged, liberated

자주 함께 쓰이는 단어

right exclusive right | entitled right | reciprocal right
imagine lazily imagine | creatively imagine | openly imagine
compete fiercely compete | gladly compete | considerably compete
deny strongly deny | insistently deny | secretly deny

Q1 해석 세계 일부 나라에서 청소년들의 범죄가 늘어나고 있다. 이런 범죄가 어린이들과 관련이 있다는 것을 고려해보면 걱정스러운 추세이다. 종합적으로, 그들의 행동은 몇 가지 요인들을 조사해 봄으로써 설명될 수 있다. 이 에세이에서 나는 이러한 추세와 관련된 이유와 해결책을 찾아 보도록 하겠다.

제일 먼저, 오늘날 청소년들은 수 많은 폭력에 노출되어 있다. 법적으로 검열을 시행함에도 불구하고, 아이들은 폭력적인 장면이 나오는 영화와 텔레비전 쇼를 쉽게 볼 수 있다. 또한 인터넷으로도 쉽게 폭력적인 장면을 접하게 된다. 청소년들은 온라인 게임과 영화, 비디오에서 폭력적인 장면을 본다. 폭력에 이런 식으로 노출되면 청소년들의 폭력에 대한 태도에 크게 영향을 줄 수 있다.

일부 나라와 관련해서는, 빈곤이 아이들에게 범죄를 저지르도록 몰아간다. 어떤 빈곤한 아이들은 구걸하거나 거리에서 일을 하기도 하지만 배고픔 때문에 도둑질을 한다. 그 결과, 청소년들은 어린 나이에 범죄와 폭력의 삶으로 발을 디디게 된다. 일부 범죄 조직이 아이들을 이용하는 경우도 있다. 경찰이 아이들은 의심하지 않으리라는 점을 알고 이용하는 것이다.

교육과 사회 복지 프로그램, 부모의 지도가 아이들이 폭력에 노출되는 것을 막는 가장 중요한 해결책이다. 첫째, 사람들은 청소년 범죄가 증가하고 있다는 점을 분명히 인식해야 하는데 대중들이 인식해야 대중이 협력할 수 있다. 둘째, 정부의 도움으로 사회 복지 프로그램이 강화되어 범죄의 길로 이르게 하는 가난에서 벗어나도록 해야 한다. 셋째, 부모의 지도가 아이들이 건전하게 자라게 하는데 매우 중요하다. 이러한 일을 하는 첫 번째 단계로 부모는 자신의 아이가 인터넷과 텔레비전 프로그램을 접하는 것을 조절해야 한다.

청소년 범죄는 어려서부터 범죄 행위에 노출되었기 때문에, 점점 증가하는 사회적인 문제가 되고 있어서 교육과 사회 복지 프로그램, 부모의 지도를 통해 해결되어야 한다. 우리가 모두 아는 것처럼, 아이들은 미래의 세계 시민들이다. 이런 이유로, 범죄로 이어지는 가난과 폭력으로부터 아이들의 순수함을 지키는 데 우리는 가장 큰 관심을 쏟아야 한다.

Q2 해석 도심 지역은 급속도로 성장하고 변화하고 있다. 그에 비해, 시골 지역은 침체되어 있다. 결국, 이러한 불균형이 사회적 문제를 유발할 것이다. 이 에세이에서, 나는 문제의 근본적인 원인을 살펴보고 몇 가지 해결책을 제안할 것이다.

첫 번째로, 나는 도시와 시골간 불균등이 사람들의 사고방식과 태도에서 비롯된다고 생각한다. 설명하자면, 종종 사람들은 시골에서의 삶이 힘들다고 생각한다. 그래서 시골 지역의 사람들이 도시로 이동하는 경향이 있다. 그들은 이런 식의 이동이 도시와 시골 간에 불균등한 발전을 초래할 수 있다는 점을 자각하지 못한다. 이러한 불균등이 지속된다면, 도시와 시골 모두 어려움을 겪을 것이다. 예를 들어, 점점 더 많은 사람들이 도시로 이주한다면, 시골에서는 경제를 유지하기 위한 인력이 더욱 줄어들 것이다.

이외에도, 도시에 주요 회사와 기관이 밀집해있다는 점 또한 도시와 시골 간 격차의 원인이다. 한국을 예로 들면, 삼성과 엘지와 같은 대기업과 우수한 학교들은 대체로 도심 지역에 위치한다. 자연히 사람들은 대기업에서 일하고 우수한 학교에서 공부하기 위해 도심에서 살기를 원한다.

위 이유들을 토대로, 두 가지 중요한 해결책이 고려된다. 만약, 사람들이 시골 생활에 대한 그들의 태도를 바꾼다면, 인구 격차는 줄어들 수 있다. 다음으로, 시골 지역에도 회사와 기관을 세워야 한다. 만약 우수한 대학이나 대기업이 시골 지역에 생긴다면, 더욱더 많은 사람들이 일을 하거나 공부를 하러 그 지역으로 이동할 것이다. 이것은 또한 도심 지역의 과잉인구 문제도 해결할 수 있다.

결론적으로, 도시와 시골 간의 격차를 일으키는 거주민들 사이의 불균등한 이동을 피하기 위해 시골과 도심 지역 모두 성장과 발전을 누려야 한다. 이것은 오직 사람들의 사고방식과 태도를 변화시키고 시골 지역에도 주요 기관들을 세우는데 사람들과 기관이 서로 협심한다면 가능할 것이다.

Q3 해석 나는 인간이 그들의 원하는 것을 하도록 자유의지를 사용해야 한다고 믿는다. 더구나, 자유는 다른 사람이 우리로부터 빼앗을 수 없는 권리다. 그러나, 나는 또한 법이 우리 사회의 질서를 만들었다고도 생각한다. 내 의견은, 질서의식이 없다면 개인의 자유도 유지 할 수 없다.

전세계에 수십억의 인구가 살기 때문에, 안 좋은 일은 언제나 발생할 수 있다. 놀이터에 있는 아이들이 서로 싸우고 꾸중을 듣는 것을 생각해 보자. 이것은 정말 실제 세계의 어른들과 다르지 않다. 어른들도 역시 나쁜 행위를 저지를 수 있으나 이것에 대비 되어 진 사회적인 규칙이 있다면 막을 수 있다. 전쟁과 기타 대규모 범죄도 법의 도움으로 막을 수 있다.

언제나 사람들이 한정된 자원을 차지하기 위해 경쟁한다는 점도 염두에 두어야 한다. 현재 세계 인구는 두말할 것도 없이 정점에 이르렀다. 우리는 모두 음식과 옷, 집이 필요하다. 만일 사람들이 원하는 것을 자유롭게 할 수 있다면, 일부 사람들은 세계의 한정된 자원을 남용할 것이다. 그 결과 세계 일부 나라에서는 기아와 빈곤이 생길 것이다. 오늘날, 포경 행위와 공해를 방지하는 국제법이 있다. 만일 그러한 법이 없다면, 우리 환경은 고통 받을 것이다. 이러한 예는 오직 규칙과 법이 얼마나 중요한지 보여준다.

결론적으로, 자유와 법은 함께 존재해야 한다. 자유가 우리 자신의 일부이며 우리가 하는 모든 행위에 중요하다는 것은 부정할 수는 없다. 좋은 점이 많지만, 지나친 자유는 좋지 않을 수도 있다. 이러한 이유로, 모든 이들의 자유와 권리의 균형을 잡는 법 체계가 필요하다.

UNIT 13 Sports

Question 1
Some say that sports encourage competition rather than cooperation; therefore, sports should not be encouraged at school.
To what extent do you agree or disagree?

Question 2
Some people think that national sports teams and individual men and women who represent their countries should be supported financially by the government. However, others argue that they should be funded by nongovernment sources (e.g. business, scholarships).
Discuss both these views and give your own opinion.

Question 3
Some sports are considered high-risk such that it may cause permanent damage and even death to a player at any point of the game.
Should dangerous sports such as boxing or motor-racing be banned?

해석

Question 1 어떤 사람들은 스포츠가 협동보다 경쟁을 더 조장하므로, 학교에서 스포츠를 권장하지 않아야 한다고 말한다. 어느 정도까지 동의하거나, 동의하지 않는가?

Question 2 어떤 사람들은 나라를 대표하는 국가대표팀과 개별 남녀 선수들은 정부로부터 재정적인 지원을 받아야 한다고 생각한다. 그러나, 다른 사람들은 그들이 (기업체나 장학 제도와 같이) 비 정부 차원의 지원을 받아야 한다고 주장한다. 양쪽 의견을 토론해 보고 당신의 의견을 제시하라.

Question 3 몇몇 스포츠는 경기 도중에 선수에게 영구적인 손상과 심지어는 사망을 초래할 수 있다는 점에서 위험성이 높다고 간주된다. 권투나 자동차 경주와 같은 위험한 스포츠는 금지되어야 하는가?

QUESTION 1

You should spend about 40 minutes on this task.

Write about the following topic:

> Some say that sports encourage competition rather than cooperation; therefore, sports should not be encouraged at school.
>
> To what extent do you agree or disagree?

Give reasons for your answer and include any relevant examples from your own knowledge or experience.

Write at least 250 words.

MODEL ANSWER

Sports contribute to the well-being of students. **They promote values and not just competition.** In fact, sports promote friendships and positive relations among students and schools. If we remove sports from schools, students will lose a lot of opportunities for self-development.

First of all, sports activities strengthen teamwork. **The spirit of competition makes teams work together.** This is also true with individual sports. When faced with a challenging opponent, athletes cooperate with their trainers more. **Athletes also depend on the support of their friends and peers in school.** For instance, we cheer for our classmates and friends. This teamwork ethic also extends beyond the game and into our daily interactions with others.

In addition, sports activities help students socialize. **Normally, students interact with their classmates only.** Through sports activities, they can interact with other students, teachers and schools within the community. In our school for example, there are different kinds of clubs, which unite students who are interested in sports and this is a great avenue to interact with others and develop our social skills.

Moreover, competition is not necessarily a bad thing. In fact, **it is a part of life.** We need to learn to handle competition in a positive way. In schools, the guidance of our teachers is important, and what they usually teach is that it is not always about winning the game. **Other values, like sportsmanship, honesty and persistence are equally important.** Without learning these values, students might resort to dirty tricks and cheating when participating in sports and this is when competition becomes destructive.

In conclusion, sports develop students in many aspects such as teamwork, socialization, and healthy competition, so we should encourage student participation in sports activities. In addition, competition can become a positive trait if teachers properly guide their students.

297 words

CHECK-UP VOCABULARY

동의어

sport exercise, recreation, amusement, diversion, pastime
competition rivalry, struggle, contention, opposition, contest
cooperation collaboration, concurrence, participation, teamwork, concert
school academy, college, institution, discipline, alma mater

자주 함께 쓰이는 단어

friendship flourishing friendship | lifetime friendship | unbroken friendship
depend completely depend | solely depend | partially depend
interact fully interact | presently interact | wholeheartedly interact
competition friendly competition | racial competition | pure competition

A thesis   A topic sentence   A supporting sentences   A supporting details

QUESTION 2

You should spend about 40 minutes on this task.

Write about the following topic:

> Some people think that national sports teams and individual men and women who represent their countries should be supported financially by the government. However, others argue that they should be funded by nongovernment sources (e.g. business, scholarships).
>
> Discuss both these views and give your own opinion.

Give reasons for your answer and include any relevant examples from your own knowledge or experience.

Write at least 250 words.

MODEL ANSWER

Almost every country in the world has athletes that represent them at international events broadcasted on TV. Since athletes need funding, some people believe that the government should sponsor them. Others believe that athletes should be funded by other sectors of the community. As for me, I believe that the government should provide funding for national athletes and that sponsorship from other sectors should only supplement their training costs.

First of all, athletes bring pride to a nation. Through international competitions, athletes showcase their skills and abilities while wearing their nation's flag. For this reason, an athlete's achievement is not only personal but is also a country's victory. For example, when I watched a Korean team win an international baseball competition, I felt proud to be a Korean. The Korean baseball team also inspired more Koreans to play and watch baseball, which is one reason why I believe the government must support its athletes.

Of course, sponsorships from other sectors have their limitations. Oftentimes, companies sponsor only profitable sports events. Many companies, for example, sponsor World Cup athletes because they can make money out of it. Meanwhile, athletes of less popular sports do not get as much funding. This is proof that athletes cannot always depend on other institutions for financial backing. The government is their most reliable source of income and support.

Given the reasons above that athletes bring pride to a nation and that private sponsoring has its limitations, only the government gives the most reliable and stable support for athletes. Support from corporations and other organizations is helpful, but limited and therefore cannot be relied upon as the sole source.

273 words

CHECK-UP VOCABULARY

동의어

national public, widespread, state, federal, civil
team side, squad, troupe, company, crew
individual independent, solitary, isolated, discrete, separate
represent depict, express, illustrate, portray, render

자주 함께 쓰이는 단어

athlete world-class athlete | competitive athlete | well-trained athlete
support totally support | financially support | emotionally support
proof convincing proof | physical proof | positive proof
source ultimate source | exclusive source | primary source

A thesis   A topic sentence   A supporting sentences   A supporting details

QUESTION 3

You should spend about 40 minutes on this task.

Write about the following topic:

> *Some sports are considered high-risk such that it may cause permanent damage and even death to a player at any point of the game.*
>
> *Should dangerous sports such as boxing or motor-racing be banned?*

Give reasons for your answer and include any relevant examples from your own knowledge or experience.

Write at least 250 words.

MODEL ANSWER

There are more different kinds of sports emerging with every day that passes. Extreme sports like motor-racing and combat sports such as boxing have also been popularized. Some people think that these activities are dangerous and should be banned. However, I think that dangerous sports should not be banned just because of their nature. I will discuss my reasons below.

First, there are risks in all sports. Basketball players can suffer sprains and ice skaters are always at risk of slipping and falling. Any sport can be dangerous, no matter how much precaution we take. Therefore, we cannot ban a sport just because of the dangers and risks it presents. If we do that, we will have to ban all other sports as well.

Each and every sport was invented for the purposes of developing skills or providing entertainment. We need sports in our lives, even the dangerous ones. For instance, people engage in taekwondo because it is their interest. It is natural to worry about their safety, but it is their choice to be in that sport. At the end of the day, we have to respect people's choices.

Furthermore, people undergo skills training in order to effectively engage in a sport. Every sport, dangerous or not, has rules and fundamental principles that help maintain the well-being and safety of athletes that play them. These guidelines prevent careless accidents, making these sports less dangerous and even safe when played responsibly.

We can conclude, therefore, that dangerous sports should be treated like any other sport and left unbanned. Any sport is dangerous if we think about it. We just need to keep an open mind and be more reasonable since there are risks to every sport, they all have a purpose in developing our skills and providing entertainment, and people have to be trained to get into them so they should not be banned.

314 words

CHECK-UP VOCABULARY

동의어

dangerous unsafe, grievous, life-threatening, grave, severe
ban prohibit, forbid, proscribe, veto, interdict
knowledge cognition, consciousness, intelligence, perception, comprehension
experience incident, occurrence, happening, encounter, episode

자주 함께 쓰이는 단어

nature simple nature | overbearing nature | truthful nature
suffer painfully suffer | gainfully suffer | willfully suffer
choice smart choice | well-thought choice | privileged choice
accident avoidable accident | grave accident | vehicular accident

Q1 해석

스포츠는 학생들의 건강에 기여한다. 경쟁 이외의 다른 여러 가치를 장려한다. 실제로, 스포츠는 학생들과 학교 간에 우정과 우호적인 관계를 장려한다. 만약 학교에서 스포츠를 없앤다면, 학생들은 자기 발전을 위한 수많은 기회를 잃게 될 것이다.

무엇보다도, 스포츠 활동은 팀워크를 강화한다. 경쟁의식은 팀이 서로 협동하도록 만든다. 개인별 운동 경기도 마찬가지다. 어려운 상대와 맞닥뜨리면, 운동선수들은 자신의 트레이너와 더욱 협조한다. 운동선수들은 학교 친구들과 동료들의 응원에 의지하기도 한다. 예를 들면, 우리는 급우와 친구들을 위해 응원한다. 이런 팀워크 가치체계는 또한 경기뿐 아니라 다른 사람들과 상호작용하는 우리 일상까지 확대된다.

또한, 스포츠 활동은 학생들이 서로 어울리도록 돕는다. 학생들은 보통 자기 반 친구들하고만 교류한다. 스포츠 활동을 통해, 학생들은 지역사회 내의 다른 반 학생들, 교사들, 다른 학교와도 교류할 수 있다. 우리 학교를 예로 들면, 학교에는 각기 다른 종류의 클럽이 있는데 이 스포츠 클럽은 스포츠에 관심이 있는 학생들을 단결시키고 다른 학생들과도 교류할 수 있는 좋은 수단이며 우리의 사회성도 발전시킨다.

나아가, 경쟁은 결코 나쁜 것이 아니다. 실제로, 이것은 삶의 일부분이다. 우리는 긍정적인 방식으로 경쟁심을 다스리는 법을 배울 필요가 있다. 학교에서는, 교사들의 지도가 중요한데, 교사들이 평소에 가르치는 것이 항상 경기에서 이기는 것이 되어서는 안 된다. 스포츠 정신과 정직, 끈기와 같은 다른 가치들은 동일하게 중요하다. 이러한 가치를 배우는 것이 없다면, 학생들은 스포츠에 참여할 때 비열한 계략과 속임수를 쓰고 이렇게 될 때 경쟁은 해로운 것이 된다.

결론적으로, 스포츠는 팀워크와 사회성, 건전한 경쟁과 같은 여러 방면에서 학생들을 발전시키므로, 우리는 학생들이 스포츠 활동에 참여하도록 격려해야 한다. 덧붙이자면, 교사들이 학생들을 적절히 지도한다면 경쟁심도 긍정적인 특성이 될 수 있다.

Q2 해석

세계 거의 모든 나라에는 TV에서 국제적인 행사를 방송할 때 그 나라를 대표하는 운동선수들이 있다. 운동선수들은 재정지원이 필요하기 때문에, 어떤 사람들은 정부가 운동선수들을 후원해야 한다고 생각한다. 다른 사람들은 운동선수들이 다른 부문에서 지원받아야 한다고 생각한다. 내 의견을 말하자면, 나는 정부가 국가대표 선수들에게 자금을 지원해야 하고 다른 부문에서 제공하는 협찬은 단지 훈련비용을 보조 할 뿐이라고 생각한다.

무엇보다, 운동선수들은 국가에 자부심을 심어준다. 국제적인 대회를 통해, 선수들은 그들 국가의 국기를 유니폼에 달고 자신의 기술과 능력을 보여준다. 이런 이유로, 한 선수의 성취는 개인적인 것뿐 아니라 국가의 승리이기도 하다. 예를 들어, 한국 팀이 국제 야구 시합에서 이기는 장면을 봤을 때 나는 한국인으로서 정말 자랑스러웠다. 한국 야구 팀은 더욱 많은 한국인들이 야구를 하고 보도록 고무하기도 했는데, 이런 것이 정부가 왜 운동선수들을 지원해야 하는지에 대한 한 가지 이유라고 생각한다.

물론, 다른 부문에서 제공하는 협찬은 한계가 있다. 종종, 기업은 이득이 되는 운동 경기에 후원을 한다. 예를 들면, 월드컵 경기로 돈을 벌 수 있기 때문에 많은 기업에서 월드컵 선수들을 후원한다. 한편, 비인기 종목의 선수들은 그와 같은 후원을 받지 못한다. 이것이 선수들이 항상 다른 기관에 재정적 후원을 의지할 수는 없는 증거이다. 선수들의 수입과 지원 면에서 정부가 가장 확실한 공급원이다.

운동선수들은 국가에 자부심을 심어주고 민간 단체의 후원에는 한계가 있다는 위의 이유들을 살펴볼 때, 오직 정부만이 운동선수들에게 가장 믿을 수 있고 안정적인 지원을 할 수 있다. 기업과 단체에서 제공하는 후원은 도움은 되지만, 유일한 후원 공급원으로는 한계가 있다.

Q3 해석

하루하루 날이 갈수록 각기 다른 종류의 스포츠가 나타나고 있다. 자동차 경주와 같은 극한 스포츠와 권투와 같은 격투 스포츠도 대중화 되었다. 어떤 사람들은 이러한 활동이 위험하고 금지해야 한다고 생각한다. 그러나 나는 단순히 그러한 특성만으로 위험한 스포츠를 금지해서는 안 된다고 생각한다. 그 이유를 아래에서 논하겠다.

우선, 모든 스포츠에 위험성이 있다. 농구 선수들은 염좌로 고생할 수 있고 스케이트 선수들은 항상 미끄러지고 넘어질 위험이 있다. 아무리 각별한 주의를 기울인다 해도 어떤 스포츠나 위험할 수 있다. 따라서, 위험도가 있다는 이유만으로 스포츠를 금지할 수는 없다. 만약 그렇게 한다면, 다른 모든 스포츠 역시 금지해야 할 것이다.

각기 모든 스포츠는 기술을 발전시키거나 오락을 제공하기 위한 목적으로 만들어 졌다. 위험한 것이라고 해도, 우리 삶에는 스포츠가 필요하다. 예를 들면, 사람들은 그들의 흥미 때문에 태권도를 한다. 그들의 안전을 걱정하는 것은 자연스러운 일이지만, 그 스포츠에 참여하는 것은 그들의 선택이다. 결국 가장 중요한 것은, 우리는 사람들의 선택을 존중해야 한다.

추가적으로, 사람들은 효과적으로 스포츠에 참여하기 위해 기술 연마 훈련을 받는다. 모든 스포츠에는, 위험하든 그렇지 않든, 고유의 룰과 기본 원칙들이 있는데 이것으로 그 운동을 하는 선수들의 건강과 안전을 유지하도록 도와준다. 이러한 지침들이 부주의한 사고를 예방하고, 이러한 스포츠들을 덜 위험하게 하며 책임감 있게 경기를 했을 때 훨씬 안전하게 한다.

그러므로 우리는 위험한 스포츠도 다른 일반적인 스포츠처럼 다루어야 하고 금지해서는 안 된다고 결론을 내릴 수 있다. 우리가 생각만 한다면, 어떤 스포츠라도 위험할 수 있다. 우리는 열린 마음으로 더 합리적으로 사고할 필요가 있는데, 모든 스포츠에는 위험이 따른다. 모든 스포츠는 기술을 발전시키고 즐거움을 제공하는 목적을 가지고 있으며 스포츠에 참여하기 위해서 사람들은 훈련 받아야 한다. 따라서 위험한 스포츠를 반대해서는 안 된다.

UNIT 14 — Travel & Tourism

Question 1
Many people think that cheap air travel should be encouraged because it gives ordinary people the freedom to travel further. Contrarily, others think inexpensive air travel will lead to environmental problems; thus air travel should be more expensive in order to discourage people from traveling. Discuss both these views and give your own opinion.

Question 2
World travel was revolutionized in the 20th century to the extent that the world has now become a global village.
What factors will influence travel this century?
Will travel continue to grow or will it become less popular?

Question 3
International travel sometimes makes people more prejudiced rather than broadening their minds.
What are some reasons why traveling does not always benefit the visitor?
What are the solutions to this problem?

해석

Question 1 많은 사람들은 저렴한 항공요금 덕에 일반인들이 더 멀리 여행할 수 있는 자유를 누릴 수 있기 때문에, 이것이 장려되어야 한다고 생각한다. 반대로, 다른 사람들은 저렴한 항공 여행이 환경 문제를 일으키기 때문에, 사람들이 비행기로 여행하는 것을 단념하도록 요금을 더욱 올려야 한다고 생각한다. 양쪽 의견을 토론해 보고 당신의 의견을 제시하라.

Question 2 이제는 세계가 지구촌이 되었을 정도로 20세기에 세계 여행은 일대 혁신을 일으켰다. 어떤 요인이 이번 세기 여행에 영향을 미치겠는가? 여행을 하는 빈도는 계속해서 늘어날 것인가, 아니면 인기가 줄어들 것인가?

Question 3 사람들은 해외 여행을 하면서 때때로 마음이 너그러워지기보다 더 편견이 생기기도 한다. 어떤 이유로 여행이 항상 다른 나라를 여행하는 방문객에게 유익을 주지 못하는가? 이 문제에 대한 해결책은 무엇인가?

QUESTION 1

You should spend about 40 minutes on this task.

Write about the following topic:

> Many people think that cheap air travel should be encouraged because it gives ordinary people the freedom to travel further. Contrarily, others think inexpensive air travel will lead to environmental problems; thus air travel should be more expensive in order to discourage people from traveling.
>
> Discuss both these views and give your own opinion.

Give reasons for your answer and include any relevant examples from your own knowledge or experience.

Write at least 250 words.

MODEL ANSWER

Because of affordable airfare, more and more people are inclined to travel. Despite this positive trend, others are worried about the effects of increased air travel on the environment. I understand their concerns **but I believe that making airfare more expensive is not the right solution.**

First, making airfare more expensive to limit environmental pollution will not prevent air travel. **Traveling by air will still be a necessity to many.** To illustrate, we need aircraft for travelling for pleasure, for business or for security reasons. Businessmen will still go on business trips if ticket prices increase. Similarly, people will still use planes to see the world; Military forces will also still use planes for security reasons. This shows that there will still be environmental problems caused by air traffic even if ticket prices increase.

Moreover, increasing the price of air travel does not affect the rich. **Wealthy people travel as much as they want because they can afford it.** What would most likely happen is that the rich will carry on with their flights while the less able will no longer be making plans to travel anymore. This has created a case of social inequality. In my opinion, everyone, rich or poor, should be able to enjoy equal opportunities to travel abroad. Expensive airfares will only create a larger gap between social classes.

We know that more and more people today travel by plane because of globalization, which may even promote environmental awareness. **The world has become smaller because of developing economies and technologies, increasing international trade, as well as intercultural and long-distance relationships.** For this reason, expensive airfare will only be an obstacle to global relationships. In line with economic and ecologic globalization, through international travel, people may even learn about new ways to protect the environment.

In short, increasing the cost of airfare will not stop the world from traveling and it is therefore pointless to do so. The airplane is the modern tool for peace, pleasure and progress. Air travel trends will continue to soar in the years to come whether prices increase or not. To solve environmental problems therefore, other solutions must be explored.

359 words

CHECK-UP VOCABULARY

동의어

cheap inexpensive, reduced, economical, inferior, substandard
travel journey, expedition, trek, voyage, excursion
encourage inspire, reassure, hearten, embolden, persuade
ordinary average, standard, prevailing, accustomed, stereotyped

자주 함께 쓰이는 단어

solution sensible solution | desperate solution | economical solution
traffic heavy traffic | congested traffic | light traffic
opportunity seized opportunity | golden opportunity | grand opportunity
awareness conscious awareness | effortless awareness | informal awareness

A thesis　　A topic sentence　　A supporting sentences　　A supporting details

QUESTION 2

You should spend about 40 minutes on this task.

Write about the following topic:

> World travel was revolutionized in the 20th century to the extent that the world has now become a global village.
>
> What factors will influence travel this century?
>
> Will travel continue to grow or will it become less popular?

Give reasons for your answer and include any relevant examples from your own knowledge or experience.

Write at least 250 words.

MODEL ANSWER

Globalization is more than just an abstract word these days, rather a way of life. Humans have made the world smaller through the development of global technologies and relationships. Traveling around the world is both a cause and an effect of globalization. In the years to come, traveling will continue to be an important activity for global citizens.

First off, traveling has led to many positive developments. Since the ancient times, traveling has enriched humankind. For instance, Columbus' discovery of America gave birth to the world's most powerful nation. Traveling has also made people more knowledgeable and explorative. Nowadays, people can travel anywhere to study, to work and to start a business. All in all, the possibilities are endless.

International travel is popular for many reasons. Economically speaking, more people can afford air travel thanks to today's economy. As a matter of fact, it is common for children in Korea to study abroad now. Education and technology have also made traveling even more popular. To illustrate, I can easily look at online pictures of beautiful lakes, seas, mountains and other attractions around the world and that alone has grown my interest to go see and experience them.

International business is also a key factor leading to increased international travel. Samsung, for example, is now a world-famous brand because of its unmatched international standards of quality. Samsung products are in hundreds of countries worldwide. Other businesses also aim to become world-famous. To achieve company success and distinction, businessmen travel to meet potential partners and customers in different countries.

In summary, world travel in this century will continue to thrive because of the needs of the modern world. Travel leads to positive developments, satisfies our desire to develop and experience new things, and facilitates international business ventures.

295 words

CHECK-UP VOCABULARY

동의어
revolutionize overturn, restructure, modernize, metamorphose, reform
extent magnitude, degree, measure, expanse, amplitude
world earth, planet, globe, mankind, humanity
influence prompt, urge, direct, modify, persuade

자주 함께 쓰이는 단어
development hasty development | expansive development | selective development
possibility endless possibility | epistemic possibility | technical possibility
travel world-class travel | expensive travel | budgeted travel
factor distinct factor | underlying factor | overwhelming factor

A thesis   A topic sentence   A supporting sentences   A supporting details

QUESTION 3

You should spend about 40 minutes on this task.

Write about the following topic:

> *International travel sometimes makes people more prejudiced rather than broadening their minds.*
>
> *What are some reasons why traveling does not always benefit the visitor?*
>
> *What are the solutions to this problem?*

Give reasons for your answer and include any relevant examples from your own knowledge or experience.

Write at least 250 words.

MODEL ANSWER

Visiting a different country usually enriches people's minds. **Unfortunately, bad experiences while traveling can also make people more judgmental of other cultures.** Such attitudes should be avoided because passing judgment on others affects a person's mindset in a negative way.

Naturally, our bad experiences make us more fearful or judgmental. One unfavorable occurrence can just turn us off. For example, when I visited India, I was turned off by the pollution. I was also shocked to see so many street children. To make things worse, somebody stole my wallet when I was travelling there. Because of that experience, I began to think differently about India and its people.

Meanwhile, culture clashes hinder cultural acceptance. Other visitors coming into a foreign country are surprised with some of their cultures. To illustrate, some people think that the K-pop fanatics are just being silly, wasteful of their time and energy on something that is bound to die down but in actuality, the K-pop culture is one of claiming independence and starting something original and authentic by Koreans. If this small fact was considered, then the earlier comments would not have been said.

Upon further reflection, I realized that having a negative attitude toward foreign countries was not good. We must be open-minded about the varying situations in other countries. To begin with, different countries have different culture. In fact, most are different from the economy of my native country, Korea. **Generally, judging is not a wise thing to do** because we all have limited knowledge and experiences so we should not easily draw conclusions about other nations or people.

To summarize, travelers must have tolerance, understanding and respect. It is the only way we can enjoy and enrich our travel experiences. Regardless of bad travel experiences, it is not wise to draw conclusions about other people or countries because they might just easily do the same to us.

314 words

CHECK-UP VOCABULARY

동의어

prejudiced biased, opinioned, intolerant, unjust, subjective
broaden widen, expand, stretch, extend, dilate
benefit interest, favor, advantage, profit, gain
visitor guest, tourist, vacationer, sightseer, pilgrim

자주 함께 쓰이는 단어

experience hearty experience | mind-blowing experience | educational experience
child innocent children | gifted children | disadvantaged children
culture diverse culture | exceptional culture | distinct culture
rule basic rule | strict rule | consensual rule

Q1 해석   적당한 가격의 항공 요금 덕분에, 점점 더 많은 사람들이 여행을 하고 싶어 한다. 이런 긍정적인 추세에도 불구하고, 다른 사람들은 항공여행이 증가하면서 환경에 미치는 영향에 대해 걱정한다. 나는 그들의 염려하는 바를 이해하지만 항공 요금을 더 비싸게 하는 것은 올바른 해결책이 아니라고 믿는다.

  우선. 환경 오염을 제한하기 위해 항공 요금을 비싸게 만드는 것은 항공 여행을 막지 못 할 것이다. 비행기로 여행하는 것은 많은 사람들에게 여전히 필수적인 일이 될 것이다. 자세히 설명하면, 우리는 즐거움과 사업상 업무 또는 보안의 이유 때문에 항공기로 여행하는 것이 필요하다. 비행기 티켓 가격이 오르더라도 사업가들은 여전히 출장을 다닐 것이다. 마찬가지로, 사람들은 세계를 여행하기 위해 계속해서 비행기를 이용할 것이다. 군대에서는 보안상 이유로 계속 비행기를 이용할 것이다. 이런 이유로 비행기 티켓 가격을 올리더라도 항공기에 의해 발생하는 환경 문제는 여전히 존재할 것이다.

  게다가, 항공 여행 요금을 올리는 것은 부자들에게 영향을 주지 않는다. 부자들은 지불할 능력이 있으므로 원하는 만큼 계속해서 여행을 할 수 있다. 부자들은 계속해서 여행을 하는 반면 능력이 없는 사람들은 더 이상 여행계획을 세우지 못할 가능성이 많다. 이것은 사회 불평등 문제를 야기한다. 내 생각으로, 돈이 많든 적든, 모든 사람들은 해외 여행을 할 기회를 동등하게 누릴 수 있어야 한다. 값비싼 항공 요금은 사회 계급 간에 격차를 벌일 뿐이다.

  우리는 세계화로 인해 점점 더 많은 사람들이 계속해서 비행기로 여행을 할 것을 알고 있고 이것이 (세계화로 인한 여행이) 환경의식을 고취시킬 수도 있다. 다른 문화간 장거리 관계뿐만 아니라 발전하는 경제와 기술력, 증가하는 국제 무역으로 세계는 점점 좁아지고 있다. 그러므로, 비싼 항공 요금은 국제 관계의 장애물이 될 뿐이다. 경제적, 생태적 세계화에 따라, 사람들은 해외 여행을 통해, 환경을 보호하는 새로운 방법들을 배우게 될지도 모른다.

  요약하면, 항공 요금을 올린다고 해서 전 세계 사람들이 여행하는 것을 막지는 못할 것이며 그렇게 하는 것은 무의미한 일이다. 비행기는 평화와 즐거움 그리고 발전을 위한 현대적인 도구이다. 이러한 항공 여행의 추세는 요금이 올라가든 그렇지 않든 앞으로도 계속 증가할 것이다. 그러므로 환경 문제를 해결하기 위해서는, 다른 해결책을 살펴보아야 한다.

Q2 해석   요즘에 세계화란 하나의 추상적 단어가 아니라 하나의 생활방식이다. 인류는 세계적인 기술과 관계의 발전을 통해 세계를 더욱 좁게 만들었다. 세계 여행은 이러한 추세의 원인이자 결과이다. 앞으로도, 계속해서 여행은 세계 시민들의 중요 활동이 될 것이다.

  첫째로, 여행은 수많은 긍정적인 발전을 이끌었다. 고대부터. 여행은 인류를 풍요롭게 해주었다. 그 예로, 콜럼버스가 아메리카 대륙을 발견하면서 세계에서 가장 강력한 국가를 탄생시켰다. 여행은 또한 사람들을 더욱 지식이 풍부하고 탐험을 좋아하게 만들었다. 오늘날, 사람들은 공부하고 일을 하고 사업을 하기 위해 어느 곳이나 여행할 수 있다. 전반적으로, 그 가능성은 무궁무진하다.

  해외 여행은 많은 이유로 대중적이 되었다. 경제적인 관점에서 말하자면, 더 많은 사람들이 오늘날의 경제 덕에 항공 여행을 할 여유가 생겼다. 사실상, 우리나라에서 어린이들이 해외로 공부를 하러 가는 것은 이제 흔한 일이다. 교육과 기술도 여행을 더욱 대중적으로 만들었다. 더 설명하면, 나는 세계 곳곳의 아름다운 호수와 바다, 산과 다른 여행지의 온라인 사진을 쉽게 볼 수 있고 그것 하나만으로도 다른 문화를 경험하고 보러 가고 싶은 관심이 증가한다.

  국제 사업도 국제 여행을 증가시키는 주요 요인이다. 예를 들면 삼성은 비길 데 없는 국제적 수준의 품질로 이제 세계적으로 유명한 브랜드이다. 삼성 제품은 세계 수 백 개 나라에 있다. 다른 기업들도 역시 세계적으로 유명해지는 것을 목표로 삼는다. 그러므로 기업의 성공과 유명세를 얻기 위해서, 사업가들은 잠재적인 파트너와 고객을 만나기 위해 여행을 한다.

  요약하면, 금세기의 세계 여행은 현대 세계의 수요 때문에 계속해서 번영할 것이다. 세계 여행은 긍정적인 발전을 이끌었고, 새로운 것에 대한 경험과 발전에 대한 우리의 욕구를 충족시키며, 해외 벤처 사업을 촉진시킨다.

Q3 해석   다른 나라를 방문하는 것은 보통 사람들의 마음을 풍요롭게 해준다. 유감스럽게도, 여행 중 나쁜 경험을 하면 다른 문화에 대해 비판적이 될 수도 있다. 다른 사람들에 대해 판단을 하는 것은 사람의 사고방식에 부정적인 영향을 미치므로 그러한 태도는 피해야 한다.

  우리는 좋지 못한 경험을 하면 자연히 더욱 두려워하거나 비판을 하게 된다. 한 가지 좋지 않은 상황이 우리의 흥미를 잃게 만들 수 있다. 예를 들면, 나는 인도를 방문했을 때 그 더러운 주변환경 때문에 넌더리가 났다. 또한 수많은 부랑아들을 보고 큰 충격을 받았다. 설상가상으로, 그곳을 여행할 때 누군가에 의해 내 지갑이 도난당했다. 그 경험 때문에, 나는 인도와 그곳 사람들을 달리 생각하기 시작했다.

  한편, 문화 충돌은 문화의 수용을 방해한다. 외국을 방문하는 사람들은 그 나라의 어떤 문화에 깜짝 놀라곤 한다. 예를 들면, k-pop을 광적으로 좋아하는 사람들을 어리석다고 생각하는 어떤 사람들은 차차 사라지게 될 것에 에너지와 시간을 낭비하고 있다고 생각한다. 그러나 실제로 K-pop 문화는 자주성을 나타내고 한국인의 진정성과 독창성이 나타나는 것 중 하나이다. 만약 이러한 사소한 점들이 고려되었다면, 앞에 K-pop에 대한 비판은 언급되지 않았을 것이다.

  좀 더 생각을 한 뒤, 나는 외국에 대한 부정적인 태도가 좋지 않다는 것을 깨달았다. 우리는 다른 나라에서 각지각색의 상황에 대해 열린 마음으로 대해야 한다. 먼저, 각기 다른 나라들은 다른 문화들을 가지고 있다. 사실, 대부분의 나라들은 우리나라의 경제 상황과는 다르다. 일반적으로, 우리는 모두 지식과 경험이 부족하기 때문에, 판단하는 것 자체가 현명한 일이 아니며, 다른 나라 또는 다른 사람들에 대해 쉽게 판단을 내려서는 안 된다.

  요약하면, 여행하는 사람들은 넓은 아량과 이해하는 마음, 존중하는 태도를 가져야 한다. 그것이 우리가 여행을 즐기고 그 경험을 풍요롭게 할 수 있는 유일한 방법이다. 여행의 경험이 나빴던 것에 상관없이, 다른 국가나 다른 사람들에 대해 판단을 내리는 것은 그들도 우리에게 똑같이 할 수 있기 때문에 현명하지 않다.

PART 7
REAL TEST

TEST 1 | TEST 2 | TEST 3
TEST 4 | TEST 5 | MODEL ANSWERS

TEST 1

WRITING TASK 1

You should spend about 20 minutes on this task.

The graphs below show information about the workforce of Malaysia in 2010.

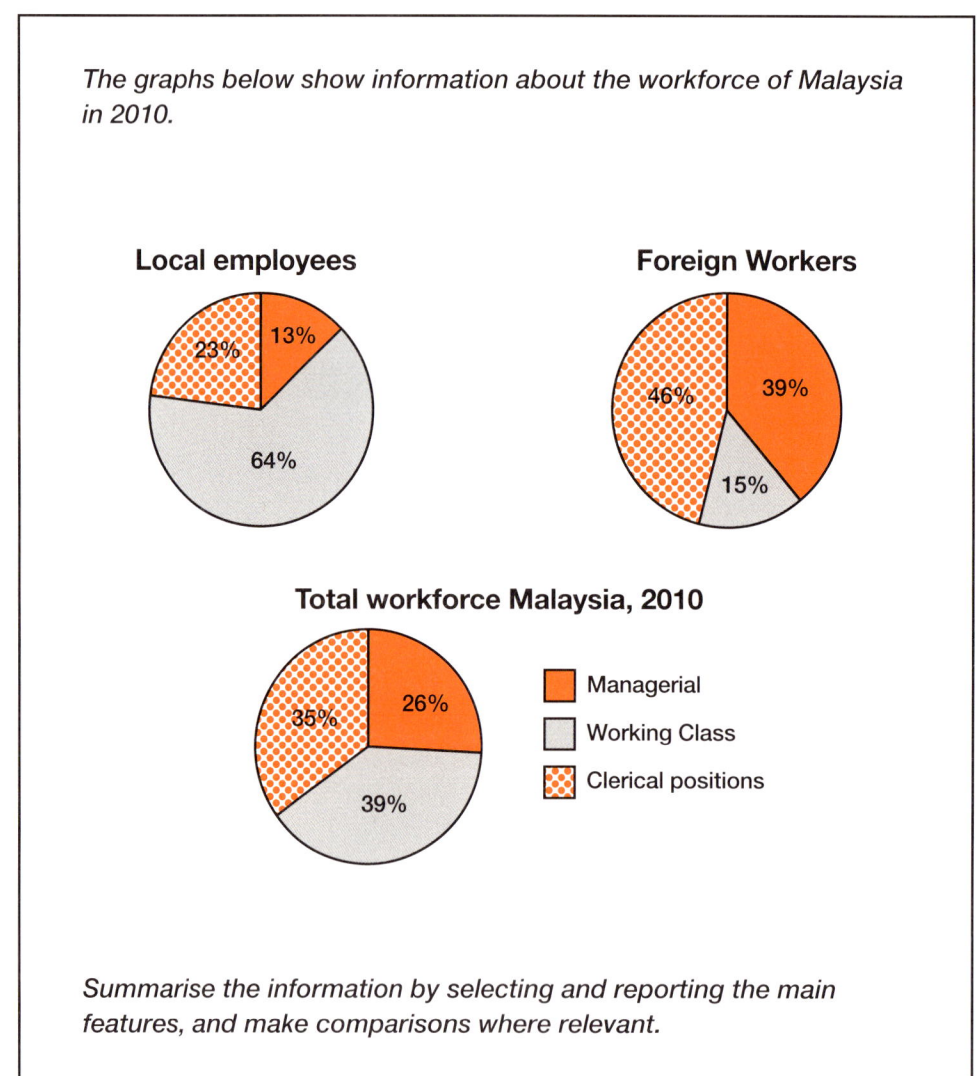

Summarise the information by selecting and reporting the main features, and make comparisons where relevant.

Write at least 150 words.

WRITING TASK 2

You should spend about 40 minutes on this task.

Write about the following topic:

> Not as many young people living in rural areas have access to a university education. Some say that universities should make attendance easier for people from rural areas.
>
> To what extent do you agree or disagree with this statement?

Give reasons for your answers and include any relevant examples from your own knowledge or experience.

Write at least 250 words.

TEST 2

WRITING TASK 1

You should spend about 20 minutes on this task.

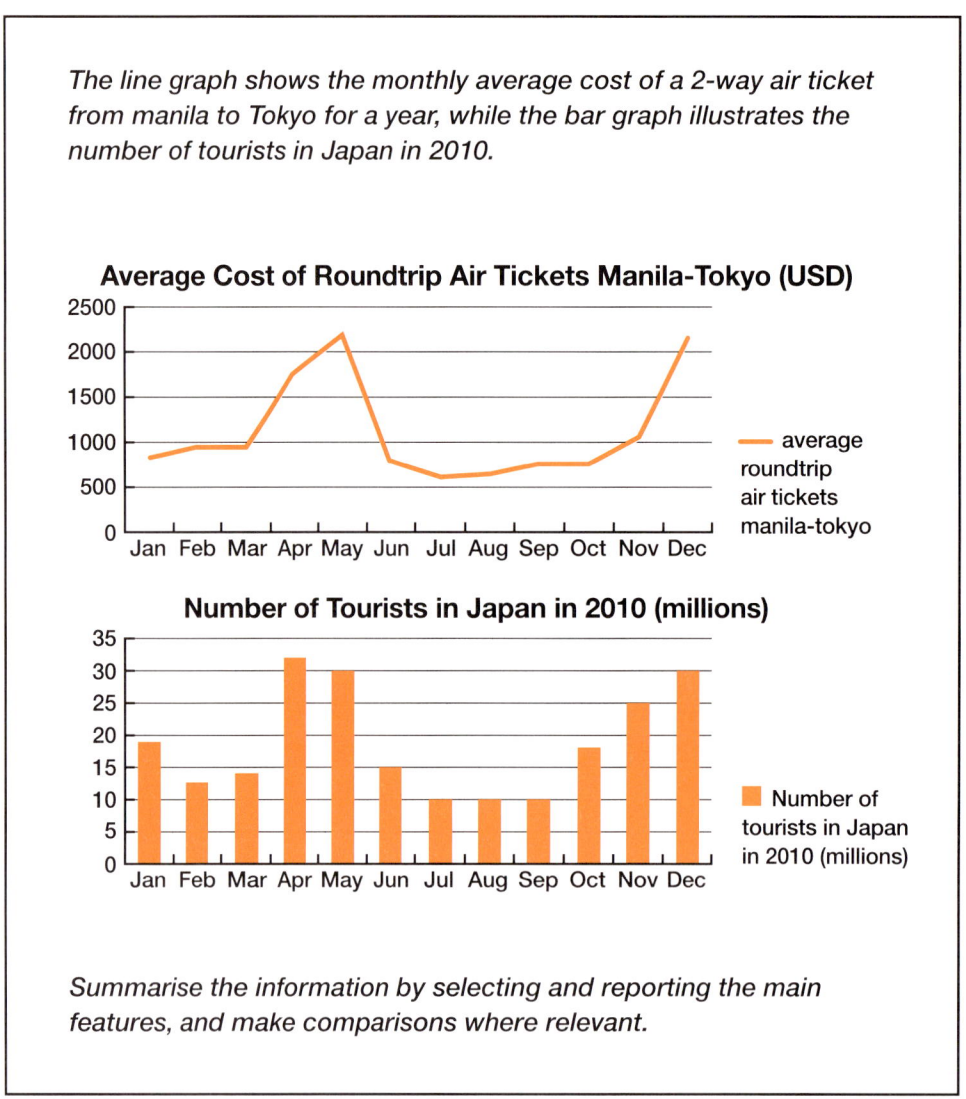

The line graph shows the monthly average cost of a 2-way air ticket from manila to Tokyo for a year, while the bar graph illustrates the number of tourists in Japan in 2010.

Summarise the information by selecting and reporting the main features, and make comparisons where relevant.

Write at least 150 words.

WRITING TASK 2

You should spend about 40 minutes on this task.

Write about the following topic:

> *As technology develops, more shopping and business is done online while communication face- to- face is less frequent.*
>
> *Is this a positive or a negative development?*

Give reasons for your answers and include any relevant examples from your own knowledge or experience.

Write at least 250 words.

TEST 3

WRITING TASK 1

You should spend about 20 minutes on this task.

The graph below shows the breakdown of foreign workers spending in Singapore while the table presents the average monthly shopping expenditure of foreign workers in Singapore.

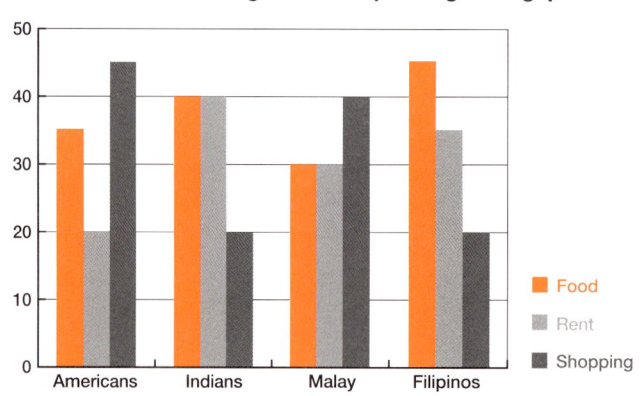

Breakdown of Foreign Worker Spending in Singapore

Country	Average Monthly Spending on shopping of Foreign Workers in Singapore (in SGD)
America	2,750
India	550
Malaysia	1,500
Philippines	1,200

Summarise the information by selecting and reporting the main features, and make comparisons where relevant.

Write at least 150 words.

WRITING TASK 2

You should spend about 40 minutes on this task.

Write about the following topic:

> Some young people nowadays graduate from schools with a negative attitude due to various kinds of economic and social issues.
>
> Why do you think this happens?
>
> What can be done to solve or reduce this problem?

Give reasons for your answers and include any relevant examples from your own knowledge or experience.

Write at least 250 words.

TEST 4

WRITING TASK 1

You should spend about 20 minutes on this task.

The pie chart below shows the causes of forest fires worldwide and the table shows the percentage of forest fire damage by cause.

Common Causes of Forest Fires in the world

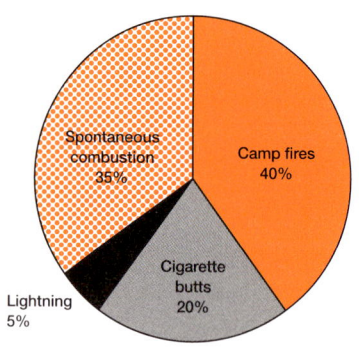

- Spontaneous combustion 35%
- Camp fires 40%
- Cigarette butts 20%
- Lightning 5%

	Percentage of Forest Fire damage in the world caused by:				Percentage of Affected Forests in the World
	Camp fires	Cigarette butts	Lightning	Spontaneous Combustion	
Asia	13	40	2	45	5
Europe	30	35	10	25	18
United States	20	25	5	50	15

Summarise the information by selecting and reporting the main features, and make comparisons where relevant.

Write at least 150 words.

WRITING TASK 2

You should spend about 40 minutes on this task.

Write about the following topic:

> Many people think that too much money is wasted when investing in technical equipment for space exploration. These people believe that this money would be beneficial if invested elsewhere.
>
> To what extent do you agree or disagree with this statement?

Give reasons for your answers and include any relevant examples from your own knowledge or experience.

Write at least 250 words.

TEST 5

WRITING TASK 1

You should spend about 20 minutes on this task.

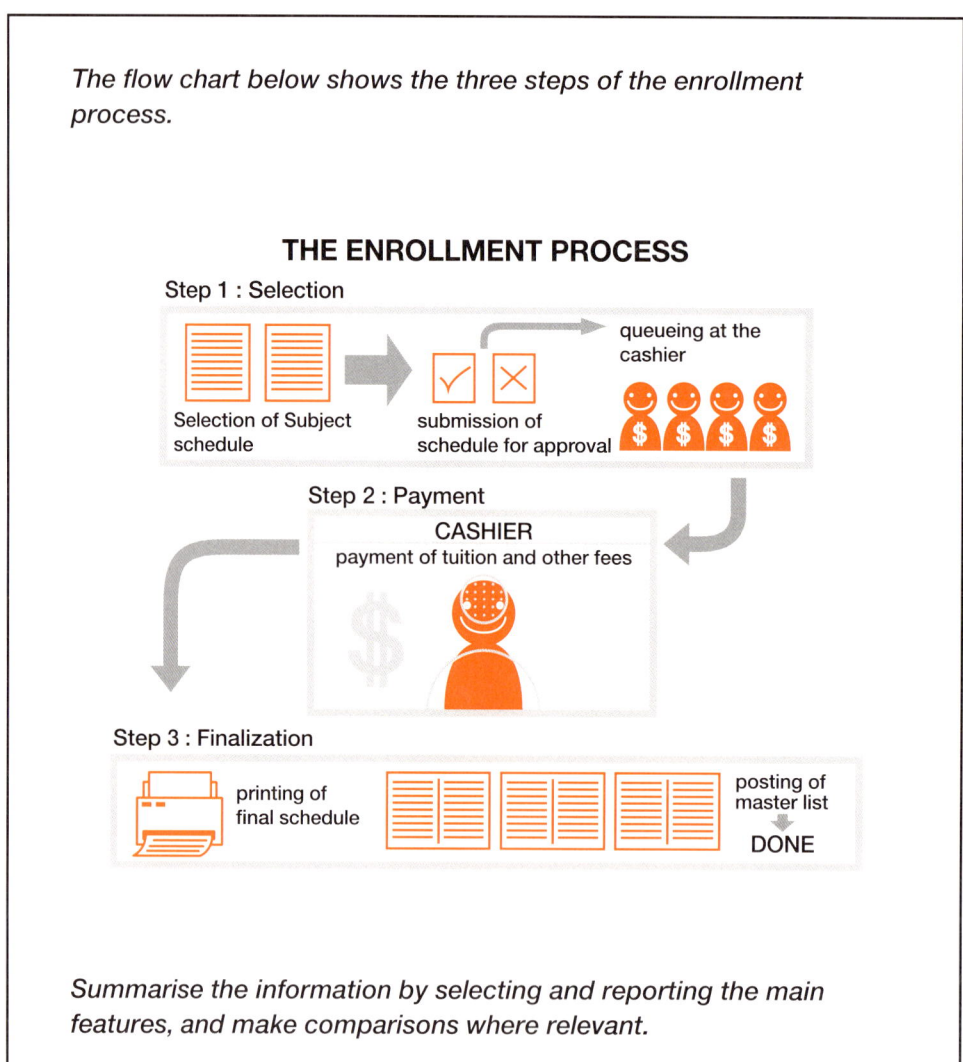

The flow chart below shows the three steps of the enrollment process.

Summarise the information by selecting and reporting the main features, and make comparisons where relevant.

Write at least 150 words.

WRITING TASK 2

You should spend about 40 minutes on this task.

Write about the following topic:

> *Some people think that criminals should remain in prison, while others think that they need medical and psychological assistance.*
>
> *What is your opinion?*

Give reasons for your answers and include any relevant examples from your own knowledge or experience.

Write at least 250 words.

● TEST 1 **WRITING TASK 1**

The pie charts show information about the workforce of Malaysia in 2010. The workers are categorized into local employees and foreign workers.

In the first pie, the local employees were comprised mainly by the working class at 64%. This is followed by clerical positions at 23% and then least is managerial with only 13%. On the other hand, nearly half of all foreign workers had clerical positions at 46% of the total. Managerial positions come next at 39% and lastly the working class with just 15%. All in all, Malaysia's work force is more or less equal under the different work category. There were 39% working class, 35% clerical, and 26% managerial.

In summary, there were far more working class among local employees in Malaysia. As to foreign workers, most of them worked for clerical positions. Overall, the total workforce of Malaysia in 2010 was mostly comprised of the working class.

151 words

해석 이 파이차트는 2010년 말레이시아의 노동력에 대한 정보를 보여주고 있다. 근로자들은 국내 근로자들과 해외 근로자들로 분류되어 있다.
첫 번째 파이에서, 국내 근로자들의 주가 되는 64%는 노동자 계층으로 구성되었다. 이 계층 다음으로 사무직이 23% 그리고 가장 적은 관리직이 단지 13%이다. 한편, 모든 외국 근로자의 절반에 해당되는 46%가 사무직에 종사하고 있다. 관리직이 다음으로 39% 그리고 마지막인 노동자 계층이 15%이다. 전체적으로, 말레이시아의 노동력은 사실상 다른 노동 계층별로 비슷하다. 거기에는 39%의 노동 계층과 35%의 사무직, 26%의 관리직이 있다.
요약하면, 말레이시아의 국내 근로자들 중에 훨씬 더 많은 노동자 계층이 있다. 외국 근로자 대부분이 관리직에서 일하고 있다. 전체적으로, 2010년의 모든 말레이시아 노동력은 거의 노동 계층으로 구성되어 있다.

● TEST 1 **WRITING TASK 2**

One of the contributing factors of rural to urban migration is the presence of universities in cities. More often than not, the most well-known universities are located in the city. As a result, students from rural areas have to transfer to the city to attend them, which is very inconvenient. I believe that something must be done to make college education accessible to all.

First, all people have the right to a college education. Generally speaking, education acts as a passport toward a brighter future. It is common knowledge that people need a college education to find a good job these days. For this reason, college should be available to people in rural areas, too as it will open the door to many opportunities for them. In addition, access to education will help lessen the gap between urban and rural regions.

Since cities are already overpopulated due to building universities in cities, this is worsened after graduating, when students often stay in the city to work. Given this circumstance, building more universities in rural areas would prevent people from moving to the city in the first place. This would also be beneficial for rural communities. Graduates of rural institutions might stay in their towns, which would significantly improve rural living because graduates would contribute to their communities instead of moving away to the city.

In short, since urban and rural students have the right to a college education and that cities are already overpopulated, building rural colleges and universities answers many problems in the society. Thus it is apparent that we must act on that to make college education accessible to all.

272 words

해석   문제 해석 : 농촌 지역에 사는 젊은이들 중에 대학 교육을 접하는 경우는 많지 않다. 대학은 농촌 지역에 사는 사람들이 더욱 쉽게 다닐 수 있도록 만들어야 한다. 이 의견에 어느 정도까지 동의하거나, 동의하지 않는가?

농촌에서 도시로 이주하는데 기여하는 여러 요인 중 하나가 도시 내에 대학이 존재한다는 점이다. 대개, 유명한 대학들은 도시 내에 위치한다. 그 결과, 농촌 지역의 학생들은 대학을 다니기 위해 도시로 이동할 수밖에 없는데, 이것은 (농촌 학생들에게) 매우 불편한 일이다. 나는 모두가 대학 교육을 접할 수 있도록 조치를 취해야 한다고 생각한다.

우선, 모든 사람들은 대학 교육을 받을 권리가 있다. 일반적으로, 교육은 더욱 밝은 미래를 향하는 통로 역할을 한다. 사람들이 좋은 일자리를 찾기 위해 대학 교육을 받아야 한다는 것이 요즘 일반적인 생각이다. 이런 이유로, 농촌 지역에 있는 사람들도 대학 교육을 받을 수 있어야 하고, 대학 교육은 특히 농촌 지역에 있는 사람들에게 많은 기회의 문을 열어줄 것이다. 추가적으로, 교육을 받는 것은 도심과 농촌 지역 사이의 격차를 줄이는 데 도움이 될 것이다.

도시 내에 있는 대학 건물들 때문에 도시는 이미 인구 과잉이고, 이것은 졸업 후에 학생들이 일을 하기 위해 도시에 머무르면서 더 악화된다. 이런 상황에서, 농촌지역에 대학이 지어진다면 우선 사람들이 도시로 이동하는 것을 막을 수 있을 것이다. 이것은 또한 농촌지역에 이득이 될 것이다. 농촌지역 대학 졸업자들이 거기에 머무른다면, 도시로 가버리는 것 대신에 그들의 지역에 기여를 할 수 있으므로 농촌지역 생활이 크게 개선 될 것이다.

요약하면, 도심과 농촌 학생들은 대학 교육을 받을 권리가 있고 도시는 벌써 인구과잉이므로, 농촌지역에 대학을 세우는 것이 많은 사회 문제를 해결하는 해답이다. 그러므로 우리는 모든 사람들이 대학 교육을 받을 수 있도록 해야 하는 것이 명백하다.

● TEST 2 **WRITING TASK 1**

The line graph shows the monthly average cost of a round-trip air ticket from Manila to Tokyo for one year. Meanwhile, the bar graph illustrates the number of tourists in Japan per month in 2010.

Starting off, the cost of Tokyo-Manila plane tickets were about $800 in January, which continued to increase until it peaked at $2,250 in May. A dramatic decline to around $750 followed in June and stayed in the $600 to $1000 price range until November. After that was a steady and sharp rise, ending with approximately $2,200 in December.

The second chart displayed a fluctuating number of tourists in Japan in 2010. Tourism was highest during April, May, and December with give or take 30 million each month. It was slightly lower in November at 25 million and the rest of the months had a visitor log within the range of 10 million to 18 million.

In summary, April, May, and December are when air tickets to Tokyo reaches its peak. Despite that, it is also the same months when the number of tourists is highest.

180 words

해석

이 라인 그래프는 일 년 동안 마닐라에서 도쿄로 가는 왕복 항공권의 매달 평균적인 가격을 보여준다. 한편, 바 그래프는 2010년 매달 일본의 관광객의 수를 설명한다.

시작할 때, 도쿄-마닐라 비행기표 가격은 1월에 대략 $800이었고, 이것은 계속 증가해서 5월에 $2,250로 최고치가 되었다. 6월에 극적인 하락으로 $750 근처가 되었고 $600에 머물다가 11월까지 $1,000 선이 되었다. 꾸준하고 가파른 상승 후에, 12월에 대략 $2,200로 끝을 맺었다.

두 번째 차트는 2010년 일본의 변하는 관광객의 수를 보여주고 있다. 관광객은 4월, 5월, 12월 동안 대략 매달 3천만 명 정도로 높았다. 11월에 2천 5백만 명으로 다소 낮았고 나머지 달에는 천만에서 천 8백만 사이의 관광객이 있었다.

요약하면, 4월, 5월, 12월이 도쿄로 가는 항공권이 가장 비쌌다. 가격에도 불구하고, 또한 같은 달에 관광객의 수가 가장 많았다.

TEST 2 **WRITING TASK 2**

Over time, we have witnessed the growing influence of the Internet on people's lives. The Internet has proven to be a convenient and useful tool. For example, buying and selling through e-commerce is done online. While most people think that the Internet is economically beneficial, others are worried about the loss of face-to-face communication. Though I understand their worries, I think we should view the Internet as the important tool that it is. Overall, it works hand-in-hand with face-to-face interactions rather than rendering it obsolete.

I believe that the Internet does not replace face-to-face communication. On the contrary, I think it enhances it. For example, when we are too busy to go out, we can order food online. At the same time, we can also go to a restaurant to eat with our friends if we choose to enjoy our mealtimes with our significant others. Since many people still enjoy going shopping and eating out, the Internet has not replaced face-to-face interactions. As we can see, relationships with online and personal communication can all be successful and applicable, depending on the current need and situation of a person. They do not replace each other.

It might also be noted that face-to-face communication is not always practical for businessmen. Many people do business all over the world. Understandably, it may be too costly for an American businessman to visit his company headquarters in Korea every month, so he does business online instead. It is also the same with Korean businesspeople. Nowadays, people do not always have to manage their business affairs in person. This expense and inconvenience is eliminated by cyber meetings. At the same time, crucial business dealing is often conducted in person when discussing important matters. This shows that both online and offline interactions are valuable in their own way.

In conclusion, the Internet is a valuable tool to people for personal and business communication alike. Technology becomes a useful alternative if face-to-face communication is not efficient or convenient. In addition, the Internet adds more value to face-to-face communication instead of being a replacement.

348 words

해석

문제 해석 : 기술이 발전하면서, 얼굴을 마주보는 의사소통이 줄어드는 사이에, 쇼핑과 사업이 점점 더 인터넷을 통해 이루어지고 있다. 이것은 긍정적인 발전인가, 부정적인 발전인가?

오랜 시간 동안, 우리는 인터넷이 사람들의 삶에 주는 영향이 계속 증가하는 것을 목격하였다. 인터넷은 편리하고 유용한 도구인 것이 증명 되었다. 그 예로, 전자상거래를 통해 구매 및 판매가 온라인으로 이루어진다. 대부분의 사람들이 인터넷이 경제적으로 유익하다고 생각하는 반면, 다른 사람들은 얼굴을 직접 마주하는 의사소통이 사라지는 것을 염려한다. 나는 그들이 염려하는 바는 이해하지만, 우리는 인터넷을 중요한 도구로 간주해야 한다. 전반적으로, 인터넷은 얼굴을 맞대고 하는 의사소통을 구시대적인 것으로 생각하기보다는 함께 상호작용하며 작동한다.

나는 인터넷이 대면적인 의사소통을 대체하지 않을 것이라 생각한다. 오히려 반대로, 대면적인 의사소통을 강화할 것으로 생각한다. 예를 들어, 우리는 너무 바빠서 밖에 나가기 힘들 때, 온라인으로 음식을 주문한다. 그렇지만, 만일 우리가 중요한 다른 사람들과 식사를 즐기고 싶어 한다면, 우리는 또한 친구들과 함께 식사를 하기 위해 레스토랑에 갈 것이다. 사람들은 여전히 나가서 쇼핑과 외식을 하고 싶어하고, 인터넷은 대면적인 의사소통을 대체하지 못할 것이다. 우리가 볼 수 있듯이, 현재의 필요와 사람의 상황에 따라, 온라인이나 개인이 직접 소통하는 관계는 모두 성공적이고 적절할 수 있다. 이 두 소통방법은 서로를 대체하지 못 할 것이다.

대면적인 상호소통은 사업가에게 있어 항상 실용적인 것은 아닐 수 있다. 많은 사람들이 세계 곳곳에서 사업을 한다. 당연히, 미국인 사업가가 한국에 있는 자신의 회사 본사를 매달 방문하기에는 비용이 너무 많이 들기에 그는 대신 온라인으로 사업을 한다. 한국인 사업가의 경우도 마찬가지다. 요즈음은, 사람들이 사업상 업무를 항상 대면해서 관리할 필요가 없다. 이런 비용과 불편함은 가상 미팅을 통해 없어질 수 있다. 그렇지만, 결정적인 사업 거래에서 중요한 사안에 대해 의논할 때는 대개 대면해서 처리를 한다. 이런 것들은 온라인과 오프라인 상호작용이 모두 각자의 방법으로 소중하다는 것을 보여준다.

결론적으로, 인터넷은 사람들에게 개인적이나 사업적 소통을 하기 위해 소중한 도구이다. 기술은 대면적인 의사소통이 효율적이지 않거나 불편할 때 유용한 대체 수단이다. 게다가, 인터넷은 얼굴을 마주하는 의사소통을 대체하기 보다는 가치를 더해준다.

● TEST 3 **WRITING TASK 1**

The bar graph shows the breakdown of expenses of foreign workers in Singapore. Meanwhile, the table presents the average monthly spending of foreign workers in the same country.

Based on the bar chart, Americans spend 45% on shopping, 35% on food, and 20% for rent. Indians, on the other hand, allocate 40% each on food and rent and only 20% on shopping. Moreover, Malay workers allot 30% each on food and rent and 40% on shopping. Lastly, Filipinos buy 45% of their income on food, pay 35% on rent, and have the remaining 20% for shopping.

Looking at the table, Americans shop the most at $2,750, followed by Malaysians at $1,500, and the Filipinos at $1,200. Indians spend the least at only $550 every month.

In summary, salaries of Indians and Filipinos are mainly allotted for food and rent, while Malays and Americans are spent more on shopping. Furthermore, Americans spend the most when it comes to shopping and Indians the least.

162 words

| 해석 | 이 바 그래프는 싱가포르에서 외국인 근로자들의 소비 명세를 보여준다. 반면, 테이블은 싱가포르에 있는 외국 근로자들의 매달 평균 소비를 보여준다.
바 그래프에 근거하면, 미국인들은 쇼핑에 45%를 쓰고, 음식에 35% 그리고 임대료에 20%를 쓴다. 반면 인도인들은, 40%를 음식과 임대료에 그리고 단지 20%만을 쇼핑에 할당한다. 또한, 말레이들은 30%는 음식과 임대료에 40%는 쇼핑에 할당을 한다. 마지막으로, 필리핀 근로자들은 그들 수입의 45%를 음식을 사고, 35%를 임대료에 그리고 나머지 20%를 쇼핑에 쓴다.
테이블을 보면, 미국인들은 가장 많은 $2,750을 쇼핑하고, 다음으로 말레이시아 사람들이 $1,500 그리고 필리핀 사람들이 $1,200을 쇼핑한다. 인도 사람들은 매달 가장 적은 단지 $550을 사용한다.
요약하면, 인도인과 필리핀인의 급여는 대개 음식과 임대료에 쓰이고, 반면 말레이인과 미국인들은 쇼핑에 더 많이 사용한다. 더구나, 미국인들은 쇼핑에 관해서라면 가장 많이 쓰고 인도인들은 가장 적게 쓴다. |

TEST 3 WRITING TASK 2

Lately, it has been observed that recent graduates are easily becoming discouraged. They sometimes believe that the future is bleak and uncertain. Economic and social factors have contributed to this attitude. In this essay, I will discuss these factors and offer possible solutions.

First of all, it has become harder to find a job nowadays. As unemployment rate continues to soar, competition for jobs is becoming fierce. This has caused intense economic and social pressure on students. Quite often, a student's family tells them to study hard because doing so pays off in the future in the form of getting a good job. This incentive may be effective for excellent students but causes lower self-esteem for hard working average performers in school. These students sometimes feel that they are not good enough for the society. This belief is often affirmed when they find themselves jobless after graduation.

University graduates today have to directly compete with other graduates for jobs, as well as with other experienced workers. Even worse, they must also compete with foreign labourers. In other words, in this era of globalization, the world has grown smaller and getting ahead in life is a challenge. Oftentimes this makes graduates feel that their futures are bleak.

Needless to say, there are solutions available to remedy the discussed concerns. For one, people in society should change their mindsets. To elaborate, there is too much focus on attaining degrees and getting highly paid jobs. In fact, some very promising jobs do not even require college degrees. Finishing vocational courses is a good example of minimal academic achievement, yet possess great potential to have a big career someday. Another solution to alleviating the stress on our graduates is to lessen our expectations of them. People need to set more realistic expectations on young people today because people perform better when they are inspired than when they are acting out of fear or consciousness.

Simply put, today's graduates find it hard to look and compete for employment and that is why they are easily discouraged. Society must also change their expectations and mindset to support these struggling graduates. Such changes will result in a healthy and positive outlook for all people.

367 words

해석

문제 해석 : 오늘날 많은 학생들은 다양한 경제적, 사회적인 문제들로 인해 부정적인 태도로 학교를 졸업한다. 이런 일이 발생하는 이유가 무엇이라고 생각하는가? 이 문제를 해결하거나 줄이려면 어떻게 해야 하는가?

최근 들어, 대학을 갓 졸업한 졸업생들이 쉽게 낙담하는 모습이 보인다. 그들은 때때로 미래가 암울하고 불확실하다고 생각한다. 경제적, 사회적 요인들이 이러한 태도의 원인이다. 이 에세이에서, 나는 이러한 요인들을 논의하고 가능한 해결책을 제시하겠다.

먼저, 요즘 일자리를 찾기가 더욱 어려워졌다. 실업률은 갈수록 치솟는데 일자리에 대한 경쟁은 치열해 지고 있다. 이로 인해 강한 경제적, 사회적 압박감이 학생들에게 일어났다. 아주 자주, 학생들의 가족들은 학생들에게 향후 좋은 일자리를 얻기 위해 공부를 열심히 해야 한다고 말한다. 이런 자극은 성적이 훌륭한 학생들에게는 효과적이나 학교 성적이 평균 수준인 학생들에게는 낮은 자긍심을 갖게 만든다. 이러한 생각은 자주 그들이 졸업 후 일자리를 찾지 못할 것이라고 확신하게 한다.

오늘날 대학 졸업생들은 일자리를 위해 곧바로 다른 졸업생들뿐 아니라 다른 직장 경력자와도 경쟁을 해야 한다. 심지어는 더 안 좋게, 그들은 외국인 근로자들과도 경쟁해야 한다. 바꾸어 말하면, 이 세계화의 시대에서는, 세계가 작아지고 성공하는 것이 어려워 졌다. 때때로 이런 것이 졸업자들의 미래가 암울하다고 느끼게 한다.

말할 필요도 없이, 토론한 걱정거리들을 구제할 해결책은 존재한다. 우선, 사람들은 자신의 사고방식을 바꾸어야 한다. 자세히 설명하면, 학위를 취득하고 높은 보수의 일자리를 갖는데 너무 관심이 집중되어 있다. 사실상, 어떤 일자리는 대학 학위를 요구하지 않는다. 직업 교육 과정을 마치는 것이 최소 학문적 성취의 좋은 예가 되고, 언젠가는 큰 경력을 가지게 될 엄청난 잠재성을 가지고 있다. 또 다른 해결책은 졸업자들의 스트레스를 줄이기 위해 그들에 대한 우리의 기대치를 낮추는 것이다. 사람들은 오늘날 젊은 사람들에게 좀 더 현실적인 기대를 갖는 것이 필요하다. 왜냐하면 사람들은 그들이 두려움 또는 의식적으로 행동하는 것보다 그들이 격려되어 졌을 때 훨씬 더 일을 잘 하기 때문이다

간단히 말해서, 오늘날 대학 졸업생들은 일자리를 찾고 경쟁하는 것이 어렵다는 것을 발견하고 쉽게 낙심을 한다. 사회는 이러한 발버둥치는 졸업자들을 돕기 위해 기대치와 사고방식을 바꾸어야 한다. 그러한 변화가 모든 사람들에게 건전하고 긍정적인 전망을 낳을 것이다.

● TEST 4 **WRITING TASK 1**

The pie chart shows the causes of forest fires worldwide in percentages. Meanwhile, the table presents the percentage of forest fire damage in the world by different causes.

As the pie chart clearly shows, campfires are the most common cause of forest fires at 40%. This is followed by spontaneous combustion at a close 35%. Disposing lit cigarette butts comes next with 20% and then lastly, lightning at 5%.

When talking about fire damage, spontaneous combustion fires cause the greatest effect at 45% in Asia and 50% in the United States. In Europe, fires caused by cigarette butts were the worst of all causes at 35%. In addition, the percentage of affected forests in the world is 5% in Asia, 18% in Europe, and 15% in the United States.

In summary, the most common cause of forest fires in the world is campfires. In addition, the greatest forest damages are those caused by spontaneous combustion in Asia and the US, and caused by cigarette butts in Europe.

167 words

해석	파이 차트는 세계의 산불의 원인을 백분율로 보여준다. 반면, 테이블은 각기 원인들로 인한 세계 산불의 피해에 관해 백분율로 보여준다.
	파이 차트는 캠프파이어가 40%를 차지하고 있는 가장 일반적인 산불의 원인이라고 확실히 보여준다. 다음으로 자발적인 발화로 인한 것이 35%이다. 담배꽁초를 버려서 일어난 것이 20% 그리고 마지막으로 번개가 5%를 차지한다.
	불로 인한 피해에 관해 이야기 하면, 자발적인 발화가 가장 큰 결과를 발생해서 아시아에서 45% 그리고 미국에서 50%를 차지한다. 유럽에서는, 담배꽁초가 모든 발화원인 중 가장 최악으로 35%를 차지한다. 추가로, 전세계 숲에 미치는 퍼센트는 아시아가 5%, 유럽이 18% 그리고 미국이 15%이다.
	정리하면, 가장 일반적인 세계 산불발화의 원인은 캠프파이어이다. 게다가, 가장 큰 산림 피해를 주는 것은 아시아와 미국에서는 자연발화이고, 유럽에서는 담배꽁초에 의한 산불이다.

TEST 4 WRITING TASK 2

Space exploration is expensive but many countries still want to engage in it. After all, it is our nature to be curious. Unfortunately, the world has limited finances for its many problems needing immediate solutions. With that in mind, some people believe that the money spent on space exploration should instead be used for finding solutions to world problems. Contrarily, I believe that space exploration will be very useful in the long run. Through exploring the universe, we can discover new perspectives and solutions to our problems.

Historically speaking, exploration has led to progress. Countries like America have been discovered because of sea voyages. In short, explorations lead to opportunities. We should think of spaceflight programs similarly because exploring the outer space can lead to endless possibilities. For instance, it was once hypothesized that other life forms exist in other planets, one day enabling man to plant and harvest food supply to eliminate hunger on earth.

Another point to consider is that our planet is already suffering because our resources are getting scarce as our population is exponentially growing. If we think about long-term goals, we have to plan for the world's future as early as now. Doing so includes considering potential resources in outer space. To elaborate, if we can find other power resources outside of the earth, we might be able to help our own planet survive. Furthermore, it may eliminate problems on petroleum and possibly even wars.

Assigning space exploration money to poor countries does not exactly solve their problems. Consequently, we need fresh ideas to improve the world's poverty situation. Exploring outer space could bring the solutions we need. For instance, we might consider developing homes or factories in outer space. It might seem impossible now, but it is still worth considering.

In summary, the global community must perform a balancing act. We must solve the world's current problems while being open to explore outer space possibilities.

321 words

해석 문제 해석 : 많은 사람들이 우주 탐험을 위한 기술 장비 투자에 너무 많은 돈이 낭비 된다고 생각한다. 이 사람들은 이런 돈이 다른 곳에 투자하는 게 더욱 이득이라고 생각한다. 이 의견에 어느 정도까지 동의하거나, 동의하지 않는가?

우주 탐험은 비용이 많이 들지만 여전히 많은 나라에서 참여하기를 원한다. 결국, 호기심이 많은 것이 우리의 천성인 셈이다. 그러나, 세계는 즉각적인 해결을 필요로 하는 많은 문제들을 위해 제한된 재정만을 가지고 있다. 이런 생각 때문에, 몇몇 사람들은 우주 탐험에 쓰이는 비용을 세계적인 문제들에 대한 해결책을 찾기 위해 써야 한다고 생각한다. 반대로, 나는 우주 탐험이 궁극적으로 아주 유용한 일이라고 생각한다. 우주를 탐험하면서, 우리는 새로운 관점과 문제에 대한 해결책을 찾을 수 있을 것이다.

역사적으로 보면, 탐험은 진보를 이끌었다. 미국과 같은 나라는 바다를 향해했기 때문에 발견되었다. 간략히 말해서 탐험은 기회를 만들어낸다. 우리는 우주 공간을 탐험하는 것이 무궁무진한 가능성을 열어줄 수 있기에 우주 비행 프로그램을 이러한 관점에서 보아야 한다. 예를 들어, 다른 별에 다른 생물체가 살고 있다고 하나의 가설을 세운다면, 언젠가는 인류가 식물을 심어 추수된 것을 지구에 공급해서 빈곤을 없앨 것이다.

고려해야 할 또 다른 사항은 우리의 별 지구가 인구는 기하급수적으로 늘어나고 자원은 점점 부족해 지고 있기에 이미 고통 받고 있다는 점이다. 우리가 장기적인 목표에 대해 생각한다면, 우리는 지금 가능한 빨리 세계 미래를 위한 계획을 세워야 한다. 이 계획을 세울 때 우주 공간을 잠재적인 자원으로 고려해야 한다. 좀 더 설명하자면, 만약 우리가 지구 외부에서 다른 전력 자원을 찾을 수 있다면, 우리의 별 지구가 살아 남는데 도움이 될 수 있을 것이다. 게다가, 이것은 석유문제를 종결하고 아마 전쟁까지 종결할 것이다.

우주탐사 비용을 가난한 나라에 주는 것은 그들의 문제를 절대 풀지 못한다. 따라서, 우리는 세계 빈곤 상황을 개선할 수 있는 신선한 아이디어가 필요하다. 우주 탐사는 우리가 필요한 해결책을 가져다줄 지도 모른다. 예를 들어, 우리는 우주 공간의 거주지나 공장에 대해 고려해야 한다. 당장은 불가능해 보이지만 여전히 고려할 가치가 있는 일이다.

정리하면, 지구 공동체는 한쪽으로 치우치지 않도록 균형을 잘 잡아야 한다. 우리는 우주의 가능성을 탐사하는 것에 마음을 여는 한편 세계의 현 문제들을 풀어가야 한다.

● TEST 5 **WRITING TASK 1**

The flow chart shows the steps of the enrollment process. It is mainly divided into 3 parts: selection, payment, and finalization.

The enrollment process is started off with selection. This step includes the selection of subject schedules, followed by the submission of the selected schedules for approval or changing. After the chosen subjects are approved, the enrollee then queues at the cashier. The second step is the payment of tuition and other fees. Afterwards, the third step involves finalization of the enrollment. After paying, the final schedule will be printed for the students' reference and the school's record. Lastly, a master list will be posted on the boards for all to see, completing the whole enrolment process.

In summary, the flow chart shows the enrollment process in 3 major parts: selection, payment, and finalization. In addition, this 3-part procedure is comprised of several simple steps to complete the whole enrolment process.

151 words

해석	플로우차트는 입학 과정의 단계들을 보여준다. 이것은 크게 세 부분으로 나뉘어졌다: 선택, 지불 그리고 완료.
	입학과정은 선택으로 시작된다. 이 단계는 과목 시간표를 선택한 후, 선택한 시간표를 승인하거나 변경하기 위해 제출한다. 선택한 과목이 승인된 후에, 입학하는 사람은 출납원 앞에 줄을 선다. 다음 단계는 교육비와 다른 비용의 지불이다. 이후, 세 번째 단계는 입학과정의 완료이다. 비용을 지불 한 뒤, 마지막 일정은 학생 참고서류와 학교기록을 출력하는 것이다. 마지막으로, 원본 리스트가 벽에 모든 사람이 보도록 게시될 것이며, 모든 입학과정은 완료될 것이다.
	정리하면, 플로우차트는 입학과정을 세 가지 주요 부분으로 보여준다: 선택, 지불 그리고 완료. 추가로, 이 세 부분 과정은 모든 입학 과정을 완료하기 위해 몇 가지 간단한 단계가 포함되어 있다.

TEST 5 WRITING TASK 2

Some people think that the imprisonment of criminals is the only way to prevent crimes. Others believe that we should focus on rehabilitating criminals rather than focusing on crime prevention. They believe that prisons only make things worse. Instead, medical and psychological rehabilitation is what they suggest. This is a very sensitive issue. In my opinion, not all criminals need medical and psychological help. I will explain my reasons below.

We have to consider that some crimes are not caused by medical or psychological illnesses. In fact, some crimes are caused by socioeconomic factors. For example, people steal to have money, and at times, people kill others in the heat of anger and passion. Some crimes are even accidental. For instance, many intoxicated drivers have no intention of hitting people, but they are still charged as criminals. These types of crimes cannot be prevented by giving the criminals medical attention.

In law, a court decides if a person is psychologically unstable. People with this designation are given the proper therapy needed and are often required to stay in a mental institution. Similarly, counseling is also given to prisoners. Criminals occasionally have psychological tests and checkups to assess their mental state. This proves that convicts are given help inside prison. This system has been proven to be accurate and effective, showing that not all criminals have medical or psychological problems.

Realistically speaking, prisons are often not as bad as they seem. The lives of some prisoners have changed for the better. For instance, some prisoners have formed choirs, dance groups, orchestras and religious groups. In other words, criminals behind prison walls have the chance to experience life again. In these cases, criminals just need to be jailed for them to transform their lives even without the medical and psychological assistance.

Given the discussion above, clinical treatment may not be an effective program for all criminals because some crimes are not caused by psychological problems, not all criminals have mental illness, and some criminals only need jail time for them to change their ways. Instead, wholesome programs for prisoners should be provided so that prisoners can have more positive and rehabilitative experience.

362 words

해석   **문제 해석 :** 어떤 사람들은 범죄자들이 감옥 내에 머물러야 한다고 생각하지만, 다른 사람들은 범죄자들에게 의학적, 심리적인 도움이 필요하다고 생각한다. 당신의 의견은 어떠한가?

어떤 사람들은 범죄자의 감금이 범죄를 예방하는 유일한 방법이라고 생각한다. 다른 사람들은 범죄 방지보다는 범죄자들의 갱생에 중점을 두어야 한다고 생각한다. 그들은 범죄자들을 감금하는 것이 상황을 더욱 악화시킬 뿐이라고 여긴다. 그 대신, 의학적, 심리적 갱생치료를 제안한다. 이것은 아주 민감한 문제다. 내 의견을 말하자면, 모든 범죄자들에게 의학적이고 심리적인 도움이 필요한 것은 아니라고 생각한다. 그 이유를 아래에서 설명하겠다.

우리는 어떤 범죄들이 의학적이거나 심리적인 질병에서 비롯되지 않는다는 점을 염두에 두어야 한다. 사실상, 몇몇 범죄는 사회 경제적인 요인에서 비롯된다. 예를 들어, 사람들은 돈을 얻기 위해 도둑질을 하고, 때때로 분노와 격한 감정이 극에 달해 살인을 저지르기도 한다. 심지어 어떤 범죄는 돌발적으로 일어나기도 한다. 예를 들어, 많은 술 취한 운전자들은 사람들을 칠 의도가 전혀 없지만, 사고가 일어나면 여전히 고소를 당하게 된다. 이러한 형태의 범죄는 범죄자에게 의학적 배려를 준다고 막을 수 있는 것은 아니다.

법적으로, 어떤 사람이 심리적으로 불안정한 상태인지 여부는 재판소에서 결정한다. 그러한 사람들은 필요한 적절한 치료를 주고 종종 정신병원에 있는 것이 필요하다. 게다가 정신과 상담도 수감자들에게 제공된다. 범죄자들은 가끔씩 심리 테스트를 받고 그들의 정신적 상태를 평가하기 위해 검사를 한다. 이것은 기결수가 감옥 내부에서 도움을 받는다는 것을 보여준다. 이런 시스템은 모든 범죄자들이 의학적 또는 심리학적 문제를 가지지 않는다는 것을 보여주는, 정확하고 효과적인 것으로 증명되었다.

현실적으로 말하면, 감옥은 겉으로 보는 것처럼 나쁘지는 않다. 일부 수감자들의 삶이 더 나은 방향으로 바뀌기도 한다. 예를 들면, 어떤 수감자들은 합창단과 무용 단체, 오케스트라와 종교 모임을 만들기도 한다. 다시 말해서, 범죄자들은 교도소의 담벼락 뒤에서 다시 인생을 경험하는 기회를 갖는 것이다. 이러한 경우로, 범죄자들은 그들의 인생을 바꾸기 위해 의학적이나 정신적인 도움 없이 단지 수감될 필요만 있는 것이다.

위에서 의논한 바와 같이, 의학적인 치료가 모든 범죄자에게 효과적인 프로그램은 아닐 것이다. 왜냐하면 어떤 범죄는 정신적인 문제로 일어난 것이 아니고, 모든 범죄자들이 정신적인 질병을 가진 것이 아니며 몇몇 범죄자들은 단지 그들의 길을 변경할 수 있도록 수감되어 있는 시간만 필요할 뿐이기 때문이다. 대신에, 수감자들에게 유익한 프로그램을 제공하여, 수감자들이 더욱 긍정적이고 삶의 전환점이 되는 경험을 하도록 해야 한다.

APPENDIX | IELTS Writing Check List

Writing 작성을 마친 후 아래 사항을 ✓표시하여 점검해보세요.

CHECK LIST

Task Achievement/ Response	☐ 문제유형을 정확히 파악 후 주어진 모든 질문사항에 빠짐없이 답하였는가? ☐ 자신의 주장이 서론, 본론, 결론에 걸쳐 명료하게 유지되었는가? ☐ 각 본론의 주제문(Topic Sentence)은 지나치게 일반적인 내용이 아닌 정확히 문제와 관련된 내용인가? ☐ 상세 설명 및 정보(Supporting sentence)는 설득력 있게 본론의 주제문(Topic Sentence)을 뒷받침해주고 있는가? ☐ 결론은 지나친 반복 없이 서론의 논제와 본론의 내용을 간결하고 명확하게 표현하였는가?
Coherence and Cohesion	☐ 서론에는 논제(Thesis)가, 본론에는 각각의 주제문(Topic Sentence)이 빠짐없이 서술되어 있는가? ☐ Brainstorming한 아이디어는 본론 각 문단의 주제문(Topic Sentence)마다 일관성을 유지하며 서술되고 있는가? ☐ 서론, 본론, 결론의 문단 구성이 정확하게 이루어져 있는가? ☐ 문장 사이에 쓰인 Cohesive Devices와 대명사, 소유형용사의 사용이 정확한가? ☐ Cohesive Devices가 중복되거나, 지나치게 많이 사용되고 있지는 않는가?
Lexical Resource	☐ 기초 단어 외에 관용어구, 속담, 연어(collocation), 숙어 등 다양한 어휘로 문제의 토픽을 표현하였는가? ☐ 쓰인 단어의 의미가 정확하여 읽는 이에게 확실한 이해를 주고 있는가? ☐ 같은 단어의 반복을 피하기 위해 적절하게 동의어를 사용하였는가? ☐ wanna, gonna 같은 informal한 단어나 e.g, info와 같은 축약어가 사용되지 않았으며, 모든 단어의 스펠링은 정확한가?
Grammatical Range and Accuracy	☐ 단문, 복문, 중문 등 다양한 문장 구조로 글을 적절하고 생동감 있게 전개해 나갔는가? ☐ 문장 구조에 실수는 없는가?(특히, 복문에서의 불완전한 문장이 있는지 살펴본다.) ☐ 시제, 수일치 등 자주 틀리는 문법에 오류는 없는가? ☐ 구두점 사용을 정확하게 하였는가?

알츠스쿨에서는 함께 공부할 수 있는 카페뿐 아니라 www.ielts-school.co.kr 사이트를 운영하여 Writing 교정 서비스를 제공하고 있습니다. Writing은 많이 쓰는 게 제일 좋은 공부이지만 성적을 내기 위해 쓴 글이 얼마나 제대로 쓰였고, 어떤 것이 수정 보완되어야 하는지 파악하고 고쳐 나가는 것이 가장 좋은 공부이자 합격의 지름길입니다. 국내 유일의 IELTS Writing 전문 교정 사이트이자 제일 오래 되어 이미 많은 분께 큰 도움이 되었으니, 오셔서 보시고 많은 도움이 되시길 바랍니다.

IELTS Speaking & Writing 대비를 위한
IELTS 실전 대비 과정

http://www.ielts-school.co.kr

Perfect IELTS로 학습한 뒤 본격적으로 시험에 대비하기 위한 알츠스쿨의 IELTS 실전 대비과정을 소개합니다. IELTS Speaking은 혼자보다는 파트너와 함께 실전처럼 연습하는 것이 가장 좋고, Writing은 IELTS전문가의 교정을 통한 학습이 제일 효과적입니다. 이를 위해 IELTS 국내 최대 카페인 알츠스쿨에서는 IELTS 전문 Speaking, Writing 사이트(유료사이트)를 개설하여 많은 수험생들에게 큰 도움을 주고 있습니다. 국내유일의 IELTS 전문 Speaking, Writing Study 사이트로서 Perfect IELTS 저자들의 모든 노하우가 집약되어 있습니다.

알츠스쿨 실전 대비 과정 장점

◆ 위에 과정들은 별도의 과정이 개설되어 있지 않고 수강자가 수업예약을 할 때 임의로 고를 수 있습니다.
◆ 시험 일정과 수강생 각자의 의도와 편의에 원하시는 적합한 수업을 선택 예약하여 자유롭게 IELTS speaking을 준비하실 수 있습니다.

IELTS Speaking

1:1 Class	Real Test
정확한 답변완성을 돕는 스카이프 일대일 수업	실제 IELTS 시험 형식을 그대로 반영한 모의테스트

IELTS Writing

Correction

ELTS 채점기준에 부합된 풍부한 표현을 제공하는 첨삭

정확히 문제에 답할 수 있도록, 수업 중에는 강사의 간단한 문제 설명과 답변 수정이 이루어집니다. 또한, 문제관련 힌트가 제공되어, 더욱 자신감 있게 답변을 할 수 있도록 수업이 구성되어있기 때문에, IELTS를 시작하시는 분도 부담 없이 시작할 수 있도록 구성되어있습니다.

매월 전달 출제되었거나 출제 빈도가 높은 문제를 계속적으로 선별하여 모의테스트에 반영하고 있습니다. 따라서 시험을 바로 앞두고 계신 분들께 최적의 과정이며, IELTS Speaking 채점항목을 더욱 자세히 세분화하여 어떤 부분이 문제가 있는지 정확히 확인하여 개선할 수 있도록 구성하였습니다.

IELTS Writing채점 항목 (Task Response or Achievement / Coherence & Cohesion / Lexical Resource / Grammatical Range & Accuracy) 을 준수하여 예상 Band(점수)를 산출하며, 정확한 의미전달을 위한 구절 또는 문장이 추가되는 전문가에 의한 고급첨삭이 이뤄집니다.

더 자세한 사항은 국내 최대 IELTS 카페인 알츠스쿨 또는 알츠스쿨 홈페이지에서 확인하세요
• 알츠스쿨 홈페이지 http://www.ielts-school.co.kr
• 알츠스쿨 카페 http://cafe.daum.net/vvvivvv